驿外断桥边，寂寞开无主。已是黄昏独自愁，更著风和雨。无意苦争春，一任群芳妒。零落成泥碾作尘，只有香如故。

——（宋）陆游

献给家严岳满国（1942—　）

历史的掌纹　之二

口耳之學

燕京札記

岳永逸　著

九州出版社
JIUZHOUPRESS

雪中燕园

1936

出尔之口，入我之耳

赵世瑜

岳永逸教授索序于我，我思忖大概是因为以下原因：第一，我们有同门之谊；第二，我们有同乡之谊；第三，本书以燕京大学的民间文学传统为研究对象，而燕大由于特别的原因被并入北大并消失，从而成为北大历史的一部分，而我则在北大工作，大概对校史也应有点兴趣；第四，我自己的博士论文写的是民国时期的民俗学思想史，内容颇为相关；第五，我曾为他研究天桥的著作写过序，既有过“前科”，也就不怕“二进宫”了。总之，由于有了以上缘由，我便不敢辞。

本书是其学术史三部曲《历史的掌纹》之二，与有关辅仁大学民俗学传统的专论及对“社会学的民俗学”问题之梳理，构成作者相关系统思考的“三叉戟”。虽然这三部书仅出其一，但我除了已读关于辅仁的《“土著”之学》以外，又先睹本书书稿，了解到作者意欲讨论的是什么问题，于是也有不吐不快之语。

《“土著”之学——辅仁札记》是一部非典型的学术史，除了占全书三分之一强的导论部分“土著之学”外，作者只讨论了与辅仁有关的赵卫邦与许地山两个人及其学术，第四、第五部分则是作者自己对民间故事及都市民俗研究取向与方法的见解。由是可知，该书与本书，系“借他人杯中之酒浇心中块垒”。

评论该书并非本文的任务，不过由于作者这“三部曲”互为犄角，读者可以不断交叉换位，去理解作者意欲表达的想法。或者像作者所说，这三部曲就像人的一只手掌上的纹理，无论如何延伸，总是相互勾连的。在其用力最大的“土著之学”一章中，作者着重讨论了司礼义（Paul Serruys）和贺登崧（W. Grootaers）两位曾在辅仁大学任教的比利时神父，特别是对他们通过深入的田野调查获取特定区域内方言、谚语等资料深表赞许，并认为，似此种建立在翔实细密的调查和访谈基础上、暂时抛开先入为主的意识形态影响、尽量进入研究对象内部的研究，才是真正的“土著之学”，也才是真正的民俗学。而这一点，当时的中国民俗学者做的显然是不够的，由此，后人在叙述中国现代民俗学史时忽略了这一点，显然是失之片面的。

诚如作者所批评的，以往的民俗学史对赵卫邦乃至李世瑜这些具有辅仁血统的学者缺乏关注（虽然作者宽容地指出只有我曾提及上述学者，但我自知当时只有只言片语，惟对黄石和江绍原有所论及。可以厚颜自辩的是，因我的小书只写到1937年为止，而上述学者所做工作多在二十世纪四十年代）。粗略概括这种状况的原因，从大者说，自五十年代初辅仁并入北师大、燕大并入北大之后，由于他们的洋人背景，在北大、北师大的校史叙事中便被着意淡化，继续任教的学者在政治运动中往往被贴上“帝国主义工具”的标签，政治地位低下，逐渐离开学术中心，不为后人所熟知。从小者说，即使是《宋元学案》《明儒学案》这样的学术史，师承关系与思想谱系都是非常重要的，至今提到某某学者及其学术成就时，往往也会提及他师承于更伟大的某某学者。遗憾的是，据我所知，上述学者并未在今天的中国学术界留下什么入室弟子为他们张目，那些喜欢自诩某伟大学者弟子或再传弟子的人也不会托名于上述学者之下。

当然，民俗学者对被定义为历史学者的赵卫邦和李世瑜不甚了了是可以理解的，甚至历史学者对他们的学术成就较为陌生也不算咄咄怪事，因为绝大多数人都是喜欢对大人物津津乐道，而对“小人物”不屑一顾的。就像老百姓也喜欢与皇帝攀关系，而不愿说自己是车夫或者乞丐的子孙一样，学者也大多不能免俗。于是，许多重要的历史就被这些掌握话语权的人遗忘了。多年前，我曾让我的学生以《辅仁学志》为线索，书写一部关于本土的“汉学研究”学术史的博士论文，但除一篇论文之外，专书一直未曾出版，而另一种学术刊物辅仁《民俗学志》则更少人问津，与《食货》《禹贡》乃至民俗学界的《歌谣周刊》《民俗周刊》无法相比。

同样，本书所描述的燕大民俗学，具有与辅仁民俗学类似的特点，那就是，“‘民’与‘俗’不再仅仅是民族主义、浪漫主义延伸的触角与具象，不再仅仅是要启蒙与移易的对象，不再仅仅是为文学、史学或社会学服务的工具，尤其是不再仅仅是对象化的客体，而是需要理解、共情并叙述、比较和说明的那个动荡多艰岁月中的民众的‘日常生活相’，或者说‘日常生活态’”（见本书自序）。这种认识，显然表明了作者的民俗学立场，同时也指出了中国现代民俗学兴起和早期发展过程中在理论和实践上的先天不足。不过，作为一个历史学者，习惯于将任何历史事实置于特定的历史情境中去观察和品味，以便带着同情理解的态度做出评价。

为什么在现代民族国家形成和早期发展的阶段，“民”与“俗”会成为作者所称的民族主义和浪漫主义思潮中的重要内容等等，已有诸多中外学者论及于此，兹不赘述。概言之，这是建构与现代民族国家相适应的意识形态的要求。在前现代民族国家时代，“民”和“俗”的现状以及对它们的认知无法构成对现代民族国家的认同，欧洲的宗教改革乃至格林童话便都因此应运而生。正如恩格斯在《德国农民战争》中所说，德国和欧洲当时都处在一个分崩离析的状态，如何从传统文化获得资源，建立起民族文化的认同，是知识界的一种相当普遍的诉求。这既是无论哲学家、文学家，还是历史学家、地理学家等不同领域学者都把目光投向民俗传统的原因所在，既是人类学、民俗学等逐渐形成学科领域的背景之一，也是欧洲东方学以及汉学最初以语言学为主要特征的缘故（作者十分重视的司礼义与贺登崧的民俗研究也大都是从方言研究切入的）。

如果从其先驱、明清之际的耶稣会士算起，到二十世纪上半叶，欧洲汉学已有三百年左右的传统，除了语言学的训练外，制图学乃至标本制作等逐渐成为学习者的必修课，这使他们面对中国的风俗、历史和艺术时自有一套方法，这当然不是当时的中国民俗学从事者所能比拟的，像李世瑜那样为研究一贯道而加入一贯道的参与观察方法，也不是大多数中国学者所能做到的。尤为重要的是，他们作为外来者，虽然在研究态度上可能做到“理解”和“共情”，但却很难像中国学者那样，在构建现代民族国家和重构文化传统的艰难抉择中去重新认识“吾土吾民”。因此，他们的工作可能是“纯学术”的，而中国学者的工作多不能是“纯学术”的。

事实上，作者置于首篇的、对燕大女生李素英对早期歌谣研究的讨论已经说明了这一点。

我很喜欢作者的写法，他把研究者个人的生命历程与不同民俗学事象穿插融会起来，的确如他自己表明的那样，并不试图建立一个系统的知识谱系，而是让存在于故纸中的一个个性情、经历迥异的个人走出来说话，或者说是把已经结构化了的叙事重新解构为碎片。事实上，生活由此得到还原。

我相信大多数读者和我一样，在读到此书之前，并不知李素英系何许人也。这位来自广东梅县的客家女子1933年毕业于燕大国文学系，学士论文为《词的发展》，自己的古典诗词也有相当高的水平。但本科毕业后跟随顾颉刚读研究生，硕士论文为《中国近世歌谣研究》，论文评阅人为陆侃如和陆志韦，答辩委员除上述二人外，还有郭绍虞、朱自清和导师顾颉刚，却都是后世如雷贯耳的人物。平心而论，李素英未必就是无名之辈，而上述答辩委员与当下某重点高校重点院系某答辩委员会成员相比，也未必有天壤之别，不过是人们常囿于所见所闻，或人云亦云，一些人充满光环，成为克里斯玛式人物，另一些人则默默无闻，随风而逝，并不是从自己的本心出发去观人阅世而已。

正如作者体察到的，作为一个文艺女青年，李素英的歌谣研究本意在于文学，即将歌谣作为“诗的祖宗”，目的在于让歌谣登上文学这座大雅之堂，同时尝试将研究领域扩及风土人情和思想、生活。但在顾颉刚的影响下，她的歌谣研究也带有鲜明的时代性和革命性，她不满于精英化的“普罗文学”，主张“以民众的感情、思想、话语为我们自己的感情、思想、话语，然后表现出来”，这显然与顾颉刚1928年的《民俗周刊》发刊词里的表达是一样的。但她更为激进，她认为这“仍是赝品”，认为这只是过程和手段，通过这个过程和手段，使民众不仅能创作歌谣，还能创作出歌谣以外的文学，这“才是真正的大众文学”。

当然，李素英最终还是回归为一个文艺女青年，选择以一种隐逸的方式从事着写作，那个颇具激情的硕士生成了一朵迅速消失的浪花。不过这恰恰说明，一个性格内向、酷爱纯文艺的青年在自己青春热血的岁月，在导师顾颉刚的影响下，当然也在那个知识分子以动员民众为己任的时代，也会迸发出她的一生中唯此一次的激情，在这瞬间，民族主义、浪漫主义、启蒙、移易……这些关键词悉数登场。

同样地，与李素英同年的硕士，也与李素英同样不为我们所知的薛诚之被作者推到了前台。

薛诚之的硕士论文是《谚语研究》，自是受到郭绍虞的影响。不过，与作者提到的从彼时至今的一个个谚语研究者相比，燕大的特点在薛诚之这里体现得十分明显，正如作者所提及的，薛诚之的硕士论文本题应为《中西谚语比较研究》，《谚语研究》只是简称。薛诚之的研究充分发挥了自己的多语种能力，不仅在研究对象上包括了不同国家的谚语，也参阅了不同国家学者的谚语研究，这使他的谚语研究不同于同时代人单纯的本土研究，也更符合一种语言学研究的要求。我不太清楚当时燕大研究生的培养方案及课程方案是怎样的，但至少燕大图书馆会更多地提供不同文种的学术书刊，这在薛诚之的论文中可以清晰地体现出来。

李素英的论文研究歌谣，薛诚之则研究谚语，在传统中国，又往往“谣谚”连称，故而歌谣和谣谚这两个分属民间文学和民间语言的概念有了重叠的关系。晚清刘毓崧在为杜文澜《古谣谚》所撰序中说：“至若周氏守忠之《古今谚》，则有谚无谣；杨氏慎之《古今谚》《古今风谣》，则谣、谚分载，然其去取界限不甚谨严，故古籍每有阙遗，而今语尤多芜杂。”[1]说明古人也认为谣与谚本为两种文类。他在为《古谣谚》所撰《凡例》中又说，“谣训徒歌”“谚训传言”，“然二者皆系韵语，体格不甚悬殊，故对文则异，散文则通，可以彼此互训”。[2]“徒歌”一般被解释为无音乐伴奏的清唱，我意可延展至韵白，即有韵律的讲或说，故此重叠部分似在韵文，即形式的方面或其有利于传播的方面。换句话说，当“歌”与“谚”加上“谣”字，意在强调其广泛传播性，即流行性（popularity）。

1 刘毓崧：《杜观察〈古谣谚〉序》，《通义堂文集·卷13》。

2 刘毓崧：《〈古谣谚〉凡例》，《通义堂文集·卷13》。

作者在本章强调的，是谚语的“语言”研究与“言语”研究之别，后者大差不差地可以替换为今人比较熟悉的“话语”。当然，在彼时的中国语言民俗或民间语言研究者中，这种意识并不强，至多是自在的而非自觉的。大约二十年前，我在一篇文章中提到，谣谚的创作者和传播者并不一定都是普通民众，也有可能是知识精英，[3]因此其特征并不一定在于其民间性，而在于其流行性。究竟对具体谣谚做何判断，就要看它是怎样“言语”，这个问题，同样存在于作者接下来叙述的燕大学生的传说、童话、寓言等研究中。

3 赵世瑜：《谣谚与新史学——张守常〈中国近世谣谚〉读后》，《历史研究》2002年第5期。

在这里，作者插入了对顾颉刚孟姜女故事研究的再认识，并以燕大社会学系学生对灵验故事、教育学学生对学龄前儿童故事的功能论解释等等作为国文学系学生“顾颉刚式”研究的参照物。我认为，这是各不同学科围绕各自学科问题、借助各自学科方法讨论相同研究对象的正常现象，并无是非高下之别。特别值得一提的是，他们的共性恰在于“言语”的研究。顾颉刚对孟姜女故事演变的研究是一种还原“真实”历史的研究吗？我以为，顾颉刚的做法是将一个被结构化了的文本拆解为一个个情节单元，然后把这些情节单元一一回置于它们各自产生的情境，并解释它们何时和为何成为后世所见之文本的逻辑自洽的组成部分，而这恰恰是对一个历史文本的解构。因此，他告诉我们的道理，正是一个历史文本是如何被一步步地建构起来的，而这个历史文本并不等于一般认为的那个客观真实的历史，而他在解释文本何以构成的时候，正是提供了这些“言语”的语境。

当作者把目光扫过燕大社会学和教育学学生对故事的研究时，民间文学或民俗学的诸多文类就已经溢出了传统的范围，成为不同学科的研究对象。而当李慰祖的《四大门》关注到那些讲述灵验故事的村民之所思所想及村落信仰，也便成了作者所谓的“语境研究”。不过，说这是在顾颉刚、钟敬文、黄石之外“劈出了一条新路”，似乎有将这些不同研究纳入民俗学或民间文学研究之嫌。对于历史学、社会学、宗教学等等来说，口头传统不过是解答他们各自学科问题的经验材料，比如顾颉刚的孟姜女故事研究，不过是他“层累地制造古史”说的滥觞，不过是他们各自学科的固有之路。对于民俗学或民间文学来说，这些研究固然有耳目一新之感，可以从中获得启发，但终归不会走上那条路。

在随后的章节里，作者讨论了李安宅、黄石、李有义，乃至杨堃、林耀华、费孝通等一众燕大血统大佬，并蝴蝶穿花似地掠过吾辈学人的学术见解，这时，我就发现已经不能再继续信口开河了。因为大家都明白，评论同辈人的学术是最难的，次难的便是评论自己老师、父执辈（当然如果是全面肯定就没有问题），从评论向上第三代开始就可以轻装前进了，故此本篇序文将很快刹车靠站。

余下的三言两语留给本书关于李安宅、黄石等人的“礼俗”研究，也牵扯到作者所看重的“社会学的民俗学”。诚如作者所指出的，在中国现代社会学的传统中，尤其是燕大社会学学人的研究中，民俗或folkway曾占有相当重要的位置。当然也不独燕大学人，曾在清华学习和任教的潘光旦的《明清两代嘉兴的望族》《中国伶人血缘之研究》诸书，也具有同样的旨趣。虽说这一社会学路径在中国民俗学史的研究中没有受到足够重视，但长期以来在中国文学和史学的内部，能与社会科学进行对话的人本来就是凤毛麟角。

李安宅以社会学的视角解读《仪礼》和《礼记》，固然有受到西方学者如孙末楠（Sumner，一译萨姆纳）等人提出的概念的影响，但我以为中国学者无论受到西方文化传统的影响有多大，都大不过生于兹长于兹的中国文化传统，李安宅对礼仪文献的研究如此，潘光旦对宗族的研究如此，费孝通对皇权与绅权的研究亦如此。事实上，中国传统史学（包括文献学）长期附着于经学，对于《仪礼》《礼记》这类文献的研究无法摆脱解经传统，恰是以前从未有过的新兴学科可以不受其儒学解释框架的约束，将其还原为一种社会-文化秩序的经验总结。

李安宅对“礼”的广义定义，是把人们常说的“俗”包含在内的，所谓folkway得到特定群体的认同之后就变为mores，而后者被社会精英整齐划一并赋予规训的意义后，则变为institution，因此“礼”是一个由日常行为（俗）到约定成制的过程，所以我们可以把“约定俗成”这句成语理解为因“约定”而“俗成”的因果关系，认同便是其中的关窍。至于“礼”，则是一种更高层级和更广范围的甚至被神圣化了的“约定”。因此，也有燕大学生在研究中将“礼”换用为“礼俗”，表明他们并不认为这是一个二元的概念，而是一个连续统一体。

我在撰写有关黄石的民俗学研究的文章时，并未对其倡导采用“礼俗”这个概念有所剖析，在经历了二十多年的经验研究和理论思考后，由于阅读本书的刺激，自然产生了一点新认识。作者认为，黄石的研究具有鲜明的本土特色，我深表赞同；作者也认为，黄石将“礼俗”等同于“民俗”，我略有异词。我以为，黄石之所以不用“民俗”“风俗”而用“礼俗”，恰恰在于他的本土特色，也是受到孙末楠、李安宅、瞿同祖，特别是瞿同祖的俗、礼、法三位一体概念的影响。他所强调的“礼俗”概念的两大特征，一是“公同的”，二是“传统的”，前者等于我说的“约定俗成”，后者等于另一个成语“相沿成俗”。

这两个特征与黄石采用“礼俗”这个概念有何关系呢？关键就在这个“公同性”不仅存在于社会的下层，也包括社会的上层，非此不能称为“公同”。我们所说的地域、族群，乃至国家认同，都指向特定地域和特定时代的全社会，这与民俗学长期以来将普通民众的文化或民间文学将民间口头叙事作为先设的对象是有很大不同的，这就是为什么费孝通和吴晗可以研究皇权与绅权、李安宅可以研究《仪礼》和《礼记》的原因所在。因此，所谓“约定俗成”或“约定礼成”（民间婚俗也可以有一道“礼成”的程序），不仅是大多数普通人的约定，也是普通百姓与知识精英甚至与国家的约定，就是全社会的“共谋”。这当然也是为什么黄石用“礼”来替代“民”的缘故，因为一旦全社会都是“礼俗”的行为者，是否强调特指普通民众的“民”就毫无意义了。

写到这里，必然涉及本书的终章，folklore和folkways这“两条路径”。按照作者的梳理，前者是从民间口头叙事起家的民俗学路径，后者是社会学的民俗研究路径。至少在字面上，作者没有做出什么褒贬和选择，尽管他再三征引的吴文藻对后者的褒赞之辞，多少透露出了一丝倾向。对于“第三者插足”的我来说，只能阐明作为一个历史学者对民俗以及民俗学的立场，对行走在上述两条路径上的不同学者表示出足够的尊重和理解，而对于作者来说，则必须面对近年来一些学者对民俗学本体论的理论建构，因为这是涉及民俗学的学科本位，也即民俗学何以安身立命的大问题。

不过至少可以说，多年前民俗学被确定置于社会学一级学科之下，也并非都出于现实考量而没有学理。本书对燕大民俗学研究的梳理，证明这种做法并非无源之水、无本之木，问题在于自那以后投入民俗学门下的学生是否真的了解和理解这条几乎中断了的民俗学研究之路，而本书的意义便在于此。

琅琅书声，出尔之口。入我之耳，化为深思。

写成于2021年国庆“黄金周”

自　序

一

2002年，正值读博期间，我接触到了燕京大学（燕大）的毕业论文。

当年，在北京师范大学图书馆旧馆二层的民国期刊阅览室，我花了半个多月的时间研读李慰祖（1918—2010）刊发在辅仁大学（辅仁）外文杂志*Folklore Studies*（《民俗学志》）第七卷上的长文："On the Cult of the Four Sacred Animals （Szu Ta Men四大门） in the Neighborhood of Peking"。感其精要、翔实，起了翻译的贪念。同届攻读博士学位的《民俗研究》时任主编叶涛教授，正一心研究泰山香社，知悉后，对之表现出同样的兴趣，亦鼓励我翻译。在翻译了近三分之一的篇幅后，方从杨念群教授处得知，这是李慰祖在燕大的本科毕业论文，其中文原版在北京大学（北大）图书馆。

其实，早在1999年前后，赵丙祥兄就多次给刚读民俗学专业研究生的我礼赞过包括《四大门》在内的燕大毕业论文，只是懵懂无知的我不知其堂奥，无动于衷。然而，即使是博士学习期间的阅读，我也基本止步于《四大门》和马树茂《一个乡村的医生》数篇。2007年秋冬，李华伟兄正在北大攻读博士学位。在其帮助下，我在北大图书馆的燕大论文阅览室固守数月，阅读了数十篇毕业论文，尤其是杨堃（1901—1998）先生指导的毕业论文，做了些笔记。虽然私下里常给师友感叹这些质优论文的蒙尘，还不时在课堂上给学生提及，但也基本止步于阅读和笔记，读后感都未能写出一篇。

2013年，以田野调查为主的老北京“杂吧地儿”——天桥（《空间、自我与社会：天桥街头艺人的生成与系谱》《老北京杂吧地：天桥的记忆与诠释》）、乡土宗教与庙会（《灵验·磕头·传说：民众信仰的阴面与阳面》《行好：乡土的逻辑与庙会》《朝山》）等经验研究，大致告一段落。此后，由于诸多原因，我的兴趣转向了学科史、学术史，注意力集中到了念念不忘的燕大这批毕业论文和辅仁的《民俗学志》。借必须完成国家社科基金项目“北平燕京大学及辅仁大学的民间文学、民俗学研究（1931—1949）”（14BZW153）的外在压力，八年来，我总算较为系统地阅读了相关的论文，以及开放也让查询的一些档案资料。仅就与课题关联紧密的燕大毕业论文而言，前后细读了百余篇。

因应新的技术手段，燕大毕业论文已经被北大图书馆数据化，无法查阅纸版。以保护知识产权的名义，这些数据化后的毕业论文不能下载、传输、打印，只能有北大正式身份的人（账户）才能在线浏览。开放的同时，形成了新的锁闭。有形的墙，幻化为无形。在相当意义上，这道无形之墙，对原本应该是公共学术资源和遗产的燕大毕业论文的传播、潜在受众的研读，形成了多少有些霸道的阻击。燕大，俨然成了北大的私产，雪藏在或波光粼粼或烟雾缭绕的未名湖畔，可望而不可即。绞尽脑汁，想尽种种办法，我才得以断断续续地面对电脑屏幕阅读燕大论文。这让双眼付出惨重的代价。原有的近视、散光，快速叠加了老花与飞蚊症。纵然如此，因为骨子里的喜好，在边读边记的同时，居然有了不少以前碎片化式阅读时没有的想法。

对于一向不墨守成规的我，双眼的抗议毫无用处。为了弄清事情的来龙去脉，层层剥茧、按图索骥、扩大阅读范围，也就自然而然。除当事人的学术著述之外，日记、传记、文学作品、档案材料、相关人士的回忆、他者的研究著述等，都在我搜罗、品味之列。于是，有了本书中常常由人到文、由文到事、由事到理、由理而情，最终再由情及人与世而不乏冗长琐碎也天马行空的文字。

毫无疑问，如此一路哩哩啦啦、修修补补的这些文字，虽然有繁杂、确凿的注释，却更类似于心猿意马，甚或言不由衷、词不达意的随笔，而非中规中矩、西装革履、大腹便便的学术著作。

二

同处京城，同为教会学校的燕大和辅仁之间关联紧密。陈垣校长（1880—1971）、顾随（1897—1960）、杨堃、李慰祖等人均与两校有着诸多渊源。更为关键的是，正如我在本书的姊妹篇《“土著”之学：辅仁札记》（九州出版社，2021）中呈现的那样，在二十世纪三四十年代，与燕大师生主要受英、美、法影响而竭力将社会学本土化、将民俗学社会科学化（抑或说“社会学化”）的诉求、实践不同，与辅仁有着诸多关联的叶德礼（M. Eder，1902—1980）、贺登崧（W. Grootaers，1911—1999）、司礼义（Paul Serruys，1912—1999）等“他者”，则深受维也纳学派（Wiener Kreis）的影响，身体力行地建构着他们自己的中国民俗学的研究范式，甚或说学派。

当然，“土著”依然是一个比喻、象征，或者说理想、愿景。正如世界上不会有两张完全相同的树叶一样，也不会有两个完全一模一样的人。研究者可以无限接近当地人，效仿并与当地人雷同，当地人也可以转型、化身为研究者。但是，就像数学中的“渐近线”所指一样：它无限接近一个轴，却永远不会与这个轴重合，只能无限趋近于重合，或者说趋近于零。正是如此，在《“土著”之学》中，“类土著”与“土著”具有同等的重要性，或者更胜之。在此意义上，我所使用的“土著”也就成为刘禾意义上的一个“超符号”（super sign）。作为交际媒介和识别符号，它暴露在生活现场、田野现场、认真或漫不经心涂抹的书页和潜在受众的心灵之旅之中，不断超越其原有的假设含义而衍生出跨越文化边界的意义，指向了人何以为人和所有作为常人-小人的人性之美，至少是共性。

尽管在后来的中国民俗学，以及社会人类学、方言学、历史地理学、宗教学、民族学等诸多人文社会科学的学科史中，这些努力基本上湮没无闻。异曲同工的是，燕大和辅仁不同路径的民俗学（含民间文学）研究，对民俗语汇等民俗事象本身表现出极大的兴趣，对民俗本身投入了司礼义所言的“**全部的精力**”。不仅如此，基于承认（认可）优先，这些开创性的，渗透着浓浓暖意的“**热描**”，还有着当下学界一本正经呼召的历史感、语境感、现场感，和主客一体、共情的伦理道德，正能量满满。

换言之，对二十世纪三四十年代燕大和辅仁的民俗学研究而言，“民”与“俗”不再仅仅是民族主义、浪漫主义延伸的触角与具象，不再仅仅是要启蒙与移易的对象，不再仅仅是为文学、史学或社会学服务的工具，尤其是不再仅仅是对象化的客体，而是需要理解、共情并叙述、比较和说明的那个动荡多艰岁月中的民众的“**日常生活相**”，或者说“**日常生活态**”。承认优先甚或低姿态、与民一体且共情的民俗学，俨然“**在野**”之学，有了不随波逐流的反抗的意味。正如日本民俗学家岛村恭则所言：

> 有别于霸权、普遍、中心、主流等社会面相，民俗学则试图理解位处不同次元的人们的生活。亦即，相对于前者建构出的知识体系，民俗学借由内在地理解前者与后者的关系，而孕育出超越性的知识与见解。

这种站位，也使得这些在后世如“微尘”，对某些人而言也是“粉尘”的学术成果，迥然有别于既有的中国民俗学学科史勾勒出来的波澜壮阔的不停在线性进化的政治性，以及革命性而又红又专之“英雄”面貌。反而，它以其“蒙尘”的方式、策略，以其粉尘的异味、傲然，特立独行和自我放逐，从而反向赋予了既有的正确而恢宏的学科史以高大上也千篇一律、千人一面的“史诗”属性。

大浪不一定淘沙！大浪也可能淘金，抑或携沙没金，荡涤得空无一物，空空如也！

因为语言、政治以及学术歧见、英雄史观、氓众主义的盲从、上下求索独立思考精神的缺失等种种原因，无论燕大还是辅仁，所有这些前辈堪称优秀的成果，至今仍然没有全面进入中国民俗学和相邻人文社会科学的视野。为此，与“辅仁札记”一样，本书在偏重歌谣、谚语、传说故事等传统意义上的“民间”文学，也即广义上的“口耳”之学的同时，力求有点有面地再现相关研究的原貌，试图多少展现些作为一门学科的中国民俗学，在内因和外力混融支配下，蹒跚前行的斑斓生态与盎然生机，揭示这种多元生态如蟒蛇蜕皮般内发性发展的必然，从而给予这些研究在百年学科史中一个原本应该有的位置。

此外，我也尝试展现在动荡岁月中的古色古香、活力满满，犹如世外桃源般的燕园中，教学相长、脚踏实地也其乐融融之学术图景的冰山一角，以求为如今千百万国人憧憬而作为观光目的地的湖光山色依旧、屋舍俨然的燕园，增加些许原本有的缕缕屐痕、底蕴。对辅仁、燕大这些教会大学的研究，其纷繁复杂、众说纷纭的制度性层面和在中西文化之间的兴衰沉浮，即其“大”历史，更易引起始终热衷于“家国叙事”的人们的兴致。有鉴于此，本书舍此坦途，反向行之。与“辅仁札记”一样，本书直接面对的是一个杂合、杂拌、杂吧的“小”学科的研究成果本身，面对的是多种因素合力的制度性建构的终端与神经末梢，面对的是不乏稚嫩、野性、反抗性又坚韧执着的杂芜相。

对我而言，这些在惯有的学术史写作之外的名不见经传，甚或被故意排除在“主流”学科史视域之外的学问、研究，都有了别样的风味、韵致与意义：无论是李素英的歌谣学、薛诚之的谚语学、杨文松的故事学，还是李安宅的语言民俗学（意义学）与文化社会学、黄石的民俗学以及礼俗学——社会学的民俗学；无论是张中堂的泰安大眼滴、李有义的山西徐沟，还是万树庸的黄土北店村、蒋旨昂的卢家村；无论是虞权的平郊村（前八家村）房舍，还是邢炳南的平郊村农具；无论是王纯厚的北平儿童生活礼俗，还是周恩慈的北平婚姻礼俗……

至少，它们是我的经典！

三

在一定意义上，这组札记各章可以分别视为我尝试释读的相关著述的前引或导读。这些对故纸堆的探寻与叙述，多少隐含着读史、说史甚或写史的私情。然而，人的辨识能力、认知能力以及表达能力都是有限的。何况渺小、愚钝如我者！普鲁斯特（Marcel Proust，1871—1922）曾言：

> 历史隐藏在智力所能企及的范围以外的地方，隐藏在我们无法猜度的物质客体之中。

鉴于欲望和能力之间无法逾越的鸿沟，在本书中，我无意为侧重于连续性和因果释读的“全面历史”添砖加瓦，仅试图呈现些“**总体历史**”在意的序列、集合和非连续性。与其说本书勾画的是历史的“掌纹”，不如说尝试再现的是历史的“**裂痕**”。虽然作为一个连续体、一片混沌，历史本身并不存在断裂，也无所谓断裂。甚或可以说，历史抑或存在本身就是由裂缝构成。所幸的是，“真正的历史”抑或说“总体的历史”，正是追寻那种“非连续性”，追寻“差距的激情”！福柯（Michel Foucault，1926—1984）曾言：

> 但是，真正的历史感证实：我们存在于无数迷失的事件之中，它没有界标，也没有参照点。（But the true historical sense confirms our existence among countless lost events, without a landmark or a point of reference.）

因为基本是搜索“被遗忘在故纸堆里的无名呼声”，无论单章还是整本，面对新材料不时促生的碎片化的新想法——奇思异想（当然完全可能是妄想），试图准确转述前人观念的冲动，以及力求对某个文本或作者无误的引用，从而让被忘却的前贤，直接走上前台现身说法，我经常都意识到：本书的页数在潜滋暗长！

限于体力、精力与能力，我无意建构出某种纷繁复杂、完备自足的知识谱系，甚或艰涩、深奥当然也体大虑周的曼海姆（Karl Mannheim，1893—1947）意义上的“知识社会学”（Sociology of Knowledge）和福柯意义上的“知识的考掘”（L'archéologie du Savoir）。我丝毫不希望不懂透视的我的这些“素描”，有任何不食人间烟火而神秘兮兮的“神圣”意味，不希望我的叙事，有任何面目可憎却佯装温情的“权威”脸，以致给人君临一切的谵妄、呓语之感。但是，我也确实希望：

1. 我不遗余力的捕捉、打捞，能多少呈现些由微小“事件”“人物”组成的庞杂的集合体、有机体与流体，能扬起些或馨香或刺鼻的历史的“微尘”；

2. 这些淡淡的、隐隐的，貌似偶然并存在着细微偏差的人事之“尘埃”或者说“粉尘”，能多少揭示出同一性中的异质性、必然性中的偶然性、胜利性中的失败性，从而能对有心者产生些许触动，及至有些微助益，哪怕仅仅是不可名状的感伤。

四

然而，这终究是一本尚未完成也似乎难以完成的札记！我也丝毫不怀疑，它可能很快沦为被再次逆向淘汰的“历史”，成为被丢弃或搅碎的废纸，或束之高阁，或覆酱瓿酒瓮，或弃之地摊、犄角旮旯，遮灰蒙尘！

往返奔波的搜寻、睁大眼睛的阅读、苦心焦虑的写作，多少使本书有些淡淡的愁思和怅然。数年来，每写完一个篇章，人都有久病不愈的虚脱之感，不时还会莫名其妙地大汗淋漓，哪怕窗外蓝天白云、阳光明媚，哪怕夜空朗朗，明月高悬！时常，眼眶湿润甚或泪流满面的我，都有着不知身处何地何时的虚无感、荒诞感。这种共情，更多是对人生的体悟，对宇宙洪荒、天地万物的敬畏，对小我的礼赞和悲悯，反而与阅读的那些文字本身或某个具体的人、事以及所谓学问的关系不大了。

我学习语言的能力一直是智障级别。学了多年的英语始终是标准的“哑巴语”，勉强能望文生义地阅读。对阅读过程涉及的日语、法语、德语等文献，睁眼瞎般的我，只能望洋兴叹。不少问题，徒有感悟，却只能临渊羡鱼，偃旗息鼓。

除已经写过但本书未收录的孙末楠（W. G. Sumner，1840—

1910）、杨堃、黄迪、费孝通、蒋旨昂之外，张东荪、许仕廉、杨开道、赵承信、廖泰初、石堉壬、陈封雄……这些主动或被动的“隐者”，是我一直都想也试图去写的，还不乏在电脑上敲出了些字符。然而，因为疑虑、延宕以及固执，一切终如折戟之翼……

略感欣慰的是，对于中国学界而言，本书有限的呈现也许能够说明：这些主动退隐或被遮蔽的先贤的中国民俗学研究，犹如随风飘逝的瓣瓣梅花，大抵在故纸堆或数据库中享受着少人问津的蒙尘之运，正所谓“零落成泥碾作尘”！但是，当我们愿意驻足低头凝视时，就会发现其依旧香气袭人，“只有香如故”了！

至少，这些在我看来的**经典著述**和这些**经典著述行为本身**，都彰显着民族的精神，回归风俗抑或说民俗之本意、常相。1984年，在《谈谈风俗画》一文中，深知民俗三味的汪曾祺写道：

> 风俗，不论是自然形成的，还是包含一定的人为的成分（如自上而下的推行），都反映了一个民族对生活的挚爱，对“活着”所感到的欢悦。他们把生活中的诗情用一定的外部的形式固定下来，并且相互交流，融为一体。风俗中保留一个民族的常绿的童心，并对这种童心加以圣化。风俗使一个民族永不衰老。风俗是民族感情的重要的组成部分。

末了，要声明的是：关于燕大民俗学（狭义）研究——**社会学**的民俗学——的来龙去脉、因因果果、终与始，尤其是与“社会学本土化”或者说一直在本土化路上的社会学的相互缠绕的复杂关系，其学术实践、理论与方法（论）以及在学科史上可能有的意义，则都是下一本书，也是“历史的掌纹”系列第三部《终始：社会学的民俗学（1926—1950）》的任务了。

二〇二一年五月十八日于铁狮子坟

目 录

壹

歌谣，文学的与社会的

山头雪，万峰见，弱女伤心有谁怜？

——西藏歌谣

1933

李素英燕京大学本科毕业照

燕京大學文學院國文學系學士畢業論文
評閱者
國文學系
文學院院長
李素英 學號W二九〇二一
民國二十二年五月
詞的發展
燕京大學

李素英学士毕业论文封面

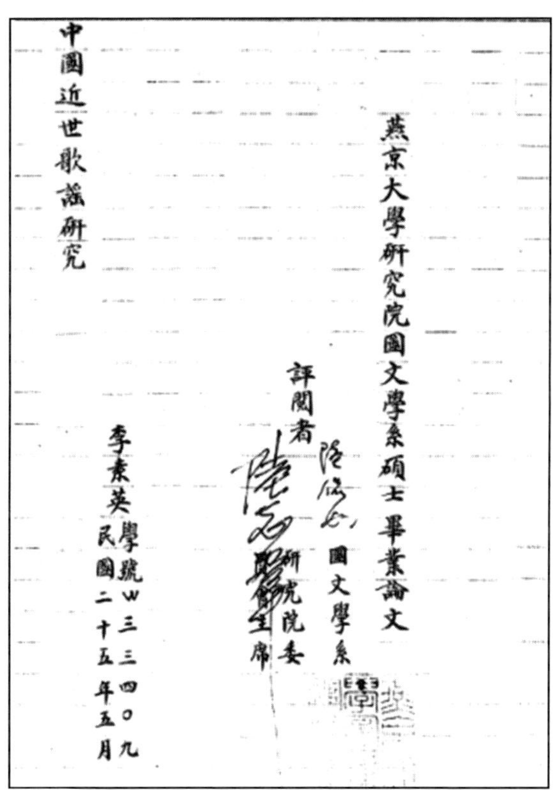

燕京大學研究院國文學系碩士畢業論文

評閱者

國文學系

研究院委[illegible]主席

李素英 學號W三三四〇九

民國二十五年五月

中國近世歌謠研究

李素英硕士毕业论文封面

一　雪地闲聊

> 这已是九年以前的事了。那天，正是大雪之后，我与尹默在北河沿闲走着，我忽然说："歌谣中也有很好的文章。我们何妨征集一下呢？"尹默说："你这个意思很好。你去拟个办法，我们请蔡先生用北大的名义征集就是了。"第二天我将章程拟好，蔡先生看了一看，随即就批交文牍处印刷五千份，分寄各省官厅学校。中国征集歌谣的事业，就此开场了。[1]

早在1913年，周氏兄弟就有意识地开始搜集歌谣与童话了。[2]1914年2月14日，在其主编的《绍兴县教育会月刊》第四号，周作人（1885—1967）正

1　刘复，《海外民歌序》，《语丝》第一二七期（1927），第3—4页。

2　周作人，《鲁迅的青年时代》，北京：北京十月文艺出版社，2013，第76—78页。

式刊载了《征求绍兴儿歌童话启》。[3]但是，1918年刘半农（刘复，1891—1934）与沈尹默（1883—1971）的这场“雪地闲聊”，因为北大的关系，与个体行为和集体行为之别，而被后人不断引用、诠释，从而富有了浓厚的象征意味和学科史、学术史价值。[4]在相当意义上，尽管有着商榷的空间，但现代学科意义上的中国民俗学（运动），尤其是歌谣学（运动），发端于此次“雪地闲聊”已经是中国民俗学学科史的常识，也是民俗学教科书基本的知识点。

1918年，因应上述雪地“闲谈”，在时任校长的蔡元培（1868—1940）的首肯下，北大设立了歌谣征集处。1920年，北大研究所国学门的歌谣研究会正式成立，由沈兼士（1887—1947）、周作人共同主持。1922年，《歌谣周刊》创刊，常惠（1894—1985）、周作人任编辑，钱玄同（1887—1939）、沈兼士、顾颉刚（1893—1980）、董作宾（1895—1963）、魏建功（1901—1980）等都是出力甚多的健将。至1925年，《歌谣周刊》共计出版了97期（实为96期），刊发歌谣2200多首，刊载研讨文章约200篇。

随着北伐战争的胜利，民俗学的研究重镇也由北京转移到了国民革命的圣地广州。1927年，中山大学（中大）的《民间文艺》，即后来的《民俗周刊》，继续刊发歌谣及相关研究。作为中大民俗学

3 周作人，《征求绍兴儿歌童话启》，《绍兴县教育会月刊》第四号（1914），第25—26页。

4 Hung, Chang-tai. *Going to the People: Chinese Intellectuals and Folk Literature, 1918-1937*, Cambridge and London: Council on East Asian Studies, Harvard University, 1985, p. 39；赵世瑜，《眼光向下的革命——中国现代民俗学思想史论（1918—1937）》，北京：北京师范大学出版社，1999，第69页；陈泳超，《中国民间文学研究的现代轨辙》，北京：北京大学出版社，2005，第23、144页；刘锡诚，《20世纪中国民间文学学术史》，开封：河南大学出版社，2006，第78、97页；徐新建，《民歌与国学：民国早期“歌谣运动”的回顾与思考》，成都：巴蜀书社，2006，第18页。

运动的一部分，中大语言历史学研究所编辑出版的“民俗丛书”也包括了数十种歌谣集。此外，杭州、福州、厦门等地也有歌谣及相关研究不时见之于诸多报章杂志。

1935年，北大文科研究所决定恢复歌谣研究会，聘请周作人、胡适（1891—1962）、顾颉刚、常惠、魏建功等人为委员。1936年2月26日下午，该委员会召开首次会议，燕大尚未毕业的硕士研究生李素英参加了仅有胡适、顾颉刚、常惠等共计八人参与的此次会议。[5]会议形成了如下决议：重办《歌谣周刊》；编辑《新国风》丛书，专收并印行各地歌谣专集；组织风谣学会；整理《歌谣周刊》前九十七期，分类编辑印行，并决定聘请李素英和徐芳（1912—2009）为《歌谣周刊》编辑。[6]

5 顾颉刚，《顾颉刚日记第三卷（1933—1937）》，台北：联经出版事业股份有限公司，2007，第446页。

6 顾颉刚，《顾颉刚民俗论文集·卷二》，北京：中华书局，2011，第580页。

1935年毕业于北大文学院中国文学系的徐芳，时任北大文学研究所助理员。其本科毕业论文，是在胡适指导下完成的《中国新诗史》。[7] 该文点评了包括胡适、郭沫若（1892—1978）等在内的三十五位新诗人。那么，李素英何许人也？她为何会同样被委以《歌谣周刊》编辑的重任？

7 徐芳，《中国新诗史》，台北：秀威资讯，2006。

二　李素英其人

李素英（1910？—1986），亦名李素，广东梅县人。虽然绝对是燕大的杰出校友，但是在目前已经出版的两辑《燕京大学人物志》中，[8]没有李素

8 燕京研究院编，《燕京大学人物志·第一辑》，北京：北京大学出版社，2001；《燕京大学人物志·第二辑》，北京：北京大学出版社，2002。

英，也没有李素的名字。关于李素英的生平，可查的文献不多。根据其散文集《燕京旧梦》以及《窗外之窗》中《忆童年》一文的零星记述，我们大致可以略窥其生平。

李素英的父亲李同（字季子，1883—1910？），生前是梅县的一位小学校长，诗书画皆精。受同盟会影响，1907年梅县在地化的革命组织冷圃诗社成立。李同是该社的核心人物，但他英年早逝，虚龄仅二十八岁。[9]更为不幸的是，李素英的母亲也很快撒手人寰。

在父亲冷圃诗社故交曾辩（伯谔）等人的养育、支持下，李素英辗转上海圣玛利亚小学、广州白鹤洞真光中学附属小学和上海圣玛利亚女校就读。在圣玛利亚女校读中学时，李素英参加了商务印书馆主办的短篇小说征文比赛，其《苦境余生》获第二名优胜奖旗，也荣获过全校中文作文成绩最佳的金奖章。[10]中学毕业后，为谋生计和积攒学费，她做了一年家庭教师。1929年，她考入燕大。虽然数学仅考了18分，但她的国文和英文均获得90多分的佳绩，总成绩符合录取标准。[11]在读期间，经济窘困的她，勤敏好学、才美外现，得到燕大诸多师长的呵护、提携与肯定。

大学二年级始，她的文学，尤其是诗词（包括英文诗）创作才能，得到顾随、钱穆（1895—1990）、吴宓（1894—1978）和冰心（1900—1999）等人的称赏，在《燕大月刊》《燕大旬刊》

9 根据大量地方文献，郭真义研究指出，逝世于1910年的李同，其才情深得友人赞赏，所谓“既极巧于书画，复擅妙于诗词”。在给柳亚子（1887—1958）的诗中，后来成为中山大学教授的古直（1885—1959）真切地表达了对早逝的李同的痛惜之情，云：“李生爱此地，相与结吾庐。手艺百盆兰，复聚千卷书。啸傲南窗下，栖迟常多娱。悲来发浩歌，往往缺唾壶。方将招梅鹤，何期竟兰枯。门巷今依然，风景将无殊。感此一长叹，吾恨良难舒。”然而，李素英的生年与其父的卒年是否都在1910年，还有待进一步考证。按照李素英晚年的回忆，她显然和父亲一起生活了三至五年，而且不仅是对外人，就是对丈夫、子女等至亲，其生日始终都是秘密。分别参阅郭真义，《南社的梅州籍成员与冷圃诗社》，《广东技术师范学院学报（社会科学）》2010年第3期，第29—31页；李素，《窗外之窗》，香港：山边社，1984，第50—94、127页。

10 李素，《燕京旧梦》，香港：纯一出版社，1977，第219页。

《北斗》《文艺月刊》等刊物发表新、旧文学作品多篇。诸如：

11 李素，《燕京旧梦》，第21—23、35页。

西江月·红叶

憔悴不关忧世，千山眉黛低长。待邀落日共飞觞，醉抹弥天锦浪。

万事从今撒手，乘风欲返仙乡。留将红泪染秋光，水底人间天上。

八声甘州·骆驼

骆驼行闹市中，目光茫然。若苦人间冷酷，反不如沙漠之温热者。

爱平沙万里独闲行，对空际（漫）凝眸。看长虹高卧，天涯清景，海市蜃楼。夕照双峰屹立，安步似王侯。胜五陵年少，驷马轻裘。

举目河山迥异，笑蝇飞蚊逐，滚滚如流。甚凄凄漠漠，人海等荒邱。愿担当千钧垢秽，喷清泉洗尽一天愁。重回首，远山烟霭，归思悠悠。[12]

12 李素，《燕京旧梦》，第122页。

顾随赞李素英“诗写得不坏，词则更佳，宜于写长调”。[13] 曾经给李素英上过“翻译术”的吴宓，更是将其作品收入《空轩诗话》，点评云：

13 李素，《燕京旧梦》，第111页。

其诗与词均卓然独到，能以新材料入旧格律，所作苍凉悲壮，劲健幽深，而词较诗尤胜。诗有《西蜀有大鹏》长篇，盖因读碧柳吴芳吉君集，即仿其体，以吊碧柳者。已刊入《白屋遗书》中。李女士从顾随君学词，故颇肖其师体。然价值光辉自在，实可称今之作者。……隐括现今时代之事象精神，显示作者之人生观，深曲盘健，具见才力。[14]

14 吴宓，《吴宓诗话》，北京：商务印书馆，2005，第227—228页。

对“留将红泪染秋光，水底人间天上”一句，吴宓赞之曰“高唱入云”；对写就于伪满洲国成立次年，即1933年的《八声甘州·骆驼》，吴宓读出了李素英“恒多忧时爱国之意”，认为其“英雄壮怀”乃“追步辛稼轩刘改之”。[15] 事实上，如后文将要呈现的那样，正是李素英与生俱来的感怀伤时的忧国忧民的济世情怀，使得她主观上试图将歌谣拉回高雅文学殿堂的努力，客观上受到制约，反而情不自禁地凸显了歌谣的社会性与“**革命性**”之复杂面相。

15 吴宓，《吴宓诗话》，第227页。

在本科二年级上钱穆开设的国文课时，李素英写就了习作《燕京赋》。用古旧的赋体，这篇习作写出李素英眼中的燕园景致，和在这惬意的湖光山色中，处处洋溢着时代气息、青春气息的读书、上课、谈情说爱、游玩嬉戏的校园日常生活。其首段云：

平西郊外，海甸乡中，十顷庭院，林木蔚郁，百里湖山，烟雨迷蒙。华屋星罗，有如帝子之殿；亭台棋布，仿佛王者之宫。暮揽西山之夕照，落霞片片；夜窥东冈之新月，明星点点。涟漪波光，摇漾于前湖后湖；晓雾残云，掩映于小岛大岛。塔耸于东，与烟突同凌霄汉；钟悬于西，合棋杆共参云长。广场、宿舍、科学馆、课室楼，殆不知其若干座矣。[16]

16 李素，《燕京旧梦》，第17页。

《燕京赋》让钱穆终生难忘。及至晚年，钱穆仍在回忆录中盛赞李素英“文特佳”，并将之视为其“任教国文一最后成绩也。”[17] 1933年，在顾随的指导下，李素英写了题为《词的发展》之本科毕业论文，约四万字，亦得顾随首肯。后来，该文仍以“词的发展”为题，分两部分连载于1935年《民族》第三卷第九、十期上，署名李素。虽然准备仓促，但她领受的郑振铎（1898—1958）交付的“唐宋大曲考”的写作任务，[18]同样如期完成，并正式刊发。[19]

17 钱穆，《八十忆双亲、师友杂忆合刊》，北京：九州出版社，2011，第151页。

18 关于写作此文的缘起与过程，可参阅李素，《燕京旧梦》，第178—179页。

19 李素英，《“唐宋大曲考”拾遗》，《文学》第二卷第六号（1934），第1093—1103页。

因本科阶段表现优秀，1933年她成功申请了哈佛燕京学社的研究员，兼做燕大研究院的研究生，师从顾颉刚，开始了近世歌谣的研究。[20]1934年，署名李素，李素英在郑振铎主事的《文学季刊》创刊号、二期、三期上刊发了小说《容的一生》。同年，与毕业于燕大政治学专业的同乡曾特（亦名曾特生）喜结连理。1936年，在获得硕士学位之后，李素英与曾特于同年7月离开北平到了南京。此后，李素英先后在南京、梅县两地教过数年中学和大学。

20 李素，《燕京旧梦》，第184—187页。

1941年，在重庆，李素英先后协助冰心、燕大学姐李曼瑰（1907—1975）编辑《妇女新运》。1945年，随同被派往捷克大使馆做一等秘书的夫君曾特，李素英旅居布拉格。1950年，应时局变化，举家从布拉格经巴黎回居香港，在培道中学教授国文，重启了散文、诗歌创作，回归典雅文学。1956年，李素英加盟了钱穆主持的新亚书院，婉拒了登台授课的邀请，而在图书馆工作。[21]1980年，李素英移居美国，1986年在美过世。除《燕京旧梦》《窗外之窗》之外，李素英还留下了散文《被剖》（1955）、《心籁集》（1962）、《读诗狂想录》（1969），诗歌《远了，伊甸》（1957）、《生之颂赞》（1958）、《街头》（1959），和译著简·奥斯汀《傲慢与偏见》（1954）、马拉·费文拉《红色列车》（1958）等多部作品。

21 李素，《燕京旧梦》，第155—156页。

这些累累硕果，使得李素英成为香港文学研究无法越过的对象。[22]对于早在二十世纪三十年代就崭露头角，一生却少为人知的作家李素英，司马长风（1920—1980）有过如下素描：

22 如：潘亚暾、汪义生编，《香港文学史》，厦门：鹭江出版社，1997，第360—363页。

> 李素女士，人如其名，太素了，素得一尘不染，甚至无影无踪。……一样的话，由李素女士讲出来，声音就特别小，近在身旁的人，都听不到。声音小，甘于淡泊素静，因此成名很早，著作累累，少为人知。[23]

23 司马长风，《李素和她的旧梦》，见李素，《窗外之窗》，第iv页。

甘于素静、不为人知、不愿人知，应该是李素英的基本生活风格。如前文提及的那样，就是对丈夫、子女等至亲，其生日都是秘密。1939年，也就是她离开燕大的第三年，在燕大研究院同学会编的会刊中，有李素英毕业的时间、毕业论文名，但是她当时的工作单位、身份、住址信息都只有“未详”两个字。[24]

24 《燕京大学研究院同学会会刊》，1939，第141页。

三 《中国近世歌谣》概况

1933—1936年，在燕大研究院师从顾颉刚时，国文功底雄厚的李素英几乎想将自己完全献身给伟大的歌谣研究事业。在顾颉刚等人的影响下，年少才高、志向远大的李素英，对于歌谣这“包藏了一个民族所应有的一切”且“最原始的文学渊源”，萌发了“穷其究竟的热烈愿望”，欲在“这一片无际的荒原——新土”开辟、垦殖与驰骋，从而“替近十余年来国人对歌谣的提倡、搜集、讨论与研究，结算第一篇账目”。[25]当然，备受诸位名家称赞，诗词造诣和研究能力均可圈可点的李素英研究歌谣，多少还是有着“诗词”之私心。

25 李素英，《中国近世歌谣研究》，北平：燕京大学研究院国文学系硕士毕业论文，1936，第1页。

晚年，在回忆自己当年的抉择时，李素英写道：

> 固然我多少是受了顾老师的影响，但我自己因为喜爱诗词，就想去穷究诗的祖宗——歌

谣，想从中发掘它的精华，把它从读书人及一般人的轻蔑眼光中超拔出来，提升到文学的领域里。它是最原始的文学形式，具有最天真纯执的感情，同时又表现了各时代、各地域的民情、风俗、思想、习惯和生活，它的内容也是无限丰富的。……若是能扩展文学研究的范畴，则研究歌谣也未尝不是在学术方面有所贡献。[26]

26　李素，《燕京旧梦》，第188页。

《中国近世歌谣研究》这篇硕士毕业论文共计154页，约10万字。其章节目次如下：

绪言
歌谣的分类
歌谣的内容（上）（下）
各地歌谣的特质（上）（下）
歌谣的形成
歌谣的修辞
以文艺的眼光估定歌谣的价值
歌谣对以往及未来问题的关系
结论

1936年6月5日，该文通过答辩，口试委员包括顾颉刚、郭绍虞（1893—1984）、陆志韦（1894—1970）、朱自清（1898—1948）和陆侃如（1903—1978）五人。[27]

27　顾颉刚，《顾颉刚日记第三卷(1933—1937）》，第482页。

虽然在后来的学术史研究中无人提及，也只有洪长泰、季剑青等极个别的学者引证过李素英正式刊发在《文学年报》《歌谣周刊》中的歌谣研究成果，[28]但她的这篇硕士毕业论文即使不能说在歌谣研究史中承前启后，也绝对意义非凡。首先，它对此前中国近世歌谣搜集与研究的成果首次进行了系统的梳理、归纳与总结。其次，它明显地试图将歌谣拉回文艺的“正统”之路，强调歌谣的文学、文艺根性。结合大量实例，该文全面分析探讨了歌谣的分类、内容、特征、形成、修辞、价值，对歌谣进行了卓有成效的形态学研究。

28 Hung, Chang-tai. *Going to the People: Chinese Intellectuals and Folk Literature, 1918-1937*, p. 68, 222; 季剑青，《北平的大学教育与文学生产：1928—1937》，北京：北京大学出版社，2011，第 108—110 页。

尤为重要的是，如果说在胡适、周作人、朱自清等人影响下，上述这些对歌谣之文学特质的认知，即形态学抑或说文体学的研究相对保守、中规中矩，那么在顾颉刚掌舵的通俗读物编刊社一系列实践的影响下，李素英还情不自禁地辨析出了歌谣之激进，抑或说革命性的一面，并下意识地指出了对于民众和灾难深重的中国而言，从“歌谣运动”向**“歌谣革命”**递进的可能性。

事实上，在李素英潜意识的视域中，歌谣早已飞逸出了她主观上想固守的，也是诸多前贤欲坚守的文学本位，而成为社会的、运动的与革命的。换言之，在剧痛中涅槃的现代中国，作为萦绕个体感官世界的符码体系，歌谣的符征与符旨之间，不仅有着巨大的张力，还明显错位，从而成为一种价值理性与工具理性兼具、有着象征意义的文化资本，甚或是自带威权的意识形态。这也正是本章试图揭示的李素英歌谣研究之精髓所在。

四　近世歌谣的内涵与外延

因为强调歌谣与文学之间的关联，李素英在论文开篇明确将歌谣定义为：

> 是一种方面繁多而无隙不入的**人类表情**的方式，是不存心作诗的人将自己一瞬间的情感，用极简短自然的音节表现出来的未经人工矫饰的**天籁**。[29]

29　李素英，《中国近世歌谣研究》，第 3 页。

她将歌谣运动的诸贤，比作歌谣这个“文艺私生子”的“保育者”，强调要打破对歌谣这种“民间”文学的成见，变这个文艺的私生子为文艺的嫡子，就必须花费“滴血工夫，看看歌谣里诗的成分如何”。[30]

30　李素英，《中国近世歌谣研究》，第 127 页。

> 郎上孤舟妾倚楼，
> 东风吹水送行舟。
> 老天若有留郎意，
> 一夜西风水倒流！
> 五拜拈香三叩头。[31]

31　冯梦龙，《山歌》，上海：传经堂书店，1935，第 86 页。

> 入山看见藤缠树，

出山看见树缠藤；
树死藤生缠到死，
树生藤死死也缠。[32]

32 李金发编，《岭东恋歌》，上海：光华书局，1929，第29页。

以上述这些佳谣为例，李素英不厌其烦地说明属于文艺的歌谣之声、形、情、意四个方面，即歌谣有情感、想象，有意境，有方法、技巧与节奏，还有个性，且歌谣中的情感更加真挚、热烈。

约郎约到月上时，
那了月上子山头弗见渠。
咦弗知奴处山低月上得早，
咦弗知郎处山高月上得迟？[33]

33 冯梦龙，《山歌》，第5页。

鉴于《山歌·私情四句》这首“月上”歌谣，还出现在三百年后搜集出版的《吴歌乙集》《白雪新音》《莲子集》等歌谣集中，李素英强调歌谣是最富生命力的活文学。因为歌谣这些“诗”的本质，她强烈呼吁取消对歌谣的“民间文艺”的冠名，[34]让其回到文学“母亲”的怀抱。

34 李素英，《中国近世歌谣研究》，第137页。

在结论部分，李素英同样是在把歌谣与文人诗歌的比较中收束的。她强调，整体而言：

1）歌谣是大众的，乃下层民众共有，富于普遍性，属于地方、职业及环境；诗则是个人的、知识阶级的，有着贵族性。

2）包括仪式歌、乞颂歌和如“猫叫春”般求爱、求偶的情歌在内，歌谣是目的明确，功利性的抒发感情；诗歌则是作者非功利的、纯粹的抒发感情，与潜在的读者——接受者的所思所想无关。

3）歌谣强调直觉和实感，坦率真挚如璞玉；诗歌曲折、含蓄、典雅，自然美中有着人工美，精致如玉观音。

4）就形式而言，歌谣是“**介于旧诗词与新诗之间的一种执中的诗体**”，有着旧诗词能唱、好记的音乐性，却无旧诗词僵化的教条，有着新诗可效仿的自然的语言文法与节奏，却无新诗之漫无边际的自由、散淡与浅薄。[35]

35 李素英，《中国近世歌谣研究》，第150—154页。一年后，这些基本观点又被李素英再次强调，参阅李素英，《读歌谣后所得的一知半解》，《歌谣周刊》第三卷第三期(1937)，第3—5页。

对于今天不少偏重于一端、画地为牢的研究者而言，这些结论似乎没有什么特别之处。然而，如果从文学生产的过程视角审视白话新诗观的演进，李素英的上述结论不但自成一家之言，还有着不容忽视的学术史价值。

1934年，就在李素英发表《唐宋大曲考拾遗》的同一期杂志中，魏建功撰文讨论了中国纯文学形态和中国语言文学，提出了“**目治的文学**”与“**口治的文学**”这组富有创见且质朴的分类。[36]显然，李素英是知晓这一文学的分类的。事实上，其关于歌谣是“介于旧诗词与新诗之间的一种执中的诗体”的命题，就是对胡适、朱自清等人主张新诗要散文化之理念的扬弃，而暗合了魏建功“口治的文

36 魏建功，《中国纯文学的形态与中国语言文学》，《文学》第二卷第六号(1934)，第983—992页。

学”之命题。[37]同时，李素英在论文的主干部分对于歌谣分类、内容、特征、形成、修辞、价值等的分析，不但融进了在她之前所有歌谣搜集和研究的成果，还别出心裁，时有新意，确实是对此前中国学人掀起的歌谣运动系统结算的“第一篇账目”。

37 季剑青，《北平的大学教育与文学生产：1928—1937》，第96—115页。

在李素英那里，“近世歌谣”这一术语本身，就是一个学术概念，而非仅仅是一个时间概念。她写道：

> 所谓近世歌谣，是指现在仍流行中国各地的歌谣。因为要包括前年新发现，去年重刊的苏州歌谣大总集——《山歌》（冯梦龙编），故把“近世”拉长到三百多年前，而以明季为始。总之，最近十五年来，中国各地出版的歌谣专集、论著、期刊、报章等等皆是本文材料的主要来源。[38]

38 李素英，《中国近世歌谣研究》，第6页。

显然，李素英首先强调的是歌谣的传承性、活态性与地方性。而将时段拉长到三百多年前的明季，则不仅仅是因为冯梦龙（1574—1646）辑录的《山歌》在1934年的发现与1935年的重刊，还与新文化运动之后，以作为“思想界的权威”，“思想家”兼文学家的周作人[39]为代表的学人，将新文学之源追溯到晚明的古典情愫与严肃心性，[40]多少有着关联。当然，李素英并没有给自己的研究无限加码。在把晚明的“山歌”纳入自己视野的同时，她

39 苏雪林，《周作人先生研究》，《青年界》第六卷第五期（1934），第2页；［英］苏文瑜，《一个不可多得的思想家：周作人》，见《周作人：自己的园地》，陈思齐、凌曼苹译，台北：麦田出版社，2011，第5—9页。

40 周作人，《中国新文学的源流》，北平：人文书店，1934。

也明确地将主要时间段局限在歌谣运动开展以来的最近十五年。

关于歌谣的分类，李素英别具慧眼地指明了顾颉刚在《吴歌甲集》中分类的歌者本位，[41]周作人在《歌谣》一文中分类的内容本位。[42]在接着对王肇鼎、黄绍年、傅振伦等人的歌谣分类的解读之后，李素英认为前人的这些分类“太偏于歌谣的性质和内容方面，而忽略了体裁和形式方面”，倡导应该以“文艺的眼光来看歌谣”。[43]随后，她给出了自己相对完备的歌谣分类体系：

41 顾颉刚，《顾颉刚民俗论文集·卷一》，北京：中华书局，2011，第27—28页。

42 周作人，《自己的园地》，北京：北京十月文艺出版社，2011，第45—47页。

43 李素英，《中国近世歌谣研究》，第13页。

1）以歌者分为民歌（男歌、女歌）和儿歌（附母歌）；

2）以歌之性质分为抒情、叙事、描写、生活、职业、习俗、讽刺、规劝、乞颂、滑稽、游戏、词令和其他；

3）以体裁分为独唱、唱和、对话、问答、合唱；

4）以形式分为章和韵两类，章又包括四言、五言、六言、七言、七绝、七言五句、三句半和长短句，韵又分为有韵和无韵二类，有韵再分为有规律和无规律两个子类。

五　作为在地文化的歌谣

根据内容，李素英也从时代背景、社会背景、民众生活、思想、心理、情绪等方面，对歌谣进行了分类。如果说李素英对歌谣内容的分析稍显平淡，那么她对于歌谣性质的分析则独树一帜：在凸显地域特征的同时，力求呈现中国歌谣的整体风貌。面对歌谣运动以来已经收集到的海量歌谣，尊重歌谣乃“方言文学”的特质，她列举了不同地域歌谣的特征。诸如：浪漫似吴歌的湖南歌谣，含蓄有余味的四川歌谣，客音、瑶歌、狼歌混杂的广西歌谣，类似新诗的云南弥渡山歌，文雅的个旧情歌，等等。

尤为重要的是，遵循胡适在《〈吴歌甲集〉序》中所作的南之粤语、北之北平话和中之吴语的划分，[44]李素英更系统、详尽地分析了歌谣运动以来成果最多的这三个地域的歌谣。鉴于客家山歌搜集的丰硕成果和自己客家人的主位优势，李素英也就用“客音”代替了胡适方言三分中的“粤语”。

主要根据李萨雪如的《北平歌谣集》和《北平歌谣续集》，[45]李素英分析指出，北平歌谣纷繁复杂，政治时事类多，基本没有情歌恋歌，叙事歌谣占多数，犹如“杜诗”。主要根据冯梦龙《山歌》和顾颉刚《吴歌甲集》，李素英认为吴歌的特质是情调柔丽轻松、思想聪明活泼、音韵抑扬优美、形式参差变化多端、技巧精妙自然，尤其是善用双关语。同时，她也吸收了顾颉刚和胡适关于吴歌的观点。即，吴歌的缠绵安逸、滑稽俏皮，与吴地人们实际生活的艰辛以及抗争之间存在差距、有着间

44 胡适，《胡适文集·4》，北京：北京大学出版社，2013，第523—524页。

45 李萨雪如，《北平歌谣集》，北平：明社，1928；《北平歌谣续集》，北平：明社，1930。

隔，并非日常生活的全部。[46]

李素英将客音歌谣定性为“情诗中的情诗”。根据《岭东恋歌》《岭东情歌集》《客音情歌》《梅民歌曲》《梅县童谣》《恋歌二百首》《情歌唱答》中的大量实例，她分析指出：因生存资源的有限，客家男子常抛妻别子、闯荡世界，留守在家的女子吃苦耐劳，守望夫君成为天性，因此情歌真挚、赤裸、直白、爽快，也常含钱财事；礼教与欲望的冲突导致多七绝、谐音的客家山歌浪漫而悲壮。

对地方历史和风土人情的强调，使她对这三种方言歌谣的分析，有着鲜明的人文区位学（Human Ecology）或者说生态学的特点。作为一个有着内在演进逻辑和超稳定结构模式的“流体”，[47]在不同时代不同行动主体的不同文类写作中，旧京有着大相径庭也相互叠加的意蕴以及意识形态色彩，但指向过去的“怀古”以及对怀古的反动是其一个永恒的主题。[48]

在敏感的李素英笔下，北平这座“旧城池”到处洋溢着低沉的幽思。它庄严伟大、神秘古怪、暮气沉沉，“一切都像自盘古以来就如此了的，毫无活泼进取更新的气象，更没有一点浪漫精神”。因而，与实际生活吻合的北平歌谣，“老实、真挚、亲切、深刻、音调爽脆，有质朴的美”。[49]

就在同页，紧随上引这些文字之后，李素英对吴歌的分析，则诗意浓浓，“文质彬彬”的江南别有风韵、艳丽可人：

46 李素英，《中国近世歌谣研究》，第 69 页。同年，毕业论文中 64—71 页的“吴歌的特质”这一小节，李素英也曾以同题刊登在《歌谣周刊》第二卷第二期（1936），第 3—6 页。同年稍晚些时候，顾颉刚自己也在文学史的脉络下，写了篇《吴歌小史》，刊载于《歌谣周刊》第二卷第二十三期，参阅顾颉刚，《顾颉刚民俗论文集·卷一》，第 313—331 页。

47 岳永逸，《朝山》，北京：北京大学出版社，2017，第 257 页。

48 季剑青，《重写旧京：民国北京书写中的历史与记忆》，北京：生活·读书·新知三联书店，2017。

49 李素英，《中国近世歌谣研究》，第 64 页。

水柔山丽，“文质彬彬”的江南，尤其是被称为人间天堂的苏州，风景天然，生活优裕。这种环境里产生的歌谣，当然是温婉清丽，恰与苏州人一样。吴歌里确是一致地充溢着一种稀有的灵秀之气，婉妙之情；任何人读了都会觉得神志清明，中心愉悦，何况“吴侬软语”一向是被认为声调最优美的方言！要是能在“春二三月暖洋洋”的时候，走到菜花灿烂的油碧的田野里，听轻风袅出缕缕歌声，若不被陶醉，才怪！

鉴于其自觉的人文区位学意识，在这三地众多的例证中，李素英引征的北平的时政歌谣、吴歌中的“软语”、客音中的“情诗”也就格外显眼。诸如：

炮队马队洋枪队，曹锟要打段祺瑞。
段祺瑞充好人，一心要打张作霖。
张作霖真有子儿，一心要打吴小小鬼儿。
吴小鬼儿真有钱，坐着飞机就往南，
往南扔炸弹，伤兵五百万。

（北平）

春二三月暖洋洋，小伙子打扮游节场；
手捏瓜子吉括响，眼观两边大小娘。
西风起了姐心悲，寒夜无郎吃介个亏……

（吴歌）

新打镰刀不用磨，二人交情莫话多；
三言两语成双对，半边明月照江河。

（客音）

当然，李素英对三地歌谣的对比分析，并没有仅仅停留在人文风情等内容，而是形式与内容兼顾。她指出：

50 李素英，《中国近世歌谣研究》，第78页。

51 李素英参考的这本由于道泉编注的《西藏情歌》原名是《第六代达赖喇嘛仓洋嘉错情歌》，由国立中央研究院历史语言研究所作为单刊甲种之五在1930年出版。当年出版时，该书有汉、英译文和赵元任的记音。

> 从形式上说，北平歌谣多长短句，不拘韵律的叙事体，也可说是近于散文，或可称为“自由式”。吴歌也是长短句，但以七拍为节奏的根据，且有固定的韵律，故音节特优，可以说较近词体。客音歌谣则纯然是诗体了，虽则有些变化。从内容方面看，北平歌谣自成一派，老实、沉着，可以代表北数省的民族性。吴歌与客歌则颇有类似之点，例如聪明、活泼、浪漫、叛逆等等性质都是两者所共有的；不过，客人多一点耐劳进取的精神，吴人则富有俏皮幽默的风趣吧了。[50]

52 刘家驹译，《西藏情歌》，上海：新亚细亚月刊社，1932。关于身为藏族的刘家驹的生平，可参阅史风，《西康历史人物刘家驹(1900—1977)及其边疆史地研究》，成都：四川师范大学硕士学位论文，2012，第1—2、18—26、87—89页。多少有些遗憾的是，对刘家驹为何翻译《西藏情歌》，如何翻译《西藏情歌》，该书的传播情况以及刘家驹的翻译和于道泉的编注之间是否存在连带关系，史风的论文均未涉及。显然，先后两年，汉人和藏人对西藏歌谣的重视、译写并非偶然。

尊重、吸收前人的研究成果，又不止于前人的陈说，始终是李素英歌谣研究的优点。这同样体现在针对大量记录下来的文本，对歌谣进行的地域分析。难能可贵的是，她用不少篇幅，开拓性地分析雪域高原——藏地的歌谣。在对比分析于道泉（1901—1992）编译的《西藏情歌》[51]和西康刘家驹（1900—1977）译的《西藏情歌》[52]的基础之上，李素英将六世达赖仓央嘉措（1683—1706）的创作纳入其视野。她认为，情思婉转、哀而不伤的西藏歌谣，足可与吴歌、客歌鼎足而立。

山头雪，
万峰见，
弱女伤心有谁怜？[53]

53 刘家驹译，《西藏情歌》，第 32 页。

这首藏地歌谣完全折服了倔强自强，有着悲悯、素淡之心的李素英，乃至于她将其与“天苍苍，野茫茫，风吹草低见牛羊”的《敕勒川》相提并论。最终，李素英由衷地赞叹道：

> 西藏歌谣里有的是古诗般的纯朴与真挚，兼有印度太戈尔《飞鸟集》的味儿（尚有许多哲学意味很浓重的歌未录）。在寻常的话语里有着深刻的思想，伟大的情意；想象丰富，又能尽量运用最高的象征手法，表现高远的意境；深入浅出，令人百读不厌。这种独特优美的风格，是中国其他各地的歌谣所无的。[54]

54 李素英，《中国近世歌谣研究》，第 86 页。

六 近世歌谣的形态学

因为强调歌谣的诗之本性，所以对歌谣形式的分析同样是李素英的重中之重。在轰轰烈烈的歌谣运动时期，在周作人、胡适等人的倡导下，对歌谣形式与内容的比较分析不是没有，但将歌谣的形式整体性地具化分析，依旧不多。

李素英将歌谣的形式分为了重叠、唱答、趁

韵、套句和嵌数目字五个方面，并分别列举大量实例加以阐释。重叠的格式又细分为复沓式、对话式、问答式、对比式、铺叙式（叠字、联字）、回文等。在回顾了班恩[55]、顾颉刚、朱自清、魏建功、张天庐、张清水（1902—1944）和钟敬文（1903—2002）等人的相关论述后，李素英将歌谣的重叠之形式进一步归结为了五点：

55 即 Charlotte S. Burne（1850—1923），当年还有班尼、博尔尼等多个译名。

（一）重叠是问答、和唱、合唱的结果；（二）它是应便于记忆的需要；（三）它是因于响应舞之节奏，为跳舞者合唱齐步之用；（四）它是出于妇人与儿童的天性，是个人的创作，自然而然的；（五）它是因民众保存而发展的结果，不是各歌的本形。[56]

56 李素英，《中国近世歌谣研究》，第 91 页。

唱答的格式包括：衔尾式、重头式、连珠式和诘问式。在趁韵的分析中，李素英指明这在儿歌中居多，只重叶韵，好玩好听，不在乎意义和条理，多少有点滑稽意味。[57]

57 李素英，《中国近世歌谣研究》，第 104 页。

对于形式美学中最为突出的修辞，李素英列举了歌谣中经常使用的起兴、辞格、音调、韵律等。在评述了周作人、顾颉刚、朱自清和刘大白（1880—1932）等关于兴的研究后，李素英将在歌谣里的兴分为了以声为主的“纯粹的兴”和“不纯粹的兴”两种。

她认为，儿歌中所有的兴都是纯粹的。因为：

> 儿童只知趁声而歌，就最习见习闻的事物起兴，与歌的下文无关。例如客歌中的“月光光，秀才娘”，淮安的“大蚕，格崩崩，妈妈养蚕我一场空”，及吴歌的“南瓜棚，着地生，外公外婆叫我亲外甥”，等等，都是。[58]

58 李素英，《中国近世歌谣研究》，第112页。

反之，成人的思想、联想都较复杂和灵敏。在起兴之际，常在不自觉中，从联想变为象征，导致起句与下文有着“若隐若现，似无实有的关系”。即，与儿歌不同，成人世界的民歌的兴并不纯粹。这也分为两种情形：有时候，是兴而比，例如“急水滩头船难上，后生守寡真难当”；有时候，是兴而象征。后者更为常见，在温梓川[59]《恋歌二百首》中就已有很多。

59 温梓川（1911—1986），祖籍广东惠阳，生于马来西亚槟榔屿，作家。他与郁达夫（1896—1945）、汪静之（1902—1996）、曹聚仁（1900—1972）等交往甚密，诗歌、小说和散文等创作都有佳绩。在歌谣方面，除编有《恋歌二百首》之外，他在1930年还与陈毓泰合译了《南洋恋歌》，由上海华通书局出版。

歌谣中的辞格，李素英同样辨析出了双关、谐音、叠韵重言、比喻、象征、比拟、夸张、反语等多种。她对这些修辞的分析没有局限于歌谣本身，而是有着民间文学的整体视野。例如，在详细辨析比拟时，她提及了童话：

> 比拟有两种，一种是将物件人格化了当做是人，这种是拟人格。一种是拿人拟做物件，谓之物格。两者皆常见于诗、词、小说里，尤其是寓言及童话中更多。其功用在引起想象，及其本身所予的印象在读者的脑海里更加灵活

与深刻。譬如童话中的老虎外婆故事，若只描写老虎如何吃小孩，那就是老虎吃孩子吧了，不能引起更复杂的想象。但那故事所以流传得那么广远，是因为把老虎人格化了，它能思想，能说话，在读者的想象中成了一个半人半兽的东西，留下的印象于是乎更活跃与有兴趣。[60]

60　李素英，《中国近世歌谣研究》，第119页。

七　预言：战时歌谣的走向

与上述对于歌谣的形态学分析相较，李素英关于歌谣价值的分析在具有前瞻性的同时，还明显有着革命性和后来日益强化、凸显的政治上的正确性。

作为诗以及文学之源，歌谣与过去文人文学之间的相互影响，也预示着今后文学的新趋向和诗体的新途径。采用周作人《歌谣》一文和胡适《〈歌谣周刊〉复刊词》中的说法，李素英认为歌谣在感情、语言、音节等方面，对尚未完全定型的白话新诗有诸多裨益，而且歌谣“真挚的感情，自然的语言和音调，及简单的技术皆足以补新诗的缺陷”，并能促成“一种完美的新诗”的产生。[61]

61　李素英，《中国近世歌谣研究》，第148—149页。

关于歌谣对今后文学新趋向的意义，李素英批评了当时盛行的普罗文学依旧是精英的，而非大众的。对于绝大多数不识字的民众而言，文豪的创作基本与其生活无关。人们的欢乐、悲哀、怨愤、咒诅、愿望及无意义的嬉笑等真情，都流露在民众口耳相传的歌谣、小调、俗曲等他们自己喜闻乐见、耳熟能详的文艺之中。因此，要使文学、文艺成为“共通的”“共同的”，就惟有拿歌谣做参考。这样，民众在渐渐能够欣赏外在于他们的文艺之后，也能够进行自己的创作。

凭着本能、直觉和对歌谣的偏爱，在全面继承顾颉刚理念的基础之上，李素英的论述涉及了六年后的、成型也是完备的毛泽东文艺思想[62]中的核心话题，诸如：文艺工作者要向“泥腿子”学习、文艺服务于人民（大众化）、旧瓶装新酒（政治化）、民族形式（民族化）、普及与提高（精英化），等等。李素英写道：

> 歌谣指示给文学的新趋向是以质朴的形式，简单老实的话语写出实际生活的内容。我们的所谓大众文艺若是永远写给自己看，那也罢了；如要它成为共通的文学，则惟有拿歌谣做参考，以民众的感情、思想、话语为我们自己的感情、思想、话语，然后表现出来。但是这样弄出来的结果仍是赝品。我们只能以这个为一种过程和手段，当作教育的工具之一，先使民众能欣赏和接受这种模拟的文学，由程度之逐渐提高，达到民众能自己创作歌谣以外的文艺，那才是真正的大众文学。更由生活的提高，逐渐臻于平等，那时才有整个的共同的文学。苏俄便是在这一方面努着最大的力，而且

62　毛泽东，《在延安文艺座谈会上的讲话》，见《毛泽东选集·第三卷》，北京：人民出版社，1991，第847—879页；《文艺工作者要同工农兵相结合》，见《毛泽东文集·第二卷》，北京：人民出版社，1993，第424—433页。

离目标已不甚远了。颉刚师在北平创办的“通俗读物编刊社”，也就是从文艺上深入民间的大道；以娱乐里含有教育意味的手段，达到提高民众知识、思想，和文艺创作的技能的目标。因为知道民众看不懂各大报章和杂志上的大文豪所写的普罗文学，知道他们所能了解而需要的是时调、俗曲、大鼓书、各种唱词等等，所以第一步是用**移根换骨**的方法，采时调俗曲的形式换以新思想、新内容；等到民众能完全接受，再来第二步的**改换形式**，逐渐地把文人文学与民间文学的界限抹掉。这等于先把童话和寓言给儿童读，等他的智力进展到相当程度，然后给他读《水浒》《红楼梦》，再后才给他读孔孟之言、柏拉图、黑格尔等等的学说一样。所以今后我国文学界，尤其是普罗文学家应**注意民众的需要，切实地以他们为本位，为对象**。为要使他们能自己说话，就先代他们说他们心里要说的话、爱听的话。我们的未来文学应该是趋向于这一途。**这种通俗化的文艺之创作，即使不能成为文学的主潮，也应是今后文艺潮流的一条最大的支流**；一方面流向高深的艺术之渊，一方面流向广大的群众。这便是歌谣所指示的今后文学的新趋向了。[63]

随着抗日战争的全面展开，不仅仅是意在唤醒、鼓舞民众的大众文艺全面花开，[64]在已有实践

63 李素英，《中国近世歌谣研究》，第142—144页。

64 Hung, Chang-tai(洪长泰). *War and Popular Culture: Resistance in Modern China, 1937-1945*, Berkeley; London: University of California Press, 1994；《新文化史与中国政治》，台北：一方出版有限公司，2003。

的基础之上，以毛泽东为核心的中国共产党也在边区延安形成了明确的文艺服务于政治和人民大众的基本路线、方针。这一文艺方针的巨大冲击，使得捉襟见肘的国民党政府不得不在1942年9月快速抛出了由张道藩（1897—1968）执笔的《我们所需要的文艺政策》。[65]

“弱女子”李素英，因为对歌谣的热爱，准确地预见到了战时文艺以及今后文艺大众化的基本走向，这实在多少有些让人称奇！不仅如此，她并未陷入后来始终在博弈的“普及与提高”的沼泽，而是明确指出：在通俗化的文艺成为最大的支流时，**“流向高深的艺术”**与**“流向广大民众”**的文艺，可以和谐并存。

八　次生：歌谣运动的诸多面相

不言而喻，民国早期作为新文化运动“一个方面”的歌谣运动，[66]是立体的、复杂的。和包裹它的新文化运动一样，作为历史事件的歌谣运动，始终有着多副“面孔”，多种释读。[67]它既可以视为在社会转型期借助报刊等大众传媒而呈现的知识分子的“一次文化反思”，[68]也可以视为官、士、民合力的“由‘民歌’向‘国学’的提升与归并”，及至成为古今中西混融的“民国歌学”。[69]当然，在相当程度上，歌谣运动还可以视为受不同政治力量和意识形态支配[70]的，由有着文化自觉意识的知

65　张道藩，《我们所需要的文艺政策》，《文化先锋》创刊号（1942），第5—16页。对该文的详细解读，可参阅李怡，《含混的“政策”与矛盾的“需要”：从张道藩〈我们所需要的文艺政策〉看文学的民国机制》，《中山大学学报（社会科学版）》2010年第5期，第53—66页。

66　钟敬文，《钟敬文文集·民间文艺学卷》，合肥：安徽教育出版社，2002，第356页。

67　关于五四运动的释读，可参阅周策纵，《五四运动史：现代中国的知识革命》，陈永明、张静等译，北京：世界图书出版公司，2016；杨念群，《五四的另一面：“社会”观念的形成与新型组织的诞生》，上海：上海人民出版社，2018；袁一丹，《另起的新文化运动》，北京：生活·读书·新知三联书店，2021。

68　张弢，《传统与现代的激荡：报刊中的“歌谣运动”研究》，北京：社会科学文献出版社，2016，第204页。

识分子发起、践行的文化传承运动。

无论哪种定性，都使得作为歌谣运动核心，也是原本发挥抒情、言志、纪实、交际、娱乐以及教育作用的日常生活中的歌谣被委以重任，价值理性与工具理性兼具。在出世的、审美的等精神性之外，歌谣还被赋予似乎天然地隐含着的入世之政治性与革命性。长时段观之，当价值理性占上风时，这场效度有限的传承就以运动的面貌出现，强调的是歌谣之审美以及学术之特质，是形而上的、精神层面的。反之，当工具理性占上风时，它就以革命的声色示人，强化的是歌谣之教育与革命的工具特质，要求经世济民之效能，更加在意“新”歌谣、“新”民歌的生产。

在这场效度有限的文化传承运动中，借助现代报刊等媒介，在特定的时空情境中，歌谣这一原生口语文化发生了向**次生口语文化**的转型，直至口语文化成为书面文化。在此转型过程中，传播传承的主体从民众让渡给了知识分子，传播传承的方式从口头让渡给了文字，日常生活也让渡给理性思考，抑或让渡给了情不自禁、身不由己的集体欢腾。

随着历史车轮的滚滚前行，支配性政治意识形态的日渐统一，歌谣运动出现了诸多的变相甚或质变：1932年国民党中央宣传委员会颁布、推行的《通俗文艺运动计划书》，文艺大众化的讨论，通俗读物编刊社脚踏实地的实践，抗战大众文艺的盛行；1942年毛泽东在延安文艺座谈会上的讲话，

69 徐新建，《民歌与国学：民国早期“歌谣运动”的回顾与思考》，第3页。

70 参阅徐新建，《民歌与国学：民国早期“歌谣运动”的回顾与思考》，第166—190页；张弢，《传统与现代的激荡：报刊中的“歌谣运动”研究》，第124—136页。

延安边区的新秧歌运动，[71]1945年何其芳（1912—1977）和张松如（1910—1998）编辑的《陕北民歌选》的出版；"大跃进"前一年的将"表现了我们民族的英雄气概"[72]而政治绝对正确的朱自清《中国歌谣》出版，"大跃进"时期声势更加浩大的"新民歌运动"，[73]等等。面对这些层出不穷的运动与标志性事件，或者可以说，在相当意义上，在中华民族之苦难也是波澜壮阔的前行、蜕变中，借本质上否定西方的"文艺的民族形式"日益占据主流意识的东风，[74]"歌谣运动"实现了向**"歌谣革命"**的飞跃。由"运动"向"革命"的嬗变，使得作为一种革命的也是先进的意识形态之歌谣等口传文艺，在国民文艺抑或全民文艺中有了不可撼动的重要地位。

71　参阅 Holm, David. *Art and Ideology in Revolutionary China*, Oxford: Clarendon Press, 1991, pp.115-341；郭玉琼，《发现秧歌：狂欢与规训——论二十世纪四十年代延安新秧歌运动》，《中国现代文学研究丛刊》2006 年第 1 期，第 246—259 页。

72　毛泽东，《毛泽东选集·第四卷》，北京：人民出版社，1991，第 1496 页。

73　谢保杰，《主体、想象与表达：1949—1966 年工农兵写作的历史考察》，北京：北京大学出版社，2015，第 156—206 页；毛巧晖，《越界：1958 年新民歌运动的大众化之路》，《民族艺术》2017 年第 3 期，第 94—100 页。在持续数十年的新民歌运动中，"红色"歌谣无疑又是重中之重。关于红色歌谣在二十世纪三十年代以来的演进与诠释，可参阅黄景春，《中国当代民间文学中的民族记忆》，上海：上海大学出版社，2020，第 144—166 页。

九　歌谣革命

1918年到1919年，毛泽东曾短期在北大图书馆工作。虽然没有参与其中，那时正好由北大教授发起的歌谣征集运动应该给青年毛泽东留下了深刻印象，并影响到其歌谣观、文艺观的形成以及实践。1929年12月，由他执笔起草的《中国共产党红军第四军第九次代表大会决议案》就明确要求："各政治部负责征集并编制表现各种群众情绪的革命歌谣"。1931年，在调研后撰写的《寻乌调查》中，他全文征引了自己搜集到的民歌《月光光》。[75]1938年4月28日，在鲁迅艺术学院的讲话中，毛泽东特别提及："民歌中便有许多好诗。我们过去在学校工作的时候，曾让同学趁假期搜集各地的歌谣，其中有许多很好的东西。"[76]以1942年5月《在延安文艺座谈会上的讲话》[77]为标志，凸显民众、民间、民主以及民族的毛泽东文艺观彻底形成。

1957年1月14日，在中南海约见臧克家（1905—2004）、袁水拍（1916—1982）时，毛泽东明确指出，"要从民间的歌谣"发展精炼整齐的新诗。[78]在1958年3月的成都会议上，毛泽东要求各省都要收集民歌、要发动工农兵等广大人民群众创作民歌。就创作"新民歌"——在相当意义上类似于1922年《歌谣周刊》"发刊辞"中所言的"新的'民族的诗'"——而言，恍若回到了歌谣运动的传统，只不过抛弃了曾有的"外国文学"这一源头。毛泽东明确要求"民歌"与"古典"结婚，云：

> 我看中国诗的出路恐怕是两条：第一条是民歌，第二条是古典，这两面都提倡学习，结果要产生一个新诗。现在的新诗不成型，不引人注意，谁去读那个新诗。将来我看是古典同民歌这两个东西结婚，产生第三个东西，形式是民族的形式，内容应该是现实主义与浪漫主义的对立统一。[79]

74 曹林红，《民族、阶级与"形式"的政治：论抗战时期"文艺的民族形式"讨论》，《中国现代文学研究丛刊》2011年第3期，第67—77页。

75 毛泽东，《毛泽东文集·第一卷》，北京：人民出版社，1993，第101、204—206页。

76 中共中央文献研究室编，《毛泽东文艺论集》，北京：中央文献出版社，2002，第19页。

77 中共中央文献研究室编，《毛泽东文艺论集》，第48—85页。

78 陈晋，《文人毛泽东》，上海：上海人民出版社，1997，第445—446页。

79 中共中央文献研究室编，《建国以来毛泽东文稿·第7册》，北京：中央文献出版社，1992，第124页。

自此，全民搜集，尤其是创作的“新民歌”运动蓬勃展开，燃遍全国。当然。在最高领袖指示与亲力亲为推动下掀起的这场新民歌运动，既是歌谣运动的延续，更是一种有着否定与推陈出新的扬弃——歌谣革命。

1960年12月24日，在同古巴妇女代表团和厄瓜多尔文化代表团谈话时，毛泽东更加强调充分批判地利用文化遗产——“自己民族的东西”，即古典——的重要性，认为在这方面“诗的问题还没有解决”。[80]进而，“民歌”越来越具有重要的地位，甚至独占鳌头，是抒写阶级斗争和生产斗争之“新体诗歌”的唯一源泉。1965年7月21日，在写给陈毅（1901—1972）的信中，毛泽东对“古典”也多有批判、否定，“民歌”则一枝独秀。他写道：

80 中共中央文献研究室编，《毛泽东文艺论集》，第213页。

> 要作今诗，则要用形象思维方法，反映阶级斗争与生产斗争，古典绝不能要。但用白话写诗，几十年来，迄无成功。民歌中倒是有一些好的。将来趋势，很可能从民歌中吸引养料和形式，发展成为一套吸引广大读者的新体诗歌。[81]

81 中共中央文献研究室编，《毛泽东文艺论集》，第334页。

值得注意的是，在红红火火展开的新民歌运动中，就行动主体而言，原本启蒙意念强烈的智识阶层，完全被淹没在以工农兵为主体的人民大众的汪洋大海之中，不再是耀眼也寂寥的振臂高呼者。

因此，打破1949年这个政治节点，看到以毛泽东为核心的中国共产党文艺政策内在的延续性，[82] 我们会发现：因应党的文艺政策，至少从延安文艺座谈会讲话到“文化大革命”前，作为主体的民间文学、民间文艺强劲地保持了成为“人民文学”“人民文艺”的态势、努力、可能性和镜像。[83] 在此历程中，歌谣既是革命的利器，也是建设的强力工具。正是自上而下、持之以恒的强劲推行，以民歌、相声、鼓词、秧歌等为主要形式的全民参与的“工农兵创作”，终至从理想、愿景成为一种持久的乌托邦冲动，从集体欢腾的“社会实验”变为实在与真切的，而且在消失之后还可以再度历史化和重绘的“文学图景”与“文化景观”。[84]

82 当然，其中有着起起伏伏，可参阅 Holm, David. *Art and Ideology in Revolutionary China*, pp.15–112.

83 毛巧晖，《现代民族国家话语与民间文学的理论自觉（1949—1966）》，《江汉论坛》2014年第9期，第114—118页。

84 谢保杰，《主体、想象与表达：1949—1966年工农兵写作的历史考察》，第2、244页。

十　口语文化和我们思

至今，仍在曲艺界延续的“轻骑兵”之自我认同与定位，改革开放后持续数十年的声势浩大的十套民间文艺集成之“文化长城”工程的完结，尤其是二十一世纪以来非物质文化遗产（非遗）运动的全面展开，紧锣密鼓耗资甚巨、重在对旧资料再编纂印刷的“中国民间文学大系出版工程”，都是从“歌谣运动”到“歌谣革命”这一嬗变的强劲延伸，至少是尾大不掉的袅袅余韵。

要特别提及的是，如果说作为社会实验而异质群体纷纷掺和其中的工农兵创作，[85]是被多次置换并相互映射的一种主体叠加的镜像，那么随着基础教育的全面普及，在电子传媒时代，电邮、博客、微博、QQ、微信、skype、脸书（facebook）、抖音等已经常态化的网络写作与表达，使得最广泛意义上的“人民文艺”抑或“全民文艺”得以可能。至少，一种声音的文学、精英文学一言堂、一统天下的局面不复存在。我们已经全面进入了沃尔特·翁（Walter J. Ong）意义上的“次生口语文化（second orality）”时代。[86]高效的复制、逼真的模仿，一本正经的戏仿、不屑一顾的调侃，挖空心思的建构、谈笑间灰飞烟灭的解构，交相错杂，层出不穷，万象丛生。

在这个时代，不仅文字和印刷术、音频、影像是次生口语文化的载体，镜头、录音笔、电话、广播、电视、智能手机和网络生产的文化，都是次生口语文化。亦如曼诺维奇（Lev Manovich）和列维（Pierre Levi）深度辨析指出的那样：“数码唯物主义”（digital materialism）主导的互联网时代，大抵是一个“知识民主化”的时代，而且，“集体智慧或共享智慧”（collective or shared intelligence）打通了个人与群体两种不同的知识，“我思”进入到**“我们思”**的多元认知时代。[87]

简言之，十九世纪晚期以来，歌谣等“民间”文艺始终都是近现代中国形塑自己成为伟大的现代民族国家的符码。它既是一种文化资源、文化资

85　参阅敬文东，《事情总会起变化》，台北：秀威资讯，2009；谢保杰，《主体、想象与表达：1949—1966年工农兵写作的历史考察》。

86　［美］沃尔特·翁，《〈口语文化与书面文化：语词的技术化〉作者自序》，《口语文化与书面文化：语词的技术化》，何道宽译，北京：北京大学出版社，2008，第2页。

87　王炎，《网络技术重构人文知识》，《读书》2020年第1期，第3—11页。

本，也是一种象征；既是因，也是果。在分分合合、打打闹闹、跌宕起伏的意识形态领域，价值理性与工具理性兼具，并被交错使用的歌谣等“民间”文艺，天然有着其激进的一面，即有着燃点很低，但动员能力、战斗力不弱的“革命性”。

第七节引的那段长文，乃李素英毕业论文核心章节第十章“歌谣对已往及未来文体的关系”的一部分，也是李素英自己看重的。因为其重要，在1936年晚些时候，第十章连同论文第九章“以文艺的眼光估定歌谣的价值”，曾被李素英以“论歌谣”为题，刊发在燕大的杂志《文学年报》上。[88]

88 李素英，《论歌谣》，《文学年报》第二期（1936），第133—145页。

为何歌谣的文学意识、审美意识和工具意识、革命意识，即价值理性与工具理性，会并行不悖地呈现在李素英的歌谣学之中？在此，我们有必要细究李素英的知识来源及其谱系。

1929年，广东梅县人，留法归来的象征主义诗人李金发（1900—1976）编辑出版了客家人的歌谣集《岭东恋歌》。同样，作为梅县人的李素英，对山歌有着天然的亲切感。虽然早在幼年就离开家乡，但多年后，李素英仍然依稀地记得“山歌的袅袅声调，又长又韧，的确可以说是‘高唱入云’”。[89]

89 李素英，《中国近世歌谣研究》，第72页。

早逝的李同的思想、言行与才情，多少都在年幼而孤苦的李素英身上留下了印记。父亲的遗传、长辈的呵护，无疑对李素英的性格、人生、思想产生了深远的影响。至少，李素英对诗词等古典文学表现出超强的领悟力。及至后来在燕大求学时，其古诗词、新文学以及英文诗歌的创作才能，得到诸多师长的嘉许。这些，尤其是对古诗词精髓的深刻体认，为她歌谣研究打下了坚实的基础，并赋予了其宏阔而深邃的比较视野。

然而，李素英的歌谣研究明显有着更为宽广的知识社会学之源与流。在这些源流中，周作人、胡适和顾颉刚之思想、学说尤为关键。

十一　周作人及《山歌》的发现与刊行

胡适、顾颉刚、朱自清等人，都是李素英在论文中明确提到的恩师。而歌谣运动的另一核心人物，也是她论文中频繁征引的周作人，直至1931年才退出燕大，不再兼课燕大。[90]理论上讲，1929年开始在燕大就读的李素英，也应该曾受教于周作人，听过周作人的课或讲座。此后在燕大研究院就读的数年，因为师从顾颉刚，她自然也有更多的机会接触到周作人、胡适、朱自清等名家。或者正是因为师长的提携、熏染，年轻气盛而孤傲的李素英，萌发的穷究歌谣的“热愿”，才愈加坚定。

然而，同为歌谣运动的中坚，胡适、顾颉刚与周作人之取向有着明显的差别。作为苏文瑜（Susan Daruvala）笔下一个不可多得的“另类的思想家”，倡导“个人主义的人间本位主义”[91]之人道主义的周作人，也是才高气傲，刚柔兼济如“绵里针”的周作人，[92]总是不愠不火地逆流而动，以

90　周作人，《知堂回想录》，北京：北京十月文艺出版社，2013，第663页。

91　周作人，《艺术与生活》，北京：北京十月文艺出版社，2011，第13页。

92　岳永逸，《以无形入有间：民俗学跨界行脚》，北京：商务印书馆，2019，第227—233页。

至于同事温源宁（1899—1984）将之比作有着“铁的温雅”的“铁甲战舰”（an ironclad）。[93]1932年，周作人系统地将中国新文学运动的“内应”——本土源流，追溯到了晚明，将揭了反叛旗帜的公安派、竟陵派，视为明末的“新文学运动”，赋予了新的特别价值，即五四文学革命的先声与“同盟”。[94]1934年，在为其选编的《中国新文学大系·散文一集》撰写的“导言”中，周作人再次强化了他对五四新文学运动本土源流的认知，甚至认为将“文学革命”说成“文艺复兴”更为妥当。[95]

93 Wen, Yuan-ning. *Imperfect Understanding*, Shanghai: Kelly & Walsh, 1935, pp. 25-31.

94 周作人，《中国新文学的源流》，第42—52、90、102页。

95 周作人，《〈中国新文学大系·散文一集〉导言》，见周作人选编，《中国新文学大系·散文一集》，上海：良友图书公司，1935，第1—14页。

1934年，冯梦龙辑录的《山歌》之万历刻本，被朱瑞轩在徽州歙县许甄夏处发现、获得。朱之兄长朱遂翔（1900—1967），当时江南最著名的古旧书商、杭州抱经堂书局的东家，将这个刻本呈送到了顾颉刚的案头。很快，这本奇书出现在了周作人、胡适、郑振铎和马隅卿（1893—1935）等人的书桌。在经由顾颉刚亲自校点之后，[96]1935年该书由朱遂翔在上海的传经堂书店出版。顾颉刚、周作人、郑振铎、钱南扬等人纷纷泼墨，为之题写了序、跋。这些序跋，各有侧重、个性鲜明，但都毫无例外地肯定该书之于文学、俗文学和民俗学研究的价值与意义。

96 原本，众人力推对冯梦龙深有研究的马隅卿点校《山歌》。因为马隅卿的猝然离世，顾颉刚才义不容辞地担负了点校工作。顾颉刚点校《山歌》的时间是1934年11月4—7、22、24日，1935年1月9日、2月14日，参阅顾颉刚，《顾颉刚日记第三卷（1933—1937）》，第255—256、263—264、295、307页。

郑振铎在“跋”中指出，虽然该书存在文人拟作、改变甚或创作的问题，但丝毫不影响其价值。他强调，从歌谣运动注重口头采集到对既有文献中歌谣集的注意，“不能不说是进步”。钱南扬的“跋”指出，《山歌》“示人以明代山歌之真面目”，且可以根据该书考证吴地的语言习俗。在写定于1935年8月14日的《〈山歌〉序》中，顾颉刚除历数该书发现的缘起，简介冯梦龙的生平、著述外，主要笔墨都是赞誉《山歌》的文学性与革命性。

关于文学性，顾颉刚重在强调这部情歌“好书”范围之广、形式之多、内容之复杂，认为虽有文人仿作抑或增删，但因为反映的背景总是当时民间的情形，所表现的文字也总是民众的情绪与思想，所以其价值“并不因作者而有所增减”。同时，他辨析了《山歌》的双关和拟人两种修辞手法，部分吴语和表音的文字三百年来的变化。关于革命性，顾颉刚指出同情民众、作为民众知音的“怪杰”冯梦龙，不以这些情歌“为粗鄙猥亵”，反而

> 拨开礼教的瘴雾，把亿万被压迫者的梦想和呼声流传给我们，于是，那数百年前怀着满腹悲哀的民众在这部书里复活了！[97]

97 顾颉刚，《〈山歌〉序》，见冯梦龙，《山歌》，第1—6页；亦可参阅《顾颉刚民俗论文集·卷一》，第305—312页。

既不同于郑振铎、钱南扬，也不同于顾颉刚，“冲淡”“超脱”的周作人更偏重于文学之根本。1934年11月24日，他为《山歌》写的“拉杂”之“跋”，《墨憨斋编山歌跋》，同样肯定文人“笔

剥”过的《山歌》之于俗文学和民俗学研究的价值。然而，周作人却先是从与冯梦龙大致同期的金圣叹（1608—1661）说起，且更多地是在中国文学史的流变中来评估冯梦龙及其著述、编纂的整体价值。

周作人指出，同样在编纂小说、戏文上用力颇勤的冯梦龙，“量多而质稍不逮”，只能屈居在金圣叹之后。可是，就戏文之外的俗文学的编选，冯梦龙既“自具手眼”，还有“胆识”。在列举了冯梦龙编的《古今谭概》《智囊》《笑府》和《童痴二弄》（即《桂枝儿》与《山歌》）及其主旨之后，周作人将冯梦龙这些工作的得以展开和完成，放在了明季“新文学新思想运动”的总体语境中进行解读。因此，他不惜笔墨，将冯梦龙与袁中郎（1568—1610）、刘继庄（1648—1695）相提并论。

换言之，对周作人而言，冯梦龙编辑《山歌》等俗文学，实则是明末“新文学运动”的有机组成部分，就是“明末风气”。周作人写道：

> 盖当时人多能言之，唯言之不难，实行乃为难耳。墨憨斋编刊《童痴二弄》，所以可说是难能可贵，有见识，有魄力，或者这也是明末风气……[98]

98 周作人，《〈山歌〉跋》，见冯梦龙，《山歌》，第1—4页，亦可参阅周作人，《苦茶随笔》，北京：北京十月文艺出版社，2011，第79—85页。

在相当意义上，周作人对五四新文学运动本土源流的追溯，《山歌》的发现、出版与站在时代潮头的学界众名家对之的赞誉等，显然都影响到了李素英对“近世”的界定。李素英不但将“近世”的时段拉长了三百年，还将“近世”从一个打破了传统的历史分期的时间概念，演绎成为一种熔铸了革命性认知的意识形态。正是顺此脉络，李素英对作为活态文学、口治文学的歌谣之传承性、地域性、异文的探讨，更加具有了跨地域、跨历史的纵深度，并将雅俗文化的互动落到了实处。

正如论文中频繁征引所示，除了周作人关于歌谣定义、分类、性质、价值等认知[99]是李素英研究歌谣的认知论基础，周作人本身的复杂性与前瞻性，主要是通过其曼妙而冲淡之文字本身的穿透力、唯理性，让李素英频频受益的。与此稍有不同，胡适和顾颉刚对于李素英之影响，则是言传身教，甚或耳提面命。胡适、顾颉刚师生俩对于民俗学和歌谣运动基本姿态的日渐殊途，在使李素英左冲右突的同时，也成就了李素英的歌谣学。

99　对于周作人歌谣观的系统梳理，可参阅陈泳超，《中国民间文学研究的现代轨辙》，第80—91页。

十二　胡适与歌谣的比较研究

在五四时期，同时为歌谣运动鼓与呼并践行的周作人、胡适和顾颉刚都具有不言而喻的革命性，但有着细微的差别。就作为民众心声的歌谣之文学性，或者说歌谣与文学之间的紧密性而言，胡适与周作人更是同党。1914年，周作人在《绍兴县教育会月刊》刊载了征集儿歌童话的“启事”，声言其目的是“存越国土风之特色，为民俗研究、儿童教育之资材”，并强调儿歌童话之“天籁”特色。[100] 此后，歌谣之于文艺的目的在周作人那里日渐凸显了出来。

100 周作人，《征求绍兴儿歌童话启》，第25页。亦可参阅《知堂回想录》，第503页。

1921年8月，在为其翻译的《在希腊诸岛》一文写的“译者附记”中，周作人强调，“在中国想建设国民文学，表现大多数民众的性情生活”，就有民俗研究的必要。[101]在公认的是周作人执笔，写于1922年的《歌谣周刊》的《发刊词》中，搜集整理歌谣的文艺的目的与学术的目的是相提并论的。如果细读下述文字，我们不难发现“颇有必须通过‘学术的’才能达到‘文艺的’目的之意思”。[102] 换言之，学术的研究是服务于文艺的目的的，或者说学术的研究仅仅是文艺目的的前期阶段。《发刊词》原文如下：

101 周作人，《永日集》，北京：北京十月文艺出版社，2011，第47页。

102 陈泳超，《中国民间文学研究的现代轨辙》，第24页。

> 从这学术的资料之中，再由文艺批评的眼光加以选择，编成一部国民心声的选集。意大利的卫太尔曾说“根据在这些歌谣之上，根据在人民的真感情之上，一种新的‘民族的诗’也许能产生出来”。所以这种工作不仅是在表彰现在隐藏着的光辉，还在引起当来的民族的诗的发展。[103]

103 《发刊词》，《歌谣周刊》第一号第一、二版（1922）。

在稍晚些写的《歌谣》一文中，周作人用了更多的篇幅再次阐明歌谣之于文艺的目的。[104]

104 周作人，《自己的园地》，第44—45页。

1936年，在胡适主导下，《歌谣周刊》得以复刊，明确宣称歌谣之研究要回归文学之正途。在"复刊词"中，胡适写道：

> 我以为歌谣的收集与保存，最大的目的是要替中国文学扩大范围，增添范本。我当然不看轻歌谣在民俗学和方言研究上的重要，但我总觉得这个文学的用途是最大的，最根本的……中国新诗的范本，有两个来源：一个是外国的文学，一个就是我们自己的民间歌唱。……我们深信，民间歌唱的最优美的作品往往有很灵巧的技术，很美丽的音节，很流利漂亮的语言，可以供今日新诗人的学习师法。……所以我们现在做这种整理流传歌谣的事业，为的是要给中国新文学开一块新的园地。[105]

105 胡适，《胡适文集·10》，北京：北京大学出版社，2013，第713—715页。

其实，对于歌谣，胡适始终都秉持文学本位的理念。1922年10月1日，《读书杂志》第2期刊载了胡适《北京的平民文学》一文。该文介绍并选载了意大利人卫太尔（G. A. Vitale，1872—1918）在1896年出版的《北京歌谣》（*Pekinese Rhymes*）一书。在该文开篇，胡适谈及文学眼光之于歌谣的重要性，云："近年来，国内颇有人搜集各地的歌谣，在报纸上发表的已很不少。可惜至今还没有人用文学的眼光来选择一番，使那些真有文学意味的‘风诗’特别显出来，供大家的赏玩，供诗人的吟咏取材。”[106]

106　胡适，《胡适文集·3》，北京：北京大学出版社，2013，第569页。

两个月后，即1922年12月3日，胡适在《努力周报》上发表了他那篇影响深远，倡导用比较的方法研究歌谣的文章——《歌谣的比较的研究法的一个例》。在相当意义上，该文实乃近代中国歌谣之形态学的滥觞。在该文中，至今都在学界使用的对歌谣文本分析的“母题”被介绍了进来，其文云：

> 研究歌谣，有一个很有趣的法子，就是“比较的研究法”。有许多歌谣是大同小异的。大同的地方是他们的本旨，在文学的术语上叫做“母题（motif）”。小异的地方是随时随地添上的枝叶细节。[107]

107　胡适，《胡适文集·3》，第563页。颇有意味的是，1932年，钟敬文还曾形象地将motif译作了“话根”。参阅钟敬文，《关于中国的植物起源神话》，《民众教育季刊》第三卷第一号（1933），第14页。

因此，异文的搜集对歌谣研究尤为重要。

母题的引入、比较研究的倡导，直接促生了两年后董作宾对于《看见她》这首歌谣整理研究有意义的尝试。[108]对歌谣研究这一标志性成果，胡适在1924年11月27日写给董作宾的信中，给予了充分肯定：不但认为董作宾“整理的方法极好”，还将其视为“少数小心排比事实与小心求证的学者”。因此，董作宾研究《看见她》时不一定有证据的“大胆假设”，也是相对可取的。[109]

108　董作宾，《一首歌谣整理研究的尝试》，《歌谣周刊》第六三号（1924），第1—7版；第六四号（1924），第1—4版。亦可参阅董作宾，《看见她》，北京：北大歌谣研究会，1924。

109　参阅《讨论：关于“看见她”的通讯》，《歌谣周刊》第七十号（1924），第4版。

在李素英的研究中，如前文所述，对于作为文学的歌谣之形态学研究，既直接受到胡适这些文章的影响，也受到受胡适影响的董作宾、朱自清、钟敬文等人研究的影响。在论文框架上，胡适在《〈吴歌甲集〉序》中对于作为方言的北京话、苏州话（吴话）和广州话（粤语）及其文学的三分法影响了李素英。不仅如此，胡适还具体指导了李素英对于吴歌的分析，要求李素英不要仅仅“从吴歌里去推测吴人的生活”，而“误认他们是幸运者”。[110]

110 李素英，《中国近世歌谣研究》，第69页。

十三　顾颉刚及通俗读物编刊社

试图从歌谣中发现“新”历史的顾颉刚，将歌谣视为民众历史组分而不仅仅是民众心声。作为学生，虽然顾颉刚与周、胡二人在或长或短的时段中有着学术上的唱和、共鸣，但与两位师长却慢慢走上歧路而终至形同路人。与胡、周二人始终钟情于歌谣之文学的一面不同，历史学家顾颉刚日渐强调歌谣的学术价值，尤其是社会价值，直至将歌谣视为唤醒民众、教育民众、改造社会与拯救民族国家的工具与利器。

在中大领军民俗学运动时，顾颉刚继续高举革命的旗帜，“要打破以圣贤为中心的历史，建设**全民众**的历史！”[111]二十世纪三十年代初期，在民族危机加剧的情况下，作为庞杂的通俗读物编刊社的灵魂与巨擘，顾颉刚的根本目的，依旧是要用民众能够接受的通俗文艺教育民众、唤醒民众、鼓动民

111 顾颉刚，《顾颉刚民俗论文集·卷二》，第571页。

众。前文已经指出，1935年顾颉刚为《山歌》所作的“序”，虽然主体部分还是偏重于山歌的形态学，但顾颉刚的革命情怀已经暗香涌动，流之于笔端。在这篇序文的结束部分，“勇气”“刚勇”“坚强”“反抗”“热的血泪”“血路”等红色话语，掷地有声地编织着被压迫者的心性与行动。

1931年“九一八事变”后不到一个月，即10月13日，顾颉刚参与的燕大中国教职员抗日会成立。[112]以该团体为依托，顾颉刚作为核心人物的通俗读物编刊社在1934年7月27日正式成立。[113]在救亡图存的抗战大背景中，在大众化、通俗化的理念下，该社进一步夯实了瞿秋白（1899—1935）和鲁迅（1881—1936）等人在文艺大众化的讨论中已经有的“旧瓶装新酒”之创作理念，[114]试图将书面传统与口头传统熔为一炉，将通俗文学和民间文学并用，创作出民众喜闻乐见、易于接受的通俗读物。[115]到1940年，该社总共发行六百多种书籍，发行量高达五千万册。这些出版物大多是以宣传民族意识和抗日为旨归，“赤色”明显。因此，顾颉刚先是引起了国民政府的怀疑、不满，甚至其主编的杂志被查封，继而被日本人列入黑名单，不得不在1937年7月21日避走西北。[116]

杨堃曾指出，作为著名的民俗学家、历史学家，顾颉刚创办发行《通俗读物》半月刊的主要目的是“教育的与实用的”。[117]为了扩大影响，通

112 顾颉刚，《顾颉刚日记第二卷(1927—1932)》，台北：联经，2007，第572页。

113 顾颉刚，《顾颉刚日记第三卷(1933—1937)》，第216页。对于通俗读物编刊社的起落、核心理念、实践和与战时历史书写的关系，刘龙心进行了全面而深入的研究。参阅刘龙心，《通俗读物编刊社与战时历史书写(1933—1940)》，《中央研究院近代史研究所集刊》第64期(2009)，第87—136页。

114 宋阳(瞿秋白)，《大众文艺的问题》，《文学月报》第一卷第一号(1932)，第1—7页；鲁迅，《论旧形式的采用》，见《鲁迅全集·6》，北京：人民文学出版社，2005，第23—27页。

115 Hung, Chang-tai. *War and Popular Culture: Resistance in Modern China, 1937-1945*, pp. 191-192.

116 顾颉刚，《顾颉刚日记第三卷(1933—1937)》，第668页。

117 杨堃，《民俗学与通俗读物》，《大众知识》第一卷第一期(1936)，第12页。

俗读物编刊社在北平还和民众教育馆之间展开了良性互动。[118]1936年，通俗读物编刊社在上海《申报》开办“通俗讲座”专栏。专栏“发刊词”直言，唤起民众，已经不仅仅是要使民众知道自己生活的贫乏，还要民众有成为一个现代国民必须有的常识，即要他们明白国家的危机，明白他们对于国家的责任。[119]

其实，顾颉刚“革命家”的情怀，是一以贯之的。除其积极引领、参与“眼光向下”的中国民俗学运动，顾颉刚也经常被人认为有“左倾”之嫌。翁文灏（1889—1971）曾经对顾颉刚的老同学傅斯年（1896—1950）言：顾颉刚“太富于革命性，恐不适为政府办事”。[120]1935年8月7日，在顾颉刚回复给其异性挚友谭慕愚（健常，1902—1997）[121]的信中，顾颉刚提及：“我办《禹贡》，为欲使中国人认识中国。我办通俗读物，是要使中国人知道自己是中国人。”[122]

稍后数日，1935年8月15日，在给叶圣陶（1894—1988）的信中，顾颉刚对此有了更为清楚的表达：“弟之野心，欲使中国上层阶级因此刊而认识中国，又欲使中国下层阶级因通俗读物而知道自己是中国人。”[123]句中的“此刊”指的是《禹贡》半月刊。也即，在主办《禹贡》半月刊等学术化刊物面向上等阶级的同时，顾颉刚还热心地主持着《大众知识》《民众周报》等多种面向民众的通俗读物，以求完成他的“中国革命”。

118 赵倩，《现代化语境下的民众教育与社会改造：1928—1937年北平地区民众教育馆研究》，北京：中国人民大学出版社，2015，第321页。

119 通俗读物编刊社，《〈通俗讲座〉发刊词》，《申报》1936年3月19日，第四张。

120 顾颉刚，《顾颉刚日记第三卷（1933—1937）》，第298页。

121 关于顾、谭二人的情路历程，余英时有详尽的梳理。参阅余英时，《未尽的才情：从〈日记〉看顾颉刚的内心世界》之第五节“顾颉刚与谭慕愚”，见《顾颉刚日记第一卷（1913—1926）》，台北：联经，2007，第76—112页。

122 顾颉刚，《顾颉刚日记第三卷（1933—1937）》，第376页。

123 顾潮编著，《顾颉刚年谱》，北京：中国社会科学出版社，1993，第237页。

在多年之后，曾经于1935年在北京工作生活过一段时间，也不时面见胡适、顾颉刚的艾伯华（Wolfram Eberhard，1909—1989），[124]不无精辟地指出：以胡适为核心的歌谣学派是“保守”的、自由的民族主义者，他们提倡，现代文学不应该仅仅只是模仿西方经典，也没有必要非得横扫所有本土文学传统，而是应该发展在中国经典文学宝库中已经出现的苗头；反之，以鲁迅和顾颉刚为首的歌谣学派，则是激进的、革命的，其目的是要“创造一种新的、大众的和能够被普遍理解的文学”。[125]

当时以及后来中国学界关注也在意的鲁迅和顾颉刚之间的恩怨，[126]全然不在艾伯华的视域之内。正因为这一视而不见，艾伯华反而更真切地道明了鲁迅和顾颉刚秉性相通的一面。前引的“我们要打破以圣贤为中心的历史，建设全民众的历史”这句话，是1928年顾颉刚写就的《〈民俗周刊〉发刊辞》的尾句。六年后，黑云压城的1934年，鲁迅义正词严地写道：“将文字交给一切人”“交给大众”！[127]

对于处于现代化历程中，且逢千年未有之大变局的近现代中国而言，教育的普及性、文化的民主性、文艺的大众性、人生的公共性、民众的主体性，日渐演化成前行甚或说“革命”的主流，并在相当意义上成为社会的“实相”“镜像”。种种迹象表明，鲁迅对“革命导师”列宁（1870—1924）

124 在日记中，顾颉刚将艾伯华译作了“爱般哈特”，关于艾伯华与顾、胡等人会面的情形，可参阅顾颉刚，《顾颉刚日记第三卷（1933—1937）》，第298、359、374页。

125 Eberhard, Wolfram. *Studies in Chinese Folklore and Related Essays*, Bloomington: Indiana University Research Center for the Language Sciences, 1970, pp. 4–5.

126 如：王富仁，《鲁迅与顾颉刚》，北京：商务印书馆，2018。

127 鲁迅，《鲁迅全集·6》，第97页。

关于文艺的论述有着一定的了解。[128]遗憾的是，我们尚不知晓顾颉刚当年是否也或直接或间接地读过列宁，进而在影响他自己的同时，也影响到了李素英的歌谣观。

128 鲁迅，《习惯与改革》，见《鲁迅全集·4》，北京：人民文学出版社，2005，第228—230页；《译本高尔基〈一月九日〉小引》，见《鲁迅全集·7》，北京：人民文学出版社，2005，第417—410页。

毫无疑问，列宁的下述论述和中国共产党的革命文艺观有着紧密关联。列宁曾写道：

> 对于人口以百万计的广大居民来说，艺术对其中几百人甚或几千人的贡献也是不重要的。**艺术属于人民**。它必须深深地扎根于广大劳动群众中间。它必须为群众所了解和爱好。它必须从群众的感情、思想和愿望方面把他们团结起来并使他们得到提高。它必须唤醒群众中的艺术家并使之发展。难道当工农大众还缺少黑面包的时候，我们要把精致的甜饼干送给少数人吗？[129]

129 ［苏］列宁，《列宁论文学与艺术》，北京：人民文学出版社，1983，第435页。

十四　朱自清《中国歌谣》及其他

除了上述的周作人、胡适和顾颉刚三家，朱自清的影响同样重要莫名。1929年开始，朱自清在清华大学开设“中国歌谣”课程。其课程讲义，即约三十年后隆重出版的《中国歌谣》。[130]《中国歌谣》完全是基于既有的古今中外的相关文献，对歌谣的文体学抑或说形态学的案头研究，包括了释名、探源、分类、结构、修辞等六章。李素英对歌

130 朱自清，《中国歌谣》，北京：作家出版社，1957。

谣形态学的研究直接受惠于朱自清。

在论文"自序"中，李素英对朱自清表达了真诚的敬意与谢意：

> 朱佩弦先生曾惠借书籍数十种，我参考了他的《中国歌谣》才能写成"歌谣的形式"及"歌谣的修辞"两章。[131]

131 李素英，《中国近世歌谣研究》，第2页。

然而，不知何故，与燕大时期的顾颉刚频频往来、相互交好的朱自清，也是李素英毕业论文的口试委员会委员之一的朱自清，私下里对李素英论文的评价并不高。朱自清甚至根本未注意到李素英的研究在继承他的一些观念、成果的基础之上，将歌谣这一符码带回社会生活与现实世界的探查，将歌谣置于多艰时代的风口浪尖的重大突破，和试图通过歌谣等民间文艺之现状预测中国文学、文艺未来走向的大胆尝试。

口试前，朱自清阅览了李素英的毕业论文。在1936年5月28日的日记中，朱自清给了李文"颇肤浅，空洞无物"的七字评价。[132]对于1936年6月5日这天毕业时的口试，晚年的李素英想起时，依旧胆战心惊，用了"受审"二字来归纳叙写。[133]反之，当年"审人"的朱自清则不以为然，认为考试现场"毫不紧张"，李小姐却"一度流泪"。[134]

132 朱自清，《朱自清全集·第九卷》，南京：江苏教育出版社，1998，第417页。

133 李素，《燕京旧梦》，第189页。

134 朱自清，《朱自清全集·第九卷》，第418—419页。

此外，梁启超《古歌谣与乐府》、刘半农《江阴船歌》和《国外民歌译》、胡怀琛《中国民歌研究》、钟敬文《民间文艺丛话》和《歌谣论集》、刘经菴《歌谣与妇女》、杨荫深《中国民间文艺学概说》、王显恩《中国民间文艺》、朱光潜《从研究歌谣后我对于诗的形式问题意见的变迁》、魏建功《歌谣表现法之最要紧者——重奏复沓》、汪静之《诗歌与想象》、吉特生（Frank Kidson）《英国民歌论》，以及宗白华等人的相关著述，都是李素英的知识源。

其他如论文的评阅者陆侃如、陆志韦，在燕大给她上过课也是其终生念想的师长顾随、吴宓、钱穆、郑振铎、冰心、郭绍虞、包贵思（Grace M. Boynton，1890—1970），以及在论文“自序”中提及的闻在宥（1901—1985），多少都影响到了李素英的写作。在此，不一一赘述。

十五　冲撞与调和：“弱”女子的艰难

李素英的歌谣研究，基本取径是胡适等人力主的文学路径。在努力摘掉歌谣的“民间文学”或者“民间文艺”这顶“贫困户”“下里巴人”帽子的同时，她还要给中国的新文学运动添砖加瓦，尤其是要为中国新诗的发展注入活力，促成一种“完美的新诗”的产生。这时，活态的歌谣仅仅是完善文人新诗的源头、养分，是历史的，是她自己所言的“旧诗词与新体诗之间的一种执中的诗体”，是与新诗相对的“‘旧’的文学”“‘旧’的诗歌”，是文人文学的母体。此时，李素英在不折不扣地宣扬、践行、推进着胡适的理念，是胡适的忠实信徒。

可是，在撰写论文过程中，由于常常触碰到她因自小飘零而自强的敏感的神经末梢，顾颉刚之激进、革命的家国情怀又不由自主地洋溢在论文的字里行间，及至在她所预言的新文学的趋向中，几乎全是顾颉刚摇曳而伟岸的身影。关于顾颉刚对自己的帮助，李素英在论文“自序”中写道：

> 就这篇简略的东西之得以完成，也全赖颉刚师的指导、鼓励、督促和帮忙。蒙他不惮烦琐，常常借给我参考书籍，为我改正许多错误，并润色文字，费去不少精神与时间，这是我非常感激的，特地敬向颉刚师致最深的谢意。[135]

不仅是事无巨细地全程指导李素英的毕业论文写作并审读，[136]如同对待李素英的堂兄，明史研究的俊杰李晋华（1899—1937）一样，[137]顾颉刚对李素英多有提携。在目前出版的1933年到1937年的胡适日记中，胡适从未提及李素英。[138]与此不同，在同期的顾颉刚日记中，顾颉刚共计92次提到李素英，包括相互拜访、同游、同席开会、聚会宴饮、书信往返、修改李素英的文章、合作编书、奖学金评定与发放、介绍工作、答辩以及话别，等等。

1933年4月24日，顾颉刚日记中首次出现了李素英的名字。是日，郭绍虞偕李素英拜访顾颉刚，且顾颉刚应该和李素英谈了歌谣研究。自此，顾颉刚有了要李素英协助编辑吴歌集的想法。1934年7月6日，回苏州奔继母丧的顾颉刚，除给李素英写信之外，还给其送了吴歌，并再次希望李素英帮助他编辑吴歌。[139]1934年，当亚东图书馆邀请顾颉刚

135 李素英，《中国近世歌谣研究》，第2页。

136 顾颉刚分别在1936年4月11、16日，5月6、16日审读完了李素英的毕业论文。参阅顾颉刚，《顾颉刚日记第三卷（1933—1937）》，第463、464、471、474页。

137 宗亮，《顾颉刚与李晋华的学术情谊》，《博览群书》2012年第7期，第103—109页。

138 胡适，《胡适日记全编·6》，合肥：安徽教育出版社，2001。

139 顾颉刚，《顾颉刚日记第三卷（1933—1937）》，第37、53、208、333页。

编辑中学国文教科书时，他约请了李素英等人共同编辑。[140]1934、1935两年，顾颉刚在其主事的《禹贡》上刊发了李素英的《大野泽的变迁》《禹贡的地位》《明成祖北征纪行初编》《明成祖北征纪行二编》等多篇文章。1935年5月5日，顾颉刚还有了将李素英介绍到北平研究院史学研究所工作的打算。[141]

140 顾颉刚，《顾颉刚日记第三卷（1933—1937）》，第 145、147、163、230 页。亦可参阅顾潮编著，《顾颉刚年谱》，第 228 页。

141 顾颉刚，《顾颉刚日记第三卷(1933—1937)》，第 340 页。

事实上，让李素英与徐芳一道作为复刊之后的《歌谣周刊》编辑可能也是顾颉刚提名的。根据顾颉刚日记可知，由他在1936年3月4日定稿的《歌谣研究会计划》，就草拟于同年2月26日北大歌谣研究会召开的当天上午。[142]

142 顾颉刚，《顾颉刚日记第三卷(1933—1937)》，第 446、449 页。

毫无疑问，至少在1933—1936这三四年，顾颉刚是李素英在燕大最信任的师长，尽管是冰心在李素英读大一时建议她从英文学系转入了国文学系，还想方设法使窘迫而自强的李素英接受了两年计五百元的助学金。[143]1934年10月28日，顾颉刚在日记中提及他收到的李素英信之内容：

143 李素，《燕京旧梦》，第 135—137 页。

> 得素英信，道其十余年来筹谋学费之痛苦，明年不得不出而任事，以偿旧债。彼云此等事从不向人谈，即极帮忙之冰心亦未深知。[144]

144 顾颉刚，《顾颉刚日记第三卷(1933—1937)》，第 253 页。

也正因如此，即使数十年未曾谋面、了无音信，李素英在《燕京旧梦》中，依然三言两语就栩栩如生地勾画出了日常生活中顾颉刚的诸多面相，诸如：口吃，失眠、夫人捶拍入眠，勤奋，和蔼，等等。[145]

145 李素，《燕京旧梦》，第143—150页。

同期，吴宓同样是李素英信得过的师长。李素英生活的困窘、拮据，在吴宓的日记同样有着体现。在1936年7月9日的日记中，吴宓写道：

> 得李素英（曾特夫人）快函，求假￥150。即于11:00入城，至兴化寺街35号寓宅访之；面付借款如数，并在其处午饭，谈诸友婚姻恋爱之事。[146]

146 吴宓，《吴宓日记第六册（1936—1938）》，北京：生活·读书·新知三联书店，1998，第8页。

在南京定居后，李素英给吴宓专门写信告知了住址。在同年8月27日的日记中，吴宓写道："接李素英女士（曾特夫人）函，知现在住：南京，鼓楼，五条巷，二十二号。"[147]

147 吴宓，《吴宓日记第六册（1936—1938）》，第48页。

因此，整篇论文从头至尾，李素英对顾颉刚始终是以"颉刚师"称之。在预测歌谣之于新文学的价值时，顾颉刚本质上入世、激进、革命的民众史观成为主导，胡适温和、保守的，最终希望歌谣仅仅抒情、审美的空灵、自由与惬意之文学观则被消解。

如果考虑到每一种文学与具体社会情境之间的关联，那么"新文学"不仅仅是对于旧文学、旧社会有着价值，它更是紧紧与"新社会"捆绑一处。事实上，无论是渐变的抑或是断裂的，新社会之生成皆有着天然的反叛性、批判性和创新性，也即革命性。这样，也就不可能抛弃特定的社会变迁、语境而空谈文学了。

“九一八事变”之后，中华民族的生死存亡警醒着更多的国人。正是这一巨变，促生了带有明显意识形态色彩的大众文学、普罗文学与国防文学等口号，及其相互之间的争吵，甚至恶斗。与新文化运动之启蒙理念一脉相承，唤醒绝大多数不识字国人的文艺大众化的讨论与实践，更加具有了不言自明的重要性、必然性。在这一文艺要大众化同时也要尽可能审美的历史洪流中，顾颉刚在北平创办的通俗读物编刊社之旧瓶装新酒的“移根换骨术”，与最终把文人文学与民间文学的界限抹掉而改换形式的“易容术”，折服了李素英。

分明感受到民族危机日重的李素英，在文艺的大众化与审美化之间有了自己相对明确的抉择。她直言：“这种通俗化的文艺之创作，即使不能成为文学的主潮，也应是今后文艺潮流的一条最大的支流。”当然，胡适的影响依旧清晰可见。即，通俗化的文艺创作——普罗文艺，除流向广大的群众之外，还有着“流向高深的艺术之渊”的方面。由此，我们也可以看出在那个危机深重的岁月，一个几乎自小就处于“漂泊”状态的“弱”女子的担当与家国情怀，也不难理解看似横空出世的《在延安文艺座谈会上的讲话》其实顺应了民心、国情，有着历史的必然性。

不仅是李素英对歌谣的认知与政治领袖“讲话”的精神不谋而合，美国女作家赛珍珠（Pearl S. Buck，1892—1973）对中国小说的认知，也与革命领袖数年后的这一“讲话”异曲同工，殊途同归。因为坚持书写中国的“自由”，在法西斯主义张牙舞爪的1938年，赛珍珠本人都“不相信”，“太荒唐”也是必然地获得了诺贝尔文学奖。[148]

148 薛忆沩，《文学的祖国》，北京：生活书店出版有限公司，2015，第31页。

在题为《中国的小说》的这篇诺贝尔文学奖领奖演讲词中，赛珍珠演讲的核心是：中国小说的演进，其不同于西方小说的独特性和中国小说如何养育了她。在中国生活多年、与林语堂交好，将《水浒传》翻译为《四海之内皆兄弟》介绍给英语世界的赛珍珠认为：从汉代的笑话、唐传奇、宋话本、元曲到明清的小说，都有着极为粗壮的民族之根。尤其是，她详述了《水浒传》《三国演义》《红楼梦》以及《西游记》《封神演义》《金瓶梅》等小说的产生、传播和接受的基本社会形态，以此强调中国小说举世无双的“人民性”——来自人民、服务于人民，属于人民。因此，她要

> 为人民写作……人民对故事有正确的判断，因为他们的感觉未被磨损，他们的感情不受拘束。[149]

149 转引自薛忆沩，《文学的祖国》，第37页。

其实，李素英表现出的这种调和保守歌谣观与激进歌谣观的努力，或者是她的宿命。她生在

客家，有个才情满满、琴棋书画诗文皆精，又有着破旧立新之革命情怀与实践，并被朋友称赏不忘的父亲。辗转流离的生活，使她了解生活与社会的实况，在酸甜苦辣中努力提升自己，勇往直前。于是，家传、师传与个人社会阅历，混融形成了李素英左冲右突而复杂的歌谣观。换言之，对李素英而言："执中"的歌谣是旧的，也是新的；是保守的，也是革命的；是民众的与通俗的，也是精英的与典雅的；是中国的过去，也是中国的现在与将来。

以此观之，不论因为何种原因，后来的李素英没有能够再进一步实践她献身歌谣的"热望"，而是回到了典雅诗文的创作，也就有了其合理性。

这种冲撞与调和，于李素英多少有些艰难。但是，因着对歌谣的挚爱，自我的修养、才情与心性，对恩师等前贤的敬意，对民众、家国的悲悯，李素英的努力并不显得捉襟见肘。反而，在平和、沉稳以及冲淡的外表下，论文中不时闪现着因作者性灵、性情而生的灼见与灵光。或者可以说，李素英这篇基本被后人忽视的《中国近世歌谣研究》，本身就是一首藏匿在思想长河中的情真意切的"山歌"：它有着北平歌谣的老实、厚重与沉稳；有着吴歌的俏皮、浪漫与轻柔；有着客音的多情、瑰丽与进取；还有着西藏歌谣的高远、深邃与苍凉！

十六　李萨雪如的问题

当然，作为有上述诸多独到见解的五四歌谣运动以来的"第一篇账目"，李素英的总结、反思并非完美无瑕。相较而言，或者还是因为主要是文本分析的缘故，李素英的批评、反思整体而言是温婉的。对于歌谣研究方法论方面的批评总结，则明显不足。在她这篇“结账”十年之后，在大同城南乡村生活现场实地调查研究歌谣、故事、儿歌、谜语的传教士司礼义，对歌谣运动的标志性成果——董作宾对歌谣《看见她》整理研究的尝试——之批评就要深刻很多。

正是对胡适有些担心的董作宾明显证据不足的大胆假设，司礼义严肃也不无遗憾地批评道：

> 某种歌谣的流传地域极少能跟某一省的行政边界相吻合。因此，对民俗研究而言，如果我们讨论所用素材仅仅是分省采集来的，或者是从每个省的最重要城市选取一二个标本，都是不够的。例如，在《歌谣周刊》第62、63号，董作宾对以“看见她”为主题的歌谣做过一个全面的概括，并在以后几期做过一些补充注释及解释工作。显然，董作宾下了很大功夫。可是，在这类歌谣资料的完全掌握、分类、流布、其最新的发展形式等方面，我们仍然相距甚远。不管结论多么有趣，该文作为研究不同习俗和方言的努力是值得肯定的。但是，该文对“看见她”的各种类型和与其流布地域之间的相互依存的研究明显太泛和粗糙了。因为撒在全中国的搜集歌谣资料及信息之“网”的网眼太过疏阔，以至于不能捕到许多令人兴奋的“鱼”。可是，也只有这些

“鱼”，才能决定同一主题的两种不同类型的歌谣的真正分界线。就拿以“看见她”为主题的歌谣为例，45首歌谣中只有两首代表山西，一首出自陕西，一首采自四川，而河北一省却有十余首之多！[150]

150 Serruys, Paul. “Children's Riddles and Ditties from the South of Tatung (Shansi)”, *Folklore Studies*, Vol. 4 (1945), p. 214.

其实，早在1928年，在整理出版收集的北平歌谣时，李萨雪如就明确提出了该如何对待她整理的第二十五首歌谣《小红孩》（看见她）的问题。因为北平城的歌谣，明显有着不同时代、不同地域、不同族别的人口流动而汇聚、沉积的影响。这首“北平东城左近的人，都能道及”[151]的“看见她”如下：

151 李萨雪如，《〈北平歌谣集〉序》，第3页。

小红孩，推红土，
一推，推到青江浦。
下了船，拜丈母。
丈母爹，丈母娘，都见了，
就是没见她。
截着竹帘看见她，
银盘大脸好头发，
回家告诉妈，
典房，卖地，娶了她。[152]

152 李萨雪如，《北平歌谣集》，第12页。

当然，除了司礼义基于方法论的批评之外，对李萨雪如提出的问题，无论是董作宾本人，还是其他方家，都没有任何回应。

十七　歌谣中的社会

李素英的研究，对太平洋战争爆发前的燕大的歌谣研究有着影响。基于文学本位，王同峰（Wang T'ung Feng）对中英歌谣进行了卓有成效的比较研究。[153]与此不同，在杨堃的指导下，杜含英延续了李素英歌谣研究的地域抑或说人文区位学之路径，从"社会学的观点出发，用歌谣为题材，加以社会学的解释，再佐以实际社会情形，从而窥探民间社会生活"。[154]这使得歌谣研究出现了另一番面貌。

153　Wang, T'ung Feng. "A Comparative Study of British and Chinese Ballads", a thesis of Bachelor of the Department of Western Languages of the College of Arts and Letters of Yenching University, 1940.

154　杜含英，《歌谣中的河北民间社会》，北平：燕京大学法学院社会学系学士毕业论文，1939，第 1 页。

对于杜含英而言，歌谣确实是"一部内容丰富的精彩的民间艺术产品"，但更是"一部无所不包括的民间史料"。[155]因此，表达喜怒哀乐、发泄情绪的歌谣的描述，难免有夸张失实、滑稽过分的地方，站在社会学的立场引用这些材料，就得以审慎的态度，详细检别，再证以实际事实。杜含英写道：

155　杜含英，《歌谣中的河北民间社会》，第 87 页。

> 换言之，就是我们对于歌谣，不要过分认真，像相信数学公式一样，以为歌谣中的每一句，甚至于每一字，都含有一定的事实，因为歌谣同时是一部民间艺术产品，有时因了音节的调协，或语调的顺适，往往有不符事实及意

义的语句，假如我们以理智的科学的观点去责难它，则未免又贻笑于文学家。这一点，希望社会学者和民俗学者注意。[156]

156 杜含英，《歌谣中的河北民间社会》，第1页。

利用李萨雪如《北平歌谣集》《北平歌谣续集》，定县平教会平民文学部编的《歌谣选》，《歌谣周刊》49—96号和复刊后的二卷、三卷，以及其他报章刊载的歌谣等材料，杜含英对这些歌谣中反映的京畿一带的社会生活进行了辨析，并认为其描画的京畿之地这幅“社会图画”，就是“整个中国社会的缩影”。[157]基于此，论文的主体部分是：包括夫妻关系、亲子关系、继母与子女的关系、婆媳关系、姑嫂以及叔嫂关系、甥妗关系在内的家庭生活；包括特征、性质、目的、标准、婚俗在内的婚姻状况；歌谣中反映的民间教育、信仰与娱乐等。此外，她还专门分析了歌谣中反映出的农民、兵士、警察、洋车夫、北平的平民、妇女这些城乡社会中的下层群体的群像，借此透视当时社会的政治、经济状况。

157 杜含英，《歌谣中的河北民间社会》，第87页。

客观而言，杜含英的歌谣研究同样属于此前中国学界已有的文本研究，基本没有对歌谣实际传唱的生活实况的观察，更无现今学界所言的语境分析。但是，对歌谣文学性之夸饰特征的警惕，使其文本分析更加审慎，使其推理更加接近于生活的真实。

杜含英认为，歌谣中的多妻制度代表的是“一部分经济状况优越的人的生活”。相较于既有的解释与通识而言，这并没有什么新奇之处。然而，在紧接着辨析歌谣中的早婚和童养媳时，杜含英明显有了新的思考，并未仅仅停留在经济决定论。她认为，早婚与童养媳不仅代表着“经济情形不好的人家的生活”，还与中国人喜欢早抱孙子的“传统思想”——香火观——相关。[158]

158 杜含英，《歌谣中的河北民间社会》，第 38 页。

在分析完关于婆媳关系的歌谣之后，她敏锐地注意到歌谣中“没有提到翁媳关系的”。[159]在分析姑嫂关系的歌谣时，杜含英连带着对歌谣中的母女关系、母子关系进行了整体分析。这使她对于歌谣文本的社会学分析更加入情入理：

159 杜含英，《歌谣中的河北民间社会》，第 22 页。

> 不过小姑之捉弄嫂嫂，也有她的原因。记得我们在“母女关系”一项中，曾说及母女的感情特别好，所以女儿帮着母亲说话作事也是很自然的。又我们在“母子关系”中，提到儿子结婚后，对母亲渐不关心。在这种情形下，女儿最容易同情母亲，因而迁怒于嫂嫂，设法捉弄她。[160]

160 杜含英，《歌谣中的河北民间社会》，第 23 页。

论文最为精彩之处，是对歌谣中常见的继母虐待前妻子女的歌谣的分析。在列举了大量的异文后，杜含英并未一味指责“生性凶残”的继母，而是“站在社会学的立场”，指出了该母题歌谣盛传的两种原因：其一，公众舆论（public opinion）；

其二，从众的模仿（imitation）。所谓公众舆论，是基于前妻子女的主位立场的梳理，一反过去对继母的片面指责：一方面，在邻里亲友的掺和下，前妻子女会对“不亲”的继母产生天然的疏离感；另一方面，在弟妹出生后，父亲与继母对幼儿的呵护同样会加重、强化继母在前妻子女心中的“恶人”形象。所谓从众的模仿，则是基于继母之主位立场的认知。继母虐待前妻子女，是既有的社会认知和公共舆情。即，继母心中“潜伏”着虐待前妻子女的意识，因为反正无论怎样做都不会落好，于是心安理得地扮演“恶人”。[161]

161 杜含英，《歌谣中的河北民间社会》，第 14—15 页。

这样，对杜含英而言，似乎生性凶残的继母并非出于性恶论，而是由社会环境、文化环境、家庭环境和群体心态决定的。换言之，继母虐待前妻子女其实是一种文化制度，或者说文化图示。被污名化的“继母”与前妻子女一样，都是受害者，而不仅仅是施虐者。对于歌谣等民间文学研究而言，这些细部的分析显然有质的飞越，迥然有别于以往的文艺学研究，将歌谣带入到文化释读的新天地。

其实，在汉代墓葬中，就有很多围绕继母以及寡母和子女之间的画像故事，诸如齐义继母、鲁义姑姊、梁节姑姊和梁高行等。如巫鸿研究所示，当把这些画像故事还归到其具体的时代语境中审视时，就会发现其演绎的是产生于“父亲”视角的“公义”神话，强调的基于父子链条的不容挑战的父权的纲纪。[162]也即，早在汉代，因父权之公义的

162 巫鸿，《中国古代艺术与建筑中的“纪念碑性”》，李清泉等译，上海：上海人民出版社，2017，第 336—358 页。

进一步确立，继母已经被制度性地污名化，而成为一种实实在在的文化图示。近现代歌谣中被钉在耻辱柱上的继母仅仅是这一文化原型的延伸。只不过在汉代，父权公义神话的演述是以具有“纪念碑性”（monumentality）的墓地画像的视觉艺术的方式展开，千百年后这一视觉艺术还有了悦耳的听觉艺术等多种形态。

对继母的制度性污名化，固然是儒家的纲常伦理在作祟。但是，当从“私爱”的视角出发，自下而上地审视时，长盛不衰的污名化继母这一文化母题的意涵显然又不限于此。甚或可以说，它还寄寓着民间浪漫而又神圣的爱情观。在以继母为主角的歌谣和民间故事中，沉默、“缺位”的父亲同样是一个被鞭挞的对象。在一定意义上，与其说这些歌谣鞭挞的是“性恶”的继母，还不如说是迂回曲折地对丈夫对前妻/亡妻的“背叛”的舆论绞杀。当然，这里面不排除对能再娶的男性的群体性妒忌心理。在民间的审美世界那里，儒家纲纪强调的从一而终的贞节，不仅是女性的，也是男性的。对小妾嘲讽、批判之母题的歌谣的相对缺失，从另一个角度证明了这个推论。即，对于下沉并在日常生活中践行的儒家纲纪而言，与正室共侍一夫的侧室，不存在是非问题，也不意味着丈夫对正室的不忠，相反还例证着正室的宽容等“妇德”。

因此可以说，无论东方还是西方，继母虐待前妻子女的歌谣等“民间”文学，实则是对从一而终、恩爱白头的婚姻制度的认可和歌颂，是对坚贞爱情的呼唤与期待。或者，不同文化对“贞节”有不同的具体符旨，但作为符征的“贞节”不仅是女性的，也是男性的。它实则是穿越时空的人类的集体无意识、愿景。在中华大地，该母题民间文学有着儒家纲常伦理、贞节牌坊的威压、规训与整肃。而且，无论过去还是现在，这种婉饰的符征和符旨都会激发人们对前妻子女率先的同情，从而污名化继母，让迫不及待续弦的父亲哑声、缺位，使其无疾而终，成为可有可无的活死人或死活人。

十八　人弃我取

在硕士毕业离开北平后的两年中，虽然颠沛流离，李素英还是陆续地发表了数篇与歌谣相关的文章。除前引的将其毕业论文中一些章节分别刊发在燕大《文学年报》和有她做编辑的《歌谣周刊》之外，李素英依旧念念不忘其中有她喜欢的，足可以挑战任何文人雅句的“老天若有留郎意，一夜西风水倒流”的冯梦龙《山歌》，和有着“山头雪，万峰见，弱女伤心有谁怜？”的《西藏情歌》。因而，特意对之分别撰文介绍，希望能有更多的人知晓、喜欢。[163]

然而，晚年的李素英在回忆自己当年“决意走偏门，人弃我取”[164]的歌谣研究时，似乎多少有些悔意。她写道：

163　李素，《一夜西风水倒流：读冯梦龙编的〈山歌〉》，《宇宙风》第十八期（1936），第306—308页；《西藏情歌》，《宇宙风》第六十二期（1938），第78—80页。

164　李素，《燕京旧梦》，第188页。

> 假如我继续研究词，结果一定完全不同吧？歌谣原不是我由衷的爱好，毕了业，我的兴趣也跟着结束了。这个题材不受重视，论文没机会出版是当然的。原稿在燕大图书馆里，只怕老早已不存在了。[165]

165　李素，《燕京旧梦》，第190页。

或者，这些惆怅、慨叹仅仅是针对其漂泊人生、世事沧桑和变幻莫测的“心意真实”，而非对自己早年欲为之献身的事业绝对的否定！

附录：杜含英《歌谣中的河北民间社会》目录

第一章　绪论

第二章　歌谣中的家庭生活

　第一节　夫妻关系

　第二节　亲子关系

　第三节　继母与子女的关系

　第四节　婆媳关系

　第五节　姑嫂及叔嫂关系（附甥妗关系）

第三章　歌谣中的婚姻状况

　第一节　婚姻的特征

　第二节　婚姻的性质

　第三节　婚姻的目的

　第四节　婚姻选择的标准

　第五节　结婚的礼俗

第四章　歌谣中的教育信仰和娱乐

谚语，俗所传言

说话是一种人体的习惯，是精神文化的一部分，和其他风俗的方式在性质上是相同的。……语言是文化整体中的一部分。但是，它并不是一个工具的体系，而是一套发音的风俗及精神文化的一部分。

——[英]马凌诺斯基

（B. Malinowski）

所有语言，哪怕是独白，都必然是一个有受话指向的意义行为。也就是说，语言预设了对话关系。

——[法]朱莉娅·克里斯蒂娃

（J. Kristeva）

时任燕大国文学系教授的郭绍虞

1930

薛诚之上海持志学院本科毕业照

1933

中国谚语分类	1.00	家庭伦常类	1.01	父母子女类
			1.02	兄弟姊妹类
			1.03	夫妻类
			1.04	亲戚朋友类
			1.05	家事类
			1.06	婚姻类
			1.07	丧葬类
			1.08	生死类
			1.09	——
			1.10	其他
	2.00	社会交际处事类	2.01	修养类
			2.02	处事类
			2.03	交际类
			2.04	贫富类
			……	……
			2.10	其他
	3.00	健康卫生类	3.01	起居饮食类
			3.02	医生及医药类
			3.03	疾病类
			……	……
			3.10	其他
	4.00	教育文化类	4.01	教育类
			4.02	学习类
			4.03	口诀类
			……	……
			4.10	其他
	5.00	宗教道德类	5.01	道德类
			5.02	天地类
			5.03	鬼神类
			5.04	僧道类
			5.05	迷信类
			……	……
			5.10	其他
	6.00	政治军事类	6.01	文事类
			6.02	武事类
			……	……
			6.10	其他
	7.00	工商实业类	7.01	工业类
			7.02	商业类
			7.03	职业类
			……	……
			7.10	其他
	8.00	农事及气候类	8.01	气象类
			8.02	节令类
			8.03	农业类
			……	……
			8.10	其他
	9.00	动植物类	9.01	飞禽类
			9.02	走兽类
			9.03	虫鱼类
			9.04	花草树木类
			9.05	蔬菜果实类
			……	……
			9.10	其他
	10.00	杂类	……	……

——

薛诚之中国谚语分类图（熊诗维绘）

一 引言

谚语之于言辞，犹如盐之于食物（A proverb is to speech what salt to food）。

这句阿拉伯谚语，形象地说明了谚语与语言以及特定社群日常生活之间的鱼水关系。不仅如此，盐与食物、食物味道、人们味觉感知到的好坏、伦理审美中的好坏等之间，有着复杂的认知关联。

2019年3月29日，通晓多门语言，主要研究阿拉伯古典散文，博学多才的钱艾琳教授提醒我，阿拉伯语中的“盐”有“好”之意。远隔千里，她在微信中告诉我：“我曾经想收集许多语言中，对于味道和好的对应关系，阿语里‘盐’是milh，‘好’就是malih，土耳其语里的 ‘好’则是‘甜’，tatli。是按照调料的取得难易，才有这样约定俗成的用法吗？”

从跨语言、跨文明比较的视角，她的提醒与疑问告诉我们：谚语既是凝结日常经验与智慧的一种口耳相传的语言、文学，更是思想、言行、感官、心理、社会、文化、生产生活、习惯、群体内外交际和时代性的综合呈现。

如同歌谣、神话、传说、故事等常见的“民间”文学亚类，广为流传的谚语很难找到抑或确认其原创者。对于谚语而言，群体性、匿名性、口头性与地方性（方言性）同样明显。在中国现代民俗学运动中，与歌谣研究一样，起步并不晚的谚语研究同样是老话题。作为日常生产生活中最常见、最重要的言语，谚语早早就受到前贤的关注。1921年，已经出现郭绍虞《谚语的研究》那样高水准的著作。[1]

长时段观之，就1949年以前而言，谚语研究的标志性成果还是出现在二十世纪三十年代中期的燕大。即，一直在中国民俗学界湮没无闻的薛诚之（1907—1988）的硕士毕业论文《谚语研究》。[2]巧合的是，薛诚之不仅与李素英在燕大同年硕士毕业，其毕业论文正是在郭绍虞以及顾颉刚等人的指导下完成的。在论文“小言 代序”中，薛诚之坦言：

> 本文之作，即是因了郭师的《谚语的研究》一文引起。郭师除了指导以外，并还供给了不少的材料——特别是《元曲中引用谚语》稿本。[3]

1 郭绍虞，《谚语的研究》，《小说月报》第十二卷第二期（1921），第8—15页，第三期，第25—30页，第四期，第16—23页。1925年，上海商务印书馆出版了该文的单行本，书名仍为《谚语的研究》。

2 薛诚之，《谚语研究》，北平：燕京大学研究院国文学系硕士毕业论文，1936。

3 薛诚之，《〈谚语研究〉小言 代序》，第3页。

在薛诚之这一标志性成果出现的前后，王顺对无锡北夏农谚的研究，[4]后起的朱介凡（1912—2011）坚持了六十余年的谚语研究，[5]都有着各自的特色。

4 王顺，《北夏农谚的研究》，《教育与民众》第七卷第一期（1935），第25—70页。

5 朱介凡编著，《中华谚语志（全十一册）》，台北：台湾商务印书馆股份有限公司，1989。

二 语言与言语

在索绪尔（Ferdinand de Saussure，1857—1913）看来，语言是一个整体、一个分类的原则、一套约定俗成的符号体系，是社会的。相反，言语是暂时的、变化的，其性质复杂，涉及物理、生理与心理多个方面，是个人的意志和智能行为。[6]换言之，语言是混杂的言语中十分确定的对象，是个人以外的社会部分，是异质的言语中同质的部分。

6 ［瑞士］索绪尔，《普通语言学教程》，高名凯译，北京：商务印书馆，2002，第26—42页。

在极简意义上，本章将语言和言语作为一组对立的概念范畴使用，尽管二者明显互相依存。语言更多强调的是其作为文化现象、社会制度与符号体系的静态的一面。人们可以对其进行包括内容和形式的形态学分析、历时性的文化史研究以及跨时空的比较。言语则强调人与人之间交际、交流、交谈而异彩纷呈的动态的一面，强调的是创造性、差异性与个性。其研究路径大抵可以视为共时性的情境分析，抑或说语境研究，多是微观细描。借用语言学家和人类学家萨丕尔（Edward Sapir，1884—1939）的说法，言语是“一种非本能性的、获得的、‘文化的’功能”。[7]

7 ［美］爱德华·萨丕尔，《语言论——言语研究导论》，陆卓元译，北京：商务印书馆，2002，第4页。

简言之，语言是“目治的”（可读的/视觉的）、静态的文化事象与符号体系。言语则是口治、耳治与心治的合一，是听觉的、动态的“行为”，甚至“事件”。

显然，谚语同时具有语言和言语的双重属性。对谚语而言，这两重属性在互现的同时还相互涵盖。然而，不同的偏重和取向，形成了谚语研究不同的样貌，即**谚语形态学和谚语生态学**。无论是偏重于书面的比较分析，还是生活世界的细致观察与体悟，谚语形态学与谚语生态学又都必须以掌握了大量的谚语资料为前提。这使得谚语资料学在百余年来的谚语研究中始终重要莫名。

如果说郭绍虞、薛诚之师生关于谚语研究的主色是形态学的，那么间杂其间的王顺和稍晚些的朱介凡的谚语研究已经有了生态学的直觉，有了谚语是用来交际、交流的“言语”，即有了谚语是口治、耳治以及心治的活态民间语言的直观认知。然而，在中国学界，直到二十世纪晚期，在钟敬文的引领下，**作为一种活动与事件的谚语**认知才得以明确提出，强调语言形式、语言民俗主体、语言民俗情境等因素互为一体的谚语生态学才明朗化。

总体而言，百年来，虽然交互缠绕、不时异位，但对谚语作为语言现象的静态分析，即谚语的形态学研究长期是谚语研究的主流、明线，而谚语的生态学研究则是旁支、暗流。

三　郭绍虞《谚语的研究》

1921年1月13日，受当时歌谣运动的激励，尤其是顾颉刚辑录的三千余则吴谚的鼓舞，郭绍虞写出长文——《谚语的研究》。借此，他希望能阐明谚语“在文艺界上的价值，作为谚语研究的提倡”。[8]事实上，郭绍虞的这篇长文，几乎是谚语研究的总纲。它涉及谚语的定义、性质、功能、内容、形式、研究方法等多个方面。郭绍虞宏阔的视野、古今中外的比较、鲜活的实例、绵密的辨析，使得肇始之初的谚语研究尽管人单势孤，却独树一帜，明显优于同期在滥觞之中声势浩大的歌谣学。不仅如此，在百年来的中国谚语研究中，郭著影响深远，初始的研究成为后继者必然引用的经典。

8　郭绍虞，《谚语的研究》，上海：商务印书馆，1925，第2页。

根据对《说文》等典籍和拉丁语系诸语种关于谚语定义的分析归纳，郭绍虞从内容、修辞、交际和效能四个方面将谚语界定为：

> 人的实践经验之结果，而用美的言辞表现者，于日常谈话可以公然使用，而规定人的行为之言语。[9]

9　郭绍虞，《谚语的研究》，第6页。

他反复强调，谚语是合乎“多数人的经验”的“民众艺术”，是颇有研究价值的“国民情调的表现”，谚语的通俗性成就了谚语的“民众哲学与民

10　郭绍虞，《谚语的研究》，第14、15、54页。

众文学”的本质。[10]难能可贵的是，在注意到谚语的“经验之结果”和“美的言辞”之语言属性及文学艺术特质的同时，郭绍虞还注意到了谚语的言语属性，即“公然使用”“规定人的行为”之行动性。

11　郭绍虞，《谚语的研究》，第8—10页。

在与其他体裁的比较中，郭绍虞从反面说明谚语的性质，指出谚语既不是歌谣、格言、寓言，也不是隐语、谜语、谐语、谶语等。他分析指出：虽然皆有音韵，与能歌、重情的歌谣不同，谚语不能歌，重知；同样，虽然都有道德色彩和哲理思想，但谚语初发于“语言”，而格言则初起于“文字”。[11]

12　郭绍虞，《谚语的研究》，第19、20页。

关于谚语的形式，郭绍虞指出其本质是重美，即“奇警轻快，很富于刺激力而足以助人之记忆”，并将其形式美特征归纳为四点：“句主简短，调主整齐，音主和谐，辞主灵巧”。[12]关于谚语的内容，郭绍虞则强调其重真、重善。重真，指谚语所承载的经验来自贫富、男女等人情世故，来自天文、地理、种植、畜牧、博物、医药等天地自然之变化。重善，则包括道德和宗教两个方面。同时，他没有忘记强调谚语实际上会因时代、地域的不同而发生变化，因此倡导从历时和共时两个维度，对谚语进行比较研究，呼吁研究谚语最好要明了其发生的原因，赋予其一个时代价值。

虽然有着这些拓荒性的真知灼见，它却仅是郭绍虞研究谚语计划的开始。在《谚语的研究》

附记中，郭绍虞表明了自己还想作《谚语的比较研究》和《谚语与文学》两篇文章，并向同仁征集谚语。[13]不知何故，郭绍虞计划中的这些后续研究并未展开。三年后，受郭绍虞谚语研究的影响，史襄哉写了篇介绍古代犹太谚语的小文。[14]虽然郭绍虞开了个好头，此后学界对于谚语的关注，包括史襄哉很快编出的《中华谚海》[15]在内，基本止步于搜集、整理的资料学层面，也没有多人积极参与的歌谣运动的持久性与热度。

13 郭绍虞，《谚语的研究》，第 55 页。

14 史襄哉，《犹太古代谚语的研究》，《兴华》第二十一卷第三十五期（1924），第 5—10 页。

15 史襄哉编，《中华谚海》，上海：中华书局，1926。在该书自序中，史襄哉征引了顾颉刚写给他的信。也即，史襄哉编辑该书，得到了顾颉刚的肯定、鼓励与支持。在信中，顾颉刚表示，要将自己收集的吴谚贡献给史襄哉。

四　谚语的收集及研究

1925年6月21日，钱玄同较多参与的《京报》附设的第七种周刊《国语周刊》第二期登出了“征求中国谚语的启示”。四十多天后，同年8月4日，《国语周刊》收到了三十多人的投稿，共计征集到了3,530多则谚语。本着“能多收一条，就收一条”的原则，《国语周刊》的同仁“只管尽力作去”，并将自己视为“第一次开掘这个宝库的人”，誓言要“踏遍这片荒野，要采尽那些野花”。[16]此外，1929—1931年的《农民》、1928—1929年的《民俗周刊》、1930—1931年的《民间旬刊》等报刊，都刊载过不同人收集到的谚语。

同期在中国的传教士因其职能的需要，如同相对早期的明恩溥（A. H. Smith，1845—1932）[17]等一样，继续在各自所在的教区展开谚语等方言俚语

16 杜同力，《关于谚语的报告和说明》，《国语周刊》第九期（1925），第 3 页。

17 Smith, A. H. *Proverbs and Common Sayings from the Chinese*, Shanghai: American Presbyterian Mission Pr., 1902.

俗说的搜集工作。1920—1926年，在长城以北，东起热河，西至宁夏的热河教区，比利时圣母圣心会出版了《东蒙教士志》（*Semi-Mongolica*）。该刊出了三卷五期，发表了大量当地人的信仰、戏剧、土地及钱财、谚语、谜语、婚丧和蒙古之植物等诸多风土人情、自然物产方面的文章。根据后来司礼义的翻译、统计与整合，杨峻德（K. De Jaeger）、闵宣化（J. Mullie）和卢歘历（J. Van Durmne）数位传教士先后搜集并刊载的谚语达422则。诸如：

毡帽掉井，卷沿到底。

张飞拿刺猬，人又刚强，货又扎手。

有钱难买五月旱，六月连阴吃饱饭。

有被窝不会盖，有福不会享。[18]

18 Serruys, Paul. "Folklore Contributions in Sino-Mongolica. Notes on Customs, Legends, Proverbs and Riddles of the Province of Jehol. Introduction and Translations", *Folklore Studies*, Vol. 6, No. 2 (1947), pp. 35-79.

作为主流，谚语"资料学"的取向，延续到了1936年分别在北大和中大复刊后的《歌谣周刊》与《民俗》季刊。如上章所言，在《歌谣周刊》"复刊词"中，掌舵人胡适明确表示复刊后的《歌谣周刊》的文学取向。作为民间文学一个重要的分支，谚语的搜集整理很快出现在了复刊后的《歌谣周刊》之中。

1936年，《歌谣周刊》第十五、十六、十八、二十二、二十五期，选载了王国栋从1923年开始收集的两千余则河北省谚语中的部分内容，诸如疾病与医药、生理与健康、仪式与衣饰、生理、旅行、嗜好、父子等，名为《河北省谚语类辑》。事实上，这个以省为单位的类辑，王国栋自己系统地分为了个人生活、家庭生活、社会生活、农事、工艺、时令、商业、教育、政治意识、法律观念、迷信、金钱和其他十三个子类。[19]

19 王国栋，《河北省谚语类辑：写在河北省谚语类辑的前面》，《歌谣周刊》第二卷第十五期（1936），第4页。

在杨成志（1902—1991）的主导下，复刊后改为季刊的《民俗》，刊载了数十则关于身体和风水的谚语。[20]《民众月刊》1936年一、二、四期，1937年一、六、八期，相继刊载了刘唐收集的90则农谚，并且在每则谚语后添加相应的解释。此外，值得一提的是，参与《中国大辞典》“小说戏曲股”工作的孙楷第（1898—1986），亦曾在宋至清的小说戏曲中辑录谚语，其稿本名曰《宋元明清四朝谚语类辑》。[21]该“类辑”到1937年尚未完工，最终也未能公开面世。

20 有竞，《身体的谚语 风水的谚语》，《民俗》第一卷第一期（1936），第99—100页。

21 黎锦熙，《谈谚语及〈中国大辞典〉》，《建国语文月刊》第一卷第二期（1942），第19页。

相较同期谚语的搜集而言，研究则乏善可陈。1931年，有鉴于民俗学运动中，人们“太轻视谚语”之遗憾，任访秋（1909—2000）征引了大量典籍中和其家乡河南南召的谚语，试图说明谚语是对人们日常生活的反映、规训，“含有劝诫教训等等的意味”。[22] 1935年，曹伯韩（1897—1959）撰文谈谚语的记录、谚语读本与词典以及谚语的应用诸多方面的问题。[23]他倡导谚语的记录应该科学化，读本、词典的编纂应分类合理，添加相应的注释，以体现地方性，尤其是应符合时代精神，反对收录封建愚昧意识明显的谚语。其所言的谚语应用，则

22 任访秋，《谚语之研究》，《礼俗》第六、七期合刊（1931），第1—13页。

23 伯韩，《谈谚语》，《太白》第一卷第八期（1935），第375—378页。

涉及文学创作、儿童教育、语言学研究，尤其是对于谣俗学（民俗学）研究有重要的资料学意义。

在相当意义上，这些研究虽然各有千秋、侧重，但显然无法与郭绍虞高屋建瓴的奠基性研究之系统性、深透性等量齐观。

五　薛诚之《谚语研究》的框架

在相当意义上，薛诚之的《谚语研究》不但圆满地完成了郭绍虞当年计划中的谚语比较研究和谚语与文学之间关系的探讨，还更加深入、全面、系统地建构出了偏重谚语语言属性的谚语形态学。这篇由陆侃如、陆志韦评议，长达273页的毕业论文，是以薛诚之积累的“一万三千多张的卡片”[24]为基础的。除篇首的“小言 代序”和篇尾的参考文献之外，论文分了绪论、本论和结论三大部分，共计十二章四十九节（目录见本章附录）。

24　薛诚之，《谚语研究》，第199、269页。

绪论“谚语的产生及其发展”分为谚语的一般的产生情形、我国谚语的发展和其他各国发展的情形略述三章。一般情形又分为谚语产生于有文字以前、推想中谚语产生的状态、谚语源于实用而产生、我国古代谚语应用的实例四节。中国谚语的发展基本按朝代的更替演进为序，一直到民国以来的情形，并特别提及《太公家教》、杨慎（1488—1559）《古今谚》、杜文澜（1815—1881）《古谣谚》、范寅（1827—1897）《越谚》和1761年以来西洋人士关于中国谚语的译述。其他各国谚语发展的情形，在介绍史蒂芬斯（T. A. Stephens，1852—1925）的《谚语著述》一书[25]之后，再分述英、德、法、西班牙、日本等诸国的谚语著述。

25 Stephens, T. A. *Proverb Literature: A Bibliography of Works Relating to Proverb*, London: Pub. for the Folklore Society, W. Glaisher, ltd., 1930.

作为主体，本论又分为上、下两大部分，即“谚语的探讨”和“中国谚语的分类研究及中西谚语的比较研究实例”。

“谚语的探讨”包括性质探讨、要素分析、研究方法和古谚考察四章。性质探讨是在谚语与歌谣、成语、格言、歇后语的比较中对谚语进行定义。类似于普罗普（Vladimir Propp，1895—1970）故事形态学的功能分析，[26]薛诚之谚语的要素分析将内容和形式打通，析变出了谚语的意识、简短、均衡、和谐、机灵诸要素。研究方法分列了纵向研究、横向研究与比较研究三种。在对中国古谚的考察中，薛诚之主要应用了纵的研究方法，一方面对近世流行谚语的历史进行梳理，一方面耙梳出一部分谚语由古谚变成今谚的演变过程。对中西谚语，文章主要采用了比较研究的方法，并为同质性更高的婚姻类谚语专设一节。在中国谚语分类的研究一章中，作者在对既有谚语分类扬弃的基础之上，建构出了他自己的分类学。

26 ［俄］普罗普，《故事形态学》，贾放译，北京：中华书局，2006。尤其是该书第 23—59 页的第三章“角色的功能”。

结论部分包括谚语的应用价值、谚语对于其他学科的重要性的评价和对谚语研究前景的展望。

郭绍虞对谚语和歌谣、格言、寓言、歇后语等区别的探讨，出现在薛诚之论文第四章，薛文增加了谚语和成语的辨析。郭绍虞关于谚语形式和内容的探讨则出现在薛文的第五章。郭著对于谚语形式上简短、整齐、和谐、灵巧的探讨，在薛文中演进为简短、均衡、和谐、机灵。在谚语的研究方法上，薛文第六章大致保留了郭著所奠定的纵、横和比较研究的基本框架。换言之，薛文对谚语更为广博的研究不但天然地将谚语视为“民俗学的范围，是值得研究的”，[27]而且完全是在郭著研究基础之上进行的，尤其是“本论上”更是直接承袭了郭著的衣钵。这一部分，也正是薛文精华、核心的部分。

27 薛诚之，《谚语的探讨》，《文学年报》第二期（1936），第103页。

1936年5月，薛诚之在精减了“研究谚语的几种方法”一章后，将该部分其他三章的核心内容以“谚语的探讨”为题，发表在了燕大主办的《文学年报》上。公开刊发的这篇长文的基本框架，大致与其毕业论文的“本论上”相同，其框架如下：

> Ⅰ 谚语性质的探讨：A.对于谚语的一般解释；B.谚语与歌谣；C.谚语与成语；D.谚语与格言；E.谚语与歇后语；F.作者对于谚语的解说。
>
> Ⅱ 谚语的要素：A.内容与形式；B.意识（Sensibility）；C.简短（Brevity）；D.均衡（Balance）；E.和谐（Harmony）；F.机灵（Saltness）。
>
> Ⅲ 对于中国古谚的几点考察：A.近世流行谚语的史的考察；B.一部分谚语由古谚变成

今谚的演变过程。

当然，不仅是引用了已经收集到的大量谚语实例，薛文也将郭著向纵深两个方向进行了拓展。诸如：“绪论”部分对中西谚语演进史的详细勾勒，“本论下”不但完成了郭绍虞曾经想做的比较研究，还对谚语进行了深思熟虑的开放式分类。应该说，关于谚语的文体学，即体裁、分类与谚话写作的拓荒等原创性，奠定了薛诚之在谚语研究中应该有的不容忽视且举足轻重的地位。

六　谚语的体裁学

在比较分析了古今中外关于谚语的种种界定之后，薛诚之认为：郭绍虞关于谚语的定义是“自来所未有的一个定义，因而以为它的概括性也是比任何解释都来得大些了。在解决谚语的性质的过程中，它是不容被人忽视的”。[28]

28　薛诚之，《谚语研究》，第 85 页。

在与歌谣比较形式的不同时，除说与唱的不同之外，薛诚之更准确地指出了谚语常为一二句，而歌谣多为三句以上，并强调谚语的流传范围常能打破地域、阶层的限制，较之歌谣广远。在比较性质时，薛诚之延续了郭绍虞的认知，认为歌谣主“情”，谚语主“知”。薛诚之的这一结论，是建立在对“鱼生火，肉生痰，青菜豆腐保平安”，“麻野鹊，尾巴长；娶了媳妇忘了娘”与“新媳妇，三日香；过了三日就遭殃”入情入理且细致的比较基础之上。他写道：

> “野麻雀……”这一条是歌谣，因为它说的是颇纡折的而且全是感情的话——表示一种愤慨。不过谚语中也有“娶了媳妇忘了娘”之句，这就是节取“野麻雀”歌而成。虽然它也表示了愤慨，但已经变成直述的形式了。至于“鱼生火……”一条不管它是否全对，它至少是一种经验之谈。再说“新媳妇……”这一条，我们实觉得它是一条谚语，因为它是直述，而且颇合旧社会一般做新妇的情形。虽然不见得一过了三天，便会遭殃，可是至少是不会再给客气了，所以这是一种观察。由于这样的比较，我们便不难分别谚语与歌谣性质上的不同，即是谚语是人生经验的结晶，观察的结果，所以它是主于知的，歌谣则重在抒发感情，是主于情的。[29]

29 薛诚之，《谚语研究》，第90—91页。

不言而喻，这些细致的分析，让人茅塞顿开，豁然开朗。在谚语与成语之间，薛诚之不仅从句法上，也从性质上加以区分，强调谚语一定是含有生活经验与教训的，而成语则未必如此；在与格言比较时，则强化谚语口传的一面；与歇后语比较时，指明了歇后语俏皮而满足人感官快感的一面。

当然，在经验层面，这些不同体裁或者文类之间可能有着更加复杂的关系。与薛诚之不同，同样强调歇后语俏皮、幽默的黄石（黄华节，1901—？）就认为：歇后语是谚语的一种特殊的形态；而且，因为时空的差异和流传、使用社群的不同，歇后语和谚语之间可以互相转化。[30]

30 黄华节，《歇后语》，《太白》第二卷第六期（1935），第255—260页。

经过上述这些比较之后，薛诚之给出了自己的谚语定义：

> 谚语是人类于各时代所积累下来的实际观察以及日常经验的成果，为的便于保存和传达，乃自然地以一种具着意识、简短、均衡、和谐、机灵诸特征性的便于记忆的语言表达出来，以作为**人类推理、交往及行动时候的一种标准**。我们称这种语言为谚语。[31]

31 薛诚之，《谚语研究》，第101页。

与郭绍虞的定义相较，始终进行比较研究的薛诚之，完善了对谚语经验性、优美性和口传性等语言属性的认知，并更注意谚语之于"人类"的普遍性，细化了郭绍虞已经触及的谚语的言语属性，即谚语关涉人类的推理、交往与行动。值得一提的是，大约1936—1937年间，在给费洁心纂辑的《农谚》一书撰写的序言中，钟敬文也将谚语视为"**人类共通的文化财产**"。[32]

32 钟敬文，《钟敬文全集·5》，北京：高等教育出版社，2018，第290页。

关于谚语内容和形式两方面的要素，在前人的研究基础之上，薛诚之明确归结为意识、简短、均衡、和谐与机灵五点。意识是谚语内容方面的要素，后四者都是形式方面的要素。在相当意义上，将内容、形式方面的特征平等地放在要素平台进行分析，这也正是体裁学的关键和核心所在。因此，谚语是“一种真善的语言”“一种美的语言”[33]这样的断语，也就自然而然。

33　薛诚之，《谚语研究》，第120页。

对于直接指向谚语美的“和谐”要素，薛诚之具体归纳出了六种方法：同音字相叠、头韵、中韵、尾韵、颠倒句和对句。对于指向修辞的“机灵”，他归结出了对偶、明喻、隐喻、反语、似非而是、顺序、呼应（顶真）。具体到对偶，他再结合中西实例，分列出了相类似的人、事物之对偶，和相反性质的人、事物之对比。换言之，对谚语要素的分析，薛诚之尽可能分析到了最核心，或者说最细枝末节的地方。

七　创作谚话

在结论部分讨论谚语的应用价值时，薛诚之突破了其在核心章节对于谚语这一体裁的要素分析。在口头、文字和宣传等应用价值之外，他单列出了“文学的价值”。所谓文学的价值，不同于文字上引用是将“谚语作为一种述说或例证”，而是“以之化成一种文学体裁，或以之作文学的题材”。[34]

34　薛诚之，《谚语研究》，第251页。

薛诚之指出，清代王有光的《吴下谚联》“正目”中的谚语“便是对句地排列着，或者是按韵集成谚歌”，而该书卷三“续目”中，以谚语做题材的《东手接钱西手送》则是“小品文”。[35]该文如下：

35 薛诚之，《谚语研究》，第252—253页。

钱为国宝，接则得之，送则失之，东来西去，一假手间，何其速也。面在南，是左手接右手送也。面在北，是右手接左手送也。不曰左右，而曰东西，不旋踵也。夫既欲接，何以送？盖不送有不便于接者。既欲送，何以接？盖不接无以为送也。然为他人忙，亦日不暇给矣。[36]

36 （清）王有光，《吴下谚联》，石继昌点校，北京：中华书局，1982，第79页。

此外，薛诚之还特别提及明代散曲家金銮（1494—1587）“很喜欢集谚语成曲”，并列举了他所知道的金銮的《沉醉东风》一曲、《胡十八》两曲和《锁南枝》两曲为例。两曲《锁南枝（集谚语）》分别如下：

长三丈，阔八尺，说来的话儿葫芦提。每日家带醉佯醒，没气的也要寻气。假若你瞒了心，昧了己，一尺天，一尺地。

闲言来嗑，野话儿劚，偷嘴的猫儿分外馋。只管里吓鬼瞒神。吃的明吃不的暗，搭上了他，瞒定了俺。七个头，八个胆。[37]

37 王悠然辑，《荡气回肠曲》下卷，上海：大江书铺，1933，第5页。

从这些实例，确实可以看出：谚语早已经不仅仅是一种言语，抑或语言；在中国文学史的长河中，它早已蜕变为一种独特的文学体裁，至少是文学题材；虽不多，然曲、文、歌者皆有之。

仿效中国文学批评史中“诗话”“词话”悠久而独特的传统，薛诚之创造性地写出了十五则“谚话”，尝试建立具有中国传统韵味的谚语批评学。多少有些《沧浪诗话》《人间词话》的影子，薛诚之拓荒性创作的谚话，每则字数不多，却别具一格，言必有据，言简意赅，大抵都反映出谚语的某一个侧面，或者是作者自己灵光乍现的点滴感悟与思考。例如，其前三则和第十四则分别是：

> 我国的各种书籍中对于谚语的解释，多半含混不明，而且这种解释也并不多。据个人的意见当以《汉书·五行志》中颜师古对于谚语所下的注，是比较的明晰。他说：“谚，俗所传言也。”（见《前汉书》卷二十七中之上）我们若以另一种眼光去解释“俗”字，则“俗所传言也”者，就是说大众所流传的一种言语了。D. E. Marvin谓须用民众呼声以证实者（Certified by the voice of the people），始得成谚语。此与颜注可以互证。

> 谚语除开了特殊的以外，几为各方面人所用着。差不多一般人的日常谈话中都少不了它。不过用而不自觉，或觉而不知其为谚语罢了。亚剌伯有句老话相传说：“谚语之于言辞，犹盐之于食物一样。”（A proverb is to speech what salt to food.见D. E. Marvin著*Curiosities in Proverbs: Introduction*, p. 2）谚语对于人生之重要，可见一斑。

John Ray在*English Proverbs*一书里面曾说过："谚语为街上的智慧。"（Proverbs are the wisdom of the streets.）这即是说它是属于大众的。他说这话颇具见解。

德国谚语有时往往以极短的句子出之，而内里面却含有深意。且其说法很含蓄。举几例如下，如："Ehe ist Himmel und Hölle"（结婚是天堂和地狱）。其意谓若婚姻美满，则受幸福，不啻置身天堂。否则终身痛苦，无异在地狱中讨生活。又如："Dreizehn nonnen, vierzehn Kinder"（十三个女修士，十四个孩子），此却用了极经济的字面，来说明女修士贞操之不可靠，并且是这样地加倍形容，直令人忍不住笑。又"Zeit bringt Rosen"（时间带来玫瑰），此是叫人即时努力，若能努力，自然会有一天开成功之花的。此种种谚语中，凡所需要的sense, brevity, and point三种要素几全备了。[38]

38 薛诚之，《谚话》，《文学年报》第二期（1936），第255、257页。

开创谚话，不但寄托了薛诚之的学术追求、抱负，更体现了其才情与创新精神。在写就于1936年4月15日的该文的"后记"中，薛诚之自语道：

以上十五则，为我进行谚语研究工作中的一部分的附产物（By-Product）。我因为从事这一种研究，竟有许多零星的意见想表达出来。为求其便利起见，故以札记（Sketch）的形式出之，而命名曰“谚话”。至其内容，则不专偏论中国谚语，而是侧重在比较方面。

说到谚话，这还是一种新鲜的名字。在国内还没有人用过，且还没有人写过。不过我以为诗既然可以有诗话，词可以有词话，联可以有联话，则谚语也可以有谚话的。那末或者于本不相关连的条理中，能成功一部略具体系的写作，也是未可知的事情。[39]

39 薛诚之，《谚话》，第258页。

在他之后，虽然明显有着不同，但朱介凡仿效诗话写谚话，已经是整整十多年之后的事情了。[40]不仅如此，终身治谚的朱介凡在二十世纪五六十年代不但在台湾的报纸上开“谚话”专栏，期间的数部著作也都以“谚话”命名，诸如《谚话甲编》（1957）、《我歌且谣（谚话乙编）》（1959）、《听人劝（谚话丙编）》（1961）。

40 朱介凡编著，《中华谚语志》，第109页。

八　溯源

受同期白话文运动和民俗学运动的影响，在其毕业论文开篇，薛诚之更加明确地将谚语与文人文学区分开来，强调谚语产生在文字之前，不依赖文字，在口头流传，是“活的语言”。为此，他征引了清代范寅的“天籁”说和英国詹姆斯·朗格

（James Long，1814—1887）的说法加以佐证。[41]在《越谚·语言》中，范寅有言：

41 薛诚之，《谚语研究》，第1—3页。

……文字在后，语言在先。经史子集之文字尤后，方音州谚之语言尤先。经史子集所载之语言，实为人籁。方音州谚，文字所不载之语言乃天籁。[42]

42 （清）范寅，《越谚》卷上，谷应山房刻本（1882），页二上。

朗格表达了大致同样的意思："谚语是文字、书籍以前的产物，是在自然和常识的大书里产生的，由观察力产生，而非受制于文字和书籍。"[43]

43 Long, James. *Eastern Proverbs and Emblems Illustrating Old Truths*, London, Trübner & Co., Ludgate Hill, 1881, pp. 7-8.

对中国谚语（记录）的历史，薛诚之详细梳理了各个朝代的经史子集中的相关谚语，并进行辨析。在梳理到民国以来的谚语搜集、整理与研究情形时，他提及在"崭新的民俗学研究"[44]影响之下，顾颉刚的吴谚搜集、史襄哉编辑的《中华谚海》、北平大学农学院《农谚和农歌》（1932）、赵致宸编的《河北谚语集》（1933）、李寿彭编的《华北谚语集要》（1934）和夏大山辑的《中华农谚》（1934）诸书，并一一指出在编辑、分类上的优劣。

44 薛诚之，《谚语研究》，第48页。

与这些成绩斐然的谚语搜录相较，郭绍虞谚语研究更显得曲高和寡，是一本仅有的具有研究性质的"好书"。薛诚之写道：

在这时期中有值得首先提出来说的一本

书，那就是郭绍虞先生的《谚语的研究》。此书于民国十四年出版，为一小册子，由《小说月报丛刊》收入为第十五种。它是一本仅有的具着研究性质的好书，于谚语的性质与功能，都剖析得很明白。本文的作者对于谚语欲作进一步研究的动机，便是于七八年前因了这本小册子而引起的。以前关于谚语的工作，多偏于搜集方面，国人中还没有人来以谚语做研究工作的，希望因了郭先生的这一番提倡，将来多有人起来作谚语方面种种的研究才好。[45]

45 薛诚之，《谚语研究》，第 49 页。

对近世以来西方人关于中国谚语的著述，薛诚之不仅详细罗列，还在肯定西方人对中国谚语价值的看重，即“热心”的同时，指明西方人对于中国谚语研究心有余而力不足，即“隔”的一面。薛诚之写道：

他们对于中国谚语发展的情形，以及其真正的组织和性质，还缺乏深刻的认识，颇为隔膜。所以有时尽管他们热心地研究，结果有时竟不免发出许多牵强附会的地方，这是颇为可惜的。[46]

46 薛诚之，《谚语研究》，第 59 页。

在结论部分，对谚语的科学价值进行重新评估时，薛诚之分析到了谚语之于史地、农学和语言学的重要性。对于民俗学而言，他不但将谚语视为民俗学的一种，还认为谚语是研究民俗的材料，云：“谚语本为民俗学（Folk-lore）的一种，所以研究一般的社会心理，或特殊的习俗，都可以从谚语中找着许多材料。”[47]

47 薛诚之，《谚语研究》，第254页。

1872年，《中国评论》主编戴尼斯（N. B. Dennys，1840—1900）在该刊第二期，刊发了征集“中国民俗”的启事。[48]据此，在对西方的中国现代民俗研究史的勾勒中，张志娟将西方人研究中国民俗的起点逆推到了1872年。[49]如果以Folklore一词在中国语境中出现的时间，该推断有理有据，言之凿凿。但是，如果将谚语视为民俗学研究的必然对象，而非以Folklore一词在中国的出现为限，那么薛诚之对西方人关注、翻译中国谚语的发现，就有了重要的意义。薛诚之指出，早在1761年，英国人威尔金生（J. Wilkinson）就翻译有《中国谚语箴言辑》（*A Collection of Chinese Proverbs and Admonitions*）这一近百页的专辑。[50]

48 Dennys, N. B. "Chinese Folk-lore", *The China Review, or Notes and Queries on the Far East*, Vol. 1, No. 2 (1872), p. 138.

49 张志娟，《西方现代中国民俗研究史论纲（1872—1949）》，《民俗研究》2017年第2期，第32—41页。

50 薛诚之，《谚语研究》，第52—53页。

九 纵横比较

比较，既是薛诚之研究谚语的基本方法，也是其架构该篇论文的叙述策略。换言之，对薛诚之而言，比较既是一种具体的分析方法，也是其研究谚语的方法论，甚或跃升到认知论的层面。正因为如此，在整整二十年后，1956年，薛诚之在自传中提及当年的这篇毕业论文时，写道：

“硕士论文为《中西谚语比较研究》，简称《谚语研究》。”[51]

51 薛诚之，《华中师范学院干部自传 薛诚之》，第4页。见华中师范大学档案馆藏，《干部档案280 薛诚之》“正本”。

关于西方诸国谚语发展与著述的情形，薛诚之并非面面俱到，而是量力而行地“举出几个国家的几种重要的著述”，以“明其发展的情形”。[52]其中，他特别提到英国民俗学会会员史蒂芬斯的遗著《谚语著述》。这是一本包括英、德、法、意、俄、西班牙、中、日、安哥拉、阿尔巴尼亚、刚果、摩洛哥等在内的五十多个国家谚语著述目录的著作。该书共计列举了著述4,004种，其中五分之二以上是谚语专书。主要根据这本“类书”，薛诚之分述了英、德、法、西班牙，以及日本等国家谚语著述的状况，使人一目了然。

52 薛诚之，《谚语研究》，第65页。

在进行谚语的要素分析时，他也广泛征引英、法、德、西班牙等各国的谚语，目的明确地进行比较分析，还专门用婚姻类谚语以及“打铁趁热”“有头有尾”等诸国谚语，来比较人的同一性以及差别——“人的德性”。[53]关于中西的婚姻类谚语，薛诚之按婚姻观、择偶观（标准、说媒、恋爱）、对待婚姻的态度等，分列各国谚语。其中的共性，除必要的说明之外，薛诚之没有越俎代庖地加以任何评论。他认为，“谚语的本身就是一种表现”，人们“不难从它们里面看出它们所代表的各种意见”。[54]当然，他还是延续了五四以来对传统文化持否定态度的主流认知，批评了中国婚姻缺乏因真正的爱情而生的幸福。[55]

53 薛诚之，《谚语研究》，第215页。

54 薛诚之，《谚语研究》，第223页。

55 薛诚之，《谚语研究》，第241页。

顺势，薛诚之细化出了分别偏重时间和空间的纵的研究与横的研究的两种谚语研究策略。纵的研究，即按时代研究谚语，这样可以知道某一时代的特殊情形，可以推知某一谚语大致流行的时期与演变历程。为此，在论文第七章，通过近世流传的大量实例，薛诚之强调在中华文明的历史长河中，言与文复杂的互动关系，即“文字与语言交替的关系”[56]：一方面，详细罗列出“一字值千金”“一年之计在于春”等今谚的文献渊源；另一方面，梳理“一个巴掌拍不响”“嫁鸡随鸡，嫁狗随狗”等谚语从古谚到今谚的演变历程。横的研究，包括研究“上有天堂下有苏杭”“关西出将关东出相”这样带有地方色彩的谚语，研究某一国的谚语以窥视其国民性与生活，比较两地甚至两国谚语要素上的异同，等等。

56 薛诚之，《谚语研究》，第 171 页。

十　分类与工作表

尤为重要的是，在列举、比较、分析了范寅《越谚》、史家保禄-爱伦（W. Scarborough - C. Wilfred Allan）《谚语丛话》（*A Collection of Chinese Proverbs*）、明恩溥《中国谚语与俗语》（*Proverbs and Common Sayings from the Chinese*）、《中华谚海》、《华北谚语集要》与《河北谚语集》等既有成果之分类的优劣之后，基于方便应用和检索的立场，薛诚之建构出了其以内容为根据的谚语分类学。

首先，他总结出了理想的谚语分类的四条准则：

> 1. 分类的总类须求简要，不应过多，但须富于概括性。2. 分类的实施及排列，须求其系统化、科学化。3. 须便于一般人的检查，及作内容上分类研究者的参考。4. 须富于弹性，能应用于一切大小规模的分类。[57]

57 薛诚之，《谚语研究》，第198—199页。

根据这些分类准则，薛诚之将自己积累的13000多张谚语卡片进行了分类。其谚语分类总目十项依次分别是：家庭伦常人事类、社会交际处事类、健康卫生类、教育文化类、宗教道德类、政治军事类、工商职业类、农事及气候类、动植物类、杂项。就为何设置这些总目，论文中都有具体的说明。

例如，动植物类的谚语虽然并不单指动植物，而常常是“隐喻的人类各种现象”，单列类别主要是为了参考检查的方便。另外，“可以将它们同时附入别类的，便可于该条上注明互见字样，且于别类里可以不许算作正式数目，仅附分类号码及附入号即可。如此便几方面都可以顾到了”。[58]在该大类中，薛诚之再细分出了飞禽、走兽、虫鱼、花草树木、蔬菜果实等类。

58 薛诚之，《谚语研究》，第211页。

之所以将家庭伦常人事类列为十项之首，是因:

一方面，因为中国人家族的观念很重。所谓“家和万事兴”，所谓“家齐而后国治，国治而天下平”的说法，都是表现这一种思想的。另一方面，因为这一种总类里面的小分类很多，也是常需要检查与参考的。[59]

59 薛诚之，《谚语研究》，第 203 页。

在该大类中，他再细分出的操作性强的小类及其代码分别是：

1.01　父母子女类；
1.02　兄弟姊妹类；
1.03　夫妻类；
1.04　亲戚朋友类；
1.05　家事类；
1.06　婚姻类；
1.07　丧葬类；
1.08　生死类；
1.09　——；
1.10　其他。[60]

60 薛诚之，《谚语研究》，第 204—207 页。薛诚之将十个大项每个又分为十个亚类，并指明为了代码整齐以便对应检索，当一个大项不够十个亚类时，则那一个或几个号都可以空着。所以，这里的“1.09”后边打了破折号，以示空缺，但每个大类的第十个亚类都是“其他”。

因此，“一朵鲜花插在牛粪里”这则谚语，其标码是“9.04附入1.03”，抑或“1.03 附入/见9.04”。[61]

61 薛诚之，《谚语研究》，第 212—213 页。

在上述研究基础之上，基于家国危机的基本事实，薛诚之认为谚语的教育价值大于其文艺价值，指出了旧的不合时宜的“不良”谚语消亡的可能性，新的谚语正在随着社会的变迁而产生的事实。新产生的谚语，诸如：

> 毕业失业。
> 不怕刀不怕枪，就怕大兵喊老乡。
> 马路如虎口，行人两边走。

同时，他也指出因为“民俗学的兴起”，人们越来越关注谚语。因此，他特意在论文文末，拟就了一张包括收集和研究两大范畴的“中国谚语工作表”（见下页），一方面“作为民俗学者的参考”，一方面表达他对“谚语的提倡的一点热诚”。[62]

62 薛诚之，《谚语研究》，第265—266页。

对于所有研究者而言，谚语分类都是难题，但又重要莫名。1942年，黎锦熙（1890—1978）曾感叹道：

> 此事若获确定的圆满解决，则不但在研究上树立基础，即搜集时亦大可省去前项整理索引之手续。但解决实至不易，因须站在“民俗学”及“伦理学”（人生哲学）之立场，以建分类之标准，而谚语中颇有涉及自然界等等方面者，不尽为民俗学所能范围，直须从宇宙现象确定一大系统也。[63]

63 黎锦熙，《谈谚语及〈中国大辞典〉》，第20页。

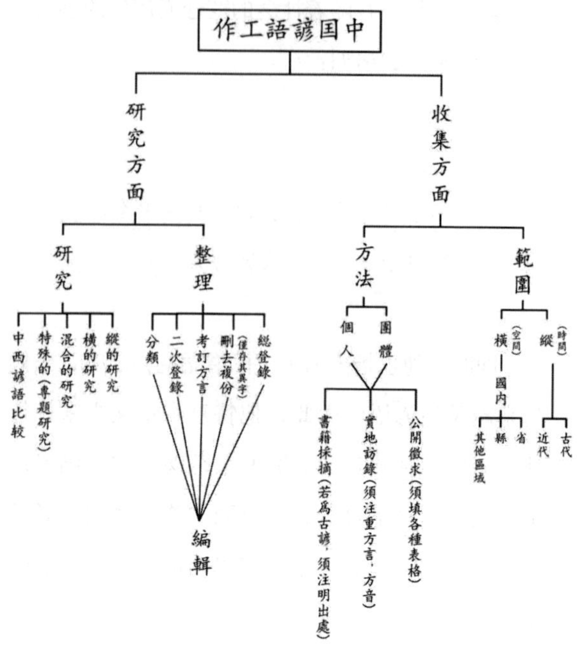

薛诚之制作的《中国谚语工作表》

黎锦熙应该是没有看到薛诚之建立起来的谚语分类学。如果看到了，不知这位学界领袖会如何评价。正是遵循黎锦熙的建议，多年后的朱介凡在编纂《中华谚语志》时，参照了杜威（John Dewey，1859—1952）的图书十进分类法，将其毕生收集的52,115条谚语分为了人生、社会、行业、艺文、自然五大部门，再下分32大类、157小类、1,789细类。[64]在朱介凡井然有序也繁杂的分类体系面前，薛诚之在其半个多世纪前的谚语分类（学）仍然魅

64 朱介凡编著，《中华谚语志》，第69、87、96页。

力不减，既便于阅者参照使用，还明显有着更强的学术性，而非仅仅是检索、查阅的快捷指南。

十一　痴迷语言（学）的沉之

虽然鲜为人知，甚至被遗忘，但薛诚之却成功建立了他的“谚语学”。薛诚之之所以能完成其谚语学，多少有着必然性。他痴迷语言学，更有着罕见的语言天赋。

在写就于1956年3月15日的“干部自传”中，薛诚之提及他的学名是薛家麟，号诚之。18岁后，其名号才逐渐一致。因为爱好广泛，常发表中、英和世界语（Esperanto）不同语言的文学作品，薛诚之曾用笔名何为、薛何为、薛沉和薛沉之等。在他小时候，出身钱商家庭的母亲除教他背诵唐诗之外，还教给他了“许多民歌、谚语”。[65]中学、大学和研究院都就读于教会学校的薛诚之，英语极为娴熟。不但如此，他还掌握了世界语、法语、德语，自学了拉丁语、俄语、日语以及希腊文。对于始终痴迷于语言学的薛诚之而言，谚语无疑是绝好的研究材料，再加之有郭绍虞这样的良师和燕大研究院这样好的学习环境，他选择谚语进行研究也就在情理之中。

65　薛诚之，《华中师范学院干部自传 薛诚之》，第8页。

根据上引“干部自传”的回忆，1918—1923年，薛诚之中学就读于汉口圣保罗中学。中学毕业，曾学医三个月，然后到汉口亚细亚火油公司担任翻译至1929年。在医科学校，他学英文、德文和拉丁文。1924年冬天成婚后，薛诚之在商务印书馆函授英文课，并继续学习德文。

1929年，在宜昌亚细亚火油公司上班的薛诚之，加入了上海的世界语学会。1931年，在上海持志学院大学部文科就读时，薛诚之加入了上海文学社，并深喜胡朴安（1878—1947）教授的文字学和中国学术思想史。同屋的四川同学杨庆治办的民间文艺刊物，也对他有着不小的影响。同年，薛诚之在上海文学社出版部出版了诗集《波浪》。

为了考燕大研究院的研究生，在还算殷实的家庭的支持下，1934年春天，薛诚之来到北京，在南池子骑河楼集贤公寓租住大半年，专门备考。在这备考的大半年，他研究语源学，继续学习拉丁文、法文，也学习希腊语词根。考入燕大研究院之后，专攻语言学的他修的课程有语法学、语音学、古音系研究、文字学、金甲文和比较哲学等。在燕大读书时，与同届同学，新月派诗人陈梦家（1911—1966）谈诗，也是薛诚之的乐趣之一。

1936年硕士毕业之后，薛诚之几乎再未进行谚语研究。除颠沛流离的生活等因素之外，一个重要的原因就是：他积存且放在汉口寓所中的那一万多张谚语卡片连同自家寓所及数位亲人，都一道“消失”在日军空袭炮火的滚滚烈焰之中。[66]当然，他一直保持着创作诗歌的兴趣。其生计也因为可以教授外语或外国文学，大致有着着落。卢沟桥事变之

66　薛诚之，《华中师范学院干部自传 薛诚之》，第15页，见华中师范大学档案馆藏，《干部档案280薛诚之》“正本”。亦可参阅朱介凡编著，《中华谚语志》，第110页。

后，在闻在宥、吴宓、闻一多（1899—1946）等人的推荐以及帮助下，薛诚之先后在云南大学、西南联大等高校以及数家中学任教，主要教授英语等外文。

1941年，薛诚之开始自学俄语。抗战胜利后，薛诚之又先后在东北大学（四川三台）、中华大学（武昌）等高校以及数家中学从事英语及世界文学等方面的教学与科研。1944年，他在昆明百合出版社出版了由闻一多作序的诗集《仙人掌》。1948年，在上海东方学社，薛诚之出版了由吴宓作序的英文诗集*Monotones*（《单调集》）。

1949年，在任教于武昌中华大学中国语文系时，薛诚之开设了“民间文艺”这门课程。[67]与同期的李安宅（1900—1985）、赵卫邦（1908—1986）等人一样，1952年，在“自我”检讨、批判、改造和革命的社会化进程中，薛诚之严肃、认真地揭发了自己高度的“崇美”思想和“买办”思想，诸如：羡慕民主、英美生活方式，对“司徒特务”（司徒雷登，John Leighton Stuart，1876—1962）抱有幻想；向学生宣传美国刊物、翻译《耶稣传》等。

67 华中师范大学档案馆藏，《1949年武昌中华大学中国语文系教师一览表》，案卷号255。

在反省1949年在中华大学讲授的“民间文艺”课程的不足时，薛诚之忐忑地写道：

> 我讲授民间文艺也只是做到了材料方面的收集工作，关于谚语与创作的关系便没

有……，阐明也不深入。民歌的部分，也没有正确地阐明其人民性。[68]

68 薛诚之，《思想改造检讨书》，见华中师范大学档案馆藏，《干部档案280薛诚之》"正本"。

十二 王顺的北夏农谚研究

在郭绍虞、薛诚之师生重语言属性，且已经相当成熟的谚语形态学这一主流之外，还有偏向谚语的言语属性，而更重内容的谚语生态学的暗流，或者说朦胧的意识。

1927年暑假，采用其研究歌谣《看见她》的比较研究方法，主要利用北大歌谣研究会搜集的来自山西武乡、河曲，直隶滦县、隆平，山东文登，河南南阳，安徽无为，江苏吴县，浙江江山等地的十余则农谚，董作宾对关于"九九"这一母题的谚语进行了比较研究。他大胆假设，辨析出了从山西武乡到浙江江山等不同地方"九九"农谚的转变系谱。进而，结合《说文》《九九消寒图》和《吕氏春秋》等文献，以及他本人在北京、南阳等不同地方的生活经历，解释"九九农谚"与各地节气和生活习俗之间的关系。[69]

69 董作宾，《几首农谚——九九——的比较研究》，《民间文艺》第四期(1927)，第1—12页。

1932年，针对中外关于占雨的谚语和相关的习俗，娄子匡（1905—2005）也进行了比较研究。[70]美国谚语"牛尾拂肢，雷电交驰（When she thumps her ribs with tail, look out for thunder, lightning and hail）"和国内的"天黄有雨，人黄有病"，"有雨天边光，无雨顶上光"，"东北风，雨太公"等

70 娄子匡，《占雨的谣俗》，《民俗学集镌》第二辑(1932)，第1—13页。

均在娄子匡的征引、比较之列。

无论是基于资料的意义，还是就研究层面而言，二十世纪三十年代初期，王顺数年对无锡“北夏”农谚的搜集、研究，都别具一格。虽然同样偏重于谚语的内容，王顺的田野研究明显有别于董作宾关于九九农谚的文本研究。北夏是江苏省立教育学院1932年主持的位于无锡县东部的北夏普及民众教育实验区的简称。

主要基于最后一学年在北夏实验区的实习经历，王顺记述了共计562条谚语。按照内容，他分的门类与数量如下：气象类，116条；节令类，60条；农事类，186条；农村社会类，161条；农村经济类，39条。小类中，最多的是社会类中的“处世哲学”，115条，其次是与北夏稻作经济相匹配的农事类中的农作物水稻，98条。客观而言，王顺关于研究缘起、农谚的意义与功用的交待并不十分精彩。然而，因为“终年乡居，日与老农老圃为伍”，[71]彻底明白了自己所记载谚语的王顺，在大量的谚语后添加了长短不一的注解。正是这些同期谚语搜集中罕见的注解，使其关于北夏农谚的记述，不再是简单的搜录，而是有分量的研究。

“掉手黄秧，四十五日干不死”一则的注解是：“初莳之秧呈黄绿色，俗称黄秧，能耐久旱”。“六七寸的秧，经得起风雨老太阳”的注解是：“本区种晚稻，莳秧最适宜之时期为六月下旬，即夏至后中时”。[72]无论是这些农谚本身，还

71 王顺，《北夏农谚的研究》，第25页。

72 王顺，《北夏农谚的研究》，第47页。

是其承载的水稻生长的生命史细节，不是数年在田里来田里去的耕作者，是无从理解和心知肚明的。对仅在课堂上学学植物学的“非农民”和大小城里人而言，这些都如同天书，万难知其一二。

在“争田种，不及换稻种”一则之后，王顺注解道：在北夏，同一品种在同一块田栽种二三年后，因为养分、病虫害影响产量，所以人们要在稻收后至十二月中换稻栽种。随后，他进一步交待实验区为适应这一农俗，在立夏浸稻种前，特意举行优良稻种推介会，对栽培推介稻种的农家之水稻生长情形随时观察记录，以为今后的推广做参考。在该条注解的最后，王顺写道：“此谚为调换稻种一事作有力之说明，对于农业推广极有帮助。”[73]

73 王顺，《北夏农谚的研究》，第 46 页。

显然，王顺的农谚研究不但有了曹伯韩希望有的科学性、地方性，也将郭绍虞、薛诚之师生二人相对静态的研究——目治的谚语（语言），转型为口治的，尤其是实验区外来的工作者、实习者和当地农民之间交流、交际互动的活态的谚语（言语）。谚语，不再仅仅是一种干瘪的语词或抽象的语言，而是一种活态的生产生活，是人们行事的准则，是不同人之间交际互动的桥梁，是一种交际的艺术。在生活现场，谚语本身有了行为以及事件等丰富的意涵。

此外，在关于北平郊区蓝旗营卫生状况及其改进方案的研究中，刘庆衍专节讨论了谚语、歌谣中所蕴藏的蓝旗营村民对卫生、疾病的看法以及相关

74 刘庆衍，《蓝旗营卫生状况及其改进方案》，北平：燕京大学文学院教育学系学士毕业论文，1940，第54—58页。

的实践。[74]对于刘庆衍而言，谚语这些民间文学不仅仅是研究的材料，同时也是一种实地研究的认识论与方法论。

十三 军人朱介凡的谚语工作

在郭绍虞、薛诚之之后，国人中对谚语用力最勤也最有成果的是朱介凡。1928年，年仅16岁的朱介凡从戎投军，开启了其多年的军旅生涯。在相当意义上，他是一个铁杆“谚迷”。因为爱好与坚持，朱介凡最终成了杰出的谚语研究专家。一开始投入谚语研究的朱介凡，既未秉承郭绍虞的学术思想，也未吸收薛诚之的研究成果，而是兴趣使然地白手起家。早在1930年，朱介凡就有意识地开始了谚语的收集。[75]1939年秋天，军旅中的他才正式开始了谚语的研究。[76]

75 朱介凡编著，《中华谚语志》，第105页。

76 朱介凡，《兵谚在部队教育上的价值》，《王曲》第九卷第一期（1943），第34页。

朱介凡坦言，尽管知道郭绍虞的谚语研究，却无法找到郭著学习。而且除郭著之外，他就“再未知道”旁的谚语研究了，故而“大胆地从事于中国谚语研究发凡的工作”。[77]直到抗战胜利后，朱介凡才在上海登门拜访了郭绍虞。[78]因为出于至诚，尽管是在战乱时期，朱介凡还是收集了“官长的嘴，士兵的腿”等30条兵谚，且一一注解释义。[79]在以数十条兵谚为例，说明谚语对于部队教育诸多价值的同时，朱介凡还结合部队生活的情形，指明研究兵谚应该有的方法，包括：全面收

77 朱介凡，《中国兵谚研究引例》，《王曲》第五卷第三期（1941），第282页。

78 朱介凡编著，《中华谚语志》，第109页。

79 朱介凡，《中国兵谚研究引例》，第282—285页。

集、释注语词、释读语义、注意流传的范围与影响大小、发现问题并多方面分析以及提出解决问题的方案，等等。[80]

80 朱介凡，《兵谚在部队教育上的价值》，第34—39页。

到1948年，因为关于谚语方面书籍的先后面世，和曹伯韩、杜子勤、谷斯范等天南地北的友人的帮助，朱介凡手中已经搜集到有关谚语的文本资料23种，共计4万余条谚语。[81]随着搜集的增多和认知的深入，除在与书面传统、歌谣、传说的对比以及连带关系中，尝试厘清谚语的源变之外，[82]朱介凡也专文探讨谚语的格调和搜录等问题。就谚语的格调而言，他辨析出了对称、排比、联想、推理、直言、评断、譬喻、嘲谑、兴起、讽刺、典故、拆合共计12种格调。[83]

81 朱介凡，《论中国谚语的搜录》，《新中华》第六卷第八期（1948），第35页。

82 朱介凡，《论中国谚语的源变》，《新中华》第五卷第十八期（1947），第37—41页。

83 朱介凡，《论中国谚语的格调》，《新中华》第五卷第八期（1947），第35—36+2页。

在关于谚语搜录的总结中，朱介凡罗列出了民国前的19种书籍和民国之后的50种相关著述，以及官民双方在谚语搜录中的努力与贡献。在此基础之上，他列举出了进一步搜录谚语的重点，包括：不同行当技艺口诀的谚语；被主观视为“下流”的谚语；各地方言中的谚语，以及补衍、集凑如唐诗集句之类的谚语；因传说不完全而常有缩减可能的谚语；僧道、军营、回教徒等特殊集团社会生活中产生的谚语；新生的谚语；等等。进而，根据其经验，朱介凡总结出了10种搜录谚语的方法：随时采录；文献搜录；骑马找马地到特定社群中采录；异文采录；方言采录；对原本无文字的音标记录；原样采录；全面采录不避猥亵下流之谚语；逐条编号，并标明流传地、搜录人、搜录时间地点等基本信息；对特殊方言语词、语意的引申和解说，以及在社会生活中的流传影响做必要的注释。[84]

显而易见，朱介凡日渐有了相对明确的认知论和方法论，有了王顺对于谚语不仅仅是静态的语言，而是用来交际、交流，即谚语是“言语”之基本属性的直觉。因而，在谚语的搜录这一层面将郭绍虞、薛诚之的认知拓展，明确推向了现实生活，尤其是谚语的传承与使用的主体。多少有些遗憾的是，因为对谚语这一文体认知上的含混性与模糊性，朱介凡常常将俏皮话、歇后语、行话、下流语等都放置在谚语之下，使谚语的边界不再明确，而成了广义的俗语。[85]因此，在其关于谚语格调和搜录的专文中，歇后语等常常都在其讨论的范围之内。不仅如此，在数十年之后编著《中华谚语志》时，朱介凡仍然沿用其早先的“广义的谚”，将谣、俏皮话都囊括其中。[86]

十四　谚学与谚语学的裂缝

晚年的朱介凡，常将自己的谚语研究直接称为“谚学”。[87]或者这一命名，无声地表达了朱介凡以及谚语生态学重“谚”轻“语”、重内容轻形式、重个性轻共性、重言语轻语言的基本特征。以史证谚、以俗析谚、以境议谚和以谣论谚，[88]成为体现其谚学成就的《中华谚语志》的底色与特色。

84　朱介凡，《论中国谚语的搜录》，《新中华》第六卷第八期（1948），第32—38页，第九期，第47—49页。

85　朱介凡，《从名称上研究中国的谚语》，《风土什志》第一卷第二期（1943），第50—58页。

86　朱介凡编著，《中华谚语志》，第99、102页。

87　朱介凡编著，《中华谚语志》，第85、106、5054页。

88　过伟，《民间谚语学家朱介凡与〈中华谚语志〉》，《广西师院学报（哲学社会科学版）》1997年第3期，第102—107页；《谚语学奇才朱介凡》，《文史春秋》1997年第5期，第61—62页。

相较而言，基于语言学系统训练的薛诚之的谚语的研究——谚语学，则是“谚”和“语”并重，历时与共时并重，中西并举。因此，正是学科意识、学理意识或者说认知论的微妙差异，薛诚之才将内容与形式打通，析变出谚语的五要素，才始终对谚语有着明确的文体学意识，不使之与歇后语等俗语有丝毫的含混，并试图对人类谚语的普遍性进行归纳，建构出了其内容形式并重、言语和语言兼顾的谚语形态学。

在燕大研究院读书时，薛诚之与顾颉刚同样有着师生之实。在薛诚之撰写自己的毕业论文时，顾颉刚将其《吴谚》的手抄稿本借给了薛诚之将近一年之久，以供其参考。[89]1936年6月11日，顾颉刚专程到国文系参加了薛诚之的口试。[90]作为师长与答辩委员，顾颉刚对薛诚之的谚语研究是熟悉的。1943年，朱介凡拜顾颉刚为师，并在顾颉刚的支持下，建全国谣谚采集处、组谣谚学会。[91]换言之，作为“谚迷”，朱介凡因为种种机缘应该是知晓薛诚之的谚语研究的。

1947年除夕，薛诚之和朱介凡这两个湖北汉子，终于在武昌两湖书院聚首。这次见面，让薛诚之再次燃烧起“治谚火苗，愿回到中西谚语比较研究”上来。[92]显然，无论是否看到薛诚之的原著，对其研究，朱介凡多少都有所了解。然而，从《中华谚语志》中朱介凡长达43页的《自序》和长达22页的《寿堂谚语工作年表》[93]可知，薛诚之的谚语

89 薛诚之，《〈谚语研究〉小言 代序》，第 3 页。

90 顾颉刚，《顾颉刚日记第三卷(1933—1937)》，第 484 页。

91 朱介凡编著,《中华谚语志》,第 109 页。

92 朱介凡编著,《中华谚语志》,第 101 页。

93 朱介凡编著,《中华谚语志》，第 51—93、105—126 页。

学在朱介凡的“谚学”中份额不大，甚或无足轻重。这多少有些遗憾！

两个都竭力研究谚语的奇才，在艰难时世中的匆匆一晤，也就是永别。二者各自的谚语学和谚学，虽然相互补充、相得益彰，却终究裂缝难缝。

对于薛诚之和朱介凡而言，徐志摩（1897—1931）的《偶然》，演化成了生活的真实，两人都俨然独自漫游而不知飘向何方的蓝天中的一朵白云，谚语就是他们不期而遇时互放也转瞬即逝的光亮：

我是天空里的一片云，
偶尔投影在你的波心——
你不必讶异，
更无须欢喜——
在转瞬间消灭了踪影。
你我相逢在黑夜的海上，
你有你的，我有我的，方向；
你记得也好，
最好你忘掉，
在这交会时互放的光亮！[94]

94　徐志摩，《翡冷翠的一夜》，上海：新月书店，1931，第16—17页。

十五　集体主义，谚语研究的推进

与李素英《中国近世歌谣研究》一样，同系同届毕业的同窗薛诚之的《谚语研究》，大抵也是在图书馆的故纸堆中静卧蒙尘，少人问津。

洪长泰在《到民间去》一书中，单设了一章的谚语，欲对1937年前中国学界对谚语的研究进行整体呈现。因此，该章分设了谚语与格言、谚语与文学、农谚、训诫谚语、风土谚语诸节，并进而探讨知识分子与民间言语之间的关系。[95]虽然该章征引了薛诚之公开发表的《谚语的探讨》一文，但洪长泰显然对薛诚之的毕业论文不甚了了。[96]就谚语形态学研究的深度和广度而言，洪著也明显逊色多多，分类的探讨更是为资料所限，含混而迷乱。在一定意义上，书写思想史，就是书写误解的历史。[97]当然，这种误解是多重的，甚或是叠加的误解的误解。正因为如此，洪长泰不得不以五四一代知识分子对民间言语的赞美、肯定作结，回归其深邃也不乏苍白无力的思想史诠释。

与洪著一样，罗圣豪（J. S. Rohsenow）基于中国文学史视角的谚语写作，[98]同样试图厘清中国谚语的特质。然而，在对谚语与格言、成语、歇后语的区分方面，罗圣豪依然没有薛诚之的深入、细腻与精准，有着薛诚之曾经批判的“隔膜”。虽然如此，基于中西谚语及其存身的文化语境的比较，罗圣豪对谚语本质的认知有了明显的推进。他不无精辟地指出了谚语的集体主义属性：谚语重视重复和循规蹈矩的东西胜过追求新颖；注重外部法则而非自我发展；重常识而非个人观点；强调生存而非快乐。

95 Hung, Chang-tai. *Going to the People: Chinese Intellectuals and Folk Literature, 1918-1937*, pp. 135-157.

96 Hung, Chang-tai. *Going to the People: Chinese Intellectuals and Folk Literature, 1918-1937*, p. 138, 204, 236.

97 [法]皮埃尔·阿多，《伊西斯的面纱：自然的观念史随笔》，张卜天译，上海：华东师范大学出版社，2015，第23页。

98 [美]罗圣豪,《论汉语谚语》，《四川大学学报（哲学社会科学版）》2003年第1期，第62—70页。亦可参阅罗圣豪,《谚语》，见[美]梅维恒主编，《哥伦比亚中国文学史（全2卷）》，马小悟等译，北京：新星出版社，2016，第162—173页。

据此，罗圣豪指出：在强调个性、自主与个人幸福，即个人主义日渐盛行的西方，理性的导向使得谚语逐渐消亡；反之，在二十世纪的中国，负载经验知识和价值观的传统角色，使得谚语依旧具有活力，因为智识阶层人为保留传统价值观的努力，包括谚语在内的口语顺理成章地融合到逐渐形成的新语文——白话文——风格之中。

二十世纪八十年代，在政府的主导下，诸多学者开始了编撰《中国谚语集成》这一宏大的文化工程。多少有些遗憾的是，包括《中国谚语集成》常务副主编李耀宗建构的“中国谚学”[99]在内，诸位编委也忽略了半个多世纪前薛诚之建构出来的谚语学。在《中国谚语集成》的“总序”中，虽然提到了郭绍虞关于谚语的定义，也提及朱介凡的鸿篇巨制《中华谚语志》，但撰写者或者说执笔者却将谚语定义为：

99 李耀宗，《中国谚学若干问题谭要》，《海南大学学报（人文社会科学版）》2000 年第 4 期，第 49—54 页，2001 年第 1 期，第 25—30 页。

> 是民间集体创作、广为口传、言简意赅并较为定型的艺术语句，是民众丰富智慧和普遍经验的规律性总结。[100]

100 中国民间文学集成全国编辑委员会，《〈中国谚语集成〉总序》，引自《中国谚语集成·北京卷》，北京：中国 ISBN 中心，2009，第 3 页。

显然，这一指导性的定义，是以作家文学、书写传统为参照，并严格局限在谚语的语言属性层面。它既忽略了郭绍虞所言的“**规定人之行为**”的实践性，也没有了薛诚之基于中西比较而定义的“作为人类推理、交往**及行动时候的一种标准**”之规范性与“**人类于各时代**”之普遍性。

在研究中，安德明也注意到郭绍虞和朱介凡等前人的谚语著述，并阐明谚语研究有文本研究和语境研究两种倾向，强调语境研究已经占主导地位。[101]然而，因为整本书体例和篇幅的关系，安德明谚语部分的书写基本止步于对清代以前谚语发展史的简要梳理。[102]反之，关于薛诚之所言的谚语“意识”（Sensibility）这一要素，也即研究谚语内容的精彩文化史研究，则来自法学界和社会学界。

徐忠明认为，有着更加浓厚和深刻乡土色彩的谚语，能够反映出传统中国乡民的法律意识与诉讼心态。因此，通过对其搜集的大量谚语的系统分析，他解读出了乡民对于中华帝国法律、衙门的基本态度，乡民心目中的社会秩序与诉讼境遇，以及乡民的法律意识和诉讼心态。[103]与徐忠明不同，相信谚语反映了民间观念与意识的社会学家应星，用和怒气、怨气、正气、义气等相关的谚语为材料，梳理在乡土中国以忍御气、以气立人和任气行侠的行动逻辑，并成就了其社会学意义上的“气”这一理论范畴。[104]这些多少从另一个角度，突显了谚语作为言语的“心治”特征。

大致同类的还有任骋对职业谚语“艺谚”——戏曲、曲艺艺人谚语——的研究。按照授艺、学艺、行艺、评艺和艺外五大类，任骋对自己历时十多年搜集的2,600余则艺谚进行了罗列。在此基础之上，他对艺谚的概念、语言特征、艺术结构、内

101 安德明，《谚语编》，见祁连休、程蔷、吕微主编，《中国民间文学史》，石家庄：河北教育出版社，2008，第584—585页。

102 安德明，《谚语编》，第587—608页。

103 徐忠明，《传统中国乡民的法律意识与诉讼心态：以谚语为范围的文化史考察》，《中国法学》2006年第6期，第66—84页。

104 应星，《“气”与中国乡土本色的社会行动：一项基于民间谚语与传统戏曲的社会学探索》，《社会学研究》2010年第5期，第111—129页。

容、功能、思想性、美学价值、科学性以及艺谚的传播、搜集和研究史等，虽然是全景式的概论性研究，却始终强调艺谚和艺人群体认同、艺人塑造、行业生态之间的心理关联。[105]

此外，欧达伟（R. David Arkush）也曾根据其了解的中国农谚的内容，来理解中国农民，释读出中国民众的正统与非正统观念和创业观，诸如：耕织自足的农业社会意识、若即若离的血亲和姻亲家族意识、庄稼为王的农民自我意识、贫穷观、乐观自信的勤农思想和创业的成就感，等等。[106]

105 任骋，《艺人谚语大观》，石家庄：花山文艺出版社，1987，第143—239页。

106 ［美］欧达伟，《中国民众思想史论》，董晓萍译，北京：中央民族大学出版社，1995，第46—87页。

十六　作为民俗事件的谚语

如果将谚语纳入语言民俗或民俗/民间语言的范畴，那么在二十世纪最后十年，中国民俗学、民间文学对语言民俗的研究，显然有了新的进展。在世纪老人钟敬文的指引下，中国民俗学界对民间语言的研究，从郭绍虞、薛诚之等奠定的主要基于文本的形态学研究转向到更偏重于内容、情感、交际应用的情境研究。无形之中对王顺、朱介凡谚语研究的情境路径的接续，使得新时期语言民俗研究的认知论、方法论与研究范式都明确地发生了从语言到言语、从静态到动态、从形态学到生态学的转型。人们在将民间语言视为民俗载体的同时，更强调民间语言“本身也是一种民俗现象”，抑或说“把语言现象作为民俗文化的一部分”，[107]进而

107 钟敬文，《“五四”运动以来民间语言研究的传统与新时期语言民俗学的开拓》，《西北民族研究》2002年第2期，第10页。

"用民俗学的箭去射语言的靶子"，[108]在多学科交叉研究的同时最终使得鲜活的民间语言成为民俗学的。

108 黄涛，《语言民俗与中国文化》，北京：人民出版社，2002，第328页。

在认知论层面，民间语言发生从目治的、静态的到口治的、耳治的与心治的，传承主体整个动态的感官感觉世界的转型。换言之，民间语言从被对象化的脱离情境和主体的"事象"，变为融语言形式、语言民俗主体、语言民俗情境等因素为一体的活态的"立体性的文化现象"。[109]"脱域"有效地反转为"融域"，而不仅仅是嵌入或回归日常。村民运用俗语本身，就是一个"完整的事件"。因为人们不可能脱离其日常生活孤立、静止地谈论俗语。[110]在方法论层面，民间语言的研究也就将语言形式与语言行动，尤其是民众的精神状态联系起来，并限定在特定的时空、社群中进行观察。进而，"以特定的乡村作为主要对象来取材，看一个社区的人怎样使用语言，用对一个时空的关照来做整体论的研究"，被视为理所当然，有了学理意义上的必要性和正确性。

109 黄涛，《语言民俗与中国文化》，第302页。

110 黄涛，《语言民俗与中国文化》，第328页。

因为天然与社会的热点、焦点、痛点以及生长点关联紧密，新近不少学者涉足的谣言研究颇有声势，而且大抵都是上述的事件性研究。[111]与此盛况有别，谚语的事件性研究依然颇为稀缺，乏善可陈。值得称道的是，在黄涛建构出的"语言民俗研究的范式"[112]中，尽管是其个别案例，河北景县黄庄的"休前妻，毁稚苗，后悔到老"，"生点气，得点济"等谚语，不再仅仅是一种静态的语言事

111 如：周裕琼，《伤城记：深圳学童绑架案引发的流言、谣言与都市传说》，《开放时代》2010第2期，第132—147页；施爱东，《盗肾传说、割肾谣言与守阙叙事》，《华南师范大学学报（社会科学版）》2012年第6期，第5—20页；祝鹏程，《怀旧、反思与消费："民国热"与当代民国名人轶事的制造》，《民族艺术》2017年第5期，第28—35页。

112 刘铁梁，《语言民俗研究的范式建构》，《民俗研究》2012年第3期，第149—150页。

象，而是一个个活色生香的“民俗事件”。[113]

113 黄涛，《语言民俗与中国文化》，第263—265、288—290页。

一旦突破对象化的、静态的语言事象观，将语言民俗彻底地视为“生活事件”，民俗学关于语言民俗的研究就大放异彩。西村真志叶关于北京西郊门头沟燕家台“拉家”的探讨，就是这样杰出的民间语言生态学的研究。[114]在其研究中，对象化、静态的“语言”没有了位置，有的全都是在燕家台的日常生活中，作为行为、活动与事件的“言语”。

114 ［日］西村真志叶，《日常叙事的体裁研究：以京西燕家台村“拉家”为个案》，北京：中国社会科学出版社，2011。

同样，在已有语言民俗的研究基础之上，当黄涛展开专门的谚语研究时，在田野调查基础之上，追溯讲述情况的“立体性”研究已经是其主色。[115]虽然是教材中的章节，黄涛撰写的“谚语”，已经摆脱了教材惯有的平铺直叙的共性与陷阱，其鲜明的观点，独到的方法，浓厚的情节性、对话性使谚语在变得鲜活的同时，也具有了学术上的前沿性和引领性。

115 黄涛，《谚语》，见段宝林主编，《民间文学教程》，北京：高等教育出版社，2013，第178—186页。

十七　形态学与生态学的缠绕

百年来，中国谚语研究的演进史，充分体现了谚语之语言和言语相互依存且相互涵盖的双重属性。

在早期歌谣运动的背景下，受顾颉刚搜集的吴歌和吴谚的直接影响，郭绍虞在1921年就完成了基于谚语文本分析而偏重于谚语形态的长文——《谚语的研究》。在众人基本忙于搜录谚语材料的肇始之初，郭绍虞的研究不但鹤立鸡群，还使得具有现代民俗学学科意识的谚语研究在起点，就立意高远，提升了谚语研究的学术品格，使谚语研究成为谚语学有了可能。至今，其研究都是中国谚语研究的基本参考文献。

1936年，在郭绍虞的指导下，有着充分语料储备、语言学训练和思辨力的薛诚之，在燕大研究院国文学系完成了其硕士毕业论文《谚语研究》。这篇思精而理要的论文，拓展、夯实了郭绍虞开创的谚语形态学。在与歇后语、成语、格言、歌谣等相邻体裁的比较中，薛诚之精准的谚语定义，不但涉及内容、辞藻，还涉及“作为人类推理、交往及行动时候的一种标准”之实践性、规范性，涉及谚语之于“人类于各时代”的普遍性。这使其谚语研究不仅仅是基于中国的经验事实、文化传统，不仅仅是语言的，还是行动的、制度的，是人类整体意义上的。纵横的比较研究，始终将中国的谚语置于世界、人类的大背景之下，早早地就诠释着“中国的也就是世界的”这句当下的时髦语。

在对谚语文本的微观细读中，薛诚之不仅打通了通常意义上内容和形式之间的区隔，析变出了谚语的意识、简短、均衡、和谐、机灵之五要素，还别出心裁地创设出了缜密、实用而开放的、操作性强的谚语分类体系。在对谚语在文学中作为题材和体裁的梳理基础之上，他也拓荒性地进行了谚话写作的尝试。虽然数量有限，却在一定意义上丰富、完善了中国文学批评固有的文类。总之，薛诚之建构出了别有韵味的谚语学，尽管它几乎被后人，包括1949年后的薛诚之自己，所忽略，甚至遗忘。

在薛诚之建构自己谚语学的前后，王顺、朱介凡等强调情境、传承主体而更多面向生活实景的谚语生态学之研究也暗流涌动。然而，几乎倾其毕生心血治谚的朱介凡“持之以恒”的谚学与

“昙花一现”的薛诚之的谚语学，虽然堪称中国谚语学的“双璧”，二者之间却有着明显的裂痕。

终身行伍的朱介凡的谚学更强调谚语的中国特性，强调谚语对于中华文化的价值。虽不时立足于具体的语境、情境，其研究明显更有着浓厚的资料学取向以及传、注、疏、证、笺的经学传统，有着对于优秀传统文化日渐消逝的伤感和危机意识，属于典型的“乡愁”和“城愁”互文而频频回首的“乡土民俗学”。[116]集其谚学之大成的十一册《中华谚语志》，是一部研究性著作，更是一部辞书、类书，但其学术性、逻辑性明显高于仅仅立足于保存资料的大陆多卷本的《中国谚语集成》。

116　岳永逸，《都市中国的乡土音声：民俗、曲艺与心性》，北京：中国人民大学出版社，2015，第316—317页。

因为家庭教育、性格和一心向学的人生取向，薛诚之终生谨慎而内敛，不事声张，小心翼翼。[117]基于其熟稔的多种外语和系统的语言学训练，薛诚之的谚语学有着打通中西间隔的大视野，将谚语视为“人类命运共同体”的共同财富，试图发现其共性，其学科意识、学术性与创新性、拓荒性都自不待言。这样，尽管位低体微，始终蒙尘，薛诚之的谚语学却不卑不亢，自成高格。因此，也就不难理解，为何很少有人注意的薛诚之的谚语学颇受胡适青睐。在回忆中，朱介凡不经意地提到：胡适认为，薛诚之《谚语研究》是“运用现代科学方法，研究中国事物的杰出成绩！”[118]造化弄人，卢沟桥事变使薛诚之1937年向太平洋国际学会提交报告化为泡影，也使得薛诚之齐志以殁，其谚语学戛然

117　薛诚之，《华中师范学院干部自传薛诚之》，见华中师范大学档案馆藏，《干部档案280薛诚之》“正本”。

118　朱介凡编著，《中华谚语志》，第109—110页。

而止，画上了长长的休止符。

二十世纪末，在钟敬文的指引下，语言民俗的研究明确地发生了从形态学向生态学、从文本向语境、从语言向言语、从事象向事件的整体转型。由此，将谚语视为交流、活动与生活事件的整体性研究有了全面的可能。

十八　变异中的永恒

然而，无论哪种取径，谚语的形态学和生态学并无优劣之分。

单个谚语的发生到流传，最初都是言语性质的，有生动的语境。[119]比如，从具体的事件、从歌谣中截取出来，独立成为谚语，进而被文字记录下来。正如新近陶汇章对《古今谚》《古谣谚》和《左传》等古籍的研究指明的那样，在古代中国，谚语的产生、形成与命名，都是一个十分漫长的过程。[120]换言之，原初的谚语保留有原生语境的差异性抑或说个性，意蕴丰富，行动力强。在口头与书面交互影响的流传过程中，谚语的言语特性逐渐流失剥离。对于他者而言，共时、静态、固化的语言属性，在相当意义上则成为显性的，甚或固化为文字的与书面的。通过追溯还原单个谚语条目的产生，尤其是使用的语境，结合目、口、耳、心等器官再现，生态学取径更有利于恢复谚语的言语之历时的具体语境化的丰富性、生动性，从而反向重建

119　感谢老友，成都师范学院吴琪教授的提醒与启迪。

120　陶汇章，《中国古代谚语的源起与定型》，《民间文化论坛》2018年第2期，第67—76页。

谚语的言语属性。

在传承、传播的过程中，尽管谚语也不时发生着从语言向言语“哗变”的逆向运动，但从言语不断向语言滑动是谚语演进的主流，以致谚语经常沦为语言学的专属领地，强调其修辞等形式方面恒常性的一面。在本章章首提及的阿拉伯谚语“谚语之于言辞，犹如盐之于食物”中，其将谚语比作盐的修辞术也出现在尼采（F. W. Nietzsche，1844—1900）关于格言的断语中。尼采写道：

> 一句好格言对于时间之牙来说太坚硬了，所有的千年都消耗不了它，尽管它有助于哺育每一个时代，因此它是文学中的伟大悖论，是变异中的永恒，是像盐一样始终受到珍视的食物，而且绝不会像盐那样变得令人不快。[121]

121 ［德］尼采，《尼采全集·第2卷 人性的，太人性的：一本献给自由精灵的书》，杨恒达译，北京：中国人民大学出版社，2011，第298页。

这段话中的格言，完全可以置换为谚语。也即，谚语的语言属性，更多强调的是谚语千年不变的内容和形式两位一体的永恒性，强调的是这种永恒性对于不同时代强大的嵌入性甚或说攻击性。当这种因永恒性而生的嵌入性发生威力并搅动一池春水时，谚语就成为哺育、滋养每一个时代的养分。此时，谚语的言语属性就春风得意，其即时性、灵活性与变动不居性，抑或说独一无二的一次性，就笑意盈盈。

在《讲故事的人》的尾端，本雅明（Walter

Benjamin，1892—1940）断言：

> 我们不妨说，一则谚语是一个古老的故事残存的废墟；在废墟中，一条道德教训缠绕着一个事件，就好比常春藤在墙上攀援一样。[122]

122　陈永国、马海良编，《本雅明文选》，北京：中国社会科学出版社，1999，第315页。

面对中国丰富的谚语文献，面对丰富多彩、千变万化的日常生活和大大小小的事件，无论是偏重于语言属性的谚语形态学，还是侧重言语属性的谚语生态学，抑或二者并重，恢复谚语在语言和言语、形态学和生态学之间的双向运动，谚语的研究都天地广阔，大有可为。何况，谚语既是过去的，也是现代的；既是中国的，也是世界的；既是民俗文化的载体，其本身也是民俗！

附录：薛诚之《谚语研究》目录

小言 代序

绪论　谚语的产生及其发展

第一章　谚语的一般的产生情形

第一节　谚语产生于有文字以前

第二节　推想中谚语产生的状态

第三节　谚语原于实用而产生

第四节　我国古代谚语应用的实例

第二章　我国谚语的发展

第一节　就关于谚语的文献以窥见其发展

第二节　夏谚周谚及春秋战国谚语

第三节　两汉及三国时谚

第四节　晋南北朝隋代谚语

第五节　唐代谚语及《太公家教》的谚语收集

第六节　宋谚及周守忠《古今谚》的采摘

第七节　元代的谚语发展

第八节　谚语在明代

第九节　清代关于谚语的著述及采录

第十节　民国纪元以来谚语的发展情形

第十一节　一七六一年以来西洋人士关于中国谚语的译著举要

第十二节　作者对于西洋人士研究中国谚语的一点意见

第三章　其他各国发展的情形略述

第一节　"*Proverb Literature*"（谚语著述）目录所收关于各国谚语著述的总数目

第二节　英国谚语的著述

第三节　德国谚语的著述

第四节　法国谚语的著述

第五节　西班牙谚语的著述

第七节　其他各国谚语的著述

本论上　谚语的探讨

第四章　谚语的性质探讨

第一节　对于谚语一般的解释

第二节　谚语与歌谣

第三节　谚语与成语

故事，流变的江河

一个童话和传奇的糅合，包含了象喻的神奇因素，这些因素的效果恒常不变，引人入胜，但不超绝人寰。

——[德]恩斯特·布洛赫

（Ernst Bloch）

1948

担任燕大历史学系系主任的齐思和

燕京大學文學院國文學系學士畢業論文

評閱者 ○○○ 國文學系

文學院院長 黃子通

唐小說中同型故事之研究

楊文松 學號三一二二六

民國卅四年五月

杨文松学士毕业论文封面

春天的最後

荷姑自己的爸爸一死，荷姑就值錢，爸爸不死，荷姑就是長大也不是春天。

媽媽從前在自己的身上發見過一次春天，那一點無限的希望，現在又重新在荷姑的身上發見了。時間一回顧不能說不久，但現在覺得一轉眼又是春天。

荷姑一站在面前，媽媽就看見春天。而且爲了長久的等待，這春天比前就覺得更新鮮；靠了過去損失的悲痛的一點經驗，如何來消受眼前這春天，媽媽也就早已打算得更精明確定了。

荷姑知道自己有個媽媽，媽媽是自己的，半點也不錯。但是荷姑還知道自己像人家一樣，有一個親爸爸，而且還知道自己有過一個和自己少有關係的爸爸。她愛自己的爸爸，恨那和自己少有關的爸爸。她所以恨他，是除了那少有關係的理由之外，他想在媽媽身上，弄點錢花。

海濱月刊

荷

筋和黃

候，他

給人家

自

的爸爸

爐鍋每

荷

就因爲

扁擔擱

子裏打

，褲筒

上溪邊

梅鎮的

杨文松写的小说《春天的最后》首页

[illegible]	印歐的故事	唐以前故事	唐代故事	唐以後故事	民間的故事
古鏡			鄰湖漁者		
			三方鏡		
		(漢)秦鏡	浙右漁人	(明)照病鏡①	
			漁人		
			僧一行		
			李守泰		
金刀		(晉)杜子恭	平原府君	(清)金香一枝②	
		(宋)李滔	王昌齡		
夢			劉幽求		
			張生		

唐代小說中同型故事源流表

《唐代小说中同型故事源流表》局部
（杨文松，《唐小说中同型故事之研究》，第 52 页）

《唐代小说中同型故事源流表》局部

（杨文松，《唐小说中同型故事之研究》，第 55 页）

一　顾颉刚的孟姜女

到二十世纪三十年代初期，作为中国现代民俗学运动的一部分，民间文学的研究已经成果丰硕。顾颉刚发起的孟姜女故事研究，吸引了不少爱好者参与进来，声势浩大。1928—1929年，国立中山大学语言历史学研究所出版的三册《孟姜女故事研究集》，[1]毫无疑义地成为早期中国民俗学运动的标志性成果。在这些围绕孟姜女的纷杂研究中，歌谣、故事、戏曲、诗文、石像、碑铭、古迹、景观以及庆典仪式等，纷纷进入研究者的视野。这使得历史-地理意味已经浓厚的孟姜女研究，是立体的、全方位的，书面传统、口头传统、景观叙事与仪式实践齐头并进。因为顾颉刚本人的呼召力、示范性，传说研究的古史辨派[2]已然形成。

1　顾颉刚，《顾颉刚民俗论文集·卷二》，第1—253页。

2　毕旭玲，《20世纪前期中国现代传说研究史》，上海：华东师范大学博士学位论文，2008，第40页。

改革开放之初，主要基于阶级论和革命论，平反“孟姜女冤案”的钟敬文，全面反思了顾颉刚的孟姜女故事研究。他充分肯定了顾颉刚的孟姜女故事研究建立了“一种崭新的传说科学”，“开辟了一条新的学术道路”，“形成了一种新的学术风气”。同时，他也指出顾颉刚的研究有着“不能深刻理解作为人们意识形态的民间传说的产生和演变跟广大群众社会地位和现实生活的密切关系”之不足。[3]

3　钟敬文，《钟敬文全集·5》，第164—165页。

这一不足，从顾颉刚学术研究内在的纹理和传说演进与接受的特质之间的内在张力，或者能得到更好的理解。彭春凌指出：在《孟姜女故事的转变》（1924）之后对孟姜女故事的研究中，当顾颉刚将其视域从历史-发生史转向地域-效果史，或者说试图推进时，传说实有的流传方式和审美特质均给顾颉刚造成了难以逾越的困境，以至于其学术宏愿打了不少折扣。[4]

4　彭春凌，《“孟姜女故事研究”的生成与转向：顾颉刚的思路及困难》，《云梦学刊》2007年第1期，第19—24页。

与一呼百应的顾颉刚孟姜女研究不同，习惯于单兵作战，1927年就在开明书店出版了专著《神话研究》的黄石，不但对国外新生的“机能论”（功能学派）活学活用，且长期只身在河北定县一带对礼俗进行深入的田野调查。不同知识源的合流，使得其神话传说研究将故事与自然物候、地方习俗、历史演进、仪式、阶层互动等结合起来，不但有着历史地理学派的影子，还明显有着神话-仪式学派的内蕴，以及礼俗互动的意念和社会人类学的基底。其桃花女传说和婚俗、紫姑神话与迎紫姑之俗、七夕牛郎织女传说与乞巧节俗互释的研究，都在二十世纪三十年代初期完成。[5]少有人关注到的他对于安国药王传说的研究、“刘秀走/去国”传说的研究，更是抽丝剥茧，使得这些传说故事显出“原形”、真相。

通过对亲身采集到的口头传说、查阅到的方志典籍的记载和安国药王庙碑铭的比较分析，黄石令人信服地指出：祁州药王并非文人士大夫以讹传讹的东汉时期的邳彤（？—30），而是源自宋代开封和杭州都有的皮场庙神——张森。[6]对于定县一带流行的刘秀走国传说，黄石将之与村落地景、庙宇、动植物的释源等连带分析，认为这些传说实乃“真命天子，有百灵辅助”而终胜“假命”这一观念意识对民众“模铸”的结果，这也正是所有帝王传说的本质特征。[7]

钟敬文对印欧民间故事型式的译介、对中国民间故事型式开创性的规整，使其神话、传说和民间故事的形态学研究和基于文化史的中外比较研究，同样自成一派。[8]其文学、文本、文化与文艺的取径，影响深远。儿童故事的研究，因为有周作人以儿童为本位的儿童文学观[9]的引领，大量的优秀外国童话和寓言被纷纷译介了进来。在此过程中，赵景深（1902—1985）等人也试图厘清童话这些体裁的特征与本质，[10]并有了多人合力编辑出版的中国童话史上的重要品牌——林兰童话——的问世。[11]

上述这些民间故事及其研究的标志性成果，

5 黄石，《黄石民俗学论集》，上海：上海文艺出版社，1999，第160—175、215—229、303—321、345—379页。

6 黄华节，《祁州药王考略》，《社会研究》第六十四期（1934），第101—106页。

7 黄华节，《流行旧定州属的汉光武传说》，《社会研究》第九十六期（1935），第372页。

8 钟敬文，《钟敬文文集·民间文艺学卷》，第405—680页。亦可参阅2018年高等教育出版社出版的《钟敬文全集·4》和《钟敬文全集·5》。

9 周作人，《儿童文学小论》，上海：儿童书局，1932。

10 赵景深编，《童话评论》，上海：新文化社，1934。

11 关于林兰的真实身份、林兰童话系列的编辑出版过程、林兰童话的理论旨趣、结构、主题、型式、异文及其在中国童话史中的价值，可参阅黎亮，《中国人的幻想与心灵：林兰童话的结构与意义》，北京：商务印书馆，2018。

尤其是围绕顾颉刚孟姜女研究展开的传说、故事研究，既出现在刘锡诚关于二十世纪中国现代民间文学学术史杰出的著述中，[12]也是毕旭玲二十世纪前半叶中国现代传说史专题研究中浓墨重彩的对象。[13]然而，在这些学科史梳理中，燕大不同院系学生的民间文学研究基本是缺位的。事实上，燕大众多与民间文学相关的毕业论文不但吸收、夯实了既有的民间文学研究成果，还有着相当的拓展和推进。除本书前两章专论的李素英《中国近世歌谣研究》和薛诚之《谚语研究》两篇体大虑周的硕士毕业论文之外，这种推进同样表现在对传说、童话、寓言等不同体裁（文体）研究的学士毕业论文之中。

12 刘锡诚，《20世纪中国民间文学学术史》，第196—213、234—257页。

13 毕旭玲，《20世纪前期中国现代传说研究史》，第51—56页；《中国20世纪前期传说研究史》，上海：上海社会科学院出版社，2019，第45—55页。

1929年，顾颉刚离开中大北上入职燕大，时间长达九年，一直到1937年避难出走西北。因此，不仅仅是被赞叹为“二千五百年来一篇有价值的文章”的孟姜女研究，[14]顾颉刚“古史辨”之理念以及对尧舜禹传说等研究的实践[15]都在燕大师生中产生了广泛的影响。在此期间，燕大史学专业的学生对于传说的研究大多是为其“古史是层累造成”之命题添砖加瓦，继续为传说研究中的古史辨派助力。

14 刘复，《通讯：颉刚先生》，《歌谣周刊》第八十三号（1925），第二版。刘复在巴黎读到《孟姜女故事的转变》的前半篇后，当即给顾颉刚写了这封热情洋溢的信。《孟姜女故事的转变》前半篇以“专号二·孟姜女（1）”刊载于《歌谣周刊》第六十九号（1924），第1—8版，后续部分以“专号二·孟姜女（2）”刊载于《歌谣周刊》第七十三号（1924），第1—8版。

与此不同，燕大国文学系学生的民间故事研究更偏重于历史、地理双线的纵横比较，力求梳理原型。而燕大社会学系学生无心插柳的“灵验故事”研究，则是在特定社区中展开的功能论研究，强调灵验故事对传承主体的软控制力。教育学系对于学

15 毕旭玲，《20世纪前期中国现代传说研究史》，第34—41页。

龄前儿童故事的研究，在分析故事本身的同时，还偏重于故事的讲述技巧和儿童接受的环境、心理等，以增强儿童故事在教育上的功效。寓言的研究，重在翻译，厘清该体裁的特征。童话研究脱离了此前关于其重要性的言说，而是从内容和形式诸多方面，对中西之异同进行了系统而详细的比较。

二 生成与还原：证伪的传说

深受胡适对《水浒传》版本和井田考证之方法的影响，[16]顾颉刚明确倡导用历史演进的见解来观察历史上的各种传说。对其古史辨的具体方法或者说操作路径，胡适曾总括为四步：

16 顾颉刚，《〈古史辨〉自序》，见周作人选编，《中国新文学大系·散文一集》，第298—299页。

> （1）把每一件史事的种种传说，依先后出现的次序，排列起来。
>
> （2）研究这件史事在每一个时代，有什么样子的传说。
>
> （3）研究这件史事的渐渐演进，由简单变为复杂，由陋野变为雅驯，由地方的（局部的）变为全国的，由神变为人，由神话变为史事，由寓言变为事实。
>
> （4）遇可能时，解释每一次演变的原因。[17]

17 胡适，《胡适文集·3》，第74—75页。

受此影响，齐思和（1907—1980）和韩叔信（1903—？）分别在1931年对黄帝之制器传说和古代帝王与龙的传说进行了研究。关于黄帝制器的传说，齐思和结论如下：

> 战国之世，黄帝虽已成为古史传中心人物，尚无制器之说。自韩非倡古圣王以制器而为人民举为天子之说，于是圣王制器之故事遂作，自《吕氏春秋》称古圣王皆作乐，于是圣王作乐之传说以兴。然初亦不过人各一二事而已。黄帝既为古代传说之中心，制器故事遂亦集中于黄帝；或攘他人之发明，归之于黄帝；或以发明者为黄帝之臣；于是黄帝制器之故事，遂日征月迈，愈演愈繁矣。大凡传说在其创造期中，历时愈久，事迹愈多，固不独此一事为然也。[18]

18 齐思和，《黄帝之制器故事》，北平：燕京大学历史学系学士毕业论文，1931，第31页。

因为根据考古材料，建设可信的中国上古史之“积极的工作”开展的条件尚不具备，所以在齐思和耙梳黄帝制器故事的同时，韩叔信也进行了龙与帝王传说故事的梳理。韩叔信明确宣称，自己是仿效顾颉刚而进行的这一“消极的工作”，即根据古籍，“用历史演进的见解去整理出古史的各种传说来”，让其显出“原形”。[19]运用顾颉刚研究历史传说的四步法，韩叔信分别梳理了龙与伏羲、神农、黄帝、尧舜、禹的传说的演进。他指出：

19 韩叔信，《龙与帝王的故事》，北平：燕京大学历史学系学士毕业论文，1931，第1—2页。

> 1.这些古代帝王传说产生的秩序，以禹为最早，伏羲最晚，中间分别是尧舜、黄帝与神农；

2.在《史记》之前，龙与这些帝王的传说很少，即使有，太史公也未录；

3.这些传说多出自道家、方士之口，儒家基本没有论及，即或是有，也是受了道家、方士的影响，无意中说出的；

4.大部分此类传说，来自东汉初年成书的纬书，性质大抵是感生、河图以及相貌等；

5.纬书之后，集此类传说之大成者一是梁代的沈约（441—513），二是宋朝的罗泌（1131—1189），罗泌之后此类传说基本没有新的故事出现。[20]

20 韩叔信，《龙与帝王的故事》，第 47 页。

从二人分别对黄帝制器的传说和龙与三皇五帝传说的梳理以及结论可知：一方面，当沿着顾颉刚开创的“古史辨”的路径审视历史传说时，就会发现过往的人们因为其当下意识形态的需要，而对传说不停化妆、做加法的事实；另一方面，在秉持求证、求真古史，还原古史的学术理念时，后起的人们又对这些历史传说努力卸妆，做减法，力求荡涤所有的装饰，让历史露出真身。

做加法、上妆时，人们捕风捉影，为曾经可能有的人、事、物浇水、施肥、晒阳，使之根繁叶茂、遮天蔽日。这既是“箭垛式的人物”[21]形成的过程，也是**“主观历史”**或者说**“心性历史”**[22]的形成过程，目的是要芸芸众生信以为真，并渐渐使其成为不言而喻、不容置疑的真实。卸妆、做减法时，则修枝剪叶，掐头去尾，使之图穷匕见、原

21 胡适，《胡适文集·4》，第 333 页。

22 ［法］布洛克，《历史学家的技艺》，张和声译，北京：北京师范大学出版社，2014，第 159 页。

形毕露。

曾留学法国专攻哲学、受葛兰言（Marcel Granet，1884—1940）影响而熟稔社会学的徐炳昶（字旭生，1888—1976），同样精通考古学与史学。1943年，他出版了名著《中国古史的传说时代》。1947年，徐炳昶、苏秉琦（1909—1997）师生二人合作署名发表了《试论传说材料的整理与传说时代的研究》一文。该文明显有对"疑古学派"等的批评，但对传说的关注，还是基于传说的历史性，或者说真实性。

对传说材料的原始形态的认知，徐、苏两人显然更为深透与客观。他们将其分为三类：（1）保存在民间的口述歌谣故事；（2）传统的风俗习惯、宗教仪式；（3）古代的遗迹传说。[23]这些又有原生和次生之别。原生的传说包括一切见于早期记载的传闻异说；次生的包括一切后起记载的，假的、伪托的、滋生的传说故事。因为长于考古、有着丰富的实地经验，所以在论及如何使用传说材料进行历史建构抑或说复原时，二人常常将传说材料比附为古生物学中的化石和考古学中的古董。师生两人强调：对这些真假难辨的化石、古董，必须用基本的史学知识选取其中的"记述史实"的部分；尤其是要用历史的观念与基本的社会学知识做基础，推断其真实的意义。[24]

在此逆向而行的过程中，无论采用哪种方法、兼容并蓄，学者之**"生成历史"**与**"还原历史"**并

23　徐炳昶、苏秉琦，《试论传说材料的整理与传说时代的研究》，《史学集刊》第五期（1947），第10页。

24　徐炳昶、苏秉琦，《试论传说材料的整理与传说时代的研究》，第20页。

无本质差别，即都是出于“真”与“信”二字，都相信有真实、客观历史的存在。

“生成历史”，通过对人、事、物合情合理的演绎，强调其真实性，并通过书面和口头传统等不同的路径，全面作用于人的感官，从而在相当长的历史时期，成为绝大多数人的主观真实与情感真实，成为其形成自己族群认同、身份认同的前提。“还原历史”，表面是借传说的生成史揭示其虚饰性，从而指向所谓客观历史的真实，但证伪与求真实则是一体两面，最终还是要给人们勾画出“信史”。

在二者的博弈过程中，传说同时成了假历史-生成历史与真历史-还原历史的基本道具与布景。广泛意义上的传说的历史性，也被进一步坐实为传说的特质之一，成为后人研究传说的基本前提。因此，一直到当下，历史学取向或者说溯源路径的传说研究大致都是求真伪、明是非，而相对忽视传说的文学性、情感性、审美性与娱乐性等同样重要的属性。[25]其实，正如贾平凹所言，当历史成为一种传说，它就是文学了。[26]在相当意义上，后文述及的杨文松对唐传奇等典籍中同型故事的研究，侧重的就是传说的文学性的一面。

要指明的是，在历史悠久的中国，在传说的创造、堆砌、传承、传播的过程中，书面传统和口头传统始终相互借力，并将精英与大众、个体与群体捏成了一团。

25　如：Chan, Hok-lam. *Legends of the Building of Old Peking*, Hongkong: The Chinese University Press, 2008；赵世瑜，《小历史与大历史：区域社会史的理念、方法与实践》，北京：北京大学出版社，2017，第99—207页；赵世瑜，《在空间中理解时间：从区域社会史到历史人类学》，北京：北京大学出版社，2017，第349—368页。

26　陈思和、贾平凹，《凡是历史成为一种传说，这就是文学》，《文汇报》2018年5月2日，第9版。

在北京，邱处机与白云观传说的演变和燕九节的形成，是一个很好的例子。张紫晨（1929—1992）指出：作为一对矛盾体的统治者和民众相互制约和影响的传说，是一种“复杂的意识形态”，当下传说中贯注的思想并非一时一地的，内容和价值是多元的；就燕九节而言，传说乃节日的基础，其对节日的力量远大于行政力量。[27]这样的例子，比比皆是。普鸣（Michael Puett）关于黄帝神话传说内在结构要素的语境释读，[28]也说明：在“文明-国家”——中国[29]的形成史中，无论是作为后生的叙事还是原初的“政治”站位与表述策略，传说都功莫大焉。当然，普鸣关于黄帝神话传说的释读，同样忽视了神话传说的文学性、情感性、审美性与娱乐性等特征。

27 张紫晨，《白云观传说的演变及北京有关的风俗》，《北京师范大学学报》1984 年第 5 期，第 43—51+18 页。

28 [美] 普鸣，《作与不作：早期中国对创新与技艺问题的论辩》，杨起予译，北京：生活·读书·新知三联书店，2020，第 131—201 页。

29 甘阳，《文明·国家·大学》，北京：生活·读书·新知三联书店，2012，第 1—15 页。

三　超越时空的“故事流”

自古至今，口传的民间故事都是“比水银还要流动的东西”。[30]也即，变，是口传故事传承、传播的基本特征。虽然也有着顾颉刚孟姜女故事研究影响的痕迹，杨文松对唐小说（传奇）中同型故事的研究不是要证伪，而是尝试在纵横的比较中，厘清一个同型故事的来龙去脉，描画出其演进与流变。

30 钟敬文，《钟敬文全集·4》，北京：高等教育出版社，2018，第 380 页。

与李素英一样，在燕大国文系就读的杨文松，同样有着文学创作和翻译的经历。1935年，他在《海滨月刊》第七期发表了小说《春天的最后》，同年也翻译了萧伯纳（Bernard Shaw，1856—1950）的戏剧《乡间求婚》（Village Wooing），在《华侨半月刊》第七十六至七十九期连载。其毕业论文对唐传奇中同型故事的研究，同样涉及多样的知识源。

不仅作为时代共识和革命性意识形态的单线进化论对之有着深远的影响，杨成志、钟敬文翻译的《印欧民间故事型式表》等，都是其研究的基础。杨文松的论文并没有对这些既有研究的学术史进行系统梳理，甚至所列参考文献，都偏重于其资料来源的文献典籍以及当时的刊物杂志。然而，无论从资料性而言，还是理论探讨而言，它都对民间文学，尤其是传说与故事的研究，进行了有益的拓展和尝试。在纵横的系统比较中，杨文松提出了“故事流”这样的概念，并尝试解释民间文学的本质。

在“绪言”中，杨文松对其研究范围、任务和目标进行了限定：

> 研究传说的内容和它们所特有的空想的起源，而寻求其变迁之迹，乃是民俗学者的重要工作。但因了传说数量的无限制，又随着人智的发达，其表现的方式也逐渐发达起来，而至于被加上了艺术的技巧与道德的要素。如果从传说的表现方式上做类别的研究，也是民俗学上的一种必要的工作。本篇所研究的范围便是

属于这一方面的。

传说的数量虽然无限制而极复杂，但是它的形式却有一个因袭的模范，如果加以类别，即能使其统属于某种典型之下。这里的所谓同型故事的研究，即在探求各种典型的起源发达及其演变。[31]

31 杨文松，《唐小说中同型故事之研究》，北平：燕京大学文学院国文学系学士毕业论文，1935，第1页。

随着中国现代民俗学运动的展开，“传说”这一概念本身也经历了复杂的演进历程。[32]既然是传说故事的研究，那么杨文松是如何界定他的研究对象呢？对于他搜集用来做比较研究的故事，他是用**“原始性”**来将之囊括在传说之下的。所谓传说的原始性，就是“内容有传说所特有的超自然的空想的存在以及超自然的能力的空想”。[33]同时，杨文松也用“民间的原始性”来指称传说的特质、核心，甚至直接以“原始文学”代称民间文学。[34]

32 毕旭玲，《20世纪前期中国现代传说研究史》，第20—33页；《中国20世纪前期传说研究史》，第20—44页。

33 杨文松，《唐小说中同型故事之研究》，第2页。

34 杨文松，《唐小说中同型故事之研究》，第58页。

杨文松指出，离魂型故事的内容有点“高超”“虚玄”，所以“不是合于一般民俗的性质，传述者少，形式上也就较为固定”。与此不同，人兽之间的故事，更适合于“一般民俗的性质”，因为“更具民间的原始性”，这类故事不容易被“文人墨治成化石，而是通过长久的时间各自成为故事流”。[35]对古史辨“文献溯源-还原”之路径，杨文松反向用之，给了“故事流”一个描述性的定义：

35 杨文松，《唐小说中同型故事之研究》，第14—15页。

每一故事的典型像虎妻型及斩蛇型之类能够沿着历史的时代传下来，而其流行的地域包括着东方和西方，无论纵横两方面，都像江河流水，很可以名之曰故事流。这种故事流表明传说的超时间与空间的特性。[36]

36　杨文松，《唐小说中同型故事之研究》，第58页。

于是，在文献的比较研究中，杨文松尽可能描画出他所归纳的不同类型故事的“故事流”。在列举了《博异志·张竭忠》《太平广记·沙州黑河》《法苑珠林·李诞》和《玄怪录·郭元振》中的数则“斩蛇”型故事后，他简要地梳理出了该型故事的“故事流”：

1.起源于“人祭”民俗的该型故事的起始方式，是动物利用了人求仙得道的心理而被其杀害，动物依旧是动物；

2.进而，逐渐具有魔力或神力的动物，能够驱役人类，动物被神化；

3.最后，具有神力的动物被“人化”，需求也从食欲发展到了色欲。[37]

37　杨文松，《唐小说中同型故事之研究》，第19页。

对于柳毅传书型故事，杨文松梳理出了其从河伯神话到龙女故事的这一“故事流”。他指出：在《酉阳杂俎·邵敬伯》《广异记·谢二》两则故事中，还没有龙女出现；李复言的《续玄怪录·刘贯词》有了龙女的雏形，作为分水岭，此后的故事中龙女逐渐成为故事的中心人物，《广异记·三卫》就是如此；《异闻录》中收录的李朝威《柳毅传》，则成为该型故事的典型，“同时也使这故事的方式成为僵化的”，以致成为传说流行的“障碍”。[38]

38 杨文松，《唐小说中同型故事之研究》，第39、58页。与杨文松完全基于文献的文本耙梳与释读不同，新近赵世瑜从生活世界出发，以田野工作作为文本解读的前提，辨析出《柳毅传》包含了对中古时期南方湖区水上人/商人的社会-文化情境的隐喻。参阅赵世瑜，《唐传奇〈柳毅传〉的历史人类学解读》，《民俗研究》2021年第1期，第53—64页。

不仅如此，杨文松还将其归纳的唐传奇中的这些同型故事的源头进行了纵横两方面的延展性追溯，传承与传播并重，描绘出各个同型故事长时段的纵向故事流和跨地域的横向故事流。在打破朝代界限的历时性溯源中，古镜型故事追溯到《西京杂记》《拾遗记》，金刀型故事追溯到《博异志·王昌龄》，梦枕型故事追溯到《搜神记·杨林》、葛洪《神仙传·泰山老父》和《列子·周穆王》，离魂型故事追溯至《搜神记·无名夫妇》、刘义庆《庞阿》，小精灵型故事溯及《搜神记·豫章民婢》，斩蛇型故事溯及《史记·高祖本纪》、张华《博物志·天门山》，化虎型故事溯及《淮南子·牛哀》《齐谐记·师道宣》，报恩（虎）型故事溯及《搜神记·临海射人》《灵应录·长兴妪》，虎妻型故事溯及《搜神记》之“新喻男人”和“白水素女”、《三无记·王素》。最后，他将柳毅传书型故事追溯至了《搜神记·胡母班》，以及《南越志·观江亭神》《洛阳伽蓝记·洛子渊》。

在此基础之上，杨文松进一步指出了这些故事的印度源头。换言之，他更趋向于认为，中国古文献中的这些代代传承并不断完善的故事，要晚于同型的印度故事，因此这些同型故事都有着印度源头，是从印度传播而来。杨文松指出，南柯型故事出自印度的《杂宝藏经》卷二“娑罗那比丘为恶生王所苦恼缘”；杜子春型故事和柳毅传书中人与龙女结婚的故事都来自玄奘《大唐西域记》所记载的印度传说。此外，对昆仑奴型故事、猎人型故事、报恩虎型故事、虎道士型故事、盗马型故事等，他也都一一梳理出其印度源头，并指明虎妻型故事和斩蛇型故事分别就是《印欧民间故事型式表》中天鹅处女型（Swan-maiden Type）故事和安德洛麦达型（Andromeda Type）故事。[39]

由此可见，杨文松是一个民间文学同源论和传播论的忠实信徒。尽管他偶尔也根据格林童话，认为有的故事可能在不同地域独立产生，但总体上是对平行论持保守的立场。[40]

根据其梳理与纵横比较，杨文松绘制出了囊括整篇论文内容却简明扼要的《唐代小说中同型故事源流表》。这不仅仅是一张概述论文内容的表格，它更是进一步的研究，尤其是将二十世纪二三十年代因应民俗学运动所搜集、刊载的故事，纳入了其分析比较的范畴。根据其所归纳的唐传奇中的金刀、古镜等19类同型故事，杨文松分别从印欧的故事、唐以前的故事、唐代故事、唐以后故事和民间的故事五个层面，展现每类故事及其子类的源流。[41]其中，“民间的故事”就

39 杨成志、钟敬文译，《印欧民间故事型式表》，广州：国立中山大学语言历史学研究所，1928，第16—17、52页。

40 杨文松，《唐小说中同型故事之研究》，第48、59页。关于天鹅处女型故事的当代释读，可参阅漆凌云，《中国天鹅处女型故事研究》，北京：中国戏剧出版社，2008。

41 杨文松，《唐小说中同型故事之研究》，第52—57页。

是指歌谣运动以来到他写毕业论文时，刊载在《民间》半月刊、《民俗周刊》上的新近收集到的这些同型故事。

在斩蛇型故事的第一个子目下，印欧的故事是欧洲的“圣佐治”，唐以前的故事是晋代的“天门山”，唐代故事是“张竭忠”，唐以后故事是五代的“选仙场”，民间的故事则是来自重庆的“收妖蛇”。在昆仑奴型故事的第二个子目下，印欧的故事是印度的“龙咒”，唐以前的故事空缺，唐代故事是“周邯”，唐以后故事是宋代的“赵士藻”，民间的故事是刊载于《民间》第九集的来自绍兴的“卧龙”。猎人型故事的第二个子目下，印欧的故事是波斯的“猎人白蛇”，唐以前的故事空缺，唐代故事是“淮南猎者”，唐以后故事是清代的“英德猎人”，民间的故事则是刊载于《民俗周刊》第85期的来自海南文昌的“蟾蜍报仇”。

因此，尽管篇幅没有李素英的歌谣研究宏大，没有李素英那样明确表明是对歌谣运动以来收集到的歌谣及其研究的“整合”，没有薛诚之在中西比较中建构其谚语学的鸿鹄之志与成效，但杨文松《唐小说中同型故事之研究》不仅仅是历史的、文献的，同样也是现代的、民间的与世界的。至少，杨文松处处都表现出了这样的意识和追求。

除对文人文学易使活的口传文学“墨化”为化石，进而阻碍传说的流行的认知以外，杨文松对同型故事文本的分析，明显表现出同期在中国学界盛行的单线进化论之思潮的影响，甚至可以说该研究是文化单线进化论的完美例证。尽管参考书目中没有出现，但爱德华·泰勒（Edward B. Tylor，1832—1917）在《原始文化》（*Primitive Culture*）中提出的万物有灵论和人类社会从野蛮、愚昧到文明的单线进化论等基本认知，不时洋溢在论文的字里行间。

对于杨文松而言，他从大量古籍中梳理出并次第描述、呈现的古镜、金刀、梦与枕、南柯、离魂、杜子春、小幽灵、斩蛇、昆仑奴、盗马、狐书、化虎、虎道士、虎媒、虎妻、猎人、报恩虎、龙洞、柳毅传书这19个同型故事之间，就存在着线性时间上的演进关系，而且这些依次先后罗列的同型故事，还表征着人类自身及其历史、文化与心智的演进史，也即人类从野蛮、愚昧到文明的历史——人性的生成史。

在分析“离魂”类的故事时，杨文松写道：“从人的肉体抽出了灵魂来这观念，也许是故事中表现得最抽象高超的，民俗的迷信和原始的宗教，很可以由此寻到来源。”随即，他又从功能的角度，对这种“民俗的迷信”和“原始的宗教”给予一种心理学的解释，并赋予离魂类同型故事以人之心性上的合理性，即：“人生的现实是常有缺憾的，人在缺憾中应该摈弃了与现实关系的肉体，而让灵魂去找其满足，故事就是在告人类有如是的可能。”[42]所以，寄予了人之理想的**物人化**的“小幽灵”同型故事，显得有意味；反之，**人物化**的“化虎”同型故事，就让人不畅、哀怜而恐怖，显现出了“民俗的道德意味”。[43]最终，虎道士与虎媒及虎妻、猎人与报恩虎（象）及龙洞、柳毅传书这些同型故事，在继续把物“人性化或理性化”的同时，还使“物与我一样有情有爱，有友谊，有恩义，有人的灵魂与生命”，显现出“人性是如何历

42　杨文松，《唐小说中同型故事之研究》，第11页。

43　杨文松，《唐小说中同型故事之研究》，第25页。

尽蛮性而到理性的一串民俗的**小历史**”。[44]

44 杨文松，《唐小说中同型故事之研究》，第 27 页。

四　灵验故事的社区 - 功能研究

当社区研究和功能研究在燕大社会学系开花结果时，关于燕大“社会学实验室——平郊村（前八家村）”周边的庙宇宗教、四大门宗教和乡村医疗的研究，也就是另一番鲜活的面貌。[45]在这些“乡土宗教”[46]研究中，大量的灵验故事都是研究者田野调查所得。这些灵验故事，既是研究者立体再现相关宗教实践的基本材料，也是他们直接研究的对象。在其研究中，受功能论的影响，也受人类学神话学派的影响，李慰祖和陈永龄（1918—2011）都强调这些流动的口碑作为一种柔性的社会控制技术，在日常生活中的道德训诫力量。

45 对此的述评，可参阅岳永逸，《庙宇宗教、四大门与王奶奶：功能论视角下的燕大乡土宗教研究》，《世界宗教研究》2018 年第 1 期，第 44—60 页。

46 岳永逸，《行好：乡土的逻辑与庙会》，杭州：浙江大学出版社，2014，第 49—53、83—106、166—171、307—316 页。

二十世纪二三十年代，当时西方人类学派的神话理论已经在中国民俗学界盛行。受该派学说的影响，黄石对神话与宗教之间的关系有如下论述：

> 神话之所以作，并非出于宣传宗教的作用，倒是已有的宗教信仰的表现。它的内容与形式，都受到宗教精神的影响。换言之，就是先有宗教思想，而后有神话，所以各民族的宗教精神不相同，他们的神话，亦因之而异。……神话之所以有宗教的价值，却不在乎宣传的作用，反在乎它表现宗教信仰。

> 它以灵活的戏剧的方法，把超自然的权能（Supernatural Power）人格化，社会化，叫人更加明它的品质，和神的属性。就这一点而论，神话对于宗教史的贡献是很大的。我们要想考寻原人的宗教思想和礼拜仪式，可以说舍此末由。[47]

47　黄石，《神话研究》，上海：开明书店，1927，第69—70页。

因应这些认知，陈永龄认为：乡人先是有对于庙神的信仰，然后才有神话与传说的产生，因此从庙神的神话与传说中可以逆向寻出乡人的宗教信仰，不同的神话传说也就意味着村民对不同庙神的信仰。[48]

48　陈永龄，《平郊村的庙宇宗教》，北平：燕京大学法学院社会学系学士毕业论文，1941，第48页。

平郊村的长工顺子因染上白面（鸦片），偷窃了延年寺的一根板凳去北平城里的晓市卖。然而，他未能找到晓市，在北平城转悠了一天也不知将板凳卖与路人。在回村的路上，顺子被巡警盘查所获。还有贼人曾经将延年寺内的五六个铁磬偷出，结果放置在了寺庙东墙外，并未偷走。公开买走寺内空心槐树的人，竟然生了马蜂疮。反之，无论何时维修延年寺，维修的工人从未受过任何损伤，即使从高处跌下，也安然无事。在记述了村民讲述的这些赏罚分明的灵验故事后，陈永龄指出其“道德性”，即：

> 关于庙神显应的神话传说，常常含蓄一种“道德性”，这些神话的意义都是在暗示村民，

在日常的生活中，不得有越常轨的行动，否则必遭神谴。神话的功能在促使村民努力向善，因而对于神佛的信仰崇拜益深益固。这也可以说是一种控制社会秩序的手段工具，它对于村民生活的影响，常是我们不容易真实见到的。[49]

49 陈永龄，《平郊村的庙宇宗教》，第83—84页。

马凌诺斯基（B. Malinowski，1884—1942）《文化论》对神话的功能解释历历在目。马氏认为，神话的功能不是解释，也非象征，而是一件非常事件的叙述，且对社区的现行制度和活动产生影响。即，神话的功能和传统与信仰的性质、文化的绵续、老幼的关系，以及人类对过去的态度等都有密切的关系。它“能用往事和前例来证明现存社会秩序的合理，并提供给现社会以过去的道德价值的模式、社会关系的安排，以及巫术的信仰等”；它能“追溯到一种更高尚，更美满，更超自然的，和更有实效的原始事件”，并作为社会传统的起源而加强该传统的力量，赋予其更大的价值和地位。[50]

50 Malinowski, B.，《文化论》，费孝通、贾元荑、黄迪合译，《社会学界》第十卷（1938），第180—181页。

与陈永龄常常将灵验故事与庙宇宗教分而述之不同，李慰祖将灵验故事视为四大门宗教的有机组成部分。他不仅将这些故事自如地编织、叙写在论文的每一个章节之中，还专门设置了一节“四大门的故事、传说与稗话”，有着明显的文类抑或说文体的意识。在该节，他将关于四大门的灵验故事分为了故事、传说和稗话三类。所谓故事，是“曾在以往发生过的事迹，现在的老年人还有亲眼看到其发生经过的”；传说，是“农民相信以往曾有此事发生，但是现存的人已然无人看见了”；稗话，是“偶然发生的事，村民可以经验到”。[51]

51 李慰祖，《四大门》，北平：燕京大学法学院社会学系学士毕业论文，1941，第43—44页。

显然，这种根据故事内容、乡民主位认知而含义明确的分类，首先看重的是灵验故事与现实生活远近的关系，及其记忆功能。与此同时，李慰祖也看到了这些灵验故事在乡民生活中的地位，并引用马凌诺斯基的话，强调这些故事的训诫功能，及其与仪式、宗教之间的循环互动：

> 在农村中四大门的神话要占神话全体的大部分。神话绝不是空洞的幻想，而是规范行为的信条。它是将道德观念附在证据上面，借以流传。马凌诺斯基（Malinowski）说过：“当仪式，典礼，或是社会与道德的法则需要表明它们是正当的，要保证是古代遗留的，真实的，神圣的，那么神话便大肆活动了。”四大门信仰与香头制度由于神话的力量更形巩固。[52]

52 李慰祖，《四大门》，第145—146页。

在李慰祖调研八年之后，继续在平郊村这个燕大社会学实验室孤军奋战的马树茂，还在平郊村收集到两则稗话。[53]一是平郊村25号住户62岁的李永和太太，将自己多年的眼疾归因为得罪了“仙爷”，于是找香头求治。二是平郊村3号住户欧德山儿媳妇欧沙氏和欧德山，在1949年3月21日、24日相继死亡之事。欧沙氏是用杀猪刀自杀身亡，欧

53 马树茂，《一个乡村的医生》，北平：燕京大学法学院社会学系学士毕业论文，1949，第46—47页。

德山是病故。欧沙氏自杀前两天晚上，到清华大学校园找丈夫，走到河边忽然掉到河里，两天后就自杀了。三天之后，欧德山也跟着病故。不少村民都将这一户之内翁媳两起连续的死亡，归于得罪了仙爷。村民都知道，欧家门前曾经有一棵大树，树中住着大小会变化的“长爷”（神蛇）。欧德山曾多次试图赶走长爷，但均未果。不得已，欧德山砍了这棵大树。此后，长爷不再现身，但欧德山也得病了。于是，在翁媳两人亡故之后，不少村民将这两起经验到却无法解释的“偶然发生的事”，归因于得罪了仙爷。

由此可见，稗话是对正在发生的偶然事件的一种解释。随着时间的流逝，当事人的远去或离世，稗话就可能演化成为“曾在以往发生过的事迹，现在的老年人还有亲眼看到其发生经过的” 故事，抑或演化成为“农民相信以往曾有此事发生，但是现存的人已然无人看见了”的传说。

有些遗憾的是，在社区–功能论支配下的这些灵验故事的研究，并没有给“神话”一个准确的定义。

五　牧道的儿童故事

1950年，燕大家政学系的洪德方完成了对民间故事如何应用于学龄前儿童教育的应用性研究。这篇论文直接由燕大家政学系的时任系主任陈意指导，观察对象是当时尚存的燕大家政学系的托儿所。基于“故事是儿童教育的工具”的认知，[54]从儿童的情绪与环境的影响、故事本身和讲者的技巧等三个方面，论文探讨故事在学龄前儿童——“最幸福”的新民主主义国家学龄前儿童[55]——生活中的重要性，回答应该给儿童挑什么样的故事，怎么讲故事等问题。

54 洪德方，《学龄前的儿童与故事》，北京：燕京大学理学院家政学系学士毕业论文，1950，第 12 页。

55 洪德方，《学龄前的儿童与故事》，第 1 页。

作者指出，挑选的故事应该承载自然常识、社会常识和清洁卫生常识。因为新中国已经成立，论文明显与时俱进。文中所提及的社会常识指向的是，进入社会主义新中国后，政府所倡导的社会主义意识形态。这应该是努力适应新时期、新社会、新政权的燕大在学生论文中的反映。甚或可以说，借助学生论文对新意识形态的回应：燕大的师生们间接地进行着自己的“政治宣誓”。除要反对“三座大山”之外，在学龄前儿童的社会常识，也即品德教育中，论文明确提出了爱祖国、爱人民、爱科学、爱劳动、爱公共财物的“五爱”和“爱领袖”等观念。[56]

56 洪德方，《学龄前的儿童与故事》，第 8—11 页。

对学龄前儿童故事材料的选取，作者首先强调的是“民族的”，其次才是科学的、大众的、儿童化的、地方的，尤其是必须以“五爱”为基础。因此，故事可以是改编自传统的故事，可以是翻译自国外，尤其是社会主义国家的故事，可以是根据儿童生活经验或者过去生活经验新创作的故事。要根据不同年龄儿童的接受能力，确定故事的内容、长短、字句、画面等。进而，作者分析了北京市几个图书馆馆藏的故事书，并对其收集的50个故事按照田野经验，逐一根据内容、长短、字句和画面意义进行评判。这一文本分析，占据了整篇论文三分之二还要多的篇幅。[57]

57　洪德方，《学龄前的儿童与故事》，第29—133页。

对于讲故事的技巧，论文指出，讲者应该提前做好相关的知识准备、器具准备，注意营造一个适合所有儿童都能听到和看到的讲故事的安静环境，讲者要用富有感染气息的声调和表情，等等。1934年，在为翟显亭编述的《儿童故事》写的“序”中，周作人盛赞该书的可靠性。因为该书的十篇故事，“有孔德学校和市立小学的许多小朋友肯做考官，给过及格的分数”。[58]显然，这篇立足于幼儿教育实践而撰写的关于儿童故事的论文，又出于直觉地在一定意义上延续了周作人多年前一直宣传的顺应儿童心理特点，以儿童为本位的童话观、儿童文学观以及教育观。

58　周作人，《苦茶随笔》，第89页。

但是，洪德方的研究也在相当意义上背离了周作人整体上反对借童话“牧道”的初衷。甚至，洪德方的该项研究可以看作是基于数十年歌谣运动、民俗学运动后，在新社会民间文学运动的语境下，对于首都北京这样的都市的学龄前儿童故事教育实践的即时总结。论文开篇对“新民主主义国家”政治属性的强调，表证着无论是（民间）故事，还是儿童及其教育，都正式成为了新中国意识形态重构和社会主义新人塑造中的一环。

从对于民间文学的定位而言，该研究也在一

定层面昭示，随之而来的二十世纪五六十年代的民间文学运动必然也必须服务于政治的工具性传统，[59]抑或说国家主义传统。当然，也正是这种主动皈依的工具性传统，使得民间文艺学在新生的制度框架内快速地拥有了独立的学科地位，有了民间文艺学在1966年前“高扬”的态势，[60]有了改革开放后宏大持久的民间文艺十套集成的政府工程，有了当下在“讲好中国故事”大政方针下，民间文学、民间工艺以及非遗以“大系”方式出版而各色人等积极参与的集团性努力。

59 毛巧晖，《1949—1966年童话的多向度重构》，《上海师范大学学报（哲学社会科学版）》2017年第5期，第114—119页。

60 毛巧晖，《20世纪下半叶中国民间文艺学思想史论》，上海：上海文化出版社，2010，第19—105页。

六　寓言与童话

在寓言这一民间文学的重要体裁方面，早在1924—1925年，郑振铎就在《小说月报》上译介了56则寓言，且基本都是印度寓言。1925年7月2日，在为即将出版的《印度寓言》一书写的“序”中，郑振铎通过与故事、比喻的比较，将寓言定义为在简短的事实叙述中隐藏着意义，从而教训世人：

> 寓言是很简陋的文体，它并不需华丽的雕饰，并没有繁复的内容；叙述直捷而简明，教训也浅露而不稍含蓄。然其故事却为儿童所最愉悦，其教训也为成人所深感动。[61]

61 西谛，《论寓言：〈印度寓言〉序》，《文学周报》第一八一期（1925），第2页，亦可参阅郑振铎编，《印度寓言》，上海：商务印书馆，1933，第4页。

此外，从创作的角度，郑振铎还强调寓言的事实本身、道德训条和人物真实性格三个层面。

关于寓言的历史及其演进，郑振铎大致承袭了进化论的基本认知。他认为：寓言是远古时期传播最广的文学方式，起源于人类童年时期有了表白他们的思想在具体的印象上的普通冲动之时，这与语言中之用比喻正好同时。万物有灵的思维，使得童年人类相信动植物如同人一样，都具有灵魂，会说话、会思想、会做人类所做的行动。因此，动物乃至植物的故事，都是这种“童心”民族所创造、传承传播。进而，禽兽披上了人的衣饰、说人话，做人事。然而，这肇始之初的寓言，还只有“故事本身”这个躯壳，未具有“道德的训练”之灵魂。即，童年人类为说故事而说故事，多少带些解释自然现象的意思，并不传达教训之意。同时，遵循同源说，郑振铎也认为印度是现在所知的寓言的产地。[62]

在写出这篇序文后的两周，郑振铎还写了篇文章专门探讨明代寓言创作的复兴，倡导民间文学的研究者，应该“一面搜罗各地民间故事，一面求取其来源”，并“一一校正之”。[63]不知何故，郑振铎编订的《印度寓言》直到1933年才得以出版，所收寓言即他1924、1925两年在《小说月报》中翻译的56则寓言。

1927年，显然受到郑振铎寓言研究的影响，当然也是受到长兄刘半农的影响，刘寿慈（刘北茂，1903—1981）在燕大的毕业论文就是翻译了106则

62 西谛，《论寓言：〈印度寓言〉序》，《文学周报》第一八一期（1925），第2页。亦可参见郑振铎编，《印度寓言》，第4—5页。

63 西谛，《寓言的复兴》，《文学周报》第一八三期（1925），第3—4页。

印度寓言。这些印度寓言是由伦敦大学及牛津大学讲师，印度人P. V. Ramaswami Raju采集并英译的。兄长刘半农亲自对这本《印度寓言》的译文进行了校订。1931年，上海开明书店出版了刘寿慈翻译的这册《印度寓言》。

在《译者的序》中，刘寿慈对寓言的演进及分类，明显有着郑振铎1925年撰写的《论寓言》一文的影响。可贵的是，刘寿慈既未拘泥于郑振铎的认知，也未拘泥于法人拉·封丹（Jean de la Fontaine，1621—1695）等前人视所有寓言都有身体-故事和灵魂-寓意/教训的陈说，而是明确地将寓言的发展演进，分为了动物寓言（Beast Fable）和道德寓言两个阶段。在不同地域寓言的相互关系上，刘寿慈进一步强调印度寓言的原生性和东方寓言对西方寓言的深远影响。[64]

在寓言的定义上，刘寿慈除了将寓言与（比）喻进行对比外，还将寓言与神话进行了比较，并简述了印度寓言在欧洲的传播，和与中国寓言尤其是《百喻经》之间的关系。他写道：

> 寓言（fable）与喻（parable）本来没有什么分别。若要严格判别，则寓言是借着动物去指责人类的情欲与行为；譬喻是用着较低的造物去解释较高的生命，但是总不超出这些物的定则之外。
>
> 以寓言与神话（myth）相较，则两者大不

64　刘寿慈，《〈印度寓言〉译者的序》，北京：燕京大学学士毕业论文，1927，第2页；《印度寓言》，上海：开明书店，1931，第vi—vii页。

相同。神话是一种自然产生的文学。太古人民对于自然界的或历史的现象有了个幻想，就从这个幻想里创造出一种神话来。寓言的历史虽然也是很古，但原始于人类的感触：人类有了一种感触，借着有形体的东西使他明白发表出来，这就成为寓言了。[65]

65 刘寿慈，《〈印度寓言〉译者的序》，北京：燕京大学学士毕业论文，1927，第1页；《印度寓言》，上海：开明书店，1931，第v—vi页。

刘寿慈对寓言的进一步译介、研究为此后的寓言研究奠定了坚实的基础。作为一个重要的儿童文学作家和教育家，陈伯吹（1906—1997）在1944年专门撰文谈儿童文学视野下的寓言。除继承了寓言是一种不同于童话、小说、格言等的独特体裁和承认印度是寓言的发源地之外，陈伯吹更主要是根据儿童的接受视角，辨析伊索寓言、印度寓言、拉·封丹寓言等的优劣得失，并倡导在新的时代应该旧瓶装新酒，在内容上批判不合时宜的旧风俗习惯、制度，语言要辛辣，使寓言如匕首。[66]由此可见，陈伯吹的寓言观，既与周作人以儿童为本位，反对僵硬载道的儿童文学观大相径庭，也在一定意义上偏离了民间文学观，而更倾向于将寓言视为一种文人创作，及至强调不一定适合于儿童的现实功用与效力了。

66 陈伯吹，《论寓言与儿童文学》，《东方杂志》第二十卷第二十一期（1944），第54—57页。

燕大毕业论文关于童话（fairy tale）的研究，同样不多，却一样有着比较的视野，且是对中西童话进行对比。1936年，英文系的学生匡文雄（K'uang Wen Hsiung）完成了其本科毕业论文《中西童话之比较》。[67]

该文所引用的资料，中国故事主要来自《聊斋志异》《唐人说荟》《博物志》《西游记》等古籍和中大《民俗周刊》中新近搜集到的诸多故事。前者如《聊斋志异》中的《阿宝》《贾儿》《娇娜》《巧娘》《粉蝶》《红玉》《崂山道士》《青蛙神》《婴宁》等，后者如《嫁蛇精》《人熊的故事》《呆丈夫》《田螺精》等。西方故事主要来自格林童话和安徒生童话。

相关的学术专著，作者则参考了哈特兰（Edwin Sidney Hartland，1848—1927）《童话科学》（*The Science of Fairy Tales*），凯莉（Walter K. Kelly）《印欧传统和民俗的奇异性》（*Curiosities of Indo-European Tradition & Folk-lore*），钟敬文《中国印欧民间故事之相似》，赵景深《中西童话的比较》《神话与民间故事》《兽婚故事与图腾》，顾颉刚《孟姜女故事的转变》，黄石《再论紫姑神话》。此外，还有郭沫若、茅盾（1896—1981）、张清水等人的相关研究。

根据有魔力的食物、动物、数字、人物之间的变形，死灵以及继母、灰姑娘、天鹅处女、小红帽、傻姑爷等母题，该文的主体部分以表格的方式对其所搜集到的中西童话故事进行了比较。[68]这或者是目前所能见到的较为具体、全面地对中西童话中的诸多要素、角色以及情节的比较分析。在结论部分，作者辨析指出了中西童话在魅

67 K'uang, Wen Hsiung. "A Comparison between Chinese and Western Fairy Tales", a thesis of Bachelor of the Department of English of the College of Arts and Letters of Yenching University, 1936.

68 K'uang, Wen Hsiung. "A Comparison between Chinese and Western Fairy Tales", pp. 4–49.

力（enchantment）、不合常规（illogical）的想象性和大团圆式的欢快结局（the happy ending）三方面之间的共性。与此同时，在指明诸如死灵故事，数字三、七、九的使用，变形等中西童话之间诸多差异的同时，匡文雄也得出了诸如格林童话这样的故事更加适合孩子的结论。[69]

69 K'uang, Wen Hsiung. "A Comparison between Chinese and Western Fairy Tales", p. 66.

七　考古与考现的会通

显而易见，除神话之外，无论研究对象是歌谣、谚语，还是传说、故事、寓言与童话，如一道道暗流，燕大学生毕业论文的民间文学研究都是在中国现代民俗学运动发展的脉络中顺势而为，有序前行。

这些研究尽可能多地吸收国内外既有的研究成果，又在这些成果基础之上有着新的尝试，甚或突破。各个子类的研究都在试图对属于民间文学这一大范畴的不同文类、体裁，通过内容、形式以及讲述等方面的辨析，进行界定，以明其特征、本质，从而推进了民间文学研究的深度与广度。歌谣运动初期，胡适就为之鼓与呼的比较研究方法，[70]得到了切实有效与灵活自如的运用。在社区–功能研究的影响下，现今占主导地位的语境研究当年初现端倪时就有了些声色。在对民间文学这些文类本质的进一步辨析中，胡适、周作人、顾颉刚、郭绍虞、郑振铎、黄石、钟敬文等

70 胡适，《歌谣的比较的研究法的一个例》，《努力周报》第 31 期（1922 年 12 月 3 日），第 2—3 页。

人的认知举足轻重。

传说的研究基本是在古史辨之方法论的指导下进行的，梳理出的黄帝制器传说和龙与帝王的传说，都是在层层剥茧地试图寻求真正的历史。与之多少有些不同，杨文松对唐传奇等古籍中同型故事的梳理，则是基于单线进化论、同源说和传播论，将中国古代丰富的传说故事纳入了一个由低级到高级的时间序列，并将这些故事的源头归到了古印度。可贵的是，杨文松提出了超越时空的“故事流”这一分析性概念。作为一种认知，“故事流”不但看到了民间故事始终流变的特征，还将其研究做成了现代的与当下的。更为重要的是，“故事流”对新近中国民间故事研究中提出的“类型丛”[71]之理念的进一步诠释或者有着重要的参照意义。

与杨文松等人依赖典籍，偏重于故事的文本分析不同，在社区-功能论指导下研究乡土宗教的陈永龄和李慰祖，对灵验故事进行了语境研究。正是面对平郊的生活事实，尤其是日常的宗教实践，二人的研究反而突破了民间故事形态学的束缚，将口耳相传的故事紧紧捆缚在流传的人群、社区与其宗教生活之中。在功能分析之外，有了基于民众主位视角的“文类”意识。这些研究既使得其宗教研究入情入理、鲜活可读，还在以钟敬文为代表的民间故事形态学研究、以顾颉刚为代表的古史辨派传说研究，以黄石等人为代表的神话-仪式学派研究之

71 康丽，《民间故事类型丛中的故事范型及其序列组合方式：以中国巧女故事为例》，《民族文学研究》2008年第1期，第68—75页；《民间故事类型丛及其丛构规则：以中国巧女故事的类型组编辑形式为例》，《民族文学研究》2009年第4期，第10—18页；《民间故事类型丛的丛构机制》，《民族文学研究》2012年第5期，第126—131页。

外劈出了一条新路。

无论是郑振铎还是刘寿慈的印度寓言翻译，都试图界定寓言的基本特征，发现寓言在中国语境下的演进。因此，刘寿慈对寓言的界定也就是在寓言与喻、神话等不同文类的比较中进行的。而且，两人都注重寓言对于儿童教育的重要性。周作人以儿童为本位的儿童文学观对寓言、童话的译介以及研究影响深远。然而，因应巨大的社会变迁、政治制度的转型和社会主义新人的塑造，儿童故事"牧道"的工具理性终究提上了议事日程，并预示了在随后相当长的时期，民间文艺学服务于主流意识形态的工具性传统之必然。更为重要的是，儿童情绪与环境、故事本身和讲者技巧都成为研究的对象，这俨然当代中国民俗学界一度趋之如骛的"表演理论"的本土先声。

经过近百年的发展，对古代中国神话、传说等故事的研究，早已有效地将上述诸多路径整合，有了新的局面。近些年来，作为历史更加直观的构件，图像被视为与文献、文物以及口述传统具有同等重要的地位。[72]融合书面传统、口头传统、历史语境与图像，尤其是汉画像的引入，古代中国的神话、传说的研究别开生面。[73]尽管这种别有洞天、引人入胜的研究，需要具备诸多的条件，诸如：汉画像等图像的获得，必须有相关考古发掘、发现的机缘；研究者要有静若处子动若脱兔的耐心与机敏，要有上穷碧落下黄泉的持之以恒，要有辨识符

72　葛兆光，《思想史研究视野中的图像》，《中国社会科学》2002年第4期，第74—83页。

73　如：刘惠萍，《图像与神话：日、月神话的研究》，台北：文津出版社有限公司，2011；《呈现"孝道"——以"丁兰刻木事亲"叙事为中心的一种考察》，《成大中文学报》第四十七期（2014），第241—284页；《一种"历史"、两种"故事"：以两汉的聂政传说为例》，《文与哲》第二十六期（2015），第147—180页。

码、合理猜测、旁征博引、有机诠释的学术能力。

在相当意义上，较之纯粹基于当下而忽视时间维度、只“考现”的田野研究，这种将考“古”和考“今”、地上与地下、读图与读书、读人与读史等多重证据和材料有效统合，且集细观、详辨于一体的“慢读”，使得表面上依旧似乎是辨真伪、溯源流的故事研究有了深度、广度，尤其是有了更多的信度。至少，“上以风化下，下以风刺上”之礼俗互动、“教”与“化”之历程，有了相对明晰的脉络，成为枝丰叶茂、经络通泰的“故事流”。

长江后浪推前浪！在今人手中，杨文松的“故事流”不再仅仅是某一型故事的历时性流变，而是书面、口头、图像和仪式四种叙事之间的交错博弈，是这四者之间的经久不衰的互动、互文。无论是汩汩清泉、潺潺小溪，还是拍岸惊涛、江河巨浪，如果将“民间”故事视为奔流不息的能动主体，那么历史、文学、教化（教育）、艺术、宗教、人心与人性、生与死、礼与俗，都在其流淌之中，或消逝，或留存，如羚羊挂角，如雪泥鸿爪。

肆

语言，魔障与通胀

“北京”改为“北平”在南方就算平了北方；管蒋介石叫作“蒋该死”或倒写在墙上，在讨蒋的就算将他打倒了！

——李安宅

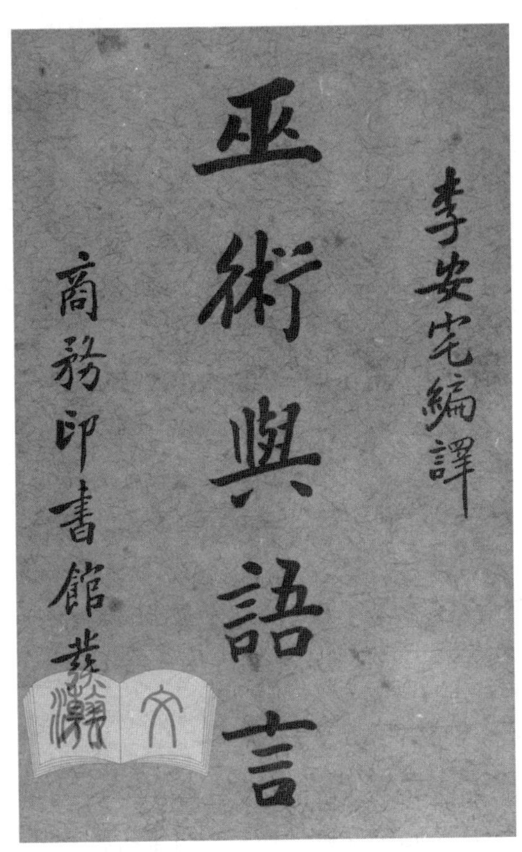

《巫术与语言》商务印书馆
1936 年 11 月初版封面

1936

一　引言

1981年9月，日本人类学家中根千枝（Chie Nakane，1926—2021）访问成都时，“兴奋又意外”地见到了已经81岁高龄的李安宅教授。[1]次年，东京大学东洋研究所出版了李安宅多年前的著述：*Labrang: A Study in the Field*。[2]自此，李安宅重回学界视野。

李安宅，笔名任责，1900年3月31日生于河北迁安县洒河桥镇白塔寨村。二十世纪前半叶，他是享有世界声誉的社会学家、人类学家、民族学家。1924年，李安宅进入燕大的社会服务研究班，半工半读。1926年毕业后，在社会学系任助教的同时，李安宅也就读于社会学系。1929年，他在燕大社会学系的毕业论文是《〈仪礼〉与〈礼记〉之社

1　转引自龙达瑞，《我所知道的李安宅教授：兼谈海外对他的研究》，《中国藏学》2015年第2期，第48页。

2　Li, An-che. *Labrang: A Study in the Field*, Documentation Center for Asian Studies, Special series 5, Tokyo: Institute of Oriental Culture, 1982.

会学的研究》。1934—1936年，李安宅先后在美国加利福尼亚大学、耶鲁大学人类学系学习。期间，他参与了新墨西哥州的祖尼印第安人调查，还前往墨西哥，参观了该国的乡村教育，即印第安人的民族复兴教育。1936年，李安宅归国，执教燕大社会学系，主编该系的英文刊物*The Yanjing Journal of Social Science*（《燕京社会学界》）和中文刊物《社会学界》。

1938年，李安宅奔赴西北，与夫人于式玉（1904—1969）一道，主要在甘南拉卜楞寺进行藏文化研究。1941—1950年初，在华西协合大学（West China Union University）任教。期间，1947年前往美国耶鲁大学人类学系任客座教授一年；之后，直接赴英国考察，1949年归国。1950年，他随中国人民解放军第十八军入藏，1956年调入西南民族学院（今西南民族大学），1962年调任四川师范学院（今四川师范大学）外语系任教。1985年3月4日，李安宅病逝于成都。

在中根千枝“发现”之后，李安宅藏族研究的不同中外文版本纷纷面世。[3]自此，李安宅越来越紧密地与藏学捆绑一处。其实，在1938年前往西北从事藏文化研究之前，李安宅的学术视域广博得多，涉及语言学、哲学、美学、社会学、人类学、宗教学、社会服务学、民俗学等多个领域。从翻译发表时任燕大社会学系主任的步济时（John S. Burgess，1883—1949）的演讲稿，[4]到1938年

3 如：李安宅，《藏族宗教史之实地研究》，北京：中国藏学出版社，1989；*History of Tibetan Religion: A Study in the Field*, Beijing: New World Press，1994。

4 [美] 步济时演讲，《中国社会服务工作之意义》，李安宅笔译，《社会学杂志》第二卷第五、六号合刊(1925)，第1—7页。

离京，李安宅译介过霍布豪斯（L. T. Hobhouse，1864—1929）的社会学说，[5]翻译了盖笛斯（Patrick Geddes，1854—1932）的宗教学说，[6]弗雷泽（J. G. Frazer，1854—1941）《金枝》（*The Golden Bough*）中的核心章节，交感巫术理论部分，[7]马凌诺斯基《巫术科学宗教与神话》和《两性社会学》，[8]卡尔·曼海姆的知识社会学，[9]等等。

此外，在其《美学》（1934）、《意义学》（1934）、《巫术与语言》（1936）和《社会学论集：一种人生观》（1938）等专著中，吕嘉慈（又译作瑞恰慈，I. A. Richards，1893—1979）的美学与文艺哲学、萨丕尔的语言学等，都是其知识源和理论间架的基础。

李安宅不遗余力，信、达、雅、诚地译介诸多社会科学领域的"新知"，目的在于："破除许多无谓的偏见，获得许多引人入胜的思路"；[10]为国内同仁、同胞能够分出"远近布景"、增添一种"新的眼光"、养成"一种透视力"，从而多些有骨有肉、有"创作力量的头手货"，少些"不自觉的二手货"。[11]

二　巫术思维和语言的滥用

1931年，是李安宅学术创作的丰收年！

是年，因翻译《两性社会学》（*Sex and Repression in Savage Society*），他与马凌诺斯基

5　李安宅，《哈铺浩底社会思想》，《燕大月刊》第五卷第一至二期(1929)，第1—25页；第三期(1929)，第75—85页。

6　[英]盖笛斯，《在生命之图表上的宗教》，李安宅译，《哲学评论》第二卷第四期（1929），第50—83页。

7　[英]弗兰柔，《交感巫术的心理学》，李安宅译，上海：商务印书馆，1931。

8　B. Malinowski，《巫术科学宗教与神话》，李安宅译，上海：商务印书馆，1936；《两性社会学》，李安宅译，上海：商务印书馆，1937。

9　李安宅，《孟汉论知识社会学》，《社会学界》第十卷（1938），第55—109页。

10　李安宅，《〈意义学〉自序》，《意义学》，上海：商务印书馆，1934，第3页。

11　李安宅，《人类学与中国文化：〈巫术科学宗教与神话〉译本序》，《社会研究》第一一四期(1936)，第507页。

通信。在回信中，马氏授意他将1929年开始翻译的论文《巫术科学与宗教》（“Magic Science and Religion”）和专书《原始心理与神话》（*Myth in Primitive Psychology*）合并翻译。[12]这即后来的经典译本《巫术科学宗教与神话》。同年5月和9月，商务印书馆分别出版了由他翻译、许地山（1893—1941）校订的《交感巫术的心理学》和他用社会学方法释读《礼记》和《仪礼》的本科毕业论文。

12 李安宅，《人类学与中国文化：〈巫术科学宗教与神话〉译本序》，第509页。

《交感巫术的心理学》是弗雷泽《金枝》的第三章，包括巫术的原理、感致巫术或模仿巫术、染触巫术和术士的进步四部分。显然，李安宅读《金枝》的时间更早。此前一年，李安宅刊发的《巫术问题的解析》，虽然例证多数都是中国本土的，但其实就是对《交感巫术的心理学》的“摹写”，内容包括巫术的原理与种类、感致巫术、染触巫术和巫术在历史上的地位四个小节。[13]自然而然，李安宅同期进行的语言研究——《语言的魔力》，[14]难免有着弗雷泽交感巫术理论的影子。除了弗雷泽，马凌诺斯基的相关研究也是李安宅经常征引的对象。又因为对1930年前后在北京执教的吕嘉慈“新批评”——将心理学、语义学引入文艺批评——的推崇，李安宅的语言观明显有别于一般语言学家和社会学家。他认为：

13 李安宅，《巫术问题的解析》，《社会问题》第一卷第一期（1930），第109—116页。

14 李安宅，《语言的魔力》，《社会问题》第一卷第四期（1931），第1—10页。

1.语言是人与动物的分野，人因语言而有了文化。

2.人创造了语言，语言也创造了人，什么样的语言便成就什么样的人。

3.语言包括文字，因为“文字是将语言由着听官移到视官的手段，是一而二，二而一的”。[15]

4.语言文字是“传递文化遗业（heritage）的机构”，[16]是情操或社会地位的（象征）符号，自具魔力，也是桎梏人的障碍，束缚思想。

5.魔力和障碍都与巫术心理有关，要去魔障，就需明了语言文字的意义的逻辑，建构旨在探究语言、事物和思想三者关系的“意义学”。

15 李安宅，《意义学》，第 2 页。

16 李安宅，《〈巫术与语言〉编者序》，《巫术与语言》，上海：商务印书馆，1936，第 1 页。

在《语言的魔力》中，李安宅明确将语言视为一件有着交感关系的东西。因此，他将语言分为两类：一是诸如“他妈的”之类，一经说出就达到表达感情和社会交往目的的自足的语言；二是具有巫术意义，并有神话在背后支撑的咒语。“发福生财地，堆金积玉门”之类祈福纳祥的春联，就属于后者。而对尊者“金口玉言”“言出法随”之类的盲从，同样源于对语言巫术力量的迷信。文字是将语言从听觉移到视觉的东西，所以对语言的迷信也就顺势变为对文字的迷信。北平大街小巷敬惜字纸的习俗，也是该文的例证。小民百姓对字纸的敬惜，是基于接触律的染触巫术。在清朝雍正年间（1723—1735），因诸如“维民所止”而生发的文字狱的巫术思维，则是模拟巫术的相似律和染触巫术之接触律的混融。

对于国人姓名的巫术分析，即“名的魔力”一节，是《语言的魔力》最为精彩的部分。陈垣研究的历史上的避讳[17]、胡适研究的“名教”[18]和江绍原（1898—1983）研究的“呼名落马”，[19]都在其征引之列。然而，这些只是李安宅研究“名的巫术”的引子。散布在字里行间的群众、精英、革命党、城里乡下、旧有新生的鲜活实例，才是李安宅分析的重点。诸如：被视为白巫术的修房上梁时的“太公在此”，符箓上常有的“太上老君，急急如律令”；行话、黑话；乡间农户夜晚不敢隔门应声；革命时期北京的易名、“蒋该死”等叫法，等等。

17 陈垣，《史讳举例》，《燕京学报》第四期（1928），第537—651页。

18 胡适，《名教》，《新月》第一卷第五期(1928),第1—13页。

19 江绍原，《小品（二十三）呼名落马》，《语丝》第一〇二期（1926),第53—56页。

对李安宅而言，“太公在此”之类的符咒，与“奉耶稣基督的名”“阿弥陀佛”“阿拉”之类的宗教口语，和人们在危难情急之下喊出的“妈啊”“（老）天啊”等并无本质的不同，都是“初民对于基本需要的选择作用，经过巫术与宗教加以保存，两相为用，脱口而出”。通常被视为保持团体秘密的行话、黑话，还有着“另创名目以保护原名的巫术信仰”的一面。至于与革命相关的例子，李安宅写道：“‘北京’改为‘北平’在南方就算平了北方；管蒋介石叫作‘蒋该死’或倒写在墙上，在讨蒋的就算将他打倒了！”[20]

20 李安宅，《语言的魔力》，第4页。

该文的“语言文字障”一节，实则是十四年后李安宅研究语言通货膨胀的先声。在讨论语言的魔障，即对人的桎梏时，弗雷泽《金枝》已经让位给吕嘉慈、欧格顿（C. K. Ogden，1889—1957）、伍德（James Wood，1889—1975）三人合著的《美学基础》（*The Foundation of Aesthetics*），让位给吕嘉慈与欧格顿合著的《意义的意义》（*The Meaning of Meaning*）。因为语言文字障是专门针对当时的“智识界”（学术界和思想界）而言，且要谈概念、逻辑与意义。

李安宅认为，不同于民众，也异于政客，这些以知识分子自居的人，在不明就里——不知所言、所写、所喊之词为何物——的情况下，就囫囵吞枣、人云亦云地喊着“科学”“调查”“德谟克拉西”“自由”“个性”“平等”“委员制”“国粹”“世界和平”等口号、名词。因此，两个见怪不惊的怪象是：拥护者，将之当作神明，馨香供养；反对者，则视之为洪水猛兽，日夜诅咒。

在1930年10月29日刊发的《驳“什么是哲学”——请教胡适先生》一文中，李安宅就在哲学与科学之交互演进、中国的社会现实、胡适本人的知识谱系与新近作为等境地之中，逐字逐句死磕胡适同月17日在协和信马由缰讲演的“哲学”。[21]诸如：为了“饭碗”而玄学鬼附体、“搞圈地运动”的近乎无赖的态度，不读康德却要打倒康德，背叛其师杜威的学说和脚踏实地的治学精神，等等。而且，胡适这次讲的“哲学”也随即成为当时往来密切的吕嘉慈和李安宅两人聚首时的话把。[22]

21 李安宅，《社会学论集：一种人生观》，北平：燕京大学出版部，1938，第325—343页。

22 转引自容新芳，《I. A. 瑞恰慈与中国文化：中西方文化的对话及其影响》，北京：商务印书馆，2012，第173页。

对“九一八事变”后盛行的有着魔力的“救国”一词，李安宅也一丝不苟地剥去其画皮。在“救国之谜”一节文字的开首，他一根筋却也是振聋发聩地写道：

> 救国！救国！因为语言底魔力，好像有个对象是“国”，需要被救；又有主体站在“国”底外面忙着去救，好像救火队忙着救火一般，主体与对象可以分得开。[23]

23　李安宅，《道德的自律与环境的改造》，《益世报》1933年5月15日，第十版。

对于智识界的语言文字“障”，李安宅是怎样演进为他所言的语言文字的“通货膨胀”（通胀）的呢？其中，吕嘉慈的学说扮演了关键角色。

1945年，在《论语言的通货膨胀》中，李安宅引入“通胀”这个金融学术语，并将语言文字和币制进行类比。币制并不产生实际的财富，某种货币的消亡无关大局。与之不同，语言关系到人生，而且“高度情感与思想的产生、组织、发展，都要靠语言做工具”，故难以根除。然而，在中介与工具意义上，币制和语言依旧相通。币制是交换财富的手段，语言是传达思想和情感的媒介。因此，李安宅认为，如同币制与其背后财富不匹配而生的通胀，语言和语言背后的思想、情感的不匹配，就是语言的通胀。

为此，他将语言的通胀分为三类：

1.在科学上，表现为无的放矢。

2.在艺术（包括一般的艺术和人生的艺术）上，表现为无病呻吟。

3.因不明了科学语言的天职是陈述(statement)，艺术语言的本分是表现(expression)，而将科学语言装饰成美善、将艺术语言用于陈述事物之类的语言的误用和滥用。

重陈述的科学语言和重表现的艺术语言的这一分类，是吕嘉慈1924年在《文艺批评原理》（*Principles of Literary Criticism*）"语言的两种用法"一章中的分法。[24]这些基本概念与思想，早已经出现在李安宅对语言文字障的分析中。只不过艺术语言，当时翻译为表情（emotive）的语言或诗的语言，科学语言又译为指事（referential）的语言。[25]而且，在借用这两个概念之后，李安宅迅疾指出了后来命名为"通胀"的对不同性质语言的滥用：

> 用语言作分析的人都使用思想的，语言在他的手里也是思想的工具，所以容易假定语言只有指事用法之一途。在诗里去找真伪，又在科学文字中受了惯习影响，用上许多生擒活捉的比喻字眼，弄得满纸都有表情作用，而为人所忽略，再去死板板地信以为真，往返一来，结果便是一塌糊涂。[26]

24　亦可参阅[英]瑞恰慈，《文学批评原理》，杨自伍译，南昌：百花洲文艺出版社，1992，第238—247页。

25　李安宅，《语言的魔力》，第7页。

26　李安宅，《语言的魔力》，第7页。

在《论语言的通货膨胀》中，李安宅进一步厘清了这些不同类型语言的基本特征。科学语言关涉思想、事物；艺术语言针对情感，并涉及人格。情感，是艺术语言的准备金。其善恶美丑，以人格的充实发展为实际的财富。思想，是科学语言的准备金。其正确彻底与否，以对事物的体验为实际的财富。事物，又分自然现象（物的世界）和文化现象（人的世界），故彻底正确的思想，均具有使用与理论的双重属性。传达正确彻底思想的语言，即陈述。与之相对，没有意义（nonsense）的说话与妄言，就是科学语言的通胀。

艺术语言，指向的充实发展的人格，是表现，而非陈述。它说到事物，仅仅是借着事物表现说者的心理状态（情感水平），以引起听者相似的心理状态。换言之，艺术语言无关对错，核心是美善与否。对充实发展的人格，李安宅分为五种成分：体格（高矮胖瘦）、脾气（急缓躁郁）、冲动（大小深浅）、智力（利钝灵愚）和自我（强弱内外）。这五种成分有无、多少是先天决定的，后天能改变的是搭配组织的和谐。“喜怒哀乐之未发”的内在的“中”，是全人格的美；“发而皆中节”的外在的“和”，是全人格的善；中、和一体，则是全人格充实发展的果。

善恶美丑指向的是情感。传达情感的语言，即表现。所以，表现充沛情感的话，有力；表现和谐情感的话，美；表现卑下情感的话，丑；表现反社会情感的话，恶；表现民胞物与的情感的话，善；表现舍局部成全体情感的话，悲壮。反之，诸如标语、檄文、政治演说、谣言等，东施效颦而在字句、腔调、姿态上用功夫，或装腔作势的训话，要利用人、讨好人而别有用心的甜言蜜语等，都是艺术语言的通胀。这些通胀的艺术语言，李安宅也曾归因为其目的（intention），即有一尺说一丈的

“煽动”。[27]

进而，从汉语本身的特点和使用上，李安宅分析出汉语通胀的四方面原因：

1.汉语的语言特点，方块单音字适于作对联的对联文化。

2.起承转合、音韵平仄、八股等汉语限人极深的格局，导致使用者常忽视汉字承载的自然现象、文化现象和艺术情感。

3.乐于作“翻案文章”的文人积习，不注意客观事物的体验和完全人格的发展，仅在字眼上求新，尤其是在不可求新处求新，以致“语不惊人死不休”。

4.作对联、限格局和翻案的积习合力，造成的“劣币”语言对“良币”语言的驱离。[28]

三　文过饰非：语言的政治境地

至此，如果说李安宅的基本议题还是语言本身的话，那这其实仅仅是个“引子”或者说“障眼法”。他的本意是借这个引子，逻辑清楚地论证：为何相对自然科学而言，社会科学不发达？不仅如此，他还将中国社会科学的不发达，指向关涉政治的“民主”和“开明的舆论”。即，社会氛围是否鼓励人们说真话，说有意义和有效的话。

对艺术语言通胀的批判，更显现出“书生”李

27　李安宅，《意义学》，第 49 页。

28　当然，在“真正中国语文文法未成立之前”，承载了“华夏民族语言文学之特性”的对联——对对子，反而可能是大学国文入学考试诚意不欺、实事求是的一种办法。参阅陈寅恪，《陈寅恪集·书信集》，北京：生活·读书·新知三联书店，2015，第 158—166 页。

安宅的政治血性——独立之思考与自由之精神：

> 我国社会，抗战八年的经验，有多少可歌可泣的材料？然而纸料缺乏的今天，又有多少动人心弦的文艺创作呢？大部分还不是在作排字排句的工夫吗？不在人格的充实发展处下工夫，则无怪情感不真挚，欣赏水平不高明，以致无病呻吟，而在艺术界也弄得语言走到通货膨胀的地步了。[29]

29　李安宅，《论语言的通货膨胀》，《文化先锋》第五卷第十五期（1945），第8页。

对语言通胀原因第一点的例证，李安宅用的是“抗战建国”这一言语。他指出，原本抗战即建国，建国即抗战而两位一体的“抗战建国”之大政，事实上被多数人拆解为“抗战必胜，建国必成”的“对联思维”。将抗战和建国一分为二，或对立，或排出顺序，让人无所适从，摸不着头脑。对第二点原因的例证，是上传下达的“奉此合行”，则不仅仅在说汉字限人的“小”格局，而且直接指向政府一直低下的效率与效果：

> 在上者三令五申，不见得都无内容；然而等因奉此地一层层转下去，一层层呈上来，便都是公文的处理，档卷的庋藏了。拿命令当公文，有收发，有呈转，有归档，不也就够了吗？[30]

30　李安宅，《论语言的通货膨胀》，第9页。

1931年，李安宅曾将《巫术的分析》和《语言的魔力》两文合并，以《语言的魔力》为名，在北平友联社出版了单行本。1936年，在耶鲁大学学习期间，因单行本售罄，李安宅将之加上他对其在耶鲁大学的师长萨丕尔体大思精、含义极富的《语言的综合观》的译文，编订成了《巫术与语言》一书，在商务印书馆出版。可见，李安宅对《语言的魔力》一文的珍爱。语言的使用、意义及其原因，始终是李安宅关注的对象。1945年4月27日，抗战胜利的黎明之际，李安宅又写了《论语言的通货膨胀》，并将之作为同年6月渝版《意义学》的序言。

1932年，多年研习法国社会学的杨堃，也曾专文谈及语言与社会的问题。虽然都是社会学的科班出身，与李安宅强调人们怎么使用语言，如何被语言支配不同，杨堃强调语言不但是“社会事实”，而且是一“社会制度”。[31]因更关注语言是如何理性地转向，并倡导用社会学的方法研究语言，所以杨堃也提及了初民社会的语言。对于初民的语言，杨堃同样强调其魔力：初民的语言实乃初民的一种社会意识，其品性与宗教、法律或经济等社会条件相关联，与初民心理相混浑，具有“魔术的力量”；不但巫师的语言如此，酋长或君王的一切事物之名称，亦因魔性而禁止使用，成为禁忌。不仅是杨堃，1930年黄石也将避讳归为弗雷泽定义的“他不”（taboo），进行比较分析。[32]

1946年，语言学家高名凯（1911—1965）在

31 象乾，《论言与社会》，《鞭策周刊》第二卷第一期(1932)，第4—9页。

32 黄石，《为什么要避讳》，《北新》第四卷第十三号(1930)，第47—63页。

谈及语言的魔力时，也举了“敬惜字纸”“打倒×××”等李安宅曾使用过的例子。当然，专攻语言学的高名凯，没有将语言的魔力归结为人类的巫术思维以及政治的清明与否，而是直接从语言发生、使用的角度，将语言的神秘性、魔力和人们竟然感性地信以为真统称为“宗教”。[33]

33 高名凯，《语言的宗教》，《观察》第一卷第十六期（1946），第5—7页。

魔力和通胀之间明显有着深度关联。语言的通胀，是因为其魔力。反之，通胀又增添了语言的魔力，使之扑朔迷离、神秘莫测。当然，魔力与通胀之间，或者仅仅是一种并列关系。然而，无论是并列平行，还是互为因果，这依旧是在信息爆炸的媒介时代，我们置身其中的语言“境地”（situation/ecology）与事实。

从上到下，层层加码，马到成功；
从下到上，层层灌水，水到渠成。

前些年广为流布的这些顺口溜，也多少印证了李安宅当年的洞见。事实上，在当今世界，不同范围、组织和时空的谣言、宣言、文件、论文，一大批水军天天灌水的网络文艺，甚或传统意义上的文学、音乐、美术、戏剧、书法等文艺，相当一部分都继续演绎着李安宅所谓的语言的通胀，甚或愈演愈烈。更不用说，冷战时期，国内外林林总总的借助语言文字等诸多符码而生的种种攻讦、批斗、宣传画与音声。

在5G引领的新媒介时代，因新型冠状病毒（2019-nCoV）之“白肺”而语言再次急速通胀的当下，对语言文字本意的澄清、正确使用，即最基本的尊重，迫在眉睫，任重道远。或者，七十多年前的李安宅，占卜性地给我们提出了一个恒定而复杂的问题：无论东西，当社会科学仅是自然科学以及“一种声音”的附庸，不同国别、政体的支配者又缺乏基本的人文素养、良知，只有个人的欲望、野心时，人类该何去何从，终将走向何方？

惟其如此，在境地许可时，李安宅才更心安理得也是决绝地投身到实在、真切的社会科学的译介与建构之中。明了李安宅借学问、科学而忧天下、济苍生的家国情怀，就不难理解《论语言的通货膨胀》这篇研究语言意义与价值的“艰涩”文字，最终为何一如既往地发出了对实地研究——“实际事物的体验”——的感慨与呼召。李安宅写道：

> 倘若这篇文字，引起几位同志，注意兑现的语言，安于兑现的语言，更于多数读者提醒一点对于语言的自觉，促进一些充实人格的发展，实际事物的体验，便可自告无罪，而非助长语言的通货膨胀了。[34]

34　李安宅，《论语言的通货膨胀》，第5页。

事实上，对李安宅而言，实地研究就是土八股和洋八股的“顶门针”。当然，他在意和强调的实地研究，不是走马观花的“到此一游”，亦非戴着有色眼镜的“求证”，而是如同马凌诺斯基那样，经过人类学严格训练，且具有透视力的有骨有肉的实地研究（fieldwork/ethnography），是获取知识、产生真知的根本途径。[35]如同对语言研究一样，李安宅对实地研究的痴迷、推崇与实践，与他在燕大、加利福尼亚、耶鲁接受的学术训练和广博的涉猎、学术交往及抱负有关。奔赴西北前，李安宅就撰文呼召国内外同行携手对中国进行经验研究。[36]不仅如此，在有了丰富的西北、西南藏族实地研究的经验之后，他还将中国的经验研究，尤其是村镇农耕文明和边疆民族文化并举的经验研究，作为中国甚至世界社会科学建设的一种基本路径。[37]

此外，对实地研究的执着，也应该与他认同进化论，并曾在1926—1929年加入过中国共产党而接受了唯物论有关。[38]不仅完全认同弗雷泽对巫术是伪科学的进化论认知，李安宅还认为：相较城市而言，乡村是低阶低位，并必然要城市化；乡村“城市化”的过程，是如同人一样的乡村的“社会化”过程。[39]

35　任责，《实地研究讨论》，《益世报》1937 年 1 月 27 日，第十二版。

36　李安宅，《由内蒙旅行说起》，《益世报》1937 年 5 月 12 日，第十二版；“Notes on the Necessity of Field Research in Social Science in China”, *Yenching Journal of Social Studies*, Vol. 1, No. 1 (1938), pp. 122–127.

37　Li, An-che. “China: A Fundamental Approach”, *Pacific Affairs*, Vol. 21, No. 1 (1948), pp. 58–63.

38　汪洪亮，《李安宅的学术成长与政治纠结》，《民族学刊》2016 年第 1 期，第 15—16 页。

39　李安宅，《乡村生活的“社会化”与“城市化”》，《燕大月刊》第四卷第二期（1929），第 40—42 页。

四 实学与“文化透视力”

近些年来，学界对社会人类学领域的燕京学派的研究颇有声势。然而，因为吴文藻（1901—1985）与费孝通（1910—2005）、林耀华（1910—2000）师生的声望、地位，与燕大长期有着深度渊源的李安宅，几乎处于旁落的状态。即使是在以费孝通为硬核的魁阁学派的发掘过程中，人们之所以偶尔提及李安宅，也仅仅因为他曾在1938年陪同耶鲁大学教授欧兹古（C. Osgood，1905—1985）踏访过昆明高峣旦族村月余。后者1964年出版了专著《旧中国的村庄生活：云南高峣的社区研究》（*Village Life in Old China: A Community Study of Kao Yao Yünnan*）。又因为中根千枝对李安宅藏学的着力重现，为了强调李安宅和边陲，尤其是与成都“华西坝”这个地方的渊源，除个别人能对李安宅的学术生命史进行整体观照[40]之外，人们似乎又极力将李安宅打造成个藏学专家或边疆学家。显然，仅从其对语言的研究与释读而言，这两种定位都不免偏颇。

事实上，李安宅的学问不是在形而上的层面谈哲学、美学、巫术、宗教与语言，就是在新墨西哥州、拉卜楞寺、川藏这样“边远”的地方，做形而下的实地研究。这或者与他始终关心语言的能指与所指，且力求实事求是，我手写我口，名实相符的学术定位、追求和实践有关。无论理论还是实用、

40　如：陈波，《李安宅与华西学派人类学》，成都：巴蜀书社，2010；谢桃坊，《文化现象的逼视与衡量：论李安宅对中国文化人类学的开拓》，《西华大学学报（哲学社会科学版）》2015年第1期，第23—29页。

编译还是调查，李安宅都反对一切空无一物、装腔作势的形式主义。其学问，或者可以称为他自己曾偶尔使用过的“重实地经验”而实实在在的“实学”。[41]为用语的精准，不仅是严于律己，李安宅还与燕大数位同仁一道，编辑出版了英汉对照的社会学词典。[42]

41 李安宅，《人类学与中国文化：〈巫术科学宗教与神话〉译本序》，第509页。

42 高君哲、李安宅、张光禄、万树庸、吴榆珍、张世文、于恩德合编，《英汉对照袖珍社会学辞汇》（*An Anglo-Chinese Glossary of Sociological Terms*），北平：友联社，1931。

所有这一切，根本、实在、严谨、求真，却不免高冷！

何况，对“满腹经纶”却“徒见成功之美，不见所致之由”的中国读书界的道听途说、浮光掠影、不求甚解、东拼西凑、假模假式和纸上谈兵，李安宅深不以为然！[43]对自己，他又始终是以“不求偿的积极主义”[44]自我规范。何为不求偿的积极主义？李安宅写道：

43 李安宅，《社会学论集：一种人生观》，第141、279—280、350页。

44 李安宅，《“一劳永逸”》，《大公报》1931年10月2日，第十一版。

> 根据生的欲求与自我责任自要积极努力无所逃避；更因个人与自然环境及社会环境相较，仍旧是微乎其微的，所以不能工必有成。成而不居功，不成而不灰心，惟有努力迈往的活动为报偿的本身；在自我为积极，对外界为不求偿，故曰不求偿的积极主义。[45]

45 李安宅，《社会学论集：一种人生观》，第1页。

如果以他离京的1938年，作为其研究整体上从理论到实用、从“杂学”到藏学的分水岭，那么他试图给人们“明目”“醒脑”的理论译介与研究始终有着口碑。1933年12月，远在伦敦的冯友兰

（1895—1990）给《意义学》作序，言此书对中国是“很有益的”，是“有用的药”。同为哲学家的全增嘏（1903—1984），则赞该书是“近年来介绍西学学术的最有价值的一本书籍”。[46]1946年，在《语文学常谈》一文中，朱自清也肯定《意义学》译介西方科学方法之功。[47]

46　全增嘏，《李安宅之〈意义学〉》，《人言周刊》第一卷第十九期（1934），第382—383页。

47　朱自清，《标准与尺度》，上海：文光书店，1948，第78—82页。

1938年，在燕大法学院给本院社会学、经济学和政治学三系本科生编订的《社会科学概论选读》中，李安宅的《语言思想与事物》《巫术与宗教》《巫术的分析》《介绍社会科学集成》四篇在列。[48]吴文藻仅有《社区的意义》一篇，后来居上的费孝通未见有篇目入选。

48　北平燕京大学法学院编，《社会科学概论选读》，北平：燕京大学法学院，1938，第1—8、418—426、562—567页。

在1938年前，李安宅的实地研究虽不多，但一出手就是精品。1935年6月15日到9月16日，作为第一位进入印第安部落做实地研究的中国学者，李安宅在新墨西哥州调查了祖尼人，其成果是《祖尼人：一些观察与质疑》。[49]斯皮尔（Leslie Spier，1893—1961）对之惊叹道：“How darn well is it done？”[50]1936年，从美回国路过芝加哥时，李安宅见到了1935年到燕大讲学的布朗（Alfred Radcliffe-Brown，1881—1955）。后者称赞其祖尼人研究道：“You gave the American Anthropologist everyone a Chair.”[51]至今，该文仍然是祖尼印第安人研究的经典。

49　Li, An-che. “Zuñi: Some Observations and Queries”, *American Anthropologist*, New Series, Vol. 39, No. 1(1937), pp. 62-76.

50　陈波，《李安宅：回忆海外访学》，《中国人类学评论》第16辑（2010），第155页。

51　陈波，《李安宅：回忆海外访学》，第156页。

应当注意的是，这项赞誉有加并成为经典的研究，其成功之处并非提供了多少“事实性的信息”

（factual information），也非一篇会讲故事的民族志（ethnography），而是在其所观察到的事实基础之上，对已有的关于这些事实的“个性化描述”且容易在“思想上造成混乱”的客位认知的再诠释。[52]换言之，虽然是对祖尼人的实地研究，李安宅充分调动并激活了他已经熟稔的意义学。他要辩证、辨别的是：

52 Li, An-che. “Zuñi: Some Observations and Queries”, p. 62.

1.语言、思想（心理）和事实三者之间的关系；

2.祖尼人，本尼迪克特（R. Benedict，1887—1948，也曾译作白乃荻）、邦泽尔（R. L. Bunzel，1898—1990）和克罗伯（A. L. Kroeber，1876—1960）等这些他熟识的祖尼研究者，和李安宅本人，“语言-思想-事实”三种因素之间交互影响的动态关系；

3.这些精微的辨析，又非吹毛求疵，而是追求真理，能获得一种文化洞察力（a cultural perspective），以用于更广阔的研究。

这种文化洞察力或者说透视力，如何才能获得呢？李安宅写道：

True perspective and objectivity can be gained by distinguishing between judgements based on isolated cultural traits and those based on contextual relations, between absolute schemata of one's own culture and relative significance of another cultural pattern, between the selective nature of old mechanisms and the penetrating power of an intrusive system.

译文：一个人只有学会区分以孤立的文化现象作为判断依据与以各种综合性的相关社会关系作为判断依据的差别，将自己的文化模式绝对化，尊重另一种文化模式，承认它的存在与意义的差别、旧的机械论物竞天择的本质与外来入侵文化体系的渗透张力的差别，才能够获得真正的文化洞察力和做到客观公允。[53]

53 分别参阅：Li, An-che. “Zuñi: Some Observations and Queries”, p. 63;《祖尼人：一些观察与质疑》，张叔宁译，见乔健编著，《印第安人的诵歌》，桂林：广西师范大学出版社，2004，第 49 页。

五 意义学：社会学的哲学化

1930年前后对马凌诺斯基民族志作品的译介与引用，李安宅都是将其人类学作为一种探知人类的认知论和方法论，和吕嘉慈的“语义学”、皮亚杰（Jean Piaget，1896—1980）的心理学等朝气蓬勃且新见迭出的科学，相提并论，互相印证，[54]看到其“科学”实地调查方法和认知，对于中国文化建设的开悟，[55]而不仅仅将之视为基于田野、陈述事实的“小”人类学。

54 李安宅，《意义学》，第 12 页。

55 李安宅，《人类学与中国文化：〈巫术科学宗教与神话〉译本序》，第 507—510 页。

正是有感于中国“家庭形式正在转变”，早在1928年李安宅就翻译出了马凌诺斯基《两性社会学》的初稿。在译本中，他对于“中国问题有相发明的地方加以按语和译注，以便读者发生比较的趣味，能在真理方面投些侧光”，并格外强调该书在科学方法上的特殊地位。[56]当然，这或者也有马氏本人1932年2月5日给《两性社会学》写的“汉文译本序”的影响。在这篇短序中，马氏在感谢其著作第一次被译成欧洲以外的文字的同时，还希望他的这本著作能够激起中国学者对中国旧式家庭的研究，对中国家庭组织与欧洲家庭组织、梅兰内西亚家庭组织的比较研究。

56　李安宅，《〈两性社会学〉译者序》，见B. Malinowski，《两性社会学》，第1—7页。

李安宅对哲学、美学、心理学与语言学的兴趣，则有着张东荪（1886—1973）、吕嘉慈以及萨丕尔这些国内外亲密交往的师友的帮助与启迪。

在1938年离京奔赴西北前，李安宅与张东荪往来唱和频频。专攻哲学的张东荪，想把哲学和社会学“打通”。专业本是社会学的李安宅，则对哲学情有独钟。在张东荪主编的天津《益世报》“社会思想”专栏，李安宅是“签约”作者。1932年8月，张东荪《现代伦理学》在新月书店出版。五个月后，李安宅为之撰写了书评。[57]1934年，李安宅的《美学》是张东荪在世界书局主编的“哲学丛书”之一。

57　李安宅，《社会学论集：一种人生观》，第104—108页。

1938年4月2日，在给《社会学论集：一种人生观》写的序言中，“应有一言”的张东荪坦言，与李安宅常常往来，在思想上有“相当的共同点”。他认为：李著是一个多艰时代的“映相”，为新旧文化之争中出现的问题，提供了新的观点、看法与想法，是“新文化之先河”。同年，李安宅将张东荪刊发在《社会学界》第十卷的《思想言语与文化》一文翻译成英文“A Chinese Philosopher's Theory of Knowledge”，刊发在次年的《燕京社会学界》第一卷第二期。自此该文漂洋过海，直至成为朱莉娅·克里斯蒂娃“互文性”理论的重要生发点之一。[58]

58　[法]克里斯蒂娃，《主体·互文·精神分析：克里斯蒂娃复旦大学演讲集》，北京：生活·读书·新知三联书店，2016，第12、204—217页；张历君，《文本互涉与相关律名学：论克里斯蒂娃对张东荪知识论的接受》，《方圆》2019年秋季卷，香港：香港文学馆，第159—176页。

1938年3月，李安宅译出曼海姆《意识形态与乌托邦：知识社会学引论》（*Ideology and Utopia: An Introduction to the Sociology of Knowledge*）一书第五章，并以“知识社会学”名之。同样，这与张东荪《思想言语与文化》一文紧密相关。张文有对曼海姆的批评，所以李安宅译出曼海姆总结其学说理论体系的部分，给张文作个“附录”，以资比较参证。[59]1942年，在华西协和大学重执教鞭后，深感参考书不足的李安宅，在数次校读1938年的译文后，于1944年出版了译著《知识社会学》专书。出于知识社会学是社会学的“指南针”之新认知，曼海姆和张东荪的两个中文文本间的关系发生了反转：张文成了附录。尽管李安宅有着对“为敌所羁，倍受荼毒”却凛然的张东荪“于远道怀念景慕的微忱”。[60]

59　李安宅，《孟汉论知识社会学》，第107页。

60　李安宅，《〈知识社会学〉译者弁言》，Karl Mannheim，《知识社会学》，李安宅译，上海：中华书局，1944，第3—4页。张东荪在日寇拘捕关押期间的坚毅与抗争，同是难友的赵承信多有记述。参阅赵承信，《狱中杂记》，太原：三晋出版社，2015，尤其是第147—165、170—173页。

明了了以李安宅为圆心、为中介的，曼海姆和张东荪四个中英文文本之间的多向“互文性”，我们也就知道李安宅中西会通，不固守于任何一端的独立性。或者，翻译曼海姆最根本的原因，是因为知识社会学关注的是思想产生和接受的背景，实乃新的领域，并有着新的观点与方法。与此前译介弗雷泽、马凌诺斯基、吕嘉慈、皮亚杰、萨丕尔一样，有着自己知识谱系和学术定位的李安宅译介知识社会学的对话对象，并非同期也在浅引曼海姆的吴文藻[61]、翻译曼海姆的贾元荑[62]和在1937年读后感觉“深获我心”而漫谈“思想社会学”的费孝通[63]。

如果说李安宅精心译介曼海姆的入口是社会学，那么出口应该是更偏向哲学，更重认知论与方法论，更重思想、思维方式和知识本身。对于被他者命名和不停演绎的燕京学派而言，即使算不上独行侠，李安宅也大抵是个若即若离的游离者，甚或旁观者。[64]

对于长期探讨语言、事物和思想三者关系的李安宅而言，曼海姆的知识社会学与吕嘉慈关注的作为思想工具之语言文字符号的“语义学”不无相通之处。作为二十世纪英国最重要的文学理论家，吕嘉慈1929—1930年执教北京，在清华大学和北大讲授文艺批评等课程。同期，作为客座教授，吕嘉慈在燕大讲授“意义的逻辑”与“文艺批评”，并与燕大国学研究所和哲学系同仁一道研读《孟子》。[65]经常互访、吃饭、聊天、英汉互译、切磋学术的吕嘉慈与李安宅，形成了在京“私人感情最为深厚”的师友关系。这些细枝末节，在吕嘉慈未公开出版的日记中均有记述。[66]

61　吴文藻，《德国的系统社会学派》，《社会学界》第八卷（1934），第271—305页。

62　[德]卡尔迈亨（Karl Mannheim），《德国社会学(1918—1933)》，贾元荑译，《社会学界》第九卷（1936），第301—324页。

63　费孝通，《读曼海姆思想社会学》，见《费孝通文集·1》，北京：群言出版社，1999，第526—531页。

64　新近，以知识社会学为轴，在“燕京学派”的标签下，杨清媚对李安宅、吴文藻和费孝通三人知识社会学的思想与演进进行了不乏深入的比较。参阅杨清媚，《“燕京学派”的知识社会学思想及其应用：围绕吴文藻、费孝通、李安宅展开的比较研究》，《社会》2015年第4期，第103—133页。

65　李安宅，《〈意义学〉自序》，第4页。

66　转引自容新芳，《I. A. 瑞恰慈与中国文化：中西方文化的对话及其影响》，第173页。

李安宅不遗余力地推介吕嘉慈的学说与多种著作，并用于自己的研究。1933年双十节，他撰文《批评与宣传：因“基本英语”而引起的评议》，为吕嘉慈倡导并推行的基本英语（BASIC English）鼓与呼。[67]1934年，《意义学》初版，吕嘉慈特意为之写了“弁言”。其末句是：“李安宅先生会因我的影响产生这本意义学尝试集，使中文读者注意这等问题，真令我非常高兴。”李安宅该书“自序”的首句则是：“这本东西，直接间接，都是吕嘉慈教授（I. A. Richards）底惠与。”随后，他还解释道：所谓直接，是“直接读了他的著作，亲炙了他的指导与启迪”；所谓间接，是书中对皮亚杰研究的译述，也是源自吕嘉慈的介绍。[68]反之，吕嘉慈的*Mencius on the Mind*（《孟子论心》）一书，则有着李安宅的帮助，包蕴着李安宅的心得、识见。

67　李安宅，《社会学论集：一种人生观》，第65—76页。

68　李安宅，《〈意义学〉自序》，第1、4页。

不仅如此，在李安宅《美学》“参考书目”介绍的最得力的八本著作中，吕嘉慈的《美学基础》《文艺批评原理》和《实用批评》（*Practical Criticism*）位居三甲。[69]在该书“什么是美”一章，李安宅对美的三大类十六小类的划分与分析，就是根据《美学基础》一书而来。[70]这种分类再次出现在《意义学》对“意义”的细读之中。

69　李安宅，《美学》，上海：世界书局，1934，第115—117页。

70　李安宅，《美学》，第17—41页。

此外，吕嘉慈还是促成李安宅“安心学术”，并在1934—1936年前往美国留学的功臣之一。1932年底，在李安宅准备组织义勇军抗日时，吕嘉慈来长信劝说李安宅：“救国之图多端，锻炼学术，亦为其一。”[71]

71　汪洪亮，《李安宅的学术成长与政治纠结》，第 13—14 页。

为推广“基本英语”，吕嘉慈在1936、1937—1938、1950年多次或长或短地来到中国。或者因为国难深重、局势动荡，一心要做边政实地研究，尤其是藏族研究的李安宅，似乎与吕嘉慈没有了交集。1947—1948年，在耶鲁任教期间，李安宅与在哈佛执教的吕嘉慈同样失之交臂，仅通信而已。

1979年5月，在其生命的最后一年，被中国政府隆重邀请的吕嘉慈，拖着年迈的病躯再次来到中国，在数地巡讲，终至一病不起。这一年，偏居成都狮子山一隅的李安宅，虽然比吕嘉慈小七岁，也是杖朝之年。洋人老友来了，身体还算硬朗的他，未曾有当年吴文藻、费孝通被特地从“五七”干校召回而面见洋老友费正清（J. K. Fairbank，1907—1991）的荣幸，继续有些吃力而孤寂地在狮子山上下蹒跚迈步。[72]

72　转引自龙达瑞，《我所知道的李安宅教授：兼谈海外对他的研究》，第 46 页。

六 李安宅的意义

即使是祖尼人研究这样典型的社会人类学田野调查，李安宅也有着将之普遍化的形而上的追求。或者，称他为中国社会人类学家中的哲学家、语言学家以及美学家，并不为过。换言之，在相当意义上，哲学和语言学是李安宅从事社会人类学研究的双拐。

事实上，有“建设科学的野心”[73]的李安宅

73　李安宅，《社会学论集：一种人生观》，第 7 页。

的学问，不但人文色彩浓厚，思辨、冷峻是其一贯的底色。相较而言，李安宅更关注人，更喜欢立足于社会科学而不仅仅是社会学，谈思想、观念与方法，谈传统与变革、东与西、社会与个人，谈读书、知识与做人。这或者也是1938年他将文集《社会学论集》一书副题命名为“一种人生观”的根本原因。

受张东荪、吕嘉慈、萨丕尔等中西师友的影响，多年在燕大的李安宅对所谓的燕京学派而言，几乎仅是一个若即若离的旁观者。其学术追求、实践有着哲学、语言学、社会学、人类学、心理学和宗教学的“杂学”特征。这在他1938年离京前往西北从事藏族研究之前，更加明显。

因为对弗雷泽、马凌诺斯基和吕嘉慈等学说的熟稔，李安宅的语言观也就别具一格。他认为：因巫术思维的惯性，作为人与动物分野基本标志和传递文化的语言文字，自具魔力，桎梏人的思想，进而容易引起通胀。由此，他试图建构旨在探究语言、事物和思想三者关系的“意义学”，并在实地研究的基础之上，形成了自具透视力的认知论和方法论，最终还成就了其声名日显的藏学与边疆（政）学。

换言之，从语言研究、学术交际和知识谱系可知，李安宅将重实地研究和直接经验的社会学，定格在与自然科学相对的以人为本位、有益于充实完美人格的社会科学。对于人才济济，也在“本土化”的口号下，日渐琐碎而微观的燕京学派的社区–功能研究而言，立意高远、兼容并蓄又讲求实干和应用的李安宅，明显自成一家。

李安宅是社会学家，更是社会科学家。虽然有着浓厚的进化论底色或者说这一难免的时代认知局限，但在那个刚萌芽就快速窄化、细化各社会科学子类的时代，李安宅显然是社会学家中难能可贵、不可多得的社会科学家。其献身边疆与边政，其出走西北、定睛藏族、落户华西、随军入藏、“潜居”并终老狮子山，也就有了某种必然性。

作为西方语义学传入现代中国且“反响最大”的路径，[74]李安宅深研的侧重思想-语言-事物的关系、想-听-说之言语活动和各种意义间关系的意义学，实乃中国现代学术语言观的自觉。[75]它受惠于吕嘉慈，在一定意义上又突破了吕嘉慈。如果说《意义学》更多指向“科学语言”，那么同年出版的《美学》更多指向了“艺术语言”。与对语言和巫术的研究引入弗雷泽、马凌诺斯基等人的学说一样，两书的写作不仅仅是为了引介吕嘉慈的新批评与科学的方法，而是同样鲜明地指向了中国语言文字的魔障与通胀这一根性。因痛心疾首于国人“终生在语言文字底魔障里永远见不着清明的天日”，[76]祛除汉语的模糊之弊、厘清中国传统思想的含混状态就成为李安宅学术天职的重要组分。换言之，科学-学术救国，才是李安宅译介、编述多种西方学术、学说并应用于研究实践的本意。这势必造就李安宅不固守一隅、为我所用的拿来主义之“杂学”与“实学”。

对语言的锱铢必究，使得李安宅学术用语的准确性、明晰性一以贯之。而且，在理论、对象和方法上，其涉及的意义学、语言学、美学和社会学、宗教学、民俗学、民族学、边政学等都有着对文

74 李葆嘉、刘慧，《西方语义学传入中国的路径》，《汉语学报》2018 年第 1 期，第 2—11 页。

75 唐晓丹，《“意义学”与中国现代学术语言观的自觉》，《学术论坛》2007 年第 1 期，第 154—157+162 页。

76 李安宅，《意义学》，第 2—3 页。

化，尤其“中国本位文化”的逼视与衡量，从而有机地融为了一个系统——偏重功能论和相对论的文化人类学，[77]或者说下章要呈现的李安宅的“文化社会学”。

总之，李安宅基于“杂学”而建构的意义学，不但丰富了燕京学派的内涵，也赋予了李安宅学术——社会科学——本身以“意义”。这也即本章试图揭示的李安宅的“意义学”。

77 谢桃坊，《文化现象的逼视与衡量：论李安宅对中国文化人类学的开拓》。

㈤

礼、文化及边民

旧式理学空谈仁义而无实现仁义的技术。自然科学家只有控制物界的技术，而与利用技术以谋仁义，以实现康乐社会无关。故“脱颖而出”，“舍我其谁”，责在社会科学。

——李安宅

1931

《〈仪礼〉与〈礼记〉之社会学的研究》
1931 年 9 月初版封面

一　引言

1922年，针对包括吴虞（1872—1949）、鲁迅等革新派和梁漱溟（1893—1988）等相对温和派对礼教截然相反的定义，留法归来的徐炳昶撰写了《礼是什么》一文。[1]

在该文中，徐炳昶将“礼”定义为“附于社会理想的行为的轨则”，强调作为行为轨则的礼的工具性，将“礼教”持中地视为社会的制裁。同时，他将礼与社会习惯区分开来，认为不附属于社会理想的习惯虽有制裁力，却没有礼的伟大。对徐炳昶而言，敬祖是附属于社会理想的“礼”，缠足是与社会理想无关的“俗”。根据美国心理学家詹姆斯（W. James，1842—1910）对人的机体的人、社会的人和理想的人之三分，徐炳昶辨析了礼的利弊。

1　徐炳昶，《礼是什么》，《国立北京大学社会科学季刊》第一卷第一期(1922)，第123—136页。

社会理想的益处是提高机体人的人格，损处是阻碍理想人的进步。因此，作为社会理想之行为轨则的礼之利弊，也就与此相同。最终，徐炳昶强调“礼是社会学上的一件大问题”，希望有更多的研究出现。

七年后，李安宅真正将礼作为社会学上的一个问题进行了专门研究，也奠定了其学术生命中持之以恒的文化观。其社会科学——语言学、民俗学、社会学、民族学、边疆学、社会工作（社会服务学）——的研究，始终有着美国社会学家、民俗学家孙末楠民俗学说，即*Folkways*[2]一书影响而生的文化学底色。

2 Sumner, W.G. *Folkways: A Study of the Sociological Importance of Usages, Manners, Customs, Mores, and Morals*, Boston: Ginn and Co., 1906.

二　礼，成为社会学的问题

作为美国社会学、民俗学的重要奠基人，孙末楠最终试图解释社会并服务于社会学建设的民俗学说——Folkways，对草创时期，也是蓬勃生长的中国社会学、民俗学有着重要影响。如本书第六、十章所示，它加速了中国民俗学的社会科学化历程，也在相当意义上使得早期的中国社会学有着民俗学底色。尽管被有意忽略，但这在后人建构的燕京学派中，尤其明显。

在二十世纪二三十年代译介引入时，中国学者对Folkways有着不同的翻译，诸如：民俗、民俗论、民俗学、民风、民风论、俗道论，等等。[3]在

3 相关梳理参阅岳永逸，《孙末楠的folkways与燕大民俗学研究》，《民俗研究》2018年第2期，第8页。

对孙末楠民俗学说引入与化用的过程中，如果说孙本文（1892—1979）是最早向中国学界介绍孙末楠学说的学者，[4]下章详述的黄石是最早引用孙末楠研究和成功的化用者，那么李安宅既是介绍孙末楠学说的先行者，也是直接将孙末楠民俗学说用来研究“礼”的实践者。

4　孙本文，《社会学上之文化论》，北京：朴社，1927，第41—43页。

1927年，在哈特（Hornell Hart，1888—1967）梳理的对社会思想有着重大影响的102位学者的名单中，孙末楠及其名著*Folkways*在列。同时，哈特也提及孙末楠对霍布豪斯的影响。在满分为30分的评判中，孙末楠与卢梭并列，得到14分的高分。[5]数月后，李安宅将哈特的这篇文章翻译到中国，将孙末楠音译为撒木讷，将Folkways翻译为“民风”，并简介了孙末楠的民仪、制度和民族等概念。英文原文和中文译文分别如下：

5　在这个排行榜中，十分以上者仅24人。位居榜首的斯宾塞27分，其次是孔德25分，亚里士多德17分，柏拉图和亚当·斯密15分，孟德斯鸠13分，卡尔·马克思12分，霍布豪斯9分，曾经前来燕大讲学的派克（Robert E. Park，1864—1944）4分。参阅Hart, Hornell. “The History of Social Thought: A Consensus of American Opinion”, *Social Forces*, Vol. 6, No. 2(1927), pp. 190–196.

> Customs are widely accepted folkways; mores are customs plus a philosophy of welfare; institutions are mores plus structures. Peoples are ethnocentric; in-group mores differ from out-group. Charity interferes with survival of the fit.
>
> 风俗是广被接受的民风；民仪（Mores）是加上公益理论的风俗；制度是加上了结构的民仪。民族是族化自中的（Ethnocentric）；内群的民仪与外群的不一样；慈善阻碍适者生

存的演化。[6]

或者是因为翻译哈特的机缘，或者是因为孙本文的介绍，李安宅知晓并详细研读了孙末楠的*Folkways*。孙末楠的学说也成为其诠释中国典籍、文化研究、实地调查的基本理论视角。他译自孙末楠的民风、民仪、制度以及间架等，成为其学术写作的基本语汇，并反复诠释。这首先体现在1929年他在燕大社会学及社会服务学系的毕业论文《〈仪礼〉与〈礼记〉之社会学的研究》之中。两年后，该文在商务印书馆正式出版。

在该书简洁的"绪言"中，李安宅开门见山地宣称：他不关心《仪礼》和《礼记》的成书年代以及作者，也不考证章句，而是将两书看成已有的"社会产物"，且是反向影响社会和社会其他产物的产物。即，他是用"社会学的眼光"，审视两书中的"社会学的成分"和对其他社会现象（人的行动）影响的诸方面，从而证伪这些被神秘化的经书附着在少数国粹保存家身上的"死的游魂"，助力正在发生的文化变革。所以，他使用的方法是"内证的研究"（internal study），而非"外证的研究"（external study）。[7]

那么，李安宅所言的社会学的眼光究竟是什么呢？李安宅借鉴的知识源和视角是丰富的。除他同期译介的霍布豪斯《社会发展》（*Social Development*）、《合理的行为》（*The*

6 Hart, Hornell. "The History of Social Thought: A Consensus of American Opinion", p. 195；《美国学者对于西洋社会思想史之材料的意见》，李安宅译，《燕大月刊》第三卷第一期（1928），第28页。在李安宅之后，Mores被孙本文、黄迪等人翻译为"德型"，并得到更广泛的使用。在翻译派克介绍孙末楠社会观的文章时，李安宅将Ethnocentric的变形"ethnocentrism"翻译为了"本群中心论"。分别参阅孙本文，《孙末楠的学说及其对于社会学的贡献》，《社会学刊》第一卷第一期(1929) 1—19页；黄迪，《孙末楠的社会学》，北平：燕京大学研究院社会学系硕士毕业论文，1934；[美]派克，《撒木讷氏社会观》，李安宅译，《社会学界》第六卷（1932），第3—9页。

7 李安宅，《〈仪礼〉与〈礼记〉之社会学的研究》，上海：商务印书馆，1931，第1—3页。

Rational Good）和《国家的形而上的学说》（*The Metaphysical Theory of the State*），1928年初步译完的马凌诺斯基《两性社会学》[8]之外，以下著述都在其征引之列：泰勒《原始文化》、威斯勒（C. Wissler，1870—1947）《人类与文化》（*Man and Culture*）、克鲁伯（A. L. Kroeber，1876—1960）《社会学导论的个案大纲》（*Case's Outlines of Introductory Sociology*）、麦克维尔（R. M. Maciver，1882—1970）《公社》（*Community*）、奥格本（W. F. Ogburn，1886—1959）《社会变迁》（*Social Change*）和格泰尔（R. G. Gettell，1881—1949）《政治思想史》（*History of Political Thought*）等。

8　李安宅，《〈两性社会学〉译者序》，第6页。

不但如此，对于1926—1929年间加入了中国共产党，并在燕大内外积极投身到革命伟业中的李安宅[9]而言，唯物主义和辩证法，诸如布哈林（N. Bukharin，1888—1938）《历史唯物主义》（*Historical Materialism*）同样是其释读中国典籍的理论支撑。这使得他对《礼记》《仪礼》的社会学认知，有着明显的"革命"色彩。

9　汪洪亮，《李安宅的学术成长与政治纠结》，第15—16页。

三　革命，大势所趋的变

在已有的范畴中，中国文化中的"礼"，在萌芽阶段的中国社会学中并没有相当的名称。李安宅认为其大致相当于人类学意义上的"文化"，并援引下列定义释之：人类社会独有的超有机现象的全体（麦克维尔）；民族的“生活状态”“个人种种活动所有的生活全体”（威斯勒）；“人以社会一分子的资格所习得的全称复体，包括知识、信仰、艺术、道德、法律、宗教、风俗，以及任何其他的能力与习惯”（泰勒）。[10]虽如此，为了讨论礼和社会演进、变革甚或革命之间的动态关系，孙末楠强调动态和体系的“民俗”的定义就成为李安宅释“礼”更为基本的支撑。

10 李安宅，《〈仪礼〉与〈礼记〉之社会学的研究》，第7页。

根据孙末楠的Folkways，李安宅认为：“礼”包括民风（folkways）、民仪（mores）、制度（institution）、仪式和政令等；广义的礼，包括精神和物质两个面向的“文化”；狭义的礼，是琐屑也有着型式的“礼节”。进而，李安宅再次重复了孙末楠关于民风、民仪和制度三者相互之间更替演进的观念：

> 据社会学的研究，一切民风都是起源于人群应付生活条件的努力。某种应付方法显得有效即被大伙所自然无意识地采用着，变成群众现象，那就是变成民风。等到民风得到群众的自觉，以为那是有关全体之福利的时候，它就变成民仪。直到民仪这种东西再被加上具体的结构或肩架，它就变成制度。至于为民上者所定的制度（那就是政令）是否能得民心而有效，则全靠这种政令是否合乎既成的民风。[11]

11 李安宅，《〈仪礼〉与〈礼记〉之社会学的研究》，第4页。

随即，李安宅否认了“礼”是某某圣王先贤创造出来的“常识”，且强调当旧的、僵固的风俗制度不适应已经变化的社会生活而成为障碍时，就自然会发生寻求积极平衡的革命演化的辩证法。即：

> 不过生活条件虽已改变，旧的风俗制度尚且因为沿用已久而变僵固（cake of custom），作为文化的障碍，所以需要快刀斩乱麻的手段，加以破坏，那就是革命。到这时候，不管国粹不国粹，非要廓而清之不可。近来所通常诅咒的“吃人的礼教”，就是变成沉积的废物（cultural lag）在那里作怪，阻碍社会的演进。[12]

如是，现代的“公民社会”也势必代替传统的“家族社会”。[13]

这些革命的观念，同样有着孙末楠民俗学说的影响。孙末楠认为，德型的僵硬性、保守性和顽固性一旦发展到极端，以致不能随着生活情势（life conditions）而变通，则必然要爆发革命。然而，孙末楠不看好革命，甚至不看好改良，因为他认为革命建设不足，破坏有余，而改良则完全可能是不顺应德型本身的演化而投机取巧。[14]在孙末楠看来，社会演化、民俗改良最有效的方式，是不同文化在“友善”的接触过程中，日积月累的相互影响的“混化（Syncretism）”，[15]即潜移默化、润物无声

12　李安宅，《〈仪礼〉与〈礼记〉之社会学的研究》，第 5 页。

13　李安宅，《〈仪礼〉与〈礼记〉之社会学的研究》，第 62 页。

14　Sumner, W.G. *Folkways: A Study of the Sociological Importance of Usages, Manners, Customs, Mores, and Morals*, pp. 23–24，87.

15　Sumner, W.G. *Folkways: A Study of the Sociological Importance of Usages, Manners, Customs, Mores, and Morals*, pp. 26–27，473–474.

的同化。孙末楠写道：

> 在高级文化的社会中，倘若生活情势改变了，而德型还是照样顽固，就会发生危机，这危机便由革命或改良来解决。在革命中，德型是宣告总崩溃的。在革命爆发后的那个时期，可以说没有德型。旧的已经破坏，新的尚未成立，社会生活仪式，大为扰乱，旧有禁忌不再发生作用。新禁忌不能随便创制或公布。必须经过长时间，才能建立并为大家所公认。[16]

16 Sumner, W.G. *Folkways: A Study of the Sociological Importance of Usages, Manners, Customs, Mores, and Morals*, p. 86.

李安宅对孙末楠这些认知的吸收、融化和对“礼”的定义，影响到了稍后在燕大清河试验区进行经验研究的邱雪峨对“礼俗”的认知。对后者而言，李安宅所言的“礼”就是她在北平郊区清河这样的“村镇社区”（village-town community）所看到的“礼俗”。邱雪峨写道：

> 礼俗是包括日常所需要的物件，人与物，人与人，人与超自然等关系的节文，又包括制度与态度。那么可以说“礼俗”就是人类学家所说的“文化”，包括物质与精神两方面的。[17]

17 邱雪峨，《一个村落社区产育礼俗的研究》，北平：燕京大学法学院社会学系学士毕业论文，1935，第 1 页。

深研过孙末楠的黄迪（1910—？），一度也曾将孙末楠细分出的民风、德型和制度通称为文化。并且，借派克之口，黄迪还指出了孙末楠文化观的不足：注意文化（风俗习惯）的客观方面，而忽略文化之个人意识以及社会态度与社会价值等主观方面，不大注意造成社会文化秩序的各个历程。[18]晚年的费孝通也认同此说。1996年8月，在总结其民族研究的两大认知论源头时，他指出：与史禄国（S. M. Shirokogorov，1887—1939）强调民族形成的历史过程的Ethnos不同，孙末楠基于民风、德型和制度并总体性呈现民风、德型和制度的Ethos（民族性），尽管外显为该民族的独立精神、特殊品格，却是静态的。[19]

18　黄迪，《派克与孙末楠》，见《派克社会学论文集》，第236页，北平：燕京大学社会学会，1933。

19　费孝通，《费孝通文集·第14卷》，北京：群言出版社，1999，第102—105页。

对国粹主义，对活在当下，却“硬要将死壳加在活人身上”的缺德的国粹家，有了新认知论的李安宅也就一直采取了“辞而辟之”的批判态度。[20]1934年，季良曾撰文鼓吹现代中国应回归中庸的、适宜的、客观条件的“礼仪”传统，其根据是舶来思想水土不服、没有民族历史意识和现实社会组织（如家族）基础。[21]对此，李安宅直接予以批驳。面对象征“旧”的礼教和国粹衰变的必然性，李安宅再次强调属于文化范畴的民风、民仪和制度的递进关系和对人的规范性：

20　李安宅，《〈仪礼〉与〈礼记〉之社会学的研究》，第11页。

21　季良，《中国现代社会思想古典化之根据》，《益世报》1934年5月28日，第三张。

芸芸众生，共生于区域社会以内，饮食起居都有不相上下的共同方式，然后才可安居乐业，不致扰攘终日。这种共同方式，莫之然而然，莫之致而致，我们管它叫作“民风”。不自觉的民风之中，有的变得自觉，以为与社

> 会的福利有关，加以维持与提倡的理论，便是所谓“民仪”。然后再由民仪之中取出某种因素，范以具体的间架，不复空存无形，于是成功所谓“制度”。民风、民仪、制度等，都足以范围个人的行为，只有程度的不同而已。这种范围作用，与社会的安宁有莫大的助益，就等于个人习惯对于个人生活的秩序一样，使人不必时时自觉地适应他的四周。[22]

22　李安宅，《礼教与国粹》，《益世报》1934 年 5 月 28 日，第三张。

然而，因为面对的是“变”这一基本问题，对个体以及社会安宁具有规范性的民风、民仪和制度的两面性也就凸显了出来。即，在一个阶段是“保护层”的民风、民仪与制度，在另一个阶段完全可能是“阻碍生机的硬壳”。这就如同个人生命发展到一定阶段必要摆脱前一阶段的旧习惯而习得养成新习惯一样，社会同样有此演化：在一个新阶段要换一套适于进展的保护层，从而成就一个“进一步的新社会”。无论是个体还是社会，在新旧更替变化的过程中，都必然要经历混沌彷徨与阵痛，才能成就大乐。为了论证变的必然性，李安宅在该文中还引用了“苟日新，日日新，又日新”的古训，将胡服骑射、辟邪说正人心和“取我衣冠而褚之，取我田畴而伍之”分别视为改革民风、民仪和制度的范例。

那么，变的动力机制在哪里？李安宅将之归结为一个大势所趋的“势”字。即，“客观的环境有否需要，主观的认识有否准备”。但是，前者常可强迫后者让步。对一度接受了唯物主义的李安宅而言，这里的认知多少有了经济基础决定上层建筑的印迹。对于季良强调的适合 “礼仪”传统的家族基础，也即中国社会长期家族社会的本质，李安宅在其数年前对《仪礼》和《礼记》的社会学研究中就尖锐地批判过。

李安宅指出，家族社会的中国当然早已不是粗浅的原始社会，但族属名词多而公民词汇少的中国，显然是在距离公民社会很远的“另一条途径”在演化。[23]关于传统中国的社会组织，李安宅认为只有国与家两种，而且承认家的扩大即国。[24]具体到家庭而言，男女的结合是基于传种的生物学目的，是承先启后的合“两家”之好，固着男女双方当事人的机械是强调差别、尊卑的“敬”。然而，一个严肃的事实是，对二十世纪二三十年代的中国普通家庭而言，“爱既未曾有过，敬与别都被不客气的习惯所取消”。[25]换言之，季良这样的国粹家强调的所谓现实的家族基础，已经没有了社会根基。

对李安宅而言，不但社会和文化相互关联，城市与乡村也是联动的。在关于乡村生活的“社会化”与“城市化”的探讨中，他对“社会化”的定义就是从文化的角度而言的。[26]他认为，社会化是一种“文化的过程”，在此过程中，“诎抑个人的私图、权利、知识等，做群众的工作，以增进社会

23 李安宅,《〈仪礼〉与〈礼记〉之社会学的研究》,第25—26页。

24 李安宅,《〈仪礼〉与〈礼记〉之社会学的研究》，第75页。

25 李安宅,《〈仪礼〉与〈礼记〉之社会学的研究》，第57—58页。十多年后，这一作为“敬”之手段的“别”，在费孝通那里演化成了其“乡土中国”重要支柱的“男女有别”。参阅费孝通，《男女有别》，《世纪评论》第十期(1948)，第12—14页。

26 李安宅，《乡村生活的“社会化”与“城市化”》。

的效能”。在乡村与城市之间，李安宅认为城市在高阶。所以，对于要向城市看齐的乡村而言，其城市化的过程也就是其“社会化”的过程。然而，乡村并非一定要唯城市马首是瞻。在城市社会理想和风俗传播的城市化过程之中，只有其风俗理想能够适应健全的乡间生活时，才是社会化。

数年后，在解读派克都市社会研究及其方法时，杨庆堃（1911—1999）也分明意识到农村的发展并不总是完全受都市影响，而且鉴于都市和乡村的互动，将来不一定存在都市社会学和乡村社会学的分野。为此，他指出：“我们研究都市，就不能不扩大到研究农村。同时，在新都市的强烈影响下，要研究农村，就不能不研究都市。都市和农村已成了一个互相不能分离的整个机构。”[27]在乡村城镇化、城乡一体化也即全面都市化稳步推进的当下，“跨越边界的社区”“村落的终结”“后乡土中国”和“都市中国的乡土音声”等命题的提出，在某种意义上就是对李安宅、杨庆堃等前辈前瞻性思考的学术回应。

27　杨庆堃，《派克论都市社会及其研究方法》，见《派克社会学论文集》，第302页。

此后，李安宅少谈城市化的问题，而是不遗余力地穷追城市和乡村都不得不面对的“文化”这一核心命题。诸如：何为文化？怎样研究文化？怎样进行文化建设？

四　文化即“人工”

1932年，在《什么是社会学》一文中，接受社会进化论的李安宅认为，社会学应该研究社会演化，而非机体演化。实际上，其社会演化指向的是“文化”。在该文开篇，他再次引用了威斯勒在《人类与文化》中对科学的研究对象——自然现象——的分类：

1.无机物，如土，对应的是物理、化学；

2.生理有机物，如植物和低等动物，对应的是生理学；

3.心理有机物，如人以及高等动物，对应的是心理学；

4.超有机物和社会物，如人群，对应的是社会心理学。[28]

紧随其后，李安宅再次引用了泰勒关于文化的定义。于是，社会学成为人类学、人种学、民俗学和考古学等学科的基础。[29]

在回归到社会学性质，即他所谓的特殊（狭义）的社会科学时，孙末楠对民俗的认知、分类再次回归：

在研究社会演化上，我们要知道有机现象的性质：民风，民仪（对于福利加上哲学和伦

28　李安宅，《〈仪礼〉与〈礼记〉之社会学的研究》，第7页；《什么是社会学》，《平大十周年纪念特刊》，1932，第11页。

29　李安宅，《什么是社会学》，第12—13页。

> 理的概念），和制度（概念加上具体结构）的分别；个人态度和社会价值的性质，及其相互作用；种族，环境，和文化在社会演化上的相当重要。[30]

30 李安宅，《什么是社会学》，第 14 页。

孙末楠曾将民俗比作空气，云："德型是从过去传下给我们的。每一个人之呱呱堕地，而生于其中，如同他生于空气中一样。他之不把德型为思想对象，或批评它们，也正如他在未呼吸之前，不去分析空气一样。"[31]在论及文化与人的关系时，李安宅将孙末楠的比喻置换为了鱼和水。在写就于1937年的《民族创作性的培育》一文中，李安宅有言：

31 Sumner, W.G. *Folkways: A Study of the Sociological Importance of Usages, Manners, Customs, Mores, and Morals*, p. 76. 此处引用的是黄迪的译文，参见黄迪，《孙末楠的社会学》，第 138 页。

> 鱼活在水里，并不觉到水；水要涸竭了，才觉得水的需要。人活在文化里，并不觉到文化；文化起了剧烈的变动，才要明白文化的所以然。[32]

32 李安宅，《社会学论集：一种人生观》，第 243 页。

颇有意味的是，1986年在中国民俗学会第二次学术讨论会上题为"关于民俗学结构体系的设想"的演讲中，杖朝之年的钟敬文也将民与俗比作了鱼与水，云：

> 人生活在民俗里，就好像鱼生活在水里，两者是须臾不可分离的东西。不管一种

社会文化发展程度的高低，都有一套为其社会需要服务的民俗。越是社会不发达，民俗的权威就越大，乃至一切文化都采取民俗的形式。[33]

33 钟敬文，《钟敬文全集·2》，北京：高等教育出版社，2018，第55—56页。

对这种鱼水关系，李安宅更强调文化对人的形塑：

就人造文化一点看，人是主，文化是工具；就人因文化而为人一点看，文化是模型，人是被模型所范铸的标本。模型有怎样的花纹，标本也有怎样的花纹。不过，这标本自有主观，一旦修得各式各样的花纹以后，便千真万确以为那是自己的东西；这东西“三军可夺帅也匹夫不可夺志也”，是人性本身，也是知情意所自发动的方式。[34]

34 李安宅，《社会学论集：一种人生观》，第243—244页。

继而，面临家国危机，一心要往西北，身体力行研究边疆——实边——的李安宅，已经充分意识到：

普通人所认为民族的问题，都是文化问题，或怎样利用文化、创造文化的问题。所以复兴民族，归根到底，就是要什么样的文化，并怎样利用文化、创造文化的问题。[35]

35 李安宅，《社会学论集：一种人生观》，第244页。

异曲同工的是，1932年与李安宅、许地山、吴文藻一道发起编纂“野蛮生活史”计划，且深知孙末楠民俗学说三味的黄石，同样将礼俗研究视为“边疆社会学”的急务，视为边疆政治的前驱。[36]

36　黄华节，《礼俗改良与民族复兴》，《黄钟》第六卷第一期（1935），第14—18页。

1939年，抵达拉卜楞寺不久的李安宅，为了更多在西北的人能够正视“文化”并研究之，以任责的笔名特意撰写了《什么叫作文化？怎样研究文化？》一文。他延续了其社会学对于文化定义的既有思路。该文开篇，威斯勒四分的自然现象表述得更加明晰：

1.无机现象——物质；
2.有机现象——物质+生命；
3.心理现象——物质+生命+意识；
4.文化现象——物质+生命+意识+人。

接着，为了说清文化，中国人耳熟能详的“人工”有了新的意涵，被李安宅等同于了文化：

> 征服自然是人工，谋其自己彼此相处之道也是人工；一切人工，都是文化。……不管对于自然界，还是对于人事界，凡是想办法而求改良者，都是人工；这人工便是人生自有的要求，是人之所以为人的条件。……惟人始有工，亦惟有工而始为人。人工便是文化，有文

化的动物，才算人类。[37]

37 任责，《什么叫作文化？怎样研究文化？》，《新西北半月刊》第二卷第一期（1939），第14、15页。

文化或社会学者的责任，就是研究人类文化在这双重工夫上走到了什么程度。应用文化学者或社会服务家的职责，就是研究人类怎样组合、文化怎样摆布，才能共存共荣。顺势，李安宅将人工与民风、民仪和制度联系到一起，并以前者来定义后者，使他借用的这三个术语完全本土化。民风，是“某一地域的人类所共有的人工”；民仪，是不但谁都如此的民风，而且是“不如此便算违反了公共的福利”，因而受到舆论维护的民风；既受到舆论保障，又有相关律法的民仪，就是制度。在澄清这些基本概念之后，李安宅还以他已经熟悉的回民风俗为例进行了说明。

总之，人对自然、同辈、超自然和自我的适应，即文化，即人工。文化，就是“人类适应各方面的人为工夫，即民风，民仪，制度是也”。[38]这样，李安宅经常引用的泰勒的文化定义和孙末楠的Folkways，得以合流，且逾越中国古已有之的“礼”这一文言表达，而有了地道的“白话文”表述，从而继续在多艰时代为新旧文化之争中出现的问题提供新观点，并使社会学成为其“不求偿的积极主义”之人生观的诠释，成为张东荪称许的“新文化之先河”[39]。

38 任责：《什么叫作文化？怎样研究文化？》，第15页。

39 张东荪，《〈社会学论集：一种人生观〉张序》，见李安宅，《社会学论集：一种人生观》，第5页。

五　文化人、文化区与文化型

在抗战胜利之后，论及文化建设时，李安宅再次陈述了他上述关于“文化”的认知。即，文化是用人工改变自然的过程与结果，产生于人对自然、人群、自我和超自然的诸种适应；民风、民仪和制度就是文化。[40]在相当意义上，这也可以视为在理论层面，对他1934年强调保守者所秉持的礼教和国粹应该变也必然会变的自我回应。对李安宅而言，文化进化就是文化建设，文化建设就是文化的自我革新与进化。

40　李安宅，《文化建设之过去与未来》，《文化先锋》第六卷第十五期（1947），第4页；《关于我国文化建设》，《文化先锋》第六卷第十五期（1947），第7—8页。

在否定性也是批判性地谈论与“旧”一体两面的礼教与国粹，尤其是“大家庭”（家/宗族）时，李安宅曾经明确地提出了社会演进的四个标准：范围广狭、自由多少、效能高低和相互关系是否均衡。[41]显然，这个谈社会演进的标准，实则指向的是人。十三年后，因为直接谈的是文化建设，李安宅顺势将作为文化的动物——人，命名为“文化人”，强调文化乃人不言而喻的基本特质。而建设文化，必须立足于“文化人”：首先要认知到文化不可分的全面性、整体性，重视适应人与人的关系的科学——社会科学，更要重视劳苦大众、农村与边疆，并将之作为文化建设的基础。因此，对现代化的文化建设，他开的药方是：工业化（针对自足的村镇经济以及后来的破产）、公民化（针对家族主义以及后来的解组）、人格健全化。

41　李安宅，《礼教与国粹》。

适应，是李安宅界定文化的关键词。然而，他并非环境决定论者，还强调“人定胜天”，即人的主观能动性的一面。他将人定胜天形象地比作“人杰地灵”，从而与环境决定论者的“地灵人杰”相对。在家庭研究和科学方法上，法国社会学家勒普赖（Le Play，1806—1882）提出了“境地→工作→人群”和“人群→工作→境地”两个公式。[42]前一个强调环境对人的影响，后一个则强调人的主动性。受此影响，李安宅更浅白地写道：

> 文化与其他现象的关系，若用另一种说法，便是这样：兹命一切人以外的事物为环境，则见环境是影响人生的，而其所以影响的媒介，则在衣食住行等人工；反之，人有衣食住行等工作，也会影响环境。列成公式，便是：环境→人工→民众；民众→人工→环境。就公式的上一段来说，是环境决定，是地灵人杰；就下一段来说，是人定胜天，是人杰地灵。[43]

那么，具体到边疆这样特殊的环境，究竟该如何研究文化呢？热心实践，并力求服务于国家、社会、边疆与学界的李安宅，提出了“文化区”，并化用了本尼迪克特的“文化单位”（Culture trait）、“文化丛（文化复体）”（Culture complex）或“特质丛”（Trait-complex）和“文化型”（Culture pattern/configuration/type）一系列有

42　转引自李安宅，《社会学者所应有的训练》，《益世报》1932 年 12 月 26 日，第十版。

43　任责：《什么叫作文化？怎样研究文化？》，第 14—15 页。这一公式，李安宅曾经翻译的盖笛斯有进一步的延伸。盖笛斯认为，社会再度发展时，人群已经不是自然人群（folk），而是因为种种目的结合的伦理社会（polity）。同时，组织进步的城市生活总是社会决定职业。青年根据社会需要选择职业以安身立命，发展人格，这样就产生了艺术，并以理想来改善“境地”。如此，在城市社会，勒普赖的公式就演进为：“伦理社会→文化（职业）→艺术”。参阅［英］盖笛斯，《在生命之图表上的宗教》。

着内在逻辑关联的概念。[44]

44 Benedict, Ruth. *Patterns of Culture*, London: G. Routledge & Sons, Ltd., 1935, pp. 45–57.

多少受到文化生态学（cultural ecology）影响的“文化区”这一概念，明显是李安宅自己的。它不局限于行政区划，而是因人生各方面的不同适应而有与旁的区域不同的文化特点的某一地理区域。文化单位，是一个文化区内文化呈现的具体因素和形式，诸如裤子、头发的形式等。晚些时候，李安宅也曾用“文化圈子”指文化区，强调我们每个人“都活在文化圈子以内”。[45]在同一文化区，不同但互联、不可分离的文化单位形成“文化丛”，也即“文化复体”。他举了与酥油相关的文化丛：奶、挤奶的钩子、筒子，牛的处置，奶皮子、酸奶子、酥油茶、茶和炒面、酥油包子等奶的其他产品。不同的文化丛组织起来，使某一群体形成某种特有的文化风格，就是“文化型”。如游牧、半游牧、定居、家庭手工业、机器工业等都是不同的文化型。

45 李安宅，《论语言的通货膨胀》，第7页。

显然，如果说文化区是针对人文–社会空间而言，那么文化单位、文化丛和文化型则是针对这个人文–社会空间中的文化本身。

具体到对某一个文化区之文化的研究，李安宅认为可以从人对自然、同辈、自我和超自然的四个层面的调适、互动进行。[46]就人与自然方面，他又分了生活基础、生活条件和生活艺术三个层面。生活基础方面，除常说的土壤、气候、水利之外，李安宅强调更应该注意人地比例；生

46 任责：《什么叫作文化？怎样研究文化？》，第16—17页。

活条件方面，则需关注职业、交通工具、劳作工具、饮食方法、器具与禁忌、住所构造和分配方式、聚居方式；生活艺术方面则包括纺织方法、原料，图案染色的原料、方法，制革的方法、用途，陶器、冶金术的工艺、用途，乐器、医药等的种类和途径，等等。

对于同辈的适应，李安宅分为了团体成分、人生仪礼和团体结合三部分。团体成分包括社区内人口、性别比例、年龄段、种族，社区的单姓复姓、农林牧副渔等归类；人生仪礼除出生、成年礼、婚丧等之外，还包括学徒的教育方式；团体结合涉及该社区的个体、群体在社区内外可能发生交往互动的方方面面，包括男女关系、家庭组织、公民训练、国际关系以及相关的理想，此外还有罪犯、战争、军械、娱乐、交易等。

人对自己的适应，主要指身体的修饰、高矮胖瘦的体质、心理的积极与消极、性格外向或内敛、临时局部的满足或全盘有组织有目的的满足。

人与超自然的适应主要指信仰，又分为信仰本身、机关和组织三类。信仰本身包括神明与信条、信徒与神明的关系、敬拜仪式与禁忌等；信仰机关指寺庙教堂的组织、经济和信徒的训练；信徒组织指僧侣、教众的法会等。

对于这些纷繁复杂的文化，李安宅指出了多条研究路径：以时间为序整理的历史的方法；以空间分布为毂，重部分与系统之间关系的功能的方法；

时间空间并重，求其发展过程与阶段的演绎的方法；将上述三者进行比较的比较法；此外，还提及归纳法、统计法和个案法等。[47]

47　任责，《什么叫作文化？怎样研究文化？》，第 17 页。

六　实地而厚生

1924年，李安宅从社会服务（社会工作）开始，步入社会学轨道。对他而言，社会工作或者说社会服务尤为重要，而且“实用社会学就是社会工作”。[48]1925年，以职业证书资格留校燕大社会学及社会服务学系任助教的李安宅，翻译了时任系主任的步济时的演讲稿《中国社会服务工作之意义》。该演讲系统梳理了当时正在蓬勃展开的赈济、识字教育与筹边（移贫民到边疆）三种民间自发组织且有效的社会服务运动，认为这些运动塑造的团体精神、训练的公民，正是未来中国建设民主的基础性工作。

48　李安宅，《〈社会工作导论〉李序》，见蒋旨昂，《社会工作导论》，上海：商务印书馆，1946，第 1、8 页。

如上一章所言，在美留学期间的1935年6—9月，李安宅在新墨西哥州调查祖尼印第安人两个半月。其目的就是要系统学习人类学田野调查技术的训练、获得一种文化洞察力，以作为国内工作的参考。归国后，他更明确倡导国内外同行携手用实证的方法研究中国，直至将中国的经验研究，尤其是村镇农耕文明和边疆民族文化并举的经验研究，作为中国甚至世界社会科学建设的一种基本路径与方法。

1935年7月27日，在祖尼印第安人家中写就的《巫术科学宗教与神话》“译本序”中，李安宅反复声称用人类学实地研究的方法，研究中国农村和边疆地区，进而有效服务于国家的必要性。他明确反对空谈所谓的“中国本位文化”，反对一切空洞的八股习气和钻故纸堆的吹毛求疵。因而，他认为重“古董”的考古学和重测量、数据的体质人类学，远没有直面真人及其生活的文化人类学重要，明确将实地研究视为八股习气的“顶门针”，将实地研究称为“实学”。[49]而且，对在拉卜楞寺亲身调查研究与服务了近两年的李安宅而言，实地研究不仅奠定真正知识的稳固基础，能一扫先入为主的价值判断的乌烟瘴气，彰显熟练科学的清明世界，还始终与社会服务、训练合一。[50]

1942年10月，在为蒋旨昂（1911—1970）《成都社会事业》[51]一书撰写的序言中，李安宅明确强调社会服务工作的重要性。他认为，旧式的社会工作因为宗教或慈善的动机，“观点不够积极，记述不够细密，机构不够健全”，而新式的社会工作尽管招牌显明、口号漂亮、冠冕繁多，却又不切合国情、不深入基层，终至无关群众福利和国家大计。[52]因此，他充分肯定熟知国内外社会工作动态并一直身体力行的蒋旨昂该书的意义所在：

> 此等调查可为区位研究（ecological studies）的基础，取材方法可兼问题表与个

49　李安宅，《人类学与中国文化：〈巫术科学宗教与神话〉译本序》，第509页。

50　李安宅，《〈农村社会调查方法〉李序》，见张世文，《农村社会调查方法》，重庆：商务印书馆，1944，第2页；《〈边疆社会工作〉自序》，见李安宅，《边疆社会工作》，上海：中华书局，1944，第2页。

51　作为中国社会工作这门学科的奠基人之一，1934年毕业于燕大社会学系的蒋旨昂是“实用社会学的实地工作者”，也是李安宅多年的故交。1941年，李安宅到华西协和大学任教后，与蒋旨昂成为共用一间办公室的同事。在燕大就读期间，蒋旨昂担任了燕大清河试验区社会服务股的股长。其1934年完成的本科毕业论文《卢家村》就是基于长期在清河试验区的卢家村调查完成的。1942年初，蒋旨昂接受“成都市县社会福利机构团体”调查的义务工作，迅速组织动员华西协和大学、燕京大学、金陵大学、金陵女子学院、齐鲁大

案记录的长处，动员分配可得协同工作与个别责任的历练，全盘设计均有训练学生与实现政府的双重利益，国家既经济，学校又得实惠，为社会之善，可资推广。[53]

因此，尽管步入燕大和学界的李安宅一直都不遗余力地在译介社会学、人类学、哲学、美学、心理学与语言学多种著述、学说，但如何切实有效地从认知论到方法论等不同层面改进中国社会、服务于国家建设，才是他翻译诸多看似玄奥、新奇的西洋学问的真正目的。因此，正如上一章已经指明的那样，在血雨腥风的1938年，他没有留守沦陷的北平，没有远赴大后方的西南，而是决绝地投身到甘南的拉卜楞寺，研究藏族宗教、文化，并迅速成为边疆/政学、藏学的中坚。这不但在情理之中，更是其学术信念和志趣的必然之果。换言之，对李安宅而言，社会学不仅是“不求偿的积极主义”人生观，更是其报效国家而身先士卒的行动与行动力。

所以，在李安宅这里，实地工作并非惯常意义上的获取直接经验的田野调查，而是综合直接经验和间接经验，将“客观界”变得客观的全套工夫。在华西协和大学重执教鞭、指导学生实地研究时，李安宅曾写道：

一般所谓蚩蚩者氓，不分古今中外，都在习而不察的直接经验中打圈子。譬如鱼在水

学学习过或正在学习社会调查课程的学生40名，展开调查。在完成成都市区的调查后，出版了《成都社会事业》。该书内容包括：社会行政机构、院外救济、院内救济、残废救济、精神病治疗、医药服务、法律扶助、职业指导、社会保险、体育娱乐、非专业之社会服务，以及训练机关等。

52　李安宅，《蒋著〈成都社会事业〉序》，《华文月刊》第一卷第六期（1942），第44页。

53　李安宅，《蒋著〈成都社会事业〉序》，第45页。

里，并不自觉到水的存在；人在个别文化型里，亦不自觉到一时一地的文化型与其他异时异地的文化型的来龙去脉。所谓沉沦在经验之中，毛病不在没有经验，而在不能超出当前经验以作高瞻远瞩的工夫。必得直接经验，合以间接经验，发生参考与印证的作用，才能深入客观界，以使客观界变得客观。这套工夫，简言之，叫作实地工作。[54]

54 李安宅，《〈社会工作导论〉李序》，第 8 页。

显然，在李安宅这里，实地工作或者说实地研究，并不仅仅是研究的路径与具体的方法，还有着他熟稔的曼海姆知识社会学的意味，或者说是他自己的知识社会学有机的组成部分。在相当意义上，李安宅给蒋旨昂《社会工作导论》写的“序言”实则就是他自己的知识社会学论纲：为蒋旨昂关于社会工作搭建的“间架”，“套上一套更为广泛的间架——描绘出本书间架以外的学术上的远近布景”。[55]

55 李安宅，《〈社会工作导论〉李序》，第 10 页。

作为知识社会学的原创者，曼海姆侧重勾画的是该门科学的方法论与认知论。与此不同，李安宅的知识社会学最终还是落脚到了应用，尤其是“**厚生**”。在阐明了重量的自然科学和重质的社会科学之不同之后，李安宅演绎了其知识社会学之应用、关涉人类生死而“厚生”的本意。而他的社会学抑或说社会科学则是探求“适应之道”与人类社会的“自在”，[56]并回归到民风、民

56 李安宅，《〈社会工作导论〉李序》，第 7、8 页。

仪和制度。李安宅写道：

> 然而怎样达到利用厚生的目的，以避免手段的误用，则在于人与人的关系中探求其原理原则而发其适应技术。适应结果，是尊重人与人的权界，养成分工合作，交荣互利的习惯。其必要过程为对于民风，民仪，及制度等客观分析与合理建设。合理建设也者，即追求其所以然的道理而用以还诸其身以控制之之谓。盖物质建设是以人工顺其自然而改变其自然，社会建设亦是以人工顺其自然而改变其自然。"食色性也"，即人工之自然。根据食色的自然，而予以营养的配合，婚姻的制定，全盘人格的发展，而由当前享受至于远近大小的取舍，是为改变其自然。旧式理学空谈仁义而无实现仁义的技术。自然科学家只有控制物界的技术，而与利用技术以谋仁义，以实现康乐社会无关。故"脱颖而出"，"舍我其谁"，责在社会科学。[57]

57　李安宅，《〈社会工作导论〉李序》，第 6 页。

七　服务即研究

作为二十世纪前半叶中西兼通的，重要的社会学家和社会科学家，无论对于哪个领域的研究，李安宅始终有着相对恒定的文化观。再鉴于其厚重的人文色彩、家国情怀与行动力，或者可以将其社会学称为文化社会学。

虽博采进化论、人文区位学、功能学派、文化相对主义和唯物主义等诸家之长，但孙末楠用来建构社会学的民俗学说对李安宅的文化观重要莫名。民风、民仪/德型与制度相互递进又三位一体而整体呈现出的文化的民族性，既让中国的“礼”在李安宅那里成为一个社会学的问题、分析对象，也使他对国粹与礼教等传统抑或说过时的文化的革新、演进满怀信心。进而，基于甘南等边地民族文化所提出的文化人、文化区等核心概念的厘清，他将文化本土化地诠释为“人工”，由此强调“人杰地灵”相对于更偏重于环境决定论和适应论的“地灵人杰”的重要性，并将人与文化的关系视为鱼水关系。

因为始终关注文化与人之间的互动和相互建构，对李安宅而言，民族问题、边政问题自然就是文化问题，文化建设最终必然回归实用和关涉人类生死而“厚生”的本意。这一切，都在多艰时代为文化之争中出现的问题提供了新观点，使得他的社会学成为其“不求偿的积极主义”人生观的异文，有着浓厚的人文性，及至在1938年直接将“一种人生观”作为其《社会学论集》一书的副题。

于是，综合直接经验和间接经验，将客观界变得客观的实地工作，早已经不是一般意义上获取直接经验的田野调查这一技术手段，而是实打实地培养文化洞察力的“实学”。社会工作也不仅仅是服务于民、社会以及了解民情、实情的社会调查，它本身还是文化建设有机的组成部分，是对民风、德型、制度等“文化-人工”的客观分析与合理建设。这一切都与李安宅始终心怀天下的学术情怀，**“研究即服务，服务即研究”**的学术定位密切相关。

无论在高手如林的燕京学派还是华西学派，李安宅都是一个言必行、行必果的社会科学家。而其源自现实和缜密思考的前瞻性认知，不但丰富、充实了燕京学派、华西学派的位相，对今天的社会科学的从业者而言，无疑仍然有着重大的参照价值。

陆

礼俗、节期与信仰

世界上任何种族，任何国家，乃至于任何地方的部落或社区，人们的生活，都有一套特殊的传统公同方式，来模铸其生活的典型，来规定其行为的轨范。这一套共同的，传统的生活方式，我们给它一个专名，就叫做“礼俗”。

说到旧历的年节，上面已经指出它与农功有密切关系，在尊重国历的原则下，固不妨索性痛快地改为“春节”。

你要明白民间宗教的实在情形，就得跟老百姓一道儿跑——跟民众一同去上庙，一同去烧香，一同去赶庙，一块儿参加迎神赛会。

——黄石

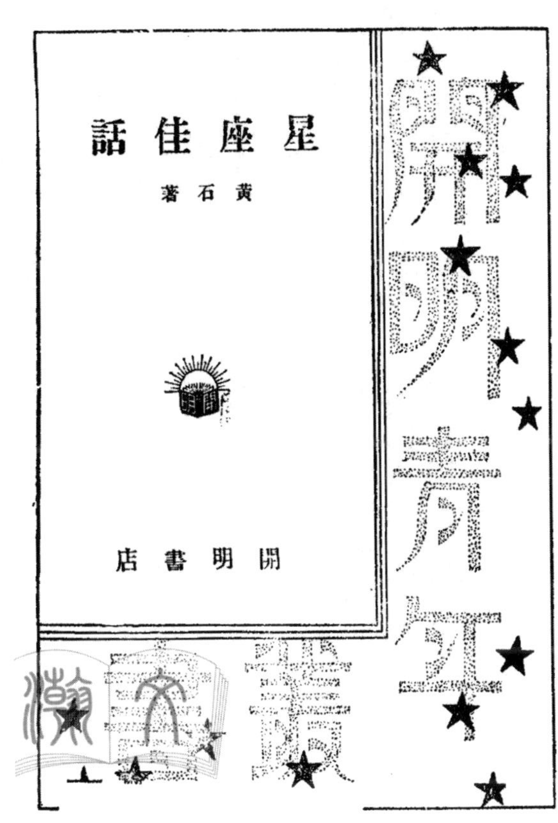

《星座佳话》开明书店
1935 年 9 月初版封面

熄燈。聽說熄燈，夫婦不能白頭偕老，以是睡前必提燈於別室滅之方可。

（十）翻包袱——包袱是送飯從女家帶來，內有新人的衣服，送飯者去後，本坊的婦人都來翻包袱，翻弄次數愈多，將來家道愈興旺。

（十一）被褥角邊紅放花，棗——紅花和棗意思是紅花富貴，早生子女。

（十二）送六的茶食——送六六新人從娘家帶來幾包茶食，誰家小孩吃了，可以「長命百歲」。

（十三）枕頭裝麥僭——新夫婦的枕頭內裝着麥僭，意思指示「家道可以興盛。」

通訊研究

編者按：此爲本社社員黃石君致楊慶堃君之函，以其有關於研究計劃及禮俗討論，特擇要節錄。黃君現在定縣河北縣政建設研究院任禮俗之職，爲國內研究禮俗有數專家之一，在本刊發表之作，早已膾炙人口。楊君在過去一年爲本社中堅分子，現在美國米希根大學研究人文區位學。此函託本社轉寄，未經發者收者同意，即予刊布，此尚祈二君宥諒。

慶堃兄：既承厚意推轂，忝屬知己，亦不妨將弟之懷抱與奢望，一傾肺腑；倘有良機，爲弟一謀，老實說，還顧弟目前境況與基本學識，渡美尚非其時，將來或有此可能，此刻尚談不到，且求學亦不一定必要留美，尤其是研究東方文化，在國內反較爲便利，按弟之理想計劃，擬先在適當區域，先作三數年feild work，作區域研究，次移至北平，一面整理材料，一面更深入故紙堆中，搜求史書載籍之材料，與實地材料相印證，如是可望于四五年間理出一正確清楚之系統，以爲再謀上進之根基，此外，前數年所集之材料，亦擬大加整理編述，謀寫成一本「像樣的書」，一以試驗自己之成績，一以求海內外碩學公評，打定在學術界之地位，此弟最近之爲學目標及計劃也。弟目前之具體計劃：第一步先完成定縣之區域研究，

社會研究　第七十期　一四九

——

《通讯研究：与杨庆堃君函》
（1935）影印件

一　引言

现代学科意义上的中国民俗学，在经历了北大《歌谣周刊》时期以周作人、胡适为代表的偏重于文学的民俗学，中大《民俗周刊》时期以顾颉刚为代表的偏向于史学的民俗学之后，伴随先后蓬勃展开的乡建运动和新生活运动，出现了偏向社会学，也即社会科学化的演进支脉。这使得中国民俗学运动出现了多元化发展的势头。在民俗学社会科学化的历程中，孙末楠民俗学说的引进、社会人类学功能学派的传播、对研究初民社会的局内观察法也即实地研究的推崇，都扮演了至关重要的角色。在民俗学研究中，特立独行的黄石将这三者有机结合在了一起。1930年代前半期，黄石在定县对民间宗教、传说、节庆、礼俗等的实地研究与诠释，使中国民俗学运动真正与“民间的生活”发生了关系，面貌为之一新。为此，黄石本人也成为“社会学的民俗学”[1]的引路人、践行者和成效卓著者。

然而，在中国民俗学史的研究中，尽管近些年来对黄石的研究日渐增多，[2]选文不多的《黄石民俗学论集》在1999年得以出版，吴丽平也注意到黄石就民俗的社会学四分和瞿同祖（1910—2008）三分之间的商榷，[3]但仍缺乏在中国现代民俗学运动以及社会学演进，尤其是社会学本土化的整体图景中，对黄石力促中国民俗学社会科学化的省思。事实上，不仅对于燕大社会学，就是对于晏阳初（1890—1990）、李景汉（1895—1986）等主导的定县平民教育运动和调查的再研究而言，黄石的民俗学研究都具有非凡的价值和意义。

二 “开荒牛”黄石

对中国现代民俗学运动而言，在研究领域、理论的引进与创建诸方面，黄石都具有不容忽视的“开荒性”。二十世纪二十年代晚期，在《〈神话研究〉后记》中，他曾自比为“开荒牛”。[4]在相当意义上，作为中国现代民俗学运动中的“独立研究者”，黄石也是屈指可数的中西皆通、著述甚多的“职业民俗学家”。[5]

仅就目前有限的检索而言，黄石先后出版的专著有：《神话研究》（1927）、《妇女风俗史话》（1933）、《星座佳话》（1935）、《基

1 1936年，方法论意识、学科意识鲜明的杨堃，在指出中国民俗学运动既有的文学的民俗学、史学的民俗学、以江绍原为代表的神话学派的民俗学、以汪馥泉为代表的唯物论的民俗学等流派的同时，因“确信民俗学亦是社会学的一部分”，而明确倡导应该用民族学或社会学的方法——局内观察法，以及布朗的比较法，来研究民俗。这即杨堃此后领军的“社会学的民俗学”。参阅杨堃，《民俗学与通俗读物》，第11—12页。

2 诸如：赵世瑜，《眼光向下的革命——中国现代民俗学思想史论（1918—1937）》，第113—118、301—313页；许定铭，《被遗忘的民俗学家黄石》，《大公报》2006年3月19日；刘锡诚，《20世纪中国民间文学学术史》，第316—318页，《黄石：一个被隐没的民俗学家》，《中国社会科学报》2017年2月20日；谭一帆，《黄石的女性民俗研究》，北京：北京师范大学硕士学位论文，2020。

督教道德观与中国伦理》（1962）、《端午礼俗史》（1963）、《关公的人格与神格》（1967）和《中国古今民间百戏》（1967）；译著有：爱伦·凯（Ellen Key）《母性复兴论》（1927）、薄伽丘（Giovanni Boccaccio）《十日谈》（1930）、顾素尔（Willystine Goodsell）《家族制度史》（1931）、伊文思（I. O. Evans）《少年世界史纲上册》（1935）。

3 吴丽平，《民俗学的三分法和四分法——瞿同祖和黄华节的论争》，见吴效群编，《民俗学：学科属性与学术范式》，郑州：河南大学出版社，2015，第301—309页；《黄石与民俗社会学》，《民俗研究》2020年第6期，第83—96页。

4 黄石，《神话研究》，第213页。

5 赵世瑜，《眼光向下的革命——中国现代民俗学思想史论（1918—1937）》，第116、301、309页。

在中国民俗学界，最早注意到黄石的是娄子匡。1933年，应德国学者艾伯华之邀，娄子匡写了系统介绍中国民俗学运动的文章。该文偏重北大《歌谣周刊》、中大《民俗周刊》和杭州中国民俗学会，主要点将的是周作人、顾颉刚、江绍原、钟敬文、赵景深和他本人。在有限的篇幅中，娄子匡还注意到了“从神学道上来归”的黄石，“年来除于神话有若干论述以外，他研究着这一门的几许问题，也有过好些短篇的论述”。[6]

6 娄子匡，《中国民俗学运动的昨夜和今晨》，《民间月刊》第二卷第五期(1933)，第11页。

1940年，在杨堃的指导下，李荣贞对黄石生平、民俗学研究进行了系统梳理，将之视为“社会学的民俗学”的典范。根据一同与黄石在定县作过调查的廖泰初（1910—2000）提供的材料和燕大注册课学生的记录，李荣贞给1936年南归的黄石作过一篇小传。[7]根据这篇小传可知，又名黄华节的黄石，广东新会县人，生于1901年3月5日（正月十五），家住广东佛山公理会。父亲从商，家中经济却并不宽裕。中学毕业于广东花池培英中学的黄

7 李荣贞，《中国民俗学的发展》，北平：燕京大学法学院社会学系学士毕业论文，1940，第95页。

石，笃信基督教，属公理会教徒。1923—1926年，他就读于广州白鹤洞协和神学院（Canton Union Theological College）。此后，先后在广州崇基女子圣经师范学校任教和在香港编辑《大光报》。

1930年秋，由广州白鹤洞协和神学院介绍，黄石到燕大宗教学院做特别生。在研究比较宗教学的同时，他对历史学、社会学发生兴趣。因选修同乡许地山"中国礼俗史"课程，黄石进而对礼俗研究有了浓厚的兴趣。稍晚，许地山荐举他到河北定县平教会做研究工作，研究对象涉及歌谣、谚语、庙会、小曲、秧歌等。他给平教会写的相关报告，后来因卢沟桥事变而遗失。1935年，黄石改任设在定县的河北省县政建设研究院礼俗调查职务，继续其上一年在平教会的研究。[8]另外，1932年，黄石还与许地山、江绍原、吴文藻、李安宅等一道，发起了编纂"野蛮生活史"的计划。1936年，其妻病逝，黄石南归。[9]

自此，黄石从学界视野淡出，不知所终。根据许定铭写于2006年的《被遗忘的民俗学家黄石》一文的有限追忆：二十世纪六十年代中期，黄石在香港元朗东头村赁屋而居，且与也在此租屋居住的年轻的许定铭为邻；彼时，深居简出的黄石，以卖文为生，还赠送了许定铭一册刚出版的《中国古今民间百戏》。

多年研究民俗的黄石，不同阶段的学术写作各有偏重和特色。1920年代，女性民俗是黄石研究的

8　在吴文藻晚年的记忆中，黄石是被他目的明确地派往定县做调查的，他俨然有意将与自己同龄的黄石拉入燕京学派的阵营，归在其弟子之列。但是，在关于燕京学派的研究中，基本没有人提及黄石。参阅吴文藻，《吴文藻人类学社会学研究文集》，北京：民族出版社，1990，第343—344页。多少有些遗憾的是，根据一面之词，香港作家许定铭《被遗忘的民俗学家黄石》和大陆著名民俗学史家刘锡诚《黄石：一个被隐没的民俗学家》两文都将黄石归在了吴文藻门下，误认为黄石是跟着吴文藻学习宗教与民俗。

9　黄石有可能1935年底就离开北方南归，且还去了广西，但这无法确证。在费孝通晚年的回忆中，是当年正好在广西的黄石专程前往帮助他处理了王同惠的后事。顺带，费孝通对访谈者提及了黄石在燕大的生活情形和性格。记录者呈现出来的费孝通原话如下："出来到桂平，接下来都是奇遇。来了个燕京的老朋友，他自

重头，成果主要刊发在《妇女杂志》《新女性》等刊物。1930年代初，黄石继续进行其感兴趣的女性民俗等研究，除《妇女杂志》《新女性》之外，《东方杂志》成为其新的发表阵地。因为英语娴熟、国学功底雄厚，黄石的研究总是旁征博引，有着中西、古今比较的大视野。

如上章言，如果说孙本文是最早系统向国内学界介绍孙末楠民俗学说的学者，那么黄石应该是最早在自己研究中引用孙末楠*Folkways*的中国学者，而且是远在他北上燕大做个特别生"取经镀金"之前。在解释性的"他不"（taboo）时，黄石引用了孙末楠*Folkways*第30—31页对他不的定义，将孙末楠称为"民族学者"，音译为"萨谟涅"。[10]次年，在亲属通婚的禁例研究中，黄石引用了*Folkways*一书第489页孙末楠关于乱伦和关于亲属通婚的他不的解释。这一次，他直接将"萨谟奈"称为"民俗学者"。[11]晚些时候，在叔嫂婚的研究中，他还引用了孙末楠和弟子恺莱（Albert G. Keller，1874—1956）合著的《社会科学全书》（*Encyclopedia of Social Science*）中祖鲁人等美洲的事例。[12]

同样，在1935年布朗来燕大宣讲其功能论（比较社会学）之前，在马凌诺斯基的代表作《文化论》《两性社会学》等汉译本正式出版之前，在1936年吴文藻《布朗教授的思想背景与其在学术上的贡献》《功能派社会人类学的由来与现状》刊发

己从广西赶来，他叫黄石，是个怪物。燕京大学分两种人，一种是纨绔子弟，有钱的。还有一种穷的，不住在普通宿舍里（两人一间房，现在还是这样），他们不交费的，住在阁楼上，黄石就住在阁楼上。他是个奇奇怪怪的人，很有义气。他从广西赶来，把我的事情包下来了。我一个熟人都没有，广西给了我一笔抚恤金，我交给他，让他处理我爱人的身后事，我是不能动的。"参阅陈群记录、朱学勤订正，《费孝通先生访谈录》，《南方周末》2005年4月28日。

10 黄石，《性的"他不"》，《新女性》第三卷第七号（1928），第757页。

11 黄石，《亲属通婚的禁例》，《新女性》第四卷第八号（1929），第1048页。

12 黄华节，《叔接嫂》，《东方杂志》第三十一卷第七号（1934），第22页。

之前，黄石就明确用功能论进行民俗学研究。只不过，他将功能学派翻译为“机能派”，将功能论译为“机能法”。

黄石将机能法的要点简括为三：

1.文化是整个的，其各部分互相牵连、交互错综。因此，礼俗、宗教、经济等必须放在其在文化“机构”上原来的部位，才能够明白其意义，明了其作用或机能，绝不能提出一部分来做孤立的研究。

2.与进化派人类学致力于再造演进的阶程不同，机能派重在构造的定律和作用的定律。

3.为了探究文化各部分的相互关系和各部分在整个文化机构中的功能，机能的研究法不但以“实地研究”为起点，还以“实地研究”为终点。[13]

13 黄华节，《怎样研究民间宗教？》，《民间》第一卷第十期（1934），第14页。

因为对功能论的心仪，与许地山、杨庆堃等燕大师友的密切互动，定县的深度调研，黄石的民间宗教、传说、节庆等研究的社会学色彩日渐浓厚，他也很快成为燕大社会学会在《北平晨报》主持的《社会研究》这一周刊的主力“写手”之一。长期在定县实地研究之后，黄石对“礼俗”或“民俗”的界定，更加系统、独到。在一定意义上，此前中国民俗学在歌谣运动时期奉行的源自威廉·汤姆斯（W. J. Thoms，1803—1885）的偏重于民间文学的Folklore——费孝通晚年认可的民俗学，[14]被黄石

14 费孝通，《谈谈民俗学》，见张紫晨编，《民俗学讲演集》，北京：书目文献出版社，1986，第1—9页。

熔铸到了孙末楠的Folkways之中。从理论和实践两个层面，黄石有效地推进着中国民俗学的社会科学化。

三 风俗礼制：社会学的四分

除孙本文、吴景超（1901—1968）等人归国后对孙末楠民俗学说的大力译介，[15]1932年到燕大讲学的美国都市社会学和人文区位学的领军人物派克，从头到尾对孙末楠*Folkways*言必称是的推介，[16]使得孙末楠民俗学说成为当时中国社会学界，尤其是燕大社会学的公共常识。

作为美国社会学的奠基人，基于斯宾塞（Herbert Spencer）进化论和对大量主要源自初民社会的二手文献资料的铺陈、分析，需要、兴趣、本能、欲望、情感和竞争、暴力、强权、霸道等，都是孙末楠界定民俗的关键词。其民俗学说的核心观点如下：民俗在个人为习惯、在社会为风俗，社会生活就在于生成民俗和应用民俗；作为一种社会势力，民俗的产生是悄然无形的，甚至无意识的；人须臾离不开如同空气的民俗；加上公益理论后，广被接受的民俗，成为相对固定，且规定是非界限的德型（Mores），但德型依旧是非文字的、保守的与渐变的；加上了结构的德型，就是制度（Institutions）；社会的科学（The Science of Society）就是研究民俗的学问。[17]

15 孙本文，《社会学上之文化论》，第41—43页；《孙末楠的学说及其对于社会学的贡献》，《社会学刊》第一卷第一期（1929），第1—19页；吴景超，《孙末楠传》，《社会学刊》第一卷第一期（1929），第1—21页；《几个社会学者所用的方法》，《社会学界》第三卷（1929），第17—23页；《孙末楠的治学方法》，《独立评论》第一二〇号（1934），第14—17页。

16 黄迪，《派克与孙末楠》，第227—238页。

17 Sumner, W.G. *Folkways: A Study of the Sociological Importance of Usages, Manners, Customs, Mores, and Morals*.

1934年4月25日、5月2日和5月16日，在燕大社会学系本科毕业在即的瞿同祖在《北平晨报》的《社会研究》第31、32、34期连载了《俗、礼、法三者的关系》一文。其对俗乃适应环境、满足欲望有效方法和群起效仿、遵循并相沿成习的定义，明显有着孙末楠民俗学说的影响。[18]1934年8月，出于对瞿同祖民俗的俗、礼、法三分的异议，正在定县调研的黄石，在其《民俗社会学的三分法与四分法：论风俗礼制四者的关系》中，明确提出对民俗的社会学的四分法，即风、俗、礼、制。[19]虽然都是基于孙末楠民俗学说、结合本土经验对"民俗"的进一步讨论，但是黄石对瞿同祖将风气、时尚和嗜好归在俗的范畴，大惑不解。在黄石看来，风气、时尚和嗜好明显不合群体认为正确和"无意识的造成"的原则，与俗实乃相去甚远，因而主张民俗应该四分为风、俗、礼、制。

18　吴丽平，《民俗学的三分法和四分法——瞿同祖和黄华节的论争》，第302—304页。

19　黄华节，《民俗社会学的三分法与四分法：论风俗礼制四者的关系》，《社会研究》第五十二期（1934），第5—10页，第五十三期，第18—19页。

这明显有别于自歌谣运动以来，中国民俗学运动长期奉行的偏重于口传民间文学的Folklore，以及基于此的长期以歌谣、谚语、故事、传说、神话、童话等亚类为主流、主体的研究。对黄石而言，民俗是人类社会生活的方式，是群体公共的习惯，**"公有的"**（群体性）和**"传统的"**（传承性）是其基本特征。[20]如同孙末楠的Folkways，黄石界定的民俗的社会（学）属性昭然若揭。黄石将民俗社会学四分的标准有三：凝结（固）度（Definiteness）、强固度（Intensity）和意识的明

20　黄华节，《民俗社会学的三分法与四分法：论风俗礼制四者的关系》，第6页。

暗度——意识度（Brightness of consciousness）。

凝结度，强调民俗作为一个社会生活方式的公共性，是“社会习惯”。因而，民俗的形成要经过创制（Initiation）、试行（Trial）、选择（Selection）、仿效（Imitation）、熟悉（Acquisition）和裁定（Ratification）六个阶段。创制阶段的民俗如液体，可塑性极大。选择阶段，有讨论商量的余地，仍有变易的可能。仿效和熟悉阶段，就基本硬化固定。到裁定阶段，就完全凝固，丝毫变更不得。这即民俗凝结度的四个层级。

强固度，是针对民俗的威势，即约束力的程度而言。强固度的一级是为群众趋尚，但无强人必从的力量；二级是为社会公认，却容许例外；三级是不容例外，可是容许考虑或讨论；四级是已成标准定式，不容异议，违则制裁。

意识度，指社会抑或说群体的成员，对于自己行为方式的反省程度。因为是对心理的拼盘，所以黄石用了最明、明、较晦和最晦来含糊地表达其程度。

换言之，黄石试图从凝结度、强固度、意识度强弱的变化，对一个社会浑然一体的民俗——生活文化——进行分层。他将通行意义上的“风”，也即瞿同祖那里的风气、时尚和嗜好等，归为人们无意识的、多带有盲从心理的活动，认为风的形成容易受到外部因素和个人选择的影响，具有流动性、瞬时性和杂乱性等特征。作为“风的凝固化”，俗既是经过时间的沉淀而逐渐趋于稳定和人们自觉的选择，其本身也是单纯的民俗现象与社会公同习惯之间的分水岭，因此俗恒定而统一。正所谓，“上行下效谓之风，众心安定谓之俗”。礼与制，则是对俗不同程度的强化、硬化。具体而言，礼，是以理性作为基础的行为型式，可以“放诸四海而皆准，施诸百世而不惑”。制，是权威者有意的制作，乃统一全社会行为的典型，有刑赏和政治的威力以支持。

关于风、俗、礼、制四者的关系，黄石认为：俗，是风的凝固化，是社会自然产生的，其播化流传靠模仿习得；礼，是俗的理性化，近乎道德，乃士大夫阶级有意写定，有条理但无完整严密的组织，传承依赖教化或者说教育；礼的本意，是防民之心，并以良心的责难为制裁手段；制，是礼俗的系统化，是政治家有目的、有意识且公示天下的制作，所谓“宪令著于官府”。制的本意，在于范民之行，它条分缕析并与整个社会组织相配合，且以刑罚惩治为依托。

显然，对黄石民俗的四分，孙末楠对民俗的民风、德型和制度三分的影响清晰可见。而且，孙末楠的认知还影响到黄石稍后从下与上互动的过程视角对“礼俗”的界定。在1935年对纸钱的研究中，黄石写道：

> 凡礼俗的发生，都是先有一种风气，流行于民间，然后渐渐凝固成俗，再后经士大夫阶级采取，且加以理性化，才变成成文的礼。[21]

21　黄华节，《纸钱略考》，《太白半月刊》第二卷第十期（1935），第452页。

这也暗合了上一章提及的李安宅数年前基于威斯勒“文化单体不必合于政治单体”之理念而形成的自己对“礼”的认知。李安宅认为，“礼”并非某某圣王先贤或文化英雄凭一己之力创造出来的，他说：

所以普通观念里都以为礼是某某圣王创造出来的，这种观念并不正确；因为成为群众现象的礼，特别是能够传到后世的礼，绝对不是某个人某机关所可制定而有效的；倘若有效，非有生活条件以为根据不可。[22]

22 李安宅，《〈仪礼〉与〈礼记〉之社会学的研究》，第4页。

黄石用其四分中的“制”替换瞿同祖三分中的“法”，则是因为：

法是独立的科学，不在民俗学的范围，而制度则为民俗发展成形的最高形式，素为民俗学者研究对象之一。例如研究一个民族或部落的民俗，不能不兼研究其婚姻制度等等，而法律至多只略为触及，不加详细研究。为避免与法理学相牵混起见，我以为改“法”为“制”为宜。[23]

23 黄华节，《民俗社会学的三分法与四分法：论风俗礼制四者的关系（续）》，第19页。

基于孙末楠*Folkways*和对瞿同祖的修正，黄石对民俗风、俗、礼、制的社会学四分和三度辨析，可以简括为下表：

民俗社会学的四分与三度

	凝结度（Definiteness）	强固度（Intensity）	意识度（Brightness of consciousness）
风	弱	弱	低
俗	次弱	次弱	次低
礼	次强	次强	高（夹杂感情元素）
制	强	强	高（纯理性）

《民俗社会学的三分法与四分法》一文虽然是与瞿同祖商榷，但黄石对瞿同祖评价极高，认为后者对民俗的三分，实乃深挖下了民俗“正名学定义”的第一锄，“一扫向来含混妄滥的积弊”，做了“民俗学萌芽时代最值得致力的工作”。[24]其实，这些赞誉用于黄石对民俗的四分也毫不为过。而且，黄石明确声称，自己的这篇文章不仅是要与瞿君商榷，还要求教于“海内民俗学者”。

24 黄华节，《民俗社会学的三分法与四分法：论风俗礼制四者的关系》，第 5 页。

在黄石“四分法”一文发表之后，瞿同祖立即写了回应文章。[25]他在对黄石表示赞赏的同时，仍然坚持自己的看法。当然，瞿同祖也质疑黄石“三度”的可操作性和将“法”改为“制”的必要性。对瞿同祖的质疑，黄石没有再撰文回应。然而，黄石随后两年进行的礼俗改良与民族复兴、节期改革的探讨，似乎可以看作是对瞿同祖一种间接的再回应。

25 瞿同祖，《论风与俗、制与法的同异问题》，《社会研究》第五十五期（1934），第 32—35 页。

四 传统与公有：互动的礼俗

正如在“四分法”一文结尾指出的那样，黄石对民俗社会学的四分，不仅仅是出于理论探讨，他还希望能有实际的功用，诸如有益于民众生活、社会建设，能对正在大规模实施的礼俗改良、节期改革以及移风易俗有着良性的影响。换言之，其稍后紧锣密鼓地对礼俗改良与民族复兴的探讨、节期改进的建议，都是将这一理论探讨进行具体应用的尝试。其实，正是长期在定县对礼俗的调查，使黄石的民俗学研究有着宏大的计划与雄心。

黄石与比自己小十岁的杨庆堃本是燕大旧识，都是《社会研究》这一专栏的核心撰稿人。1935年，当黄石在河北省县政建设研究院专职调查礼俗时，杨庆堃在美国密歇根大学继续深造他已经很有心得的人文区位学。因为他在燕大的硕士毕业论文就主要是依据人文区位学的理论写就的。[26]在赴美之后，杨庆堃与黄石通信不断。其中一封黄石谈礼俗研究计划的信函，本是黄石托付《社会研究》编辑部转寄杨庆堃的。结果，编辑部冠之以那个时代常见的“通讯研究”的名头，先行刊发了出来。那么，这封让编辑部先行刊载的信函，究竟勾勒了黄石怎样的礼俗研究计划与学术情怀?

26　杨庆堃，《邹平市集之研究》，北平：燕京大学文学院社会学系硕士毕业论文，1934。

来函中，杨庆堃希望黄石能赴美留学。所以，黄石的这份回函是从赴美与否说起。黄石认为，研究东方文化，不一定留美，在国内反而较为便利。黄石的“理想计划”是先在适当区域做数年的field work，然后移至北平，在整理调查材料的同时，更多搜求文献材料，两相印证。这样花费四五年时间，理出正确清楚的系统，写成一本“像样的书”，求海内外硕学公评，作为进一步研究的基础。其具体计划是:

> 第一步先完成定县之区域研究。第二步，拟将前数年搜集之材料，限期编述《岁时礼俗

史》一书。第三步，即续著《中国婚姻礼俗史》及《丧葬礼俗史》两种。第四步，回头以定县之区域研究为中心，再周行必要地域，作比较研究及考古研究，完成中国现行礼俗研究，目的除叙述之外，更期发见中国礼俗发展，传播，及转变之原理。第五步，为一般的，综合的研究，而稍偏于古代，寻求中国礼俗与文化一般的结构与特质，及其演进之经过与法则原理。[27]

27 黄石，《通讯研究：与杨庆堃君函》，《社会研究》第七十期（1935），第149页。

黄石进一步言道，如果能按计划行事，那么他渡美应该是第二步工作完成的时候。如果此前贸然渡美，大抵仅是“镀金”而已。

显然，对于如何研究礼俗，黄石的系统化思考有着鲜明的本土特色。这对当下的民俗学和强调本土化的社会学无疑都有一定的参照价值。那么，究竟何为礼俗？也就是在邱雪峨基于实地观察，对京郊清河镇的生育礼俗进行实地研究和书写的同年，结合当时的乡村建设、民族复兴之意识形态与运动，在《礼俗改良与民族复兴》一文中，黄石进一步深化了其对礼俗的认知。他将北大的歌谣研究和风俗研究视为礼俗研究的开始，即明确将礼俗等同于民俗、将礼俗研究等同于民俗研究、将礼俗学等同于民俗学。在《民族主义》第一讲中，孙中山将“天然进化而成”的风俗习惯与血统、生活、语言和宗教并列，视为构成一个民族的五种有别于武力的伟力。[28]有鉴于此，黄石又将风俗习惯等同于礼俗。换言之，对黄石的民俗学而言，晚清以来学界赋予新意且一直混用的古语“民俗”“风俗”与“礼俗”[29]实乃等义词，只不过在不同的语境中使用了不同的表述。

28 孙文，《民族主义》，上海：民智书局，1925，第6—9页。

29 参见本书第十章简要的梳理。围绕现代中国左冲右撞的革新、突围和应时而生的民俗学运动，这三个古语在近现代中国的演进、更替，是一个复杂的话题，当另文专论。

对礼俗的界定，黄石不但延续了其在四分法中对于民俗的认知，更特别强调“公有的”和“传统的”两个特征：

> 世界上任何种族，任何国家，乃至于任何地方的部落或社区，人们的生活，都有一套特殊的传统公同方式，来模铸其生活的典型，来规定其行为的轨范。这一套共同的，传统的生活方式，我们给它一个专名，就叫做“礼俗”。我说这套生活方式是“公同的”，理由是凡一种习惯，必须成为社会共同一致的惯习，方才称得起“礼俗”或“风俗”。反之，如果只是社会里的个人，或极少数人的习惯，那么，它就属于个人心理学或“行为学”的范围，不能算做社会或国族的礼俗。我说这套生活方式是“传统的”（Traditional），换句普通的话说，礼俗的第二个特点，是必定代代相传的，所以旋起旋灭的公同习惯，至多只能叫做“风尚”，却也不能算做“礼俗”。礼俗在民众生活上之所以重要，这两个特点是个主要原因。礼俗既是公同的，传统的，所以大至一

个国族，小至一个社区，其各个分子的生活，都从这个方式模铸出来，故民众生活的劣，大半视礼俗的美恶淳薄而定。[30]

30 黄华节，《礼俗改良与民族复兴》，第14页。

顺应乡村建设、新生活运动而欲礼俗改良、民族复兴与救亡图存的大背景，黄石强调礼俗研究-礼俗学/民俗学的重要性。即，礼俗研究是礼俗改良的基础，礼俗改良是民族复兴的基础，从而将礼俗与孙末楠所言民俗的民族性（Ethos）[31]、孙中山所言的民族主义串联了起来。因此，礼俗学是民族复兴“基本的基本”。黄石不但重申了孙中山“民族主义”中对中华民族是包含满、蒙、汉、藏、回等多民族的政治定位，还强调新兴的“边疆社会学”中应该有礼俗学的位置，且应该是其急务，因为礼俗研究实乃边疆政治的前驱。对黄石而言，礼实乃中华文化传统的核心，“礼治”是中国有别于西方“法治”的社会组织与维持的基本方式。[32]因此，礼俗学必须回应中国究竟要不要从礼治演进到法治，怎样演进这些迫在眉睫也是长远的问题。这样，礼俗学不仅对于实践层面的礼俗改良、可视的边政，对民族复兴、中国将来都意义非凡。

31 相对独立又递进的民风、德型和制度，合成了一个社会的超级系统的总体，并恒定地表现为一个民族独立的精神、特殊的品性，这即孙末楠所言的“民族性（Ethos）”。参阅黄迪，《孙末楠的社会学》，第166—168页。

32 十多年后，在《乡土中国》中，除《礼治秩序》直指乡土中国礼治的问题，其后的《无讼》《无为政治》和《长老统治》诸篇，都触及“礼”这一中华传统文化之核心议题。参阅费孝通，《乡土中国》，上海：观察社，1948，第51—75页。

如何才能有效地在乡村移风易俗，黄石依旧是从礼俗之间的相对独立性和长期互动的关联性谈起。[33]他强调，俗是“社会公同”和“传统因袭”的习惯，这些习惯——庶民的俗——经过士大夫的

33 黄华节，《礼失而求诸野》，《道德半月刊》三卷三期（1936），第29—34页。

理性化，而成为礼。这一形成过程，造成了民众只知有“不知其所以然而然”的俗，而不知有“知其所以然而然”的礼。反之，士大夫通过教化或教育而有意识守的礼，会随理智的增长与不同的解释而演进。因为会被不知其所以然而然地遵循，礼俗在乡野民众中的保守性就强。于是，变化的快慢，成为礼可以求诸野的第一个原因。另一个原因，是相较于城市而言，乡村是人口流动小、与外界接触少而相对静态、单纯，固有礼俗少变动且制裁力强的社会。因此，黄石认为，改革乡村礼俗的策略，就是物质环境、社会和知识三个层面的“开通”：发展交通，增加与外界社会的接触面；提高人口流动率，拓展民众的眼界心胸；开启民智，让民众凭理性反省、辨析礼俗是非。

五　节期改革：废历、新年易名春节

黄石对古代社会休假制度的考证、梳理，除正本清源之外，多少有些回应瞿同祖“法”与“制”是否需要替换的潜在意图。[34]与此不同，在探讨当时与乡建运动、新生活运动一道而势在必行的节期改革时，功能主义，也即他所谓的“机能的观点”（Functional Point of View）仍然是黄石的理论支点。值得注意的是，借节期改革的探讨，黄石对功能论进行了深入浅出的“本土化”表达。

他指出，作为生活节律的历法与节期，和历

34　黄华节，《中国古代社会的休假制度》，《社会研究》第一二一期（1936），第563—568页。

史、文化、社会环境以及生活各个方面紧密相关、互相顺应，是这些结构不可分解的部分。如果结构发生变动，历法与节期自然会发生变动；反之，要改变历法和节期，就必须先改变其所联系的结构与生活形态。进而，黄石将一个民族的文化比作“歌曲”，将历法与节期比作“节拍”：

> 这好比一支歌曲，各个音调的编配，等于一民族的文化等等的结构，曲调的拍子或节奏，即等于历法和节期，音调改变了，节拍自然就得更易；反之，节奏一变动，则音调若非重新调整，便不成为和谐的曲调。历法节期与生活结构的关系，也正如节拍与音调结构的关系一样，贸然改变其一，而不顾其他，结果不是引起错乱的现象，便是根本改动了结构。[35]

与杨堃对旧历年节的社会学认知路径[36]一样，黄石首先是在农耕文明这一结构，即在中华文化这一整体系统中，释读农民“固守”传统节令的因由，并强调城乡的不同。进而，黄石提出了节期改革的三原则：

1.是否令生活和谐顺适；

2.是否适合现存的和理想的生活；

3.与文化、生活的情调结构是否和谐。

35　黄华节，《改革节期生活的途径》，《社会研究》第七十五期（1935），第189页。

36　杨堃，《废历年节之社会学意义》，《鞭策周刊》第一卷第一期（1932），第10—11页。

最终，他不但分出了废、改、建的不同节日类型，还提出了一系列的具体建议。诸如：把旧历新年改名为“春节”，把清明改为植树节，把端午改成公共卫生节，把七夕改为蚕丝节，以及建立一个强化民族认同的新型节日，等等。[37]

37　黄华节，《节期与生活》，《社会研究》第七十三期（1935），第173—174页；《改革节期生活的途径》。

就旧历新年改名为“春节”，黄石当年的论述如下：

> 除夕和新年，一方面是除旧布新，一方面是百业之始，我们在这年节的期间，大可以来一个“新生”运动（Movement of Renaissance）乃至于“新生活”运动。在政治上，也大可以有所作为，施行一些利民的新政表示“与民更始”。说到旧历的年节，上面已经指出它与农功有密切关系，在尊重国历的原则下，固不妨索性痛快地改为“春节”，免得一年之中，倒有两个新年。有了新年又有春节，本非奇事。欧美各国，也于新年之外，老有类似春节的节期，何况我国原有的旧年节，事实上的确是“春之复归”，“万象更新”，且又接近立春。将来要改革的话，仍沿旧日期，或改用立春日为春节期，皆无不可。至于过节的形式，当然要加以改良。[38]

38　黄华节，《改革节期生活的途径》，第192—193页。

因为首先有了对旧历年节源自农耕生产和自然节令转换的客观认知，面对基督纪年推行不可逆的大势，黄石在建言节期改革时，是以西方为参照，以民众接受度和福祉、推进整个社会的进步为前提，而不仅仅是从当政者抑或“政治正确”的角度出发。这些入情入理的辨析、说明、建议，不但使得黄石在同时代知识分子关于节期改革的探讨中独具一格、意义非凡，[39]更使得民俗学研究真正地与当下的“民间的生活”发生了关联。联系到今天元旦和“春节”并行不悖的节期事实，黄石当年的这些基于文化整体演进脉络的前瞻性认知，对于今天的民俗学者、社会治理者而言，都有着不言而喻的价值。当然，黄石在这前后大量关于女性民俗的研究，同样是以尝试改变千百万受礼教束缚的女性这一主体的日常生活为出发点的。[40]

换言之，在黄石那里，中国民俗学真正成为一种关于民众、当下、现实和日常的学问，而非外在于民众、民间的，不同智识集团角力斗勇、一较短长、书写出版学术著述的工具。毫无疑问，对孙末楠民俗学说的吸收、内化，对功能论的活用，使得黄石的民俗学是关于老百姓生活日常的学问更加明显。这在黄石同期在定县对民间宗教的研究中，有着如下更加鲜明的体现：

1.五四运动以来先入为主，在情感意义和象征意义上成为革命性以及道德优越感标识而被现代性也频频使用的“迷信”，[41]不再是认知前提；

2.基于承认优先原则，不乏神游冥想的“了

39 吕文浩，《知识分子与民国废历运动三题》，见《中国社会科学院近代史研究所青年学术论坛2009年卷》，北京：社会科学文献出版社，2011，第492—494页。

40 谭一帆，《黄石的女性民俗研究》。

41 Nedostup, Rebecca. *Superstitious Regimes: Religion and the Politics of Chinese Modernity*, Cambridge: Harvard University Asia Center, 2009.

解之同情”[42]百姓，进而融入其中，成为“局内人”，才是关键；

3.启蒙、改造民众的工具理性和功利主义位居其次，甚或退居末路。

六　亲自体验的民间宗教

在现代中国民俗学运动中，顾颉刚等人1925年的妙峰山调查，已经被定格为中国民俗学“田野调查的象征”。[43]然而，在相当意义上，这次调查者“假充了朝山的香客”[44]的田野，仅仅是一次旁观式的参与观察，更类似于“日本民俗学之父”柳田国男（1875—1962）意义上的“游客之学”。[45]在中国民俗学界，黄石才是最早明确主张，并采用局内观察法进行民间宗教研究的民俗学家。

基于自己实地研究的经验，从认知论和方法论两个层面，黄石对怎样研究民间宗教进行了全方位的阐释。其实，常年在定县一带进行民俗研究的黄石，困难多多。[46]他性格内向，沉默讷口，处世恭谨，重视友谊，却不善交际。因此，常独自一人出门调查的他，其广东味的北方话无形中增加了调查的难度。但是，不怕苦、持之以恒，终至消解了上述不足，使其实地研究成果多多。

因为深知功能论三昧，黄石对民间宗教的认知也迥异于持“迷信观”的启蒙者、革命者以及乡村建设派。依照机能学派，他将民间宗教从认知论和

42　陈寅恪，《陈寅恪集·金明馆丛稿二编》，北京：生活·读书·新知三联书店，2015，第279页。

43　刘锡诚主编，《妙峰山·世纪之交的中国民俗流变》，北京：中国城市出版社，1996，第330页。

44　钟敬文，《钟敬文文集·民俗学卷》，第506页。

45　［日］柳田国男，《民间传承论与乡土生活研究法》，王晓葵、王京、何彬译，北京：学苑出版社，2010，第5页。

46　李荣贞，《中国民俗学的发展》，第96页。

方法论角度进行了迥然有别于迷信观的多重界定：

1.宗教是文化，绝非神秘与愚昧的事物。

2.作为与物质、经济、社会制度等同等的文化，宗教有其特殊的作用。如果宗教成为问题，那就是整个文化的问题，绝不能因为不信或讨厌宗教，就故意漠视。

3.既然宗教与文化各方面、与各种社会制度有着错综复杂的关联，就应该对宗教在文化机体原来的部位去实地观察，即“到民间去”体验，以实地研究为起点，也以实地研究为终点。[47]

47　黄华节，《怎样研究民间宗教？》，第 14 页。

对于怎样实地调研民间宗教，黄石格外强调观察和访问。仅田野调查的预备工作，他就分列了调查地的物质环境、社会组织和生活方式三大类。物质环境，包括山川、土壤、地形、气候、物产、工商业和经济生活等；社会组织，包括家庭、宗族、村镇、地方政治和集会结社等；生活方式，包括衣食住行、生育成年、婚丧嫁娶、社交娱乐、男女职业等的风俗习惯。在有了这样的观察之后，黄石认为还必须“缜密审察构成整个的文化的各部分，是怎样的互相连结”。[48]

48　黄华节，《怎样研究民间宗教？》，第 14—15 页。

在完成上述预备工作之后，黄石强调要探究民间宗教的实在情形，还须感同身受、化作局内人参与观察：

> 你要明白民间宗教的实在情形，就得跟老百姓一道儿跑——跟民众一同去上庙，一同去烧香，一同去赶庙，一块儿参加迎神赛会。……总之，凡是宗教活动的场所，你都得亲自到场。在这些场所里面，我们有几件事要作，第一是观察，第二是体验，第三是访问，第四是谈话。观察也者，就是站在一旁，用明敏的眼光，冷静的头脑，从头至尾观看一个宗教仪式或一种宗教活动的过程。……有时你非得亲自去体验，绝不能领悟崇拜者的经验及其精神的状态，和内心的变化。[49]

49　黄华节，《怎样研究民间宗教？》，第 15 页。

这些实际上是黄石自己的实地研究经验的总结。在调查定县巫婆的降神舞——“跑花红/跑差龙”——时，他不仅穿梭在“庙会场中”，屏息静气地观察，沉思默想，还“费了许多方法，才刺探到一首不很完全的神歌”。[50]这种获取“巫婆”等长期存在却被边缘化的神媒内部知识的努力与“技巧”，五六年后在李慰祖对京郊“四大门”的研究中发挥到极致。此外，在歌谣、传说等民间文艺的研究中，黄石也基本是以实地调查做“辅翼”，把研究对象限定在一个研究者可以把控、观察的区域范围之内，兼及典籍志书、碑铭的相关记载，在比较分析的基础之上，探查该地风俗，得出较为信服的结论或推论。

50　黄华节，《定县巫婆的降神舞》，《社会研究》第一〇五期（1935），第 440 页。

在研究定县歌谣中反应的妇女生活礼俗时，

黄石用他在定县不落岗、南新庄、东亭乡等地采集到的歌谣，呈现那时定县农村绝大多数妇女从少女到熬成婆婆后的生命历程。在分析关于童养媳婚俗的歌谣时，他佐以具体统计的数据，说明男少女长之童婚的盛行。[51]在统计的766个男子中，10—14岁结婚的40.8%，女子15—19岁结婚的68.9%。对于男子在丁年结婚、妻普遍长于夫的现象，黄石在歌谣里也找到"间接而确切的证据"，并罗列解释。

51 黄华节，《从歌谣窥察定县家庭妇女的生活》，《社会研究》第五十九期（1934），第61—66页。

此外，正如本书第三章已经指出的那样，因为实地踏查，他对定县一带的"刘秀走国"传说、安国药王起源都有独到的见解。对于"刘秀走国"传说，黄石将其与村落地景、庙宇、动植物的释源等连带分析，认为这些传说实际上是，有百灵辅助的真命天子终胜"假命"的观念意识对民众"模铸"的结果，而这正是所有帝王传说的本质特征。在对采集到的口头传说与文献记载、祁州药王庙碑铭的比较分析中，黄石令人信服地指出：祁州药王实乃源自宋代开封和杭州都有的皮场庙神——张森，并非文人士大夫以讹传讹的东汉中兴名将邳彤。

七　社会学的民俗学

近几年来，因为对既有学科史梳理的缺漏，虽然对中国社会学建设裨益不多，但"本土化"却再度成为中国社会学界抢眼的话题。与此相类，因为对黄石等人民俗学研究了解、认知的不足，对燕大、辅仁民俗学研究成果的忽视，尤其是疏于对相关文献的细读，二十世纪晚期的学界不是在“感叹”民俗学的人类学倾向，[52]就是认真地谈论民俗学社会科学化的问题，[53]或者试图厘清民俗学与人类学、社会学之间的关系。[54]了解并正视学科历史，还学科历史以全貌、本相，或者是本章简要梳理黄石1930年代民俗学研究的价值所在。

52 高丙中，《中国民俗学的人类学倾向》，《民俗研究》1996年第2期，第6—14页。

53 郭于华，《试论民俗学的社会科学化》，《民间文化论坛》2004年第4期，第9—14页。

54 郑杭生、陆益农，《把握交融趋势，推进学科发展：论当代中国社会学、人类学和民俗学的关系》，《温州大学学报（社会科学版）》2010年第5期，第1—9页。

因为对孙末楠民俗学说和功能主义的活学活用，在长期感同身受的实地研究所获取的直接经验的基础之上，黄石对民俗学的元概念——民俗/礼俗，进行了社会学的释读。公有的、传统的、过程的与渐变的、礼俗互动等，是黄石归纳出的在中国的民俗的本质特征。黄石1930年代的民俗学研究，既是立足明确的认知论（进化论、功能论）和方法论（局内观察法）指导的共时性研究，也是同步利用文献资料，对民俗进行溯源以及中西比较、归纳的历时性研究。其研究不但说明了一种民俗/礼俗在整个文化结构上的地位，说明了一种民俗/礼俗与文化各方面的关系，还真正使民俗学这门学科与民间的生活，尤其是与作为主体的民众发生了关联。

简言之，“将社会学的方法领到民俗学路上”的黄石，[55]在认知论、方法论和实践论多个层面，都有效地促进了中国民俗学社会科学化的进程，并在相当意义上使“社会学的民俗学”成

55 李荣贞，《中国民俗学的发展》，第107页。

为学术事实。反之，黄石的学术探索与实践，也从另一个角度说明中国民俗学运动向社会科学化演进的内在必然性，以及早期中国社会学，尤其是燕大社会学浓厚的民俗学意识与基底。

㊆

自治，平郊的青苗会

“一个稳定的社会可能是小的，朴实的，信仰及实践一致的”具有一个本土的组织完备的文化，同时也是一个“个人之间关系疏远的，形式化的制度决定个人行为的，家庭组织衰弱的，生活世俗化的，以个人利益为目标的活动多于以社会利益为目标而活动的社会”。

——[美]瑞德斐

(Robert Redfield)

1940

沈兆麟燕京大学本科毕业照

李有义燕京大学本科毕业照

1936

燕京大學研究院社會學系碩士畢業論文

許仕廉 [illegible] 社會學系

評閱者

高厚德 研究院委員會主席

萬樹庸 學號三零四七八

民國二十一年五月

黄土北店村的研究

万树庸硕士毕业论文封面

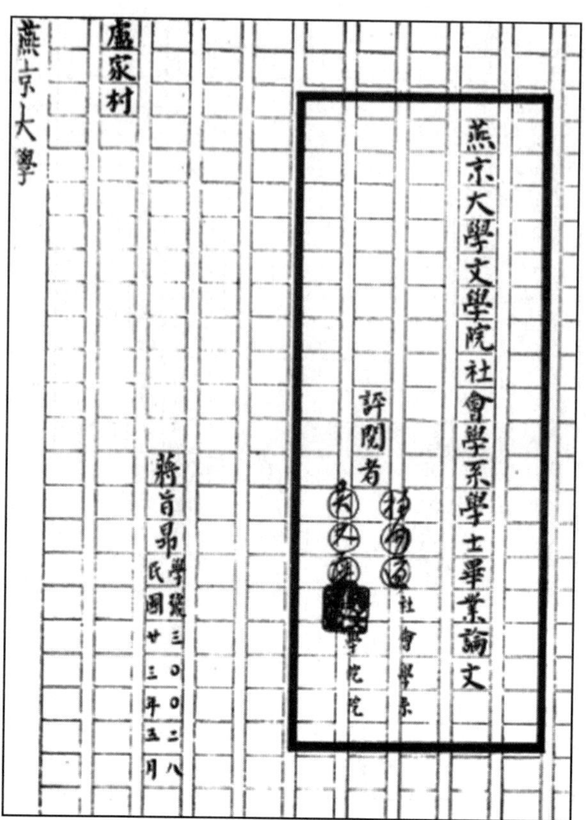

燕京大學文學院社會學系學士畢業論文

評閱者

楊開道 社會學系

吳文藻 [illegible]

蔣旨昂 學號三〇〇二八

民國廿三年五月

盧家村

燕京大學

蒋旨昂学士毕业论文封面

謹於九月十五日辰時謝秋

地錢三毛

底錢二毛

會末仝拜

盧家村廟內

隨代現錢

謝秋通知單

蒋旨昂绘制的“谢秋通知单”
（引自《社会学界》第八卷，第86页）

一　跳出节庆看节庆

在当下日新月异的中国，繁忙紧张的日常生活也间杂着不同序列的多种节庆（节日）。这些节庆大致可以分为汉字节庆和数字节庆两个序列。[1]

1　岳永逸，《以无形入有间：民俗学跨界行脚》，第 119—122 页。

汉字节庆，传统味更浓，历史悠久，文化厚重，仪式感更强，还不乏神圣性。诸如：春节、元宵、清明、端午、七夕、中秋、重阳等传统佳节；黄帝、炎帝等官办祭典；泰山、解州关帝、妙峰山、上海龙华、佛山祖庙、湄洲妈祖等原本以敬拜为核心的“乡土”庙会；绕山灵、姊妹节、泼水节、火把节、纳顿节、那达慕等民族节庆；以及盂兰盆节/中元节、圣诞节、复活节、万圣节、宰牲节（忠孝节）等原本衍生于特定宗教的节日。

数字节庆，相对短暂，现代味更浓，也更繁杂，与新型公民的塑造、文化政策、新媒介时代、快节奏的都市生活和消费观念更相匹配。诸如：因应现代民族国家建构，新生的“三八”“五一”“五四”“六一”“七一”“八一”“十一”等佳节；因应旅游业、文化遗产保护，主要用于“舞台”展演的羌年等新生节庆；因应网络等传媒技术和新生的消费观念，促生的“双11”之类购物促销的“剁手节”，等等。

无论哪种，因为其群体性、仪式感以及不事“劳作”的休闲等共性，节庆已经被习惯性地视为对日常生活的反动。人们更喜欢强调节庆的狂欢、非常、反结构的“热闹”“红火”的一面。至少，也要强调其与忙碌、紧张的日常相对立的休闲/闲暇、娱乐、放松、自由、任性甚或无序的一面，强调其之于常态生活调节的“韵律”之美。赵世瑜关于明清以来庙会的研究，无疑对关于节庆的这一总体认知的形成，有着巨大的影响。[2]尤为关键的是，因为当下这些繁杂的节庆，不但造成了文化兴旺、生活幸福的镜像，还促生了一种举足轻重、举国欢腾的经济形态——节/假日经济。

在此语境下，作为地方社会一种盛大的节庆，甘肃岷县的青苗会[3]和青海土族地区的青苗会[4]已经吸引社会各界的广泛关注、参与、记录与书写。然而，除少数研究关注其对于民族杂居的“边陲”地区的整合与治理的功效之外，[5]媒介写作大抵注目的是青苗会外现的神圣、非常、狂欢等节庆属性，

2　赵世瑜，《狂欢与日常：明清以来的庙会与民间社会》，北京：北京大学出版社，2017。

3　张润平，《地方湫神与社群和谐：岷县青苗会研究》，兰州：甘肃文化出版社，2016。

4　赵宗福、胡芳主编，《中国节日志·土族青苗会》，北京：光明日报出版社，2016。

5　范长风，《与女神共居的乡村领袖：甘肃洮岷地区青苗会会首与组织行为研究》，《开放时代》2010年第8期，第122—131页；《青藏洮岷地区跨族群与联村型青苗会组织：兼论文化多样性的国家治理策略和地方性实践》，《华东师范大学学报（哲学社会科学版）》2016年第5期，第59—65页；刘目斌，《社会组织、仪式实践与象征权威：青海三川地区水排组织的民族志研究》，《民俗研究》2019年第3期，第147—156页。

忽视对青苗会作为一种与农业生产紧密相关的乡村政治组织的社团属性、日常运作、时代特征以及在节庆现场之规范、参与者之责任和义务的强调。

在弘扬优秀传统文化、民族民间文化的整体语境下，为了更好地理解、认知乡土中国与农耕文明关联紧密的节庆，我们或者可以跳出节庆现场来审视节庆。从节庆发生和形成的过程视角，对在特定时空上演的热闹、红火的节庆之“终端”的认知，也就有可能更加全面。换言之，对已经被先入为主地界定为节庆的青苗会的探查，我们有必要对作为乡土社会一种组织的青苗会之经济、政治属性加以厘清。

事实上，二十世纪三十年代，燕大社会学系学生万树庸对黄土北店村[6]、张中堂（1910—？）对泰安大眼滴（大堰堤）[7]、蒋旨昂对卢家村[8]、李有义（1912—2015）对山西徐沟[9]、沈兆麟对平郊村[10]的实地研究，就是将青苗会作为华北农村组织[11]来研究的。不仅如此，在对二十世纪三十年代中国农村社会结构的研究中，马蒙（1916—2006）将北方的青苗会与南方的祠堂、当时政府推行的乡公所相提并论，强调在乡村作为社会组织的青苗会与宗教组织、娱乐组织以及乡村权力组织之间的复杂关系。[12]

当然，我们也得避免对青苗会的研究仅仅限于其作为社会组织的乡土政治学的范畴，而忽视作为节庆的青苗会存在的社会事实，即应该同时兼顾青

6 万树庸，《黄土北店村的研究》，北平：燕京大学研究院社会学系硕士毕业论文，1932；《黄土北店村社会调查》，《社会学界》第六卷（1932），第11—29页。

7 张中堂，《一个村庄几种组织的研究》，北平：燕京大学法学院社会学系学士毕业论文，1932。

8 蒋旨昂，《卢家村》，北平：燕京大学文学院社会学系学士毕业论文，1934。

9 李有义，《山西徐沟县农村社会组织》，北平：燕京大学法学院社会学系学士毕业论文，1936。

10 沈兆麟，《平郊某村政治组织》，北平：燕京大学法学院社会学系学士毕业论文，1940。

11 李安宅，《社会问题研究及调查机关之介绍（九）燕京大学社会学及社会服务学系概况》，《国际劳工消息》第五卷第二期（1933），第37页。

12 马蒙，《中国农村社会结构中之土地分配问题》，北平：燕京大学法学院社会学系学士毕业论文，1939，第131—135页。

苗会之社会组织和节庆相互涵盖的双重文化属性。

目前对华北青苗会作为社会组织的研究，正如杜赞奇（Prasenjit Duara）研究呈现的那样，[13]研究者主要依赖的是日本南满洲铁道株式会社1940—1944年期间在河北良乡吴店村、顺义沙井村、栾城寺北柴村、昌黎侯家营，山东恩县后夏寨、历城冷水沟村等地的《中国农村惯行调查》中的材料。[14]但是，此前的青苗会在华北乡村是一种什么样的状况？它有着怎样的演进历程？万树庸、张中堂、蒋旨昂、李有义和沈兆麟的调查研究，就在相当意义上回答了上述问题。

13 ［美］杜赞奇，《文化、权力与国家：1900—1942年的华北农村》，王福明译，南京：江苏人民出版社，2003，第142—148页。

14 ［日］中国农村惯行调查刊行会编，《中国农村惯行调查·1》—《中国农村惯行调查·6》，东京：岩波书店，1953—1958。该成果的系统介绍及信度评价，可分别参阅黄宗智，《华北的小农经济与社会变迁》，北京：中华书局，2000，第38—42页；赵彦民，《日本满铁调查文献中的中国民俗资料》，《文化遗产》2017年第3期，第17—21页。

二　一套人马，两块牌子

当把与青苗会相关的清代顺天府档案放置在相应社会历史语境下进行细读，我们就会发现：华北青苗会有据可查的历史至少可以追溯到十九世纪初。而且，十九世纪中期以降，青苗会的职能已经由单一的看青发展为支应官差、经管公产、办理河工、维持村庄秩序等多种职能，担负起了应对来自朝廷、地方政府的差徭等“官治”以及村庄范围内“自治”的多重事务。

在此过程中，因穷于应对鸦片战争、太平天国、捻军起义，朝廷不得不加大对地方社会的攫取力度。这种攫取反而强化了其对地方社会的控制能力，从而对原本相对安定、承平的乡村产生了巨大的外部压力。与此同时，村庄内部的张力也剧增。民国初年，山东泰安西南的大眼滴一度还出现了专门的偷青组织——“贼社”。因此，青苗会会头与绝大多数村民之间的共通利益在加强村庄内聚力的同时，也使得青苗会的组织结构日益完善。在此意义上，自发的青苗会之自治属性也就多了有着国家渗透并管控地方的“官治”之复杂意涵。[15]换言之，在其发展历程中，青苗会在自治与官治之间达成了一种微妙的平衡与妥协，甚或说“共谋”。

进入民国之后，诸如山东泰安大眼滴这样经常遭受战乱的村子，不但青苗会的组织——义坡会，得以进一步完善，红枪会、无极道会也应时而生，在村中安营扎寨，盛极一时。[16]这种与国家自上而下渗透的权力之既冲突又融合的博弈，在相当意义上使得源生于乡土中国生产生活的青苗会进一步“走向成熟”，[17]与乡村的基层政权合二为一，直至被保甲制所遮蔽。[18]当然，也有山西徐沟那样的情形。因为当地的“大社”组织格外发达，青苗会——巡田会/房——仅仅是大社的一部分，而且巡田会只履行看青的职能，不涉及村庄其他事务。[19]

二十世纪二三十年代之交，社会调查运动风起云涌。距离燕大不远的北平郊区的清河镇及其周围的四十个村子占地二百多平方里，有着相似的物候、生态与生产生活方式。1928年，在燕大社会学系系主任许仕廉（1896—？）的主持下，燕大在此

15　周健、张思，《19世纪华北青苗会组织结构与功能变迁——以顺天府宝坻县为例》，《清史研究》2006年第2期，第39—51页。

16　张中堂，《一个村庄几种组织的研究》，《社会学界》第六卷（1932），第229—260页。这是张中堂同年在燕京大学法学院社会学系同名的学士毕业论文的精简版。

17　王洪兵，《冲突与融合：民国时期华北农村的青苗会组织》，《中国社会历史评论》第七卷（2006），第337—360页。

18　李二苓，《从自治到保甲：近代北京郊区的乡村政治》，《北京社会科学》2016年第6期，第85—95页。要说明的是，作为传统中国社会治理的手段，基层社会的保甲制由来已久。在对此的多种解读和认知中，萧公权更赞同保甲制是“一种以恐惧和猜疑的方式维持权力的残暴统治”，即保甲体系的根本目的在于治安监控，而非乡民自治。

然而，在嘉庆皇帝之后，保甲制已经显得不再重要，直至沦为一个名存实亡的运转体系。参阅萧公权，《中国乡村：19世纪的帝国控制》，张皓、张升译，北京：九州出版社，2018，第57—104页。

19 李有义，《山西徐沟县农村社会组织》，第96—129页。

20 许仕廉，《一个市镇社区调查的尝试》，《社会学界》第五卷(1931)，第1—10页；《清河农村社会中心区》，《河北月刊》第一卷第二期(1933)，第1—8页；《清河镇社会实验工作》，《村治》第三卷第二至三期(1933)，第1—4页。

21 赵承信，《社区研究与社会学之建设》，《社会学刊》第五卷第三期(1937)，第17页；黄迪，《清河村镇社区：一个初步研究报告》，《社会学界》第十卷(1938)，第359—367页。

创办成立清河试验区。[20]鉴于两万五千人口的生产形态、日常生计、人生仪礼、宗教信仰、交往，集市贸易的同质性、整体性和清河镇的向心力，赵承信（1907—1959）、黄迪创新性地将这个试验区命名为“村镇社区”，借以强调其一体性和乡土中国的基层社会的结构，以及其不同于“都市社区”和“初民社区”的特质。[21]自然而然，在长达数年对清河这一村镇社区的社会调查中，长久存在的青苗会进入了调查者的视野。

经历“庙产兴学”运动后，在清河这个村镇社区，原本主要是彰显宗教职能的公共活动空间——庙宇，纷纷被青苗会、学校、乡公所等旧有的或新生的社会组织与机构共享。传统的青苗会与新生的学校、乡/村公所或集于一庙，或各占一庙。这在二十世纪二三十年代的清河各村，是普遍的情形。

在黄土北店村，青苗会的办公所设在村北的关帝庙，学校设在村南的天齐庙（东岳大帝庙）的前院。除元宵节灯会、四月初前往北顶娘娘庙、东小口药王庙、六月六往回龙观菩萨庙赶庙、行香走会、购物娱乐之外，人们群体性的公共敬拜多与农业相关，诸如六月二十四的关公诞、谢秋、祈雨和祭虫王等。其中，关公诞和谢秋都是由村里的青苗会组织。黄迪记述道：

六月二十四日为关公生日，照例由青苗会

或乡公所领袖，在老爷庙（即关帝庙）主祭，同日又在村外设神桌供品等祭雹神。每年麦秋大秋结束时，青苗会即将村中一切开支，按各家地亩摊派。这日各农户便携带应交摊款，至会所（在庙宇内）缴纳并吃面。由看庙老道和会中办事人预备钱粮，纸马及供品等，并由村长及青苗会会头在村中各庙代表全村致祭，这叫“谢秋”。[22]

22 黄迪，《清河村镇社区：一个初步研究报告》，第 398 页。

那么，在当时的北平郊区的乡村，黄迪所提及的青苗会究竟是一种怎样的社会角色呢？在二十世纪三十年代前期的清河一带，青苗会既是专门负责维持社会秩序的一种“政治组织”，也是“一种杂形的地方政府”。因为，它与乡公所只不过是“一个机构的两个名称罢了”，一个是新兴的政治的名称，另一个是早已有之的自然组织的名称。[23]前清时，县衙对各村的治安大部分是责成“地保”负责。那是一个相对简单的时期，地保在相当意义上充当的是杜赞奇所谓的“保护型经纪”。[24]作为县府与村民之间的一种媒介，地保一方面替村民应付官差，一方面凭借其勾通官府的背景，成为一村的政治领袖。所以，那时各村的青苗会实际都是“以地保为最有力的领袖”。[25]义和团运动之后，清朝政府统治国家的整体基础大为动摇。为了自保和地方社会的安宁，以及义和团运动都导致了乡村基层政治组织的丛生与活跃。原有的青苗会组织

23 万树庸，《黄土北店村社会调查》，第 25—26 页；黄迪，《清河村镇社区：一个初步研究报告》，第 407、414 页。

24 ［美］杜赞奇，《文化、权力与国家：1900—1942 年的华北农村》，第 28—39 页。

25 万树庸，《黄土北店村社会调查》，第 24 页。

较之此前严密化，活动范围也随之扩大，不再是地保所能包办的了。[26]

26 万树庸，《黄土北店村的研究》，第68—69页。

民国以后，地方政制几经更迭。二十世纪三十年代初期，民国政府又自上而下地推进地方自治并督促村民组织乡公所。结果，大抵是换汤不换药，仅仅在名称上把青苗会改为乡公所。乡公所依旧是十足的青苗会。正因为如此，不习惯新名称“乡公所”的村民，依旧把乡公所叫做“青苗会”，把乡公所内的人称作“会头”。[27]悖谬的是，作为村组织，势力范围只限于本村的青苗会，其在村内的政治效能却大于县政府或区政府，乃“地方实际政治生活的重心”。[28]

27 蒋旨昂，《卢家村》，《社会学界》第八卷（1934），第99页。

28 黄迪，《清河村镇社区：一个初步研究报告》，第408页。

三　地缘组织、身份认同与功能演进

作为农耕文明的伴生物，青苗会的本意是保护地里的庄稼能够丰收。因此，村中的农户天然是青苗会的成员。因应社会变迁和村民实际生活的需要，原本看青的青苗会慢慢衍生出了保护村民一切生命财产安全，以及组织公共活动、事务的职能。这样，常年在村中生活的少数不种地的人家，诸如店铺、商家以及小手工业者，也加入了青苗会。于是，处于该村范围内的所有人家，都是青苗会的会员。最终，青苗会成为一个基于村界而界限明确、领地意识浓厚并强调村民“我们”“我们村”之类身份认同的地缘组织，抑或说地域组织。

为了维护一个认同度强、同质性高的群体的利益，也就有了档案中呈现的和不少研究中注意到的与青苗会有关的“死圈”“活圈”之争。1913年，卢家村就将本村的地定为“死圈”，“卖地不卖圈”，永为村里自己看管。[29]正是在专节讨论青苗会与村界和乡村社区之间的复杂关系之后，杜赞奇才进一步提出了“华北乡村是一个共同体吗”[30]这样一个至今都悬而未决、没有定论的问题。

29　蒋旨昂，《卢家村》，北平：燕京大学文学院社会学系学士毕业论文，1934，第105页。

30　[美]杜赞奇，《文化、权力与国家：1900—1942年的华北农村》，第148—152页。

在清河这个村镇社区，青苗会会员大会一年例行在两次谢秋时举行。一次是在阴历五月，麦秋谢秋，另一次是在阴历九月底，大秋谢秋。然而，谢秋的具体时间不一。每次谢秋大会前，青苗会有专人向各家通知谢秋的具体时间、各家本年应该缴纳的按亩计算的“地钱”数目、开会时吃面的聚餐费——“底钱”（又称斋钱）等事项。谢秋时，卢家村的青苗会还会专门向会员提前发放写明应缴纳钱数的“谢秋通知单”。[31]与九月的大秋不同，五月的麦秋只限于种麦的人家，因为麦秋所应缴纳的地钱是根据麦秋看青费用分摊的。

31　蒋旨昂，《卢家村》，《社会学界》第八卷（1934），第86页。

召开大会时，青苗会的诸会头和兼职职员各司其职，有的村庄还由会头敲锣，大开庙门，迎接各家代表携带地钱、底钱赴会。如有会员缴纳不起或缴纳不齐费用，就得找个会头担保，延期再缴。无论当日是否交钱，所有的赴会男女都会分批次挤到庙宇院内吃一顿打卤面。1933年，卢家村麦秋谢秋是在闰五月二十二，吃掉面条80斤，大秋谢秋是在九月十五，吃掉面条130斤。[32]

32 蒋旨昂，《卢家村》，《社会学界》第八卷（1934），第102—103页。

因此，谢秋时，所谓的会员大会实则并无会议可言，会员也少有发言机会，其常态是由会头代表大家公祭谢神，听会头做几句半正式、半公开的会务报告。反之，对于赴会者而言，因为与熟人问候聊天和在庙里烧香而结“人缘”与“神缘”、凑份子聚餐，谢秋的节庆性质更加明显。

村庄大小不一，各村青苗会会头人数也就差别甚大。大村的青苗会会头可多达二三十人，小村常只有三五人。1932年前后的黄土北店，是个有着约一千四百人的大村。在这个大村，青苗会会头有二十人，其中六人是常务性质，村民俗称这六人是“拿事”的会头。这六个拿事会头分两年轮流坐庄，每年由两人出任村长副，亦被视为青苗会中的主席。另外，还有一人司账，管理会中一切地亩账和出入账，再由数人司库，保管会中现款。[33]有的村庄，则由村长副将司账、司库兼职一身。与此同时，根据实际需要，青苗会还常设有几种委员会，诸如惩罚委员会、调解委员会，以及顺应时代变化而生的负责办学以及教育事务的学务委员会，等等。这些委员会的委员常在二三人，由热心又有经验的会头分别担任。会头大会或委员会小会召开没有定制。[34]有事时，就由村长或村长副让保卫团的团丁、看庙的老道或看青的青夫到各会头家通知、召集。

33 万树庸，《黄土北店村社会调查》，第12、24页。关于黄土北店青苗会会头更详细的描述，可参阅万树庸，《黄土北店村的研究》，第71—74页。

34 万树庸，《黄土北店村的研究》，第69—70页。

作为一种组织，除主事的会头、会员之外，

还有需要支付薪金的看青的青夫等雇员。在清河各村，成为青苗会会头最主要的资格是拥有循环相生的财力和才力。黄土北店村的二十个青苗会头，其家庭人口只占全村人口数的7%，但拥有的土地则是全村总数的35%。[35]青苗会的雇员分为青夫、保卫团的团丁以及看庙的老道三类。青夫尤为重要，但青夫究竟由何人充当或雇请何人，则有着地方差异。

35　万树庸，《黄土北店村社会调查》，第26页。

在山东泰安大眼滴，青苗会中的看大坡者必须是“年少力壮守本分务正业的本村穷人”。[36]而且，必须在与义坡会签订合同之后，一个合格的申请者才能成为真正的看大坡的人。合约如下：

36　张中堂，《一个村庄几种组织的研究》，《社会学界》第六卷（1932），第234页。

> 立合同人XXX 有愿在本村领坡地看守大坡如在此坡内的青苗被牲畜吃青及踏毁或快熟之庄稼被人偷去时本人应当查明究系何家之牲畜所为或系何人偷青一经查明后应立即报告丢青地主知悉以备处分本人不能查明系何人所为当如数赔偿丢青地主之损失今后恐空口无凭立字为证。
>
> 立合同人：
>
> 会头：
>
> 保人：
>
> 中华民国　年　月　日[37]

37　张中堂，《一个村庄几种组织的研究》，北平：燕京大学法学院社会学系学士毕业论文，1932，第13页。

与此不同，在山西徐沟县，与青苗会包任制的巡头、巡夫不同，选任制的巡田头、巡夫大致是由本村不务正业、打拳弄棒、一般人惧怕的混混或无赖子弟担任。因此，村民对巡夫没有好印象。正所谓：“住了衙门，巡了田，不坏良心，抓不着钱！”这多少使得选任制的巡田头、巡夫多是世袭。[38]与徐沟县情况类似，平郊一带青苗会的青夫常由能禁止偷盗的“恶人”充当，有以恶制恶之意。

在卢家村，有俗谚表达村民对青夫的局内认同，即“看青，剥死马，刨绝坟户，踹寡妇门——没有好人”。[39]圆明园北边树村青苗会的青夫也基本是由村中的流氓充当。因为酬劳少，青夫偷青是树村公开的秘密，及至村中有着“看青苗的不偷，五谷不收”之类的谚语。[40]距离树村不远的西冉村，在青苗会解散之后，强势的青夫张铭和、骆德山二人，虽然不偷青，却继续以看青的名义，将各家户交的“青苗粮”全部据为己有。因此，西冉村民将张、骆二人的看青称为“胳臂青”。1939年，保甲改组，收回了青苗权，“胳臂青”的状况才得以改变。[41]

青夫又由青头总领看青之事。因为总领其事，有着发言权，所以在大眼滴，看大坡头又须具备多样条件。诸如：会中服务多年，精通会务；看青好，未丢青者；看青多年或世袭者；年龄较长者；稍有才干，且略识文字者。[42]

除青苗会发放工资之外，青夫还有惩罚偷青者

38 李有义，《山西徐沟县农村社会组织》，第129—130页。

39 蒋旨昂，《卢家村》，北平：燕京大学文学院社会学系学士毕业论文，1934，第106—107页；《卢家村》，《社会学界》第八卷（1934），第86页。

40 王嵩玲，《树村青年男女教育》，北平：燕京大学文学院教育学系学士毕业论文，1949，第8页。

41 王文华，《西冉村的农民生活与教育》，北平：燕京大学文学院教育学系学士毕业论文，1939，第68页。

42 张中堂，《一个村庄几种组织的研究》，北平：燕京大学法学院社会学系学士毕业论文，1932，第14页。

酒钱和会员主动送的楂子之类的礼物等收入。[43]因应看护地亩的多少，麦秋的青夫人数少于大秋。值得注意的是，1926年，为了应对频繁内战而导致的社会不安定的状况，清河各村成立了由青苗会张罗的保卫团，有专事村落安全而巡逻的团丁，不少村的团丁也由青夫兼任。除数位专职团丁之外，每个村还有不少义务团丁。在黄土北店村，专职团丁由青苗会发放军装，月薪六元。[44]看庙的老道则多为孤苦无依者。原本就在庙宇办公的青苗会常常留下这些老道，在庙内扫地、泡茶、生活，承担青苗会中的杂役，每年由会中供给其衣食等日常消费。

43 万树庸，《黄土北店村的研究》，第78页。

44 万树庸，《黄土北店村社会调查》，第25页。

因应青苗会从看青到兼维持地方秩序、维护社区安全的功能演进，看青与保卫成了青苗会两种主要的工作，但二者运行的逻辑稍有不同。保卫职能的现代色彩更浓，其工作分为防范散兵、盗贼等游民多的“冬防”和因青纱帐便于隐蔽而生抢掠的“夏防”，且捉获的强盗须送往县区查办。

看青的传统色彩更浓。因为直到二十世纪三十年代初期，偷青者直接由青苗会处理，无须送交上一级政府部门。麦秋看青从阴历三月下旬到五月上旬，大秋看青从六月下旬到九月上旬。“起青”时，不少村庄会有仪式性的行为，诸如鸣锣示众等。通常而言，对于偷青者，惩罚措施常分为人的惩罚、钱的惩罚和酒席的惩罚三类。在卢家村，人们就曾对偷青的男女绑在树上鞭打，因而偷青者大为减少，原本看青时需在地里睡的青夫夜间也可以在家安卧了。[45]

45 蒋旨昂，《卢家村》，《社会学界》第八卷（1934），第86页。

值得注意的是，对于一个社群而言，偷青者有着内、外之别。如果偷青者是外村的“生人”，青苗会就会将之吊打，如果偷青者是本村人，则游街示众了之。[46]当然，换个地方，吊打也有可能是对本村偷青者的惩罚。1931年6月，泰安大眼滴的青夫刘兴有就在青苗会所的树上吊打了偷青的刘歪头二十皮鞭。[47]

46 万树庸，《黄土北店村的研究》，第81页；《黄土北店村社会调查》，第25页。

47 张中堂，《一个村庄几种组织的研究》，《社会学界》第六卷（1932），第236—237页。

通常而言，如果偷青者是本村人，人们会尽可能顾忌乡里乡亲或街坊邻居的脸面，妥善处置偷青者，尽可能大事化小，小事化了，从而给偷青者悔过自新、重新做人的机会，将“熟”变得“亲”。1919年6月，大眼滴青苗会对偷青的本村“贼社”的十五名成员的处理就充分体现了这一原则。[48]因此，在同一个村落，内外有别的惩戒方式是分明的。

48 张中堂，《一个村庄几种组织的研究》，《社会学界》第六卷（1932），第237—241页。

这样，借不同的惩戒措施，青苗会进一步强化的是一种文化象征意义上的“生”与“熟”。也即，强化的是本村人、我村抑或“我群”之身份认同。在强调地界时，有没有“份”之身份归属通过吊打、游街，和对吊打、游街的围观、凝视，刻写进了老少村民的身体、记忆和心性之中，促成了个体对于“我们村”“我群”之感官感觉和主观世界的形成。

此外，青苗会还肩负举办公共事业和增进村庄福利的社会功能。诸如：管理庙宇、香火地、坑地、义地、官井、树木，以及修桥补路，等等。具有一定地位和权威的会头，通常也在村民的日常生活中扮演“和事老”的角色，为村民排忧解难、息事宁人，在村民的家长里短之日常生活中“拿事”。在对外交往方面，青苗会也肩负着维护全村利益的责任。军队的征集讨要，上级政府的摊派都是青苗会代表村庄应付，与之讨价还价后，再对内调剂分配。村际之间的合作抑或冲突，同样是青苗会主事。在义和团运动时期，为了维持相对正常的秩序，清河一带的72个村庄联合起来成立了“联庄会”。[49]国民党当政后，国民党党部曾召集各村青苗会组织农民协会。对设在镇上的保卫团，清河镇以北的几个村庄的青苗会承担着维持其运行的义务。因此，不但这几个村庄的会头之间联络频繁，同时也享有被保卫团保护的权利。[50]

因为有地钱、底钱以及管理村里庙地等公产的收入，应付军队、上级政府的摊派，给青夫和团丁发薪，青苗会同时也是一个经济组织。在麦秋、大秋两次谢秋时，青苗会常常要将用黄表纸写的收支清单张贴在庙墙上，公之于众。在黄土北店村，作为该村最基本的组织，青苗会不但将村公所、保卫团等村组织置于其卵翼之下，还与时俱进地肩负了办学之责。小学校的经费，是由青苗会管理的村中关帝庙、天齐庙两座庙宇的香火地亩租金和卖苇塘苇子钱款支付。学校的董事，则由青苗会派出的三位会头充当。[51]在卢家村，小学的校长是青

49　万树庸，《黄土北店村的研究》，第69页；《黄土北店村社会调查》，第24页。

50　黄迪，《清河村镇社区：一个初步研究报告》，第413—414页。

51　万树庸，《黄土北店村社会调查》，第23—24、103—104页。

苗会的会头，小学唯一的夫役也是由青头兼任。教员薪金、夫役年金、教科书、设备、文具、煤火、洋油、茶叶、公文等学校所有花销，都是青苗会支付。此乃青苗会年度支出的三大宗之一。1932年，卢家村学校的经费支出占据了该村青苗会总支出的31.6%，名列榜首。[52]距离清河镇北五里的三旗村，也是燕大清河试验区的村落之一。1932年夏天，试验区在该村兴办幼女班时，该村青苗会供给了幼女班六套桌椅。[53]

52 蒋旨昂，《卢家村》，《社会学界》第八卷（1934），第90页。

53 邓淑贤，《清河试验区妇女工作》，北平：燕京大学文学院社会学系学士毕业论文，1934，第80页。

四　联村青苗会及明心榜

卢沟桥事变之前，因应内忧外患，社会调查运动、乡村建设运动高潮已逝。与之同步，燕大清河试验区工作也暂告一个段落。卢沟桥事变之后，骤变的时局使得燕大师生前往距离校园较远的清河试验区调查，不再具有可行性。1939年，有鉴于清河试验区的经验教训，在时任系主任的赵承信带领下，燕大社会学系将距离燕大不到4公里的前八家村（在燕大师生的学术写作中，多以“平郊村”称之）作为了其“社会学的实验室”。

平郊村原本就是燕大清河试验区所属村庄之一。在从清华车站到清河镇大道上的平郊村，1935年人口仅246人，住户约有60家，[54]正适合一个研究者对其整体把握和全面观察。之所以命名为“社会学实验室”，就是要求研究者采用局内观察法对平

54 陈聚科、庐铭溥、余即荪，《前八家村社会经济概况调查》，《清华周刊》第四十三卷第一期（1935），第41—50页。

郊村进行研究，且将研究者的调查研究过程本身纳入观察的范围，以此加强中国社会学的认知论、方法论之本土化的建设。[55]虽然期间有因太平洋战争爆发而中断的四年多时间，在燕大复校北平后，平郊村这一社会学实验室立即恢复运行，一直坚持到1950年。

55 赵承信，《平郊村研究的进程》，《燕京社会科学》第一卷（1948），第107—116页。

在前后近十年的历程中，燕大师生对平郊村进行了全方位的调查研究。观察、调研的对象涉及村落生产生活的方方面面，诸如：儿童养育，妇女地位，性生活，婚丧等人生仪礼，岁时节庆，宗教信仰，家族组织，住宅与家庭设备，农业、手工业、养鸭业等生计形态，医疗卫生，教育，农工地位和雇工生计，等等。完成于1940年的沈兆麟的本科毕业论文《平郊某村政治组织》，就是在黄迪的指导下的对平郊村政治组织的研究。在该文中，沈兆麟将平郊村的政治组织分为了自治以前、自治时代和保甲时代三个时期。

1934年，民国政府推行的保甲制度在平郊村得以落实。平郊村与萧叙庄、东柳村、东王庄合成为第128保，计辖十甲，平郊村有三甲。因为欲强化对基层管控的行政制度变为了保甲制，青苗会也曾一度改为保卫团，继而又由连保办公处代替，以“自卫团”命名。在其众多活动中，与履行护路制、成立自卫团一样，看青始终是在保甲制下的这些不同名称组织的重要任务。[56]

56 沈兆麟，《平郊某村政治组织》，第60、69—73页。

与清河一带的其他村子一样，早在光绪年间平郊村一带就有了青苗会之组织。通常，如果一个村落偏小，就会联合邻近的数村成立联合的青苗会。距离蓝靛厂西约五里的西冉村因为村落狭小，遂联合邻近的佟家坟、篱笆房成立了联合青苗会。[57]与此相类，平郊村左近的青苗会也不是以村为单位的，而是跨村落的。北会设在后七家村，辖六七个村子。南会先是设在六道口村增福寺，辖六道口村、平郊村、二里庄、石板房、双泉堡、东柳村、四道口村、九间房、九龙泉、炸货屋子等十多个村子，首事也有十多人。首事皆属义务，无一定任期，只要愿意，可以终身司其职。当然，地多势大是就任首事的基本条件。首事亡故，可以由其子辈继承，或由其他首事公推新首事。这些首事再公推二位首事为值年，主理青苗会会务。

57 玉文华，《西冉村的农民生活与教育》，第10页。

夏初，值年召集会首，议定该年青头、青夫名额、工资与看青时长，并根据上年的收支情况，由会首分别摊款若干，预支青头青夫，待青钱收齐后，再偿还给各个首事。在起青之日，值年召集首事、青头青夫、书记等人“顿灰”与“写账”。顿灰，即跟随首事的青头持白灰框，行走田间，在各田撒白灰少许，昭示看青开始。自此日起，庄稼受损被盗，由青苗会负责。写账，是在青头顿灰的同时，由青头报告田户姓名、田亩面积，由书记一一登录在册，以便收取青钱。随后，根据青夫名额，将青地划段，一个青夫专管一段，包干到人。

秋收时，值年再度召集首事，根据收支和田亩总数，核算每亩之青钱，并拟定“敛青”日期。通常，各户缴纳青钱不得超过农历九月十七。到了算大账的日子，值年、首事、青头青夫等就会雇佣厨子，准备米面，通知各家户。是日，缴纳青钱之后，大家聚餐吃面。散后，青苗会首事们会用黄表纸写收支清单——“明心榜”，并将其张贴在会所外壁，公之于众，以示奉公、清白。[58]1939年，平郊村使用看青人四名，青钱合计六十元，每亩旱田经营者摊派六分。1940年，工资上涨，青钱估计要每亩一角六分。[59]

58 沈兆麟，《平郊某村政治组织》，第82—84页。

59 李国轼，《某村之土地制度》，北平：燕京大学法学院经济学系学士毕业论文，1940，第45页。

显然，就基本运行而言，联村青苗会与单村青苗会有着相当的不同。南会这样的联村青苗会涉及多个村庄，其异质性明显，就需要顿灰、写账和明心榜等表演性和仪式性强的制度化行为，强化、宣誓其整体性与同质性。如同黄土北店的青苗会承担了兴办学校之责一样，进入共和时期之后的南会也在兴办学校。因为会头之间的角力，学校几经易址，最后落脚在了平郊村的延年寺。因此，无论是组织结构还是收支管理，联村青苗会都更强调公开、公平、公正与廉洁，使牵涉到的村落和人家心服口服。进一步思之，南会算大账时的“明心榜”，不但表征的是见者有份的知情权，还是因看青而结成的南会这个次生社群之成员享用的义务和权利的见证。

五　作为社会治理机制的节庆

遗憾的是，无论是黄土北店村、卢家村还是平郊村，因为调研者首先是将青苗会作为乡土中国基层社会的一种社会组织，所以对于青苗会谢秋之祭神、聚餐等群体性的庆典记述语焉不详。黄土北店麦秋谢秋时的“聚会”场景如下：

> 麦秋谢秋无定日，约在四月二十八日。谢秋之日一切种地的人家都带一份斋钱，约一角五分，到关帝庙吃一顿打卤面；先交地亩钱然后吃饭。麦秋地亩钱约每亩三分。同时，会首则特别忙，一面忙着写账，一面又忙着祭礼关帝。祭礼关帝是在午后二时左右，由老道供上香烛祭品，村长即代表全村将供在桌上的黄表纸印就长约三尺至五尺，宽约五寸的纸筒子取下，写上全村的名字，封入筒内，在阶前焚化，并依次叩头。在关帝面前叩头已毕，更由老道率领全村会首到村内一切庙宇焚香上供叩头。关帝庙与一切庙宇都是供两份，一份供品在神位前面，一份点心在门外。在神前者归老道，在门外者由会首收回碟子，即将点心被孩子们一抢而空，祭礼于是告终。[60]

60　万树庸，《黄土北店村社会调查》，第 28 页。

六月二十四是关帝诞辰，在黄土北店村，是日，祭祀关帝的同时人们举行大秋起青典礼，其场面如同麦秋谢秋。万树庸写道：

> 每年阴历六月二十四日是关帝老爷的生日。该村青苗会的会规，在祭祀老爷的那天，就同时举行起青的手续。这时候麦秋的收成已到家，大秋的庄稼，已经长起青苗来，地里的庄稼已经需要看青的人来看守和保管了。关于起青方面的手续是在这一天的时候各家种地的人家，都要到关帝庙内来，带五百文面钱，到会内来吃一餐打卤面，来是随到随吃，吃后就到青苗会办公室去报告本年度所种的地亩。于是会内管地亩账的先生，将所报告的地亩写账，从此这家的地亩内的青苗，就归青苗会负责看护。在这天会头们是非常的忙，一面要忙着起青的工作，例如上地亩账，收一部分的地亩钱，一面又要忙着祭祀关帝的事。上供的时候，是在午后二时左右，由看庙的老道把香烛供品都预备整齐，放在关帝神像的供桌上，经过老道在神像前念过经以后，就由村长代表全村把放在供桌上的黄表纸印就的长约三尺至五尺，宽约五寸的长筒子，把该村的名字写在表上，放在纸筒之内，再把纸筒两端封好，在台前用火烧毁。同时由村长领头，所有会头都依次向关帝叩拜，把关帝拜后，再由老道率领全村会头赴村中所有的庙内去焚香叩头，把所有的庙烧过香以后，再由老道把供品挪到庙门前

> 的大空场上，去念经，念完的时候，就由老道把供桌上的供品，如瓜果这类可以吃的东西，摔一样到地上，其余站在供桌边围着的村民就一哄而上，把桌上的东西，一抢而空。于是祭关帝的举动，也就结束了。[61]

61 万树庸，《黄土北店村的研究》，第62—63页。

然而，对于万树庸强调的约在九月十五前后“十分热闹”的黄土北店青苗会的大秋谢秋，[62]他并未详细记述。无论详细描述与否，在黄土北店，起青和谢秋的庆典都有着结人缘与结神缘的双重内涵。因为除聚餐闲聊——结人缘之外，人们必定在关帝庙内焚香谢神娱神——结神缘。[63]

62 万树庸，《黄土北店村的研究》，第79—80页。

63 万树庸，《黄土北店村的研究》，第70页。

虽然只有蛛丝马迹，但正如当下地处西北岷县等地青苗会之盛大一样，在相对承平之日，平郊的青苗会之谢秋事实上就是群情激昂而热闹、红火，也似乎是无序、非常，而任由孩子们抑或村民“哄抢”供品的地方性庙庆，抑或说节庆。换言之，正如“庙会组织”[64]、“朝山会”[65]有着不同的词性和多重含义一样，“青苗会”同样有着两层相互关联并互文的含义：一是作为乡土社会基层政治组织、社会组织的青苗会，二是这个地缘性组织在特定时日举办的有着敬拜、共食等仪式活动的庆典。就这两者的关系而言：前者是后者的基础、根本，后者，是前者的终端、末梢；没有前者，肯定不会有后者，而没有后者，前者也就丧失了其存在的意义。

64 岳永逸，《行好：乡土的逻辑与庙会》，第58—59页。

65 岳永逸，《朝山》，第170页。

通过对二十世纪三十年代平郊青苗会的组织、功能以及相关仪式的简要回顾，我们发现：当有祭祀神明、聚餐等仪式活动的谢秋真正演变成为一种声势浩大的“会”，即庆典时，青苗会这一盛会首先是以明确的地界、份之观念，以参与者明晰的权利和义务为基础，肯定并且彰显“治”的一种社会制度。反之，庆典现场的热闹、红火之“乱”，除少数研究之外，[66]绝大多数学者已经习惯性使用的“非常”“反常”“反结构”以及“狂欢”等用来描述、归纳中国节庆的属性认知，仅仅是青苗会这种乡土中国基层社会组织与制度的集中呈现与终端。

66　刘晓春，《非狂欢的庙会》，《民俗研究》2003 年第 1 期，第 17—23 页。

事实上，即使不是如同青苗会这样因应农耕生产而形成的节庆，通常也都有着支配这个节庆运行的规范、守则，至少有着不能触碰、违反的禁忌。其实，这些潜存的规范、禁忌，强调的都是节庆有的“治”抑或说“结构”“秩序”的一面。正是在此意义上，狂欢、无序、休闲的节庆或者可以反向定义为规训、整合与集中呈现日常生活的节庆。通过节庆，一个社群中的个体更加明确了自己的身份、地位、责任、权利和应该扮演的社会角色。进一步言之，就一个具体的社群或者社区而言，更多传统性的节庆是生活在其中的人群基于其生产生活而组织社会的方式、建构的一种社会制度，并会根据群体自己的理解，回应或明或暗、或直接或间接介入地方生活的各种外部因素，与时俱进。

在礼俗始终互动[67]而上下同质性高的“文明体”中国，没有纯粹的“国家节庆”，也没有纯粹的“地方节庆”，不存在纯粹的“国家叙事/官方叙事”，也不存在纯粹的“民间叙事”。就是当下学界热衷诠释的与“集体叙事”相对的“个体叙事”，人们也容易发现抑或乐于发现其中暗含的其他叙事的阴影、余韵，甚至规训。否则，哪怕再所谓的鲜活，个体叙事都了无意义，与之连带的生命史、生活史都会大打折扣。从节庆的生存和演进历程而言，这些便于学术写作的二元话语在生活现场永远是互动、交融与互现的。

在此意义上，节庆/庆典实则是社会治理与自治的一种有效的方式、策略与制度。以此观之，被不少学人奉为圭臬的汪继乃波（1873—1957）的“过渡（passage）”[68]、维克多·特纳（1920—1983）的“阈限（Liminality/communitas）”与“反结构（anti-structure）”[69]以及巴赫金（Michael Bakhtin，1895—1975）的“广场狂欢”，[70]也就更多地是对常态社会及其结构的一种反向强调。透过表象看本质，“狂欢化”理论主宰下的节庆描述与认知范式的偏颇，也就不言而喻。它太过强调作为同一群行动主体参与建构的“时空连续体”的时间性，太过强调对生活事实的艺术呈现与审美观照，而多少忽视了其空间性和行动主体之实践理性的连续性。注意到了节庆这一复杂的生成机制和演进、运行的文化逻辑，对节

67 杨开道，《明清两朝的民众教育》，《教育与民众》第二卷第四期（1930），第1—18页。

68 Gennep, Arnold van. *The Rites of Passage*, Chicago: University of Chicago Press, 1960, pp. 1–13.

69 Turner, Victor. *The Ritual Process: Structure and Anti-Structure*, Chicago: Aldine Publishing Company, 1969, pp. 94–165.

70 ［俄］巴赫金，《拉伯雷研究》，李兆林、夏忠宪译，石家庄：河北教育出版社，1998，第164—321页。

庆的管理、打造和期待，或者也就有了新的策略与视角。

六 自治的乡土

在“看过”一次华北腹地小村的龙牌会之后，英国人类学家王斯福（Stephan Feuchtwang）就大胆也是敏锐地提出了长期触及中国学人痛点的大问题：“农民抑或公民”。[71]在此，有必要重温张中堂记述的大眼滴的故事。

71 ［英］王斯福，《农民抑或公民？——中国社会人类学中的一个问题》，见王铭铭、王斯福主编，《乡土社会的秩序、公正与权威》，北京：中国政法大学出版社，1997，第1—19页。

大眼滴贼社的头儿是“歪嘴刘”，其成员除贫家子弟外，也不乏富家子弟。1919年6月20日夜间，在歪嘴刘的带领下，贼社成员十人都画成鬼子脸，闷声控制住看大坡的霍六（刘三），在天亮前将偷割的财主刘成的近两亩的谷子，卖给事先约定好的他村流氓。在挑走谷子的同时，贼社人众将捆缚多时已经失去知觉的霍六松绑放行。之所以贼社偷刘成的谷子，因为刘成对穷人、三亲六故都没有丝毫怜悯之心，不但一毛不拔，对人还心狠手辣。所以，虽然是本家，歪嘴刘仍然带着贼社成员对其下手。

事发后，不少村民对刘成被偷都幸灾乐祸。刘成当然催促青苗会会头张灿光查访办理此案。贼社成员往村外运谷子后陆续回村时，被早起拾粪的张三无意中撞见了。但是，由于偷的是刘成的，张三并未声张。三四天之后，尽管只有偷青者是本村人的传闻，却也多少让贼社成员有些紧张。到了第五天，偷青者分了卖谷子的五百吊钱，歪嘴刘六十吊，参与者人均三十吊。得到钱后，有的偷青者就买了好衣好鞋穿上，并常到歪嘴刘家聚饮。张灿光等青苗会会头知晓后，通知各地主家的长工，将村中所有枪械交到庙里，并分派各长工协助“破案”。

26日夜间，当贼社成员在歪嘴刘家聚饮时，四十个长工围住了歪嘴刘的房子。围堵人员以要贼社人众帮忙赶土匪为由，在其放松警惕的情形下，缴了醉醺醺的贼社人众的枪械，并使其一道跟着到了庙里，从而一网打尽。庙内，会头、地主、看大坡的人以及办会事的人，都参与了对贼社的“会审”。因为都是街坊邻居，考虑到村落名誉与贼社各家名誉，在责备刘成为富不仁的同时，青苗会对贼社采取了攻心战术，声称其偷盗行为已经悉数知晓，只要将卖谷子余下的钱上交会里就作罢。

这些钱将会分作三份：一份，给看大坡而被捆缚了一夜的霍三；一份，分给帮会里忙的这些长工；第三份，分给偷青者中间几个比较穷的人，让其拿去做点小买卖度日。若是钱多有剩余，就用余钱买一条或两条土枪，用于青苗会看青。而且，当着刘成的面说，不管刘成愿不愿意，这些钱就算是刘成捐给会里的钱。

听到如此公平的处理，多少有些悔意的偷青者们纷纷说出了余钱藏匿的地方。长工们遂分头前往各家取回余钱，共计三百吊。当即，这些钱霍六得二十吊；长工五十人，每人各得一吊；穷社员八人，每人二十吊；余下七十吊用来购买土枪。分配完毕，心服口服的贼社人众，对青苗会会头和地主们当面发誓永不再犯。之后，会头让长工纷纷前往各家，让家长来庙里领人，并叮嘱家长不要再责罚偷青者。家长们自然一一给会头和地主们谢罪，带领儿子作别回家。自此，贼社解体，村民们也和睦如初。[72]

这个人皆称善的“和谐”故事，使我们不得不进一步思考下述问题：中国的农民或者说中国的农村，是否具有自组织和自治能力？如果具备，那么在乡村社会的主动配合下，现代民族国家政权对基层社会的控制力是加强了还是减弱了？是何种意义上的加强或减弱？虽然是基于与西方的比较，杜赞奇俨然证据确凿的自上而下的所谓“国家政权的内卷化”之命题是否成立？

同样，基于本土历史演进的视角，再将传统中国社会称为“半自治社会”时，它究竟对我们当下的实践层面和学术层面的“社会治理”有着怎样的启示？

最后，还要追问的是：传统中国是否具有“公民社会”的特质？抑或说是否一直都在自反式地孕育着“公民社会”？甚或自反式地孕育着那个让人欲说还休、欲罢不能的哈贝马斯（Jürgen Habermas）所言的“公共领域”？

72 张中堂，《一个村庄几种组织的研究》，北平：燕京大学法学院社会学系学士毕业论文，1932，第 18—25 页；《一个村庄几种组织的研究》，《社会学界》第六卷（1932），第 237—241 页。

附录1 万树庸《黄土北店村的研究》目录

附录2 蒋旨昂《卢家村》目录

（一）家庭大小

1. 自然家庭

2. 经济家庭

（二）家庭关系

1. 夫妻关系

2. 亲子关系

3. 兄弟关系

4. 家庭妇女关系

第二节　解组

一、部分解组

二、整个解组

第三节　功能

第五章　经济

第一节　生产

一、农业 主要生产历程

（一）耕地

（二）工力

（三）农具

（四）种子

（五）肥料

（六）产物

（七）销售

（八）灾害

二、副业

（一）村内副业

（二）村外副业

㉘

混搭，物之学

在后工业时代，人造物大致呈两种形态：手工的和机械的。通常，人们会将手工的与前工业文明相连，质朴粗野；将机械的与工业文明贯穿，空洞规整。然而，在赋予质朴的手工物以情感价值、赋予机械品以文化价值，或者同时赋予二者以艺术价值以及政治、民族意涵之后，不同的人造物就在诗学、美学及认同或者说识别层面出现了会通，能吸附更多的人，有了展示、交际、交流的可能，而非仅仅是交换。

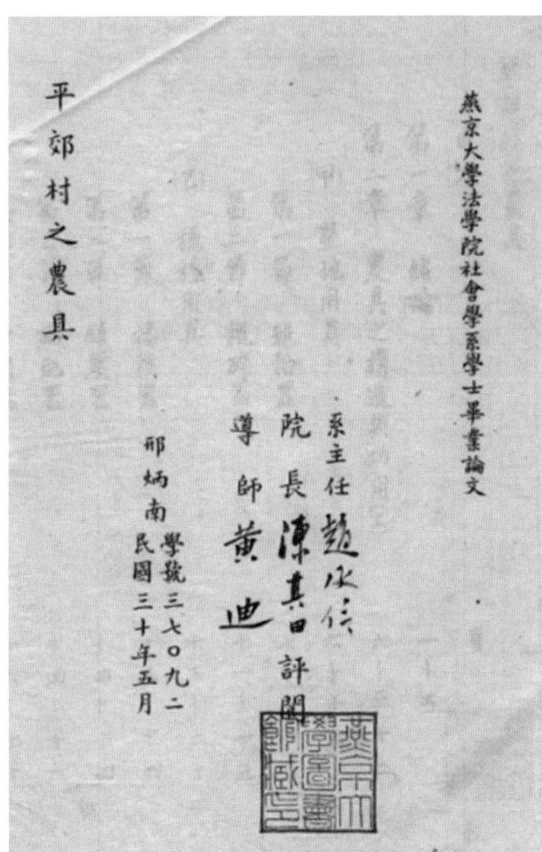

燕京大學法學院社會學系學士畢業論文

系主任 趙承信
院長 陳其田 評閱
導師 黃迪

邢炳南 學號三七〇九二
民國三十年五月

平郊村之農具

邢炳南学士毕业论文封面

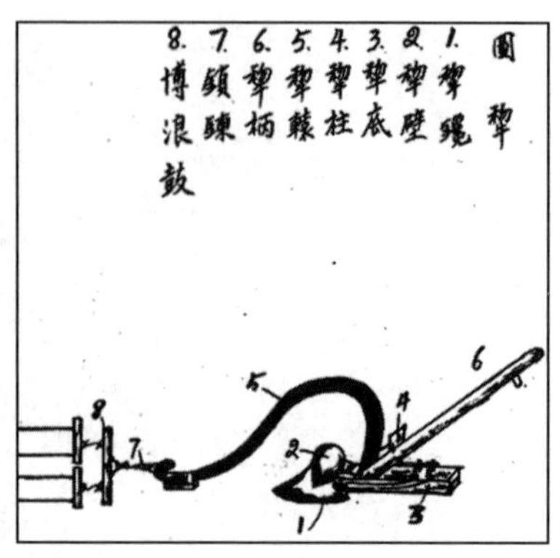

平郊村的“犁”和“磨”
（邢炳南，《平郊村之农具》，第 93、117 页）

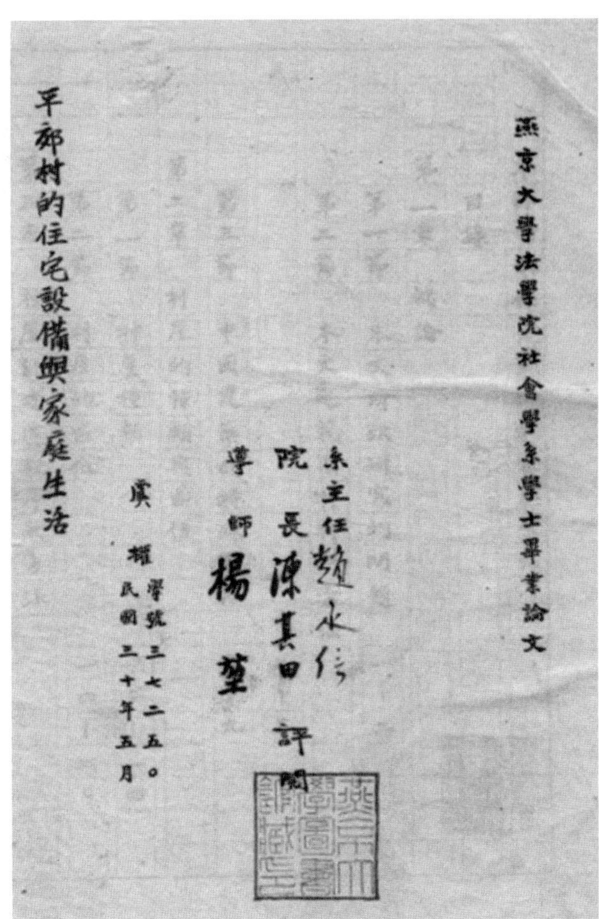

燕京大學法學院社會學系學士畢業論文

系主任 趙承信

院長 陳其田 評閱

導師 楊堃

虞權 學號 三七二五〇

民國三十年五月

平郊村的住宅設備與家庭生活

虞权学士毕业论文封面

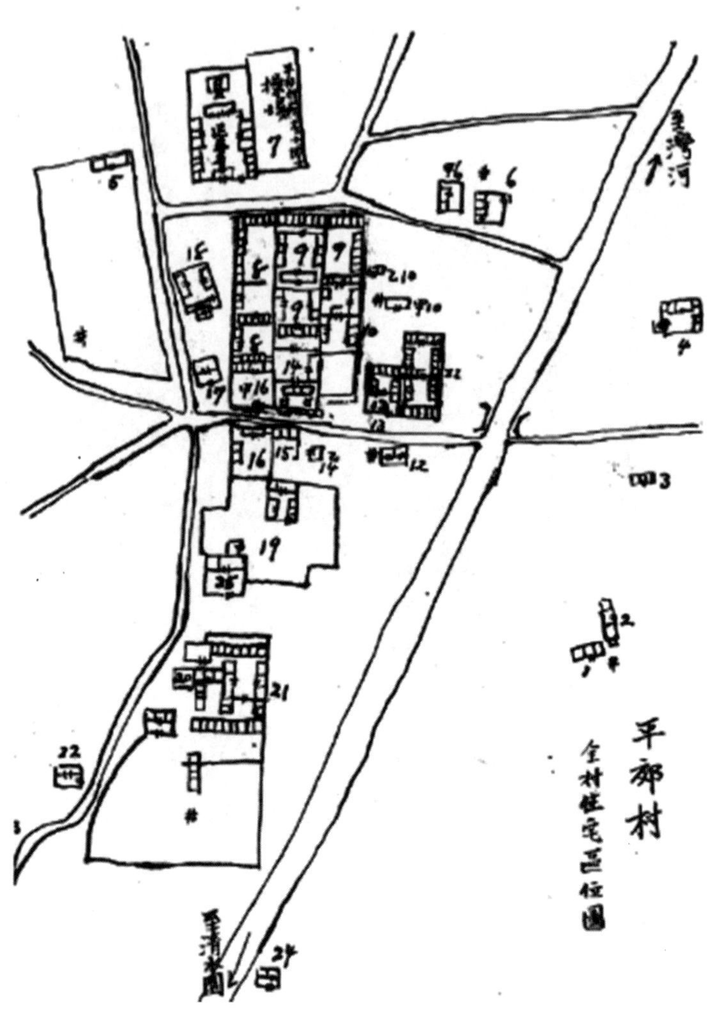

平郊村全村住宅区位图
（虞权,《平郊村的住宅设备与家庭生活》,第131页）

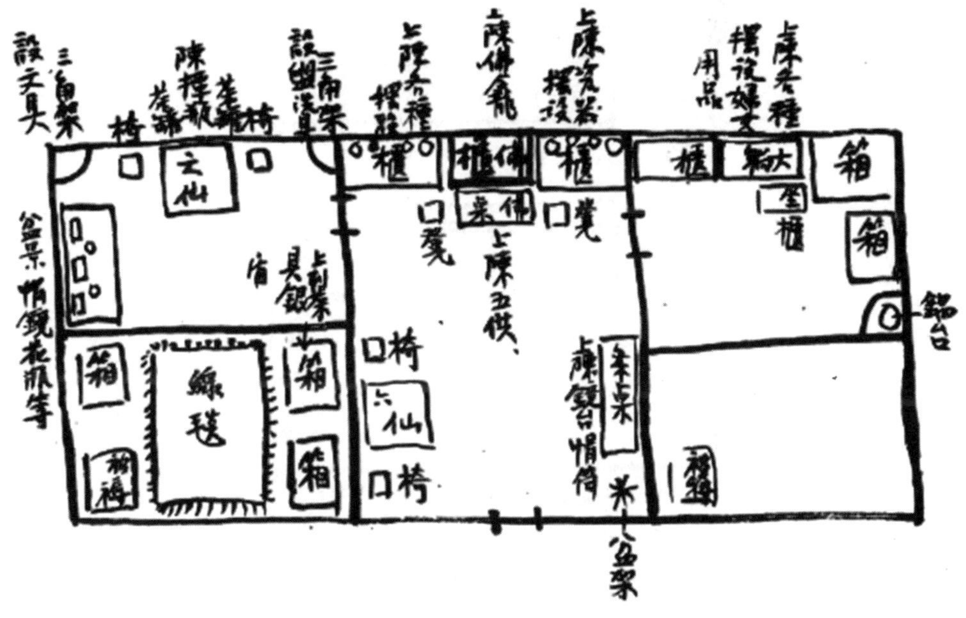

平郊村六号院于念昭住宅室内设备
（虞权，《平郊村的住宅设备与家庭生活》，第138页）

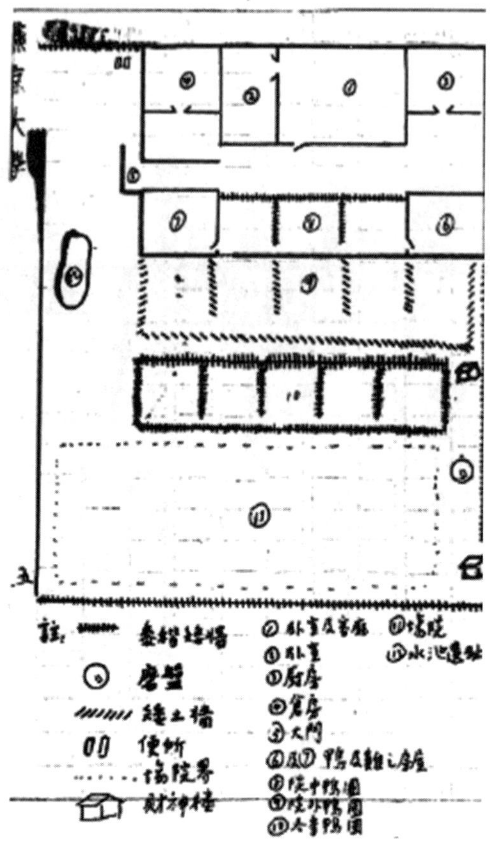

平郊村四号养鸭的黄淞家的房舍

（方大慈，《平郊村之乡鸭业》，第 5 页）

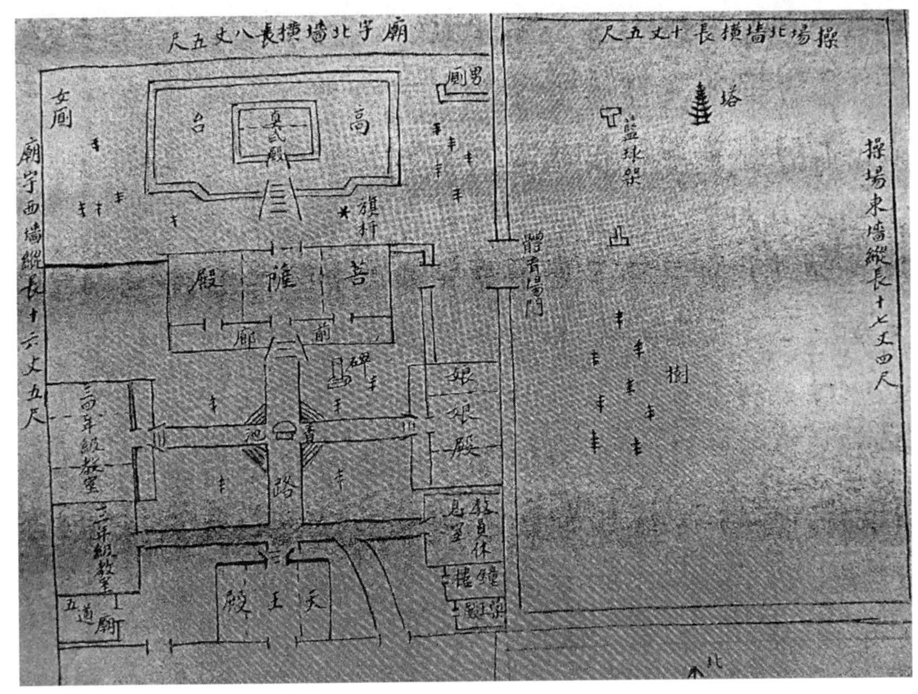

陈永龄在毕业论文中手绘的平郊村延年寺示意图

1941

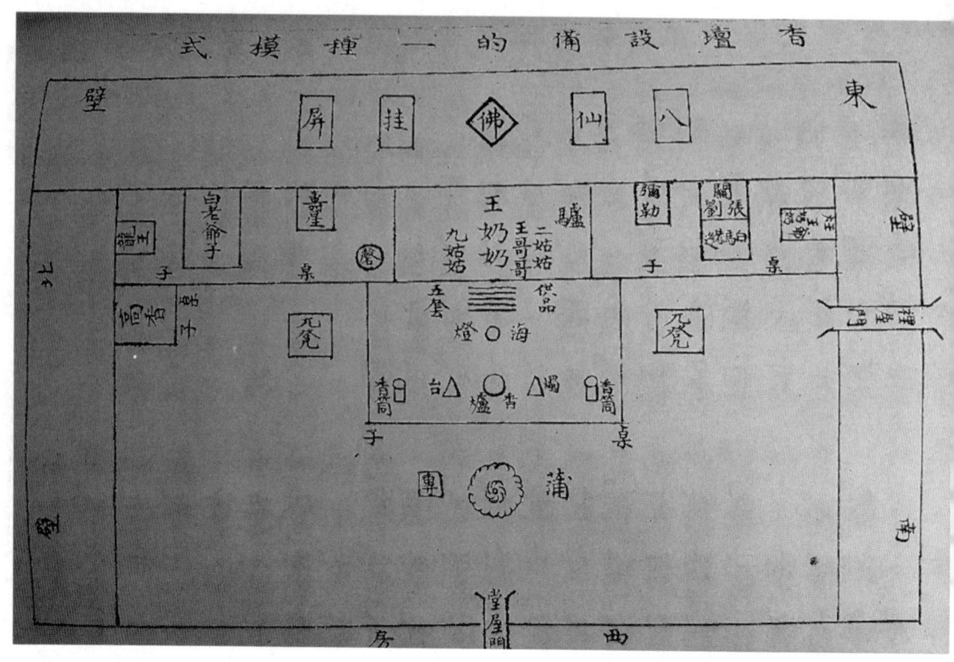

苏钦儒绘制的香坛
（转引自李慰祖，《四大门》，第 80 页）

直到二十世纪八十年代，在川北农村，农具等日常生产生活中的器具与人有着人物互现而难以割舍的情感关联，甚至不乏极端的个人主义属性。

大字不识的文盲母亲生前是远近闻名的干农活的一把好手，割麦、割稻比邻里谁都快。然而，母亲自己用的镰刀从不外借。邻里也常常疑心是母亲的刀快，而非其手快。为了应对经常出现的借用，母亲特意准备了一把模样差不多的镰刀。多年后，我才大致明白母亲当年说的那句话：

> 自己的镰刀，别人拿去用了，就不是那个“劲”儿了！

为何镰刀和母亲之间有着如此的亲密性、一体感？

显然，在大千世界，人造物和人眼中的自然之物，总是紧紧地与特定个体或群体连带一处。如果对他者而言，外在的物之于特定个体（群体）有着温度、感情、亲情，甚至神圣性，那么我们究竟应该怎样研究物？研究物最终又是为了什么？

一 “社会学实验室”平郊村

在农耕立国的传统中国，农具的发明、推广与使用，始终是重要的社会事实与话题。[1]重农、劝农的“耕织图”，则以政令的形式得以广泛地刊刻、散布。[2]在相对后起的中国农耕史、科技史研究中，农具始终占有重要位置，对它的研究更侧重农具的制作技术、革新改良、使用技能以及生产效率等。在颜纶泽（1890—？）、顾复（1894—1979）等从日本学习农学归来者倡导的“农具学”中，这也未能例外。[3]与此不同，随着二十世纪初叶，中国民俗学运动的展开，对于农具以及更广义上“民具”的研究，出现了另一条路径：重视农具等物的“人性”、社会性以及“灵性”。即，关注在其制作、流通、使用过程中，物与人以及房舍互为主体性的关系。

上章提及，卢沟桥事变前后，因为有着将当时中国的社会形态定格在初民社会和都市社会的中间状态——即“乡土中国”——的共识，偏重于都市社区研究的人文区位学、都市社会学和基于局内观察法研究初民社会的功能论已经在燕大得以整合并实践。这即至今都有着影响的社区-功能研究。社区-功能论的理念、旨趣，与明确倡导民俗学社会科学化抑或说社会学化的杨堃不谋而合。1937年，

1 周昕，《中国农具通史》，济南：山东科学技术出版社，2010。

2 关于耕织图丰富意涵的深入探究，可参阅王加华，《技术传播的“幻象”：中国古代〈耕织图〉功能再探析》，《中国社会经济史研究》2016年第2期，第10—17页；《教化与象征：中国古代耕织图意义探释》，《文史哲》2018年第3期，第56—68页。

3 颜纶泽，《农具学》，上海：商务印书馆，1919；颜纶泽，《中等农具学》，上海：中华书局，1926；顾复编，《农具学》，上海：商务印书馆，1934。

杨堃正式入职燕大社会学系。在燕大社会学系时任系主任的赵承信的统筹规划下，燕大社会学系的师生在1938年全面开始了对“社会学实验室”——平郊村的调查研究，一直延续到1950年前后。期间，因太平洋战争爆发，北平燕大停办，平郊村研究也随之中断数年。将平郊村称为“社会学实验室”，就是力求将此前服务于乡村建设运动的燕大清河试验区的“社会调查”提升为“社会学调查”。因为作为社会运动的社会调查，在一定程度上忽略了本土化社会学认知论与方法论的建构。

平郊村在燕大东北边，约四公里。从1935年到1948年，平郊村规模并无明显变化，户数一直在六十上下，人口在三百左右。[4]这是一个研究者可以全方位观察的小社区。作为一个城乡之间的“城郊社区”，抑或说“边际社区”，它有着城乡混融的双面特征。显然，研究单位从包括清河周边四十个村庄、人口约两万五千的清河试验区这一“村镇社区”[5]到平郊村“社会学实验室”这一小社区——“村家社区”[6]的演进，既是对战乱之艰难时世的一种回应，更是二十世纪前半叶燕大社会学同仁寻求中国社会学本土化的体现，也是中国社会学本土化建设不同阶段的成果。[7]

因为是“社会学调查”而非社会调查之实验，研究者的调研过程也成为研究的基本对象。在此背景下，社会学化的中国民俗学（抑或说民俗学的社会学派）很快就出现了基于一个研究者可全方

4　分别参阅：陈聚科、庐铭溥、余即荪，《前八家村社会经济概况调查》，第41页；陈封雄，《一个村庄之死亡礼俗》，北平：燕京大学法学院社会学系学士毕业论文，1940，第1—4页；赵承信，《平郊村研究的进程》，第107页。

5　赵承信，《社区研究与社会学之建设》，第15—20页；黄迪，《清河村镇社区：一个初步研究报告》，第359—420页。

6　黄迪，《社区与家村镇》，《燕京新闻》1939年11月4日，第九版。

7　新近，“社区”这一惯用的学术词汇，再次成为学界省思的议题和学术增长点。基于北京前门外大栅栏的调研，沈原根据人口、社会关系、空间、文化四个量标，将当下北京的社区分为了单位制、商品房住宅、老旧街区、城中/边村和乡村五种类型。参阅沈原，《老旧街区的社区建设》，《国际社会科学杂志》2019年第1期，第14—26页。其实，诸如平郊村以及“杂吧

位观察的小社区，侧重于物之使用、功能，在社会关系、生活网络中对农耕用具和家庭设备（家用器具）的专项研究。这即1941年黄迪指导的学士毕业论文邢炳南的《平郊村之农具》和杨堃指导的学士毕业论文虞权的《平郊村的住宅设备与家庭生活》。在这些可圈可点的“民俗学志”中，物不是外在于人，被刻意地对象化与“物化”的冰冷静物，而是始终与人联系在一起，承载着心意、性格、伦理、宗教、经济、社会地位、文化历史、知识技术和礼节等村落日常生产、生活的各个方面，乃牟斯（Marcel Mauss，1872—1950）所言的社会生活的整体呈现。[8]

之所以能有这些系统化也是至今看来真切而鲜活的功能研究，原因是在导师们的悉心指导下，研究者全是采用民族学家调查初民社区的方法——局内观察法，“亲入农村，与农夫结为朋友，过着农夫们的生活。从自身的体验与观察之中，以取得实际的资料”，而文献材料仅是参考。[9]不算前期的调研，已经与农夫结成朋友的邢炳南，为了完成其农具的专项研究，先后“下乡八十余次，每次约四小时”。[10]对这些下乡后得来的实际材料，做实地研究的同学和老师还会每两星期就集体讨论，包括实地研究的方法、计划、临时发生的问题、论文大纲等。通常，一个论文大纲要经过三五次的讨论。[11]

在相当意义上，这些采用局内观察法且师生反

地儿”（天桥）这样的社区，完全可能在不同的历史时期成为不同类型的社区，甚或在共时性上，在一个历史的剖面，就形成一种混融的形态。关于天桥的研究，可参阅岳永逸，《老北京杂吧地：天桥的记忆与诠释（修订版）》，北京：生活·读书·新知三联书店，2019。

8 ［法］牟斯，《礼物：旧社会中交换的形式与功能》，汪珍宜、何翠萍译，台北：远流出版事业股份有限公司，1989。

9 杨堃，《我国民俗学运动史略》，《民族学研究集刊》第六期（1948），第99页。

10 邢炳南，《平郊村之农具》，北平：燕京大学法学院社会学系学士毕业论文，1941，第1页。

11 虞权，《平郊村的住宅设备与家庭生活》，北平：燕京大学法学院社会学系学士毕业论文，1941，第4页；杨堃，《我国民俗学运动史略》，第99页；赵承信，《平郊村研究的进程》，第109页。

复讨论而出炉的研究，完全可以视为中国民具学的滥觞，且是有着相当高度的滥觞。对于方兴未艾的当代中国民具学而言，这些蒙尘多年的精彩的“民俗学志”，显然有着不言自明的价值和意义。

二　平郊村的农具

在燕大社会学系关于平郊村这个社会学实验室的诸多研究中，不同的毕业论文各有侧重，又相互参照。这样，作为一个整体中的各篇论文之间又形成一种呼应关系。在这个整体中，邢炳南专门调研的是农具，所以虞权在其论文中才只写了消费型的家用器物。[12]同年，方大慈对平郊村养鸭户的研究，也详细呈现了养鸭的器具与设备。[13]

12　虞权，《平郊村的住宅设备与家庭生活》，第51页。

13　方大慈，《平郊村之乡鸭业》，北平：燕京大学法学院社会学系学士毕业论文，1941，第60—62页。

关于为何选择了农具这个题目进行研究，邢炳南在论文开篇有详细交代。1940年春季，邢炳南选修了赵承信的“农村社区”这门课程。为学好该课程，他每周到平郊村一至二次。因有上一个年级同学的引领，在前往平郊村三四次后，邢炳南就能够独立拜访农户。到该学期末，他已经与村民熟识，开始了正式研究。同年暑期，他选修“实地研究”课程，将兴趣暂定在“农业技术与知识”，每周下乡五六次，轮流拜访各农户，收集资料。

秋季开学后，在实地研究讨论班审核各位同学暑期工作成绩时，黄迪认为邢炳南对农具的调查已经很有成效，因而嘱其缩小范围，专门研究农具。

这也得到了赵承信和杨堃两位教授的首肯。[14]换言之，到完成毕业论文时，邢炳南对平郊村的调查持续了一年半的时间，且是师生合力之结果。

14 邢炳南，《平郊村之农具》，第1页。

在论文开篇，邢炳南将农具定义为："凡农家耕作所必需之一切器械"。[15]包括绪论、结论在内，整篇论文共计六章。按整地、种植、收获、调制以及附属诸类，第二、三章描述的是不同农具的构造与功用。第四、五章分别呈现的是农具与经济、社会的关系，涉及农具市场、农具与土地、资本和劳力、农具的使用权、租借、知识与技术的传承、信仰禁忌和社会功能等。

15 邢炳南，《平郊村之农具》，第1页。

在具体对耕耠器、耙碎器、播种器、镇压器、施肥器、中耕器、收割器、掘采器、运输器、脱壳器、收敛器、脱秩器、精选器、贮藏器等农具的构造、功用描绘之外，论文还附有手绘的71幅精致的农具图。每张图，对农具的各部位标示清楚，一目了然。[16]

16 照片、手绘示意图以及收集的神马等实物，是燕大毕业论文常见的"言说"方式。除李慰祖、陈封雄、蒋旨昂等人的毕业论文中有相关的图示、相片、手绘图以及收集的纸马等之外，杨毓文在毕业论文中同样精心绘制了四十幅儿童玩具和游戏用具的示意图。参阅杨毓文，《儿童玩具及游戏用具之研究》，北平：燕京大学理学院家政学系学士毕业论文，1948。

但是，邢炳南的研究目的远非描绘清楚这些农具的构造和功用，而是力求将物写"活"，写出农具与村民农事、宗教信仰、婚丧礼俗、教育等生产生活的"密切关系"，[17]即农具的流动性、社会性，甚或说这些农具的"人性"与"灵性"。因此，在描绘清楚平郊村这些农具静态的一面之后，论文的四、五两章鲜明地从农具与经济、社会生活两个方面，诠释农具是如何影响"人与人之关系"。

17 邢炳南，《平郊村之农具》，第2页。

因应赵承信、黄迪等对村镇社区的界定，邢炳南把平郊村农民购买农具的市场，分为临时和长期两种。临时市场主要是在农事相对闲暇的农历四月中旬，围绕平郊村东边的两个香火庙小口庙和北顶庙形成的庙市。长期的农具市场，则是清河镇和德胜门两个农具市场。[18]农具与土地、资本和劳力之间的关系，均根据燕大社会学系在平郊村获取的大量统计数据进行分析。

18 邢炳南，《平郊村之农具》，第55—57页。

在山东台头村，根据某家耕牛的大小强弱，人们就能大致估计这个家庭土地的亩数以及在村中的位置与地位。[19]也即，在相当意义上，牲口的饲养、流通和使用，意味着乡土社会的阶层性与流动性。[20]与此相类，在平郊村，农具的多少与农民拥有的土地数量以及从事农耕时间的长短成正相关关系，是该户人家在村中财富、身份、地位的象征。农具的所有权主要是针对家庭内部成员而言，且不同的家庭成员对农具的关心程度，有着明显的差别。作为重要因素，感情的亲疏和居住的远近都影响着农具在平郊村借用、流动的方向。

19 杨懋春，《一个中国村庄：山东台头》，张雄等译，南京：江苏人民出版社，2001，第50页。

20 王建革，《传统社会末期华北的生态与社会》，北京：生活·读书·新知三联书店，2009，第151页。

农具知识和技术的习得，主要是通过谈天、观察、请人指导、自己琢磨四种方式。[21]关于平郊村农具的信仰，邢炳南主要记述了仓神、青龙、白虎三种，禁忌则罗列了男女老幼必须都遵守的关于碾磨、牲口槽和大车运灵的禁忌，以及更多针对妇女，又尤其是毛女（童女）、半边人（寡妇）、四眼人（孕妇）、产房人（分娩不久的妇女）等“四

21 邢炳南，《平郊村之农具》，第79—80页。

相人”的禁忌。[22]这些充分利用“土语”而细致的记述，不仅有着语料学的意义，更有助于我们理解乡土中国的诸多实相。

22 邢炳南，《平郊村之农具》，第83页。

农具的其他社会功能，指农具在婚丧等人生仪礼、建筑中的使用，以及铲雪、自卫等用途。在结论部分，邢炳南从功能主义的角度，对平郊村的农具功能进行了总结：

1. 经济功能，服务生产、扩大经济生活范围、表现阶层分化；

2. 社会功能，促进邻里和谐、服务婚丧、建筑、娱乐；

3. 教育功能，制作、使用、修理农具等知识与技术传承；

4. 宗教功能，指向五谷丰登、祈求丰收。

当然，平郊村并非惯常认为的那样，是自给自足而封闭的农村，而是必然会主动或被动地与相当距离的村外世界发生种种联系。时局的变化，战争所带来的动荡和侵蚀，同样体现在平郊村这样的城乡连续体。1940年前后，日本“不结实”的农具已经在有计划地向平郊村一带乡村渗透。然而，对强权者诱导性推广的农具，不习惯于接受新事物的“保守”农民表现出一如既往的“木讷”，对之不以为然。农具俨然有了民族性、阶级性，以及正义性。邢炳南写道：

1940年秋季，北郊新民会举办谢秋大会，内设农具展览会，多采日人用具，惟农民参观者寥若晨星。该会另设农产品评会，凡产品优良之农户，皆赠送日人农具，以资提倡，惟此等农具甚不坚实，因此益失村民对新农具之信心。平郊村之农具中，以灌溉器最为简陋，年来虽经四五机关提倡井水灌溉，然因风气未开，加以政局不安，使农民畏惧不前，故无成效。农事之优劣类皆听天命，绝不进求改良，因是生产技术无从改进，而附捐杂税有增无已，是为农民生活困苦之主要原因。[23]

23 邢炳南，《平郊村之农具》，第88页。

三 瓦房、土房与平棚

犹如流体，老旧北京事实上是一座乡土性城市，与作为人文地景的农村有着高度的同质性。[24] 在这座有着层层叠叠城墙、城门相区隔的都城，不但紫禁城、庙观、四合院有着同构的空间美学，不同行当、阶层的“城里人”与“乡下人”，还共享着神秘而神圣的生命观、敬拜天地万物的宇宙观和崇德报功、敬天法祖、忠孝节义的伦理道德观。平郊村之住宅设备与家庭生活，也说明了传统中国城乡空间建构的一体性。除庭园以及街巷的商店之外，宫殿、佛寺、道观、文庙、武庙、陵墓、官衙、住宅等，所有建筑的“配置方式都是主房在上方，而厢房左右对称”。[25]

24 岳永逸，《朝山》，第261—268页。

25 虞权，《平郊村的住宅设备与家庭生活》，第7页。

与关注在村落内外流动的农具的邢炳南一样，通过长期深入的观察与访谈，[26]虞权对平郊村住宅及其设备侧重在一个关系网络中厘清其功能配置与组合，叙写承载器具和供人起居的村舍这个文化空间及其设备的终极目的，是呈现平郊村村民的伦理道德和精神世界。相较于建筑的技术与艺术，虞权更在意住宅与周边空间的关系、住宅内不同配置之间的关系、修建过程中主雇的关系、生活于其中的人相互之间的关系，以及住宅及其设备之于村落生活、家庭生活，甚或家风的日常功能。

26 虞权，《平郊村的住宅设备与家庭生活》，第2—5页。

通过参与观察和对村民于念昭及其母亲、瓦匠黄则琴、木匠祁德彦、堪舆家杨同锦等多人的访谈，虞权将其研究范围缩小到“以房屋建造为主”，对平郊村造屋的手续、仪式、社会意义与功能，加以详述。

除绪论和结论之外，正文主体部分共计五章。二、三两章侧重村屋的形态，包括类别、区位，村屋的建造程序与方法，诸如建房动机与准备、材料的选购、工匠的雇佣和待遇、修房的整个程序等。第四章是房屋的利用、分配、所有权和修理。第五章，按经济状况分述不同地位村民住宅的室内布置陈设。第六章是与住宅相关的信仰和习俗，包括风水、建屋的宗教仪式和入住前后的习俗及迷信。

结论部分，总结住宅的物质设备与社会关系，包括居住设备与家庭生活、家庭文化、历史制度以及传统习俗。此外，长达45页的三个附录“村屋的各部结构及专门名称”“平郊村全村住宅平面图”和“几个家庭的室内设备”图文并茂，史料性极强。

在论文开篇，虞权声明整个研究是试图回答马凌诺斯基《文化论》[27]提出的下述问题：文化的物质方面如何影响道德方面？住宅的方式、构造、家庭设备和家庭组织之间是一种怎样的关系？[28]

27 B. Malinowski，《文化论》，第111—206页。

28 虞权，《平郊村的住宅设备与家庭生活》，第1页。

因此，在村屋的修建部分，虽也提及破土、码磉（线蹲子、清沟、砸夯、灌浆）、立柱、上梁、砌墙、盖屋顶、装饰、搭炕等建筑工序——建筑学方面的事实，但虞权描述与诠释的重心，却是因建造而产生的各种社会关系。诸如：在村落中住宅区位与房主经济、地位、职业和所属宗族/姓氏之间的互动关系；木匠、瓦匠、石匠以及风水先生等“工匠”相互之间的关系；工匠与主人的关系；修房时合作者之间的关系；搬迁新房时，主家与亲戚邻里的互动交往；性别和代际关系对一家之内住房分配的影响，等等。

关于破土仪式，虞权指出了这对瓦匠和雇主的社会功能：主雇双方以庄严的态度，将造屋视为重大事件，雇主因此重视瓦匠及其工作，瓦匠也因此诚心做工。[29]对房屋的使用，虞权尤其关心相关的“迷信”和礼俗，关注“一所房屋的利用与分配和那个房子所在的社区之传统文化”[30]的关系，并附带说明房屋所有权及其买卖典赁等诸种社会关系。同样，对室内消费型家具的研究，虞权关心的不是

29 虞权，《平郊村的住宅设备与家庭生活》，第77页。

30 虞权，《平郊村的住宅设备与家庭生活》，第37页。

技术学或工艺学关注的这些家具的尺寸，也非民艺学关注的家具的纹样、色彩以及手感，而是着力于这些家具代表的社会意义和“人因家具而发生的诸般关系”。[31]

31　虞权，《平郊村的住宅设备与家庭生活》，第51—52页。

自然，虞权热描[32]出了众多围绕人的细节。诸如：买卖木料时，“成三破二”之中人促进买卖的情形；买城砖、石条以及未毁木料时，平郊村村民与圆明园管理处、圆明园内佃户的关系；破土动工前，工务局的人如何来查验地基、验地契以及营私舞弊的“吃私”；工匠以及小工的工钱，主人茶水之供给，破土、立柱、上梁、挑脊和竣工时，主人要付的喜钱；富贵人家为了赶工期抑或炫富，夏天正午让工匠赶工的“买晌”；修房过程中瓦匠的重要性，等等。客观而言，虽然这些说明“未必能予所提出的问题一个满意而详明的答复”，但该论文“至少给研究这一方面的人贡献一些实地研究所得的材料”。[33]

32　岳永逸，《庙宇宗教、四大门与王奶奶：功能论视角下的燕大乡土宗教研究》，第53—58页。

33　虞权，《平郊村的住宅设备与家庭生活》，第92页。

在叙写过程中，虞权始终有着明确的主位立场和意识。对自己使用的“迷信”一词，虞权特意加引号，并随文在括弧中注明，这是作为局外人和研究者的他的客位用法：“迷信是我们的用法，故括之。”[34]在叙述修房材料的选购时，虞权引用了“松木柁，榆木檩；柏木柱子，杉木椽子，西路钉子”之俗语，来说明平郊村人修房选料的理想状态。[35]

34　虞权，《平郊村的住宅设备与家庭生活》，第69页。

35　虞权，《平郊村的住宅设备与家庭生活》，第23—24页。

难能可贵的是，虞权直接用民俗语汇，来架

构平郊村村屋的种类和家具器物的类别。他沿用这些日常语汇的符旨，用以表征房屋的“好坏”，而村屋各部结构及其建筑学上的专门名称，则以附录的方式，进行图文并茂的详细说明。[36]虞权指出，对于房屋，平郊村人常常以“土”与“瓦”来区分好坏，并形成其观念世界中的房屋序列。这个阶序是：朝廷禁止作为民房的“筒子瓦”房，士绅阶层享有的“阴阳瓦”房，显得小气穷样的“干挤瓦”房，或为中下人家或为大户人家不住人的“灰梗房”，以及再等而下之的“灰房”“土房”，直至喂养牲畜的“平棚”。

36 虞权，《平郊村的住宅设备与家庭生活》，第10—14、94—130页。

除了庙宇、祠堂之外，前清朝廷不准民间用筒子瓦修建住宅。这逐渐成为平郊村的建筑习俗。到虞权调查时，平郊村依旧没有此类建筑，只有村中延年寺的正殿是用筒子瓦的，勉强可以算作筒子瓦房。进而，在装饰以及光线和舒适度层面，人们将土房开有窗户而光线不足者，称为“闷葫芦”，以示和瓦房开有窗户而光线充足的“满装修”相区别。

按照修建时所用檩子的数目，从优到劣的房子依次是：“硬/真七檩”“硬/真五檩”“假七檩”“假五檩”和无檩的“硬山搁”。同样，次者总是与土房相连。当然，用檩子的多少直接关系到的是房子的结实程度，并且是以经济力量作为支撑的。这样，房屋檩子的多少，也就成了一个家庭在村落中经济状况、社会身份和地位的象征。

与此同时，即使沿用了村民自己对于村屋的主位分类，虞权还是反思了其记述的局限性。他写道：

> 总之，房屋的好坏不能遽依上面的粗浅分类而定。固然，在物质方面，我们可以由其所用之材料及建筑之格式上，定其高下，或把它归入某一类去。但在村社区中，一所房子因其主人之地位，身份，房屋之区位，历史，及传统……其中必有一种吾人所不易观察之现象。即关于一所房子的一套传说记忆，及可能的相关的事物之类，都可使村民对它的看法及印象与我们局外人的不一样。这种微妙的关系，除非彻底明了本村历史，各所房屋历史，村中人事关系等等，是不易求得的。[37]

37　虞权，《平郊村的住宅设备与家庭生活》，第 14 页。

虞权注意到了都市以及西洋文化，对作为城郊村、一个边际社区的平郊村建房的影响。写到建房装饰这个环节时，虞权指出，在他调查时，已有村民在室内墙面涂刷大白或石灰，以省去糊纸的旧俗。这就是从附近燕大和清华的洋房学习来的，是“西洋建筑文化输入于农村的现象”。[38]

38　虞权，《平郊村的住宅设备与家庭生活》，第 35 页。

四　家用设备与居住格局

在家具器物的木器类中，虞权不厌其烦地罗列了案、桌、橱柜、凳、椅、床、箱，以及吐痰用的灰槽等杂类。关于凳类，除方形的“五凳”、矩形的“鼓牌凳”、细长的“板凳”之外，虞权还细列了圆凳、三足凳、扇面凳，以及用来支大车车把或架厨房案板的“高脚凳”、出恭时用的“恭凳”和大户人家大门到两旁倚门或供下人休息的“懒凳”等。[39]

39　虞权，《平郊村的住宅设备与家庭生活》，第55页。

作为家居内的主要用具，八仙桌显然不仅仅是一张桌子，它同时还是家庭伦理的象征。这在大户人家体现得更加明显。直到1940年前后，北平城里的大户王大宾家祖孙三代的人口虽然简单，吃饭的座次却排列得清清楚楚。每天在方形硬木八仙桌就餐时，老爷王大宾坐上首左面，老太太紧邻老爷，坐上首右面，少爷坐老爷左下首，小姐坐老太太右下首，少奶奶带着儿子坐末席，即老爷和老太太的对面。少奶奶不能和老爷同时用餐，之所以她能坐在那里，一是照顾儿子，二是帮助女仆给众人添饭。必须在众人吃完之后，贵为少奶奶的她才能坐下来吃饭。[40]

40　郭兴业，《北平妇女生活的禁忌礼俗》，北平：燕京大学法学院社会学系学士毕业论文，1941，第5页。

在平郊村，一个稍微殷实的人家，吃饭的规矩讲究也与王宅大同小异：媳妇不但要做饭菜，伺候公公婆婆吃饭，而且是在大家吃完之后，才能站立在公婆的桌前，吃些大家不愿吃的，或剩下的饭菜。[41]

41　韩光远，《平郊村一个农家的个案研究》，北平：燕京大学法学院社会学系学士毕业论文，1941，第41页。

虽然是郊区农村，在同一个家院内，不同空间对家庭成员的功能、意义和权利都有着差别。在平郊村已经生活了三代的赵甲长家，有北房五间，两明一暗。明间，是赵甲长夫妇的住房，也兼做了这个家庭的会客室，家中好些的装饰物品都摆放在此。暗间，次子夫妇居住，只有锅台、被褥。东耳房是长子夫妇住，屋中仅有一长案以及梳头洗面的器具。西边厢房两间，一间是马棚，一间是储藏室。东边两间厢房实为一屋，有炕和锅台，夏天常在这里做饭。长子夫妇住东耳房，实有奖励之意。弟弟结婚之前他们夫妻在北房暗间居住。在暗间居住，要随时听父母使唤，照顾父母。[42]

42　韩光远，《平郊村一个农家的个案研究》，第 42—43 页。

徐志明是平郊村唯一受过中等教育的人，也是村中唯一的西医，还兼任小学校长、甲长、燕大社会学系在该村进行社会学实验的指导员，有着多种身份。[43]然而，在这个开明贤达的九口之家，直到1949年，房屋的设置依旧是神人共存、共享，分配则男女有别，长幼有序。因为徐志明是医生，所以在南、北套间之间是客厅、饭厅与诊疗室。同时，这个大厅也是神明的所在。在此屋后墙，设有神龛一座。西屋北套间是上房，原本应该是家中长者居住，但因为北套间正对大门，担心有妖魔鬼怪闯入，志明的母亲与志明二嫂住在了南套间，志明则与妻女住在了北套间。志明的侄子结婚后，小夫妻住进了原本是志明侄女住的南耳房，侄女则搬到了南套间居住。[44]

43　要说明的是，如同平郊村是学名一样，在燕大关于平郊村的不同毕业论文中，对同一人物的化名也多有差别。

44　刘秀宏，《前八家村之徐姓家族》，北平：燕京大学法学院社会学系学士毕业论文，1947，第 42—43 页；马树茂，《一个乡村的医生》，第 7—8 页。

主要生计方式的不同，会直接影响房屋、院落的结构与外观。平郊村东端的黄淞家以养鸭为主要生计。1940年前后，他家年均出售差不多六百只填鸭。因为养鸭是主业，所以其黍秸矮墙围起来的院落，鸭圈占了将近一半的面积，并有院中鸭圈、院外鸭圈和冬季鸭圈之分，另还有水池。[45]

45　方大慈，《平郊村之乡鸭业》，第5页。

五　“纪念碑”农舍

不论是以哪种外观呈现出来的房舍，整个院落也好，一间房屋也好，一个摆设器具也好，作为一个整体的文化空间，住宅对其拥有者、使用者都有着特别的意义。换言之，哪怕是茅庵草舍，对享有者而言，其都有着刻骨铭心、永垂不朽的纪念碑之意涵，有着巫鸿辨析出的中国古代艺术和建筑中的“纪念碑性”。[46]作为文化空间，可能简陋的房舍，是一家人吃喝拉撒睡、生老病死即生命完成的地方，是延续香火而生命延续的地方。在此意义上，不仅是人生活在房舍之中，房舍同样“活”在居住享有者——人——心中，也活在低头不见抬头见的邻里这些旁观者，尤其是心向往之并试图“据”为己有的旁观者心中。

46　巫鸿，《中国古代艺术与建筑中的“纪念碑性”》，第23—45页。

韩光远基于功能用方言土语给“农舍”的描述性定义，就指出了这一复杂的辩证关系：

> 所谓农舍，包括所有的院落和房屋，以赵家言，即约四亩的晒场与房屋基地，内院房屋大小共九间，晒场小屋一间，及猪圈二间，内院北房五间为“满装修”，东房两间，西房两

> 间与场院的小屋，则为“闷葫芦”形式。这点地方是他家唯一的产业，是他们主要活动的基地，也就是他们生、病、老、死所在的地方。他们这点产业，已经守了三代，共九十余年的光景，因为这几间房子和这几亩地，使他们一向维持着顺利的生活，延续了家庭的香烟，而且在平郊村争得头等户的地位。所以院落虽小，房屋虽陋，却对他们完成了重要的任务。[47]

47　韩光远，《平郊村一个农家的个案研究》，第31页。

显然，因为是以深入的田野调查为基础，虞权对其平郊村房舍研究的反思和韩光远对农舍功能的定义，都注意到了钟敬文1994年撰文指出的中国民居的实用性、艺术性（审美性）、（社会）伦理性与宗教性。[48]除此之外，两人还明确意识到民居之于拥有者或居住者的记忆功能——纪念碑性。换言之，哪怕因为种种原因为他人所有抑或成为“废墟”，完全可能简陋的房舍及其设备不仅仅是内蕴丰富的人造物，对于曾经的拥有者以及渴望拥有者而言，它都是一种可视可感的记忆机制。进而，因为其纪念碑性，乡野的房舍及其设备被赋予了不言而喻的审美性，从而不折不扣地成为乡民的“艺术”。

48　钟敬文，《钟敬文全集·14》，北京：高等教育出版社，2018，第168—170页。

要顺带提及的是，晚年的钟敬文在回顾自己多年的民俗学研究历程时，特意将自己早年专业知识有限、缺乏技术训练的“初步的、自发的田野作业”称为“亚田野作业”，并戏称自己是“书斋（老）学者”。同时，他也分明意识到其民俗学活动“或多或少受到文学的熏染”。其消极的一面，是限制了他自己对物质生活、社会组织等民俗事象“更为深入的理解”。[49]

49 钟敬文，《钟敬文全集·2》，第286—287、31页。

六 “筒子瓦”延年寺

“筒子瓦”延年寺，位于平郊村西北角，坐北朝南，是村落生活中重要的公共空间。不仅与村民的生命观、风水观以及教育观等密切相关，它还在具象和抽象两个层面，承载了平郊村村民关于自己村落的历史记忆、宇宙观，及浪漫也是素朴的想象。

该寺大约最早建于明朝永乐年间。当时，仅有最北端的真武殿。因此，延年寺的旗杆始终在真武殿前。康熙四十六年（1707），皇族公主巴赵氏在平郊村村西修建其坟墓，所以在平郊村原真武殿南建了菩萨殿和天王殿，寺名也易名为延年寺。此后，延年寺的维护、修葺常由村中首富担当，一度也曾由青苗会管理。[50]

50 沈兆麟，《平郊某村政治组织》，第82—84页。

在顺治二年（1645）至嘉庆十八年（1813）以及道光二年（1822），延年寺曾诚起老会，往北京城四围供奉“老娘娘”（碧霞元君）的“三山五顶”[51]中的“西顶”广仁宫以及河北涿州广诩宫抬着老娘娘的行驾朝顶进香。庙运与国运相连，道光二年之后，平郊村此类集团性的朝顶进香不再发生。

51 岳永逸主编，《中国节日志·妙峰山庙会》，北京：光明日报出版社，2014，第40—43页。

1918年，青苗会会所曾设立在延年寺中。1920年，延年寺禅堂改为简易小学的教室，东跨院改作了学校操场，后来续中有断，多有起伏。[52]本意在破除“迷信”的现代学校与传统的敬拜空间同处一室，且在敬拜空间的包围之中。不仅如此，正殿菩萨殿设立了孔子神位，在孔子圣诞时，校长带领学生在孔子神位前行礼敬拜。[53]在卢沟桥事变前，学校还会在四月四日儿童节和九月一日学校成立的纪念日，举行两次欢迎村民参与的游艺大会。除新剧、旧剧、唱歌、跳舞、双簧等表演之外，游艺大会还有学生的运动会。[54]

52　陈永龄，《平郊村的庙宇宗教》，第38—42、87—91页。

53　陈永龄，《平郊村的庙宇宗教》，第89页。

54　陈永龄，《平郊村的庙宇宗教》，第99—100页。

与西学一道，新型的政治、经济、医学卫生和警察制度都将触角延伸到了平郊村。政治机关、合作社、互助社、西药等纷纷染指，加盟到延年寺这一平郊村的公共空间，在此摆摊设点。

1925年，警察局曾在延年寺设立北郊警察第二分驻区公所。寺内有四五十个警察常年驻守，庙门口亦设立有岗位。1938年，新成立的合作社设在娘娘殿内，1939年改设在天王殿，售卖物品也由文具、零食扩展到日用杂货，以及香烛菜粮等。1940年，仍由于念昭主事的“新民会”互助社也设在天王殿。平时，天王殿主要是一个买卖、借贷等经济活动的空间。但是，每月初一、十五，经营者都要在弥勒佛前烧香敬拜，以谢神佛。[55] 1940年，燕大社会学系设置的救急药箱放在了药王殿中。有趣的是，对村民而言，药王会加持神力在这些救急药箱

55　陈永龄，《平郊村的庙宇宗教》，第93—97页。卢沟桥事变后，平郊村之合作社和互助组具体的组织状况、运行状况、财政情形，以及二者之间的差异，对村民生活的影响，可参阅李镇，《事变后平郊某村之合作事业》，北平：燕京大学法学院经济学系学士毕业论文，1941。

的药品上。因此，村民纷纷前来领取西药，踊跃而愉快。[56]

56 陈永龄，《平郊村的庙宇宗教》，第 78 页。

此外，日伪时期，伪政府设置的“爱护村”（维护铁道及其车站安全）的“爱护旗”，就悬挂在寺外的小旗杆上，[57]正经而滑稽。

57 陈永龄，《平郊村的庙宇宗教》，第 92 页。

乡土中国之城与乡、凡俗与神圣同构的空间美学，再次出现在平郊村村民对延年寺这一人文地景的表述中。元末以来，北京城的外形渐渐被比附为“八臂哪吒”，北京城也有了“八臂哪吒城”的别名。[58]与此类似，在平郊村，对历经明清两朝才形成，且不断修缮的延年寺之格局、形貌，也有船和蝎子两说。真武殿为船尾，真武殿前的旗杆乃船上帆樯。在村民的风水学抑或说“宇宙生理学”中，延年寺更似蝎子。或云，天王殿山门墙上两圆窗是蝎的双目，居后的旗杆是蝎尾毒钩，前殿的钟楼是蝎蛰。之所以没有修鼓楼，就是要其少一蛰，以免蝎成形而作祟乡里。[59]

58 钟焓，《吸收、置换与整合：蒙古流传的北京建城故事形成过程考察》，《历史研究》2006 年第 4 期，第 36—52 页；Chan, Hok-lam. *Legends of the Building of Old Peking*; 岳永逸，《老北京杂吧地：天桥的记忆与诠释（修订版）》，第 373—377 页。

59 陈永龄，《平郊村的庙宇宗教》，第 34 页。

不仅如此，作为个体生命历程的完成之地，延年寺实实在在地存在于村民日常操演的诸多仪式之中。在最南端天王殿东西两侧，遥遥相对的是药王殿和五道庙，一主生，一主死。村民习惯称药王殿之旁门为“生门”、五道庙之旁门为“死门”。平日，村民出入延年寺，皆走生门。除非有死丧时“报庙”，死门永久关闭。进出死门报庙，多少有招魂之遗俗：

> 村民遇有丧亡即忙至五道庙向阎王神像焚香痛哭，声言某人已于某时病故，享年若干岁，伏地叩首，此即在阎王前报名注册。报告后即以一纸钱屡屡试贴于该庙墙壁上，地位各异，至该纸钱或因尘埃牵牢不复飘落而止，死者之灵魂即被认为栖于该处，于是向纸钱焚香叩首而返，是为报庙。有时以手持挑纸钱在五道庙内乱招，待纸钱被挂于墙上而止。[60]

60　陈封雄，《一个村庄之死亡礼俗》，第29页。

到接三日，晚间送三时，家人一定会专门经过五道庙，并有孝子手持纸钱入内，将亡人魂灵召唤出来。死门此时打开，以便亡者魂灵出外。在死门外宽阔处焚烧“活驴”“车”等纸扎，让亡者乘之赴望乡台。

七　财神楼、佛龛与祖宗板子

在平郊村，人们虔信的财神不是关公等文武财神，而是俗称为“四大门”中的黄（黄鼠狼）、白（刺猬）、常（蛇）三门仙家。主要供奉四大门的财神楼，或简或繁，形制不易。到1941年，平郊村的财神楼仍有十五座之多。[61]较为常见的财神楼，或砖砌或土筑，高约一米，宽约两尺，长约四尺，分作三间，前面开一门或三门，居中的门口摆放有香炉。原本是于念生修建，后归开豆腐坊的黄则岑所有的财神楼精美异常。该财神楼用的是细磨砖

61　陈永龄，《平郊村的庙宇宗教》，第27页。

瓦、精选木料，共分两层，三楼三底，每层都有三个门洞。村民传言，修建这个财神楼的花费足以修建普通房屋三间。[62]

62 李慰祖，《四大门》，第134、136页。

然而，村民家中财神楼的修建之因，要么是家人被财神爷“拿法”，要么是因为还愿，所以这个与家宅融为一体的神圣空间的修建，通常都是在香头主持下进行。这时，如同修房一样，围绕财神楼，主家、香头、瓦匠以及风水先生各色人等，有了种种的分工合作。与村庙相较，因为相信家仙有兴家、败家甚至“拿法”家人的能力，通常位于家居场院或是房角，作为家仙住地的财神楼，与村民的日常生活关联更紧，神圣意味浓厚。村民对之的重视程度，有时超过了室内的佛龛与村庙，并且对陌生人的靠近非常警惕。[63]

63 李慰祖，《四大门》，第135页。

无论是生活事实，还是作为研究对象，摆设有佛龛、神案等圣物的厅房（堂屋/厅堂）都是重点。这多少赋予了家居空间以神圣性，使之成为一个圣化空间。[64]这在四大门香头家居尤其明显。

64 岳永逸，《行好：乡土的逻辑与庙会》，第110—120页。

距离平郊村不远的成府槐树街李香头“坛口”上，有王奶奶的塑像。白发参差老妪状的王奶奶，面色渥赭，身着黄色道袍，端然正坐，头现佛光。其座下摆着“聚宝盆”，左肩之下塑有着短衣秃袖而立的农童，腰系着褡包，右手执皮鞭，左手牵着一匹小黑驴。为王奶奶预备的烟袋供在龛旁，格外引人注目：“菠菜绿的翡翠烟嘴，虎皮乌的烟杆，白铜烟锅，青缎烟荷包”。[65]大多数香坛都是将老

65 李慰祖，《四大门》，第83—84页。

娘娘、王奶奶同龛供奉。与此不同，海淀碓房居六号的刘香头香坛有大佛龛三个，正中佛龛供奉的是玉皇，右边佛龛是观音，左边佛龛是药王。[66]这时，表面上是庙神成为家神，实则是家居与庙宇实现了自然让渡：家居俨然庙宇；庙宇也藏匿或化身、换形为家居。

通常而言，研究者往往更看重这些圣物承载的家庭内外、生死两界、过去现在以及时空之间的交际功能和文化内涵。[67]很少有研究注意到这些圣物本身的生命历程，尤其是对老旧圣物的处置方式。在平郊村，宗教功能和社会功能兼具而摆在堂屋迎门处的佛龛，同时表征着这个家庭礼佛的虔敬程度及其经济地位。[68]因为这些佛龛接受过香火的供奉，在其破旧之后不能随意焚烧处置，而是必须将其请入庙内，放在殿中。[69]

对于旗人家庭而言，祖宗板子类似汉人家庭中的佛龛，有着其神圣性。常年放置在西墙的木质祖宗板子呈长方形，上雕莲花，长约六寸，厚、宽皆约三寸。 祖宗板子上的黄布包袱名“妈妈袋”。家中每生一人，就写其生辰八字，以帛捻而为锁，编成辫绺，加以小锁，放在妈妈袋内。到要成婚时，解袋开其锁。此外，祖宗板子上还有供影匣及家谱，匣中有影像。除夕夜八时祭祖。届时，主要的供品是黄米粥、猪肉、水饺，香碟内焚香，家人每人磕三头，或一跪九拜。[70]辛亥革命之后，旗人命运群体性地骤变。这不仅是体现在生计方式、姓

66　李慰祖，《四大门》，第 81 页。

67　彭牧，《记忆与想象：神堂上的家与世界》，《民俗研究》2015 年 第 2 期， 第20—26 页。

68　虞权，《平郊村的住宅设备与家庭生活》，第 57 页。

69　陈永龄，《平郊村的庙宇宗教》，第 10 页。

70　权国英，《北平年节风俗》，北平：燕京大学法学院社会学系学士毕业论文，1940，第 48、31 页。

氏变更、服饰的变换上，也体现在“祖宗板子”这一神圣的摆设上。

与众多旗人的衰变不同，同样是旗人的王大宾1940年前后在北平城有大小房产十七所，房租收入月均在七百元左右，是典型的“吃瓦片”的。[71]然而，在王家自己在宣武门外包头章胡同三进四合院的祖宗墙上，汉人的祖先牌位取代了原来的祖宗板子：

71 郭兴业，《北平妇女生活的禁忌礼俗》，第69页。

> 第三院仍是东西房各三间，上房五间。……上房堂屋正中墙上倒贴一红纸所书的“福”字，约有一尺见方，因“倒”“到”同音，盖取谐音“福到”之意。其下又贴一红纸条，上面写着“童言妇语，百无禁忌”。东墙上挂有几张画片镜框等，西墙上则没有这些陈设。盖旗人世家，其西墙向目之为祖宗墙，例设所谓祖宗板子，即支一木板，板上置一黄布包袱，按时举行祭礼。不过王宅因不愿自认为旗人，所以取消这个祖宗板子，而像汉人一样，代之以祖先牌位，但拘于成例，仍不敢对一向目为神圣的西墙有所亵渎，所以不敢悬挂任何物件。[72]

72 郭兴业，《北平妇女生活的禁忌礼俗》，第68—69页。

在某种意义上，辛亥革命后，旗人在服饰、姓氏以及日用器具等方面悄无声息的变换，或者也可以视为在时代的强力面前，卑微个体在日常层面不得不自觉完成的“生活革命”。[73]

73 周星，《生活革命与中国民俗学的方向》，《民俗研究》2017年第1期，第5—18页；《生活革命、乡愁与中国民俗学》，《民间文化论坛》2017年第2期，第42—61页。

八　平郊村农具学的知识源

在村落等具体的场域中观察、记述、分析建房、用房习俗、交际与公共生活，对于现代中国民俗学而言，上述这些热描的民俗学志都是史无前例的。其资料性和学术性也丝毫不逊色于大致同期的叶德礼对北京城区房屋门前装饰的研究[74]和马仪思对北京街门春联的研究。[75]在中国民俗学界，再次出现对于房舍的深度描述与阐释[76]、对吃饭座次之类琐屑日常进行微观细描和结构主义或功能主义的深度诠释，[77]都是半个多世纪之后的事情。不仅如此，虞权也首次在功能论的视角下对不同经济条件家庭的日用器物进行了分门别类的描述，还注意到这些器物和家风之间的连带关系。

关于农具的定义，邢炳南直接征引了顾复的《农具》一书。[78]作为二十世纪中国重要的农学家，也是现代中国农具学的奠基者之一，顾复1912年留学日本，先后就读于东京第一高等学校预科、名古屋第八高等学校、早稻田大学，最后于1920年在东京帝国大学获得农学学士学位。归国之后，顾复写了多部农具方面的著作。除邢炳南引用的商务印书馆1935年版的《农具》之外，1934年商务印书馆还出版了顾复编写的作为职业学校教科书的《农具学》。然而，邢炳南论文二、三两章的框架，与他引用的颜纶泽1926年的《中等农具学》吻合度更高。[79]如下表：

74　Eder, Matthias. “Hausfrontdekorationen in Peking. Mit Parallelen aus Shantung und Nord Honan (House-Front Decorations in Peking)” ,*Folklore Studies*, Vol. 2 (1943), pp. 51-78.

75　Martin, Ilse. “Fruhlingsdoppelspruche von 1942 an Pekinger Hausturen (Spring-Couplets at Peking Street-Doors 1942)” , *Folklore Studies*, Vol. 2 (1943), pp. 89-174.

76　[韩]金镐杰，《山西省吕梁西部地区窑洞民居民俗研究——以柳林县三个窑洞村落为个案》，北京：北京师范大学博士学位论文，2001。

77　Liu, Xin. *In One's Own Shadow: An Ethnographical Account of the Condition of Post-reform Rural China*, Berkeley: University of California Press, 2000 , pp. 39-51; [日]西村真志叶，《日常叙事的体裁研究：以京西燕家台村的“拉家”为个案》，第146—225页；刁统菊，《华北乡村社会姻亲关系研究》，北京：中国社会科学出版社，2016，第76—78页；陆晓芹，《“吟诗”

与“暖”：广西德靖一带壮族聚会对歌习俗的民族志考察》，桂林：广西师范大学出版社，2016，第124—130、277—308页。

78 邢炳南，《平郊村之农具》，第1、5页。

79 此外，在论文中邢炳南还引用了颜纶泽1924年在商务印书馆出版的《农具学》一书。

《平郊村之农具》与《中等农具学》部分目录对照表

	《平郊村之农具》	《中等农具学》
整地用具	耕耠器、耙碎器	耕锄器、耙碎器
种植用具	播种器、镇压器、施肥器、中耕器、灌溉器	播种器、镇压器、移植器、施肥器、中耕器、除草器、灌溉器、病虫害除防器
收获用具	收割器、掘采器、运输器	刈收器、掘采器、运输器
调制用具	脱壳器、收敛器、脱秩器、精选器、贮藏器	脱谷器、收敛器、脱秩器、精选器、轧花器、贮藏器
附属用具	装畜器、养畜器、度量衡、其他用具	铡刀、制绳机、升斗秤、驾畜器

颜纶泽，比顾复年长四岁。他同样留学日本，也是在东京帝国大学获得农学学士学位。1926年他出版的这本《中等农具学》是经大学院审定的新学制农业教科书。到1932年，该书已经出版了第五版。早在1919年，上海商务印书馆就出版了颜纶泽编写、教育部审定的《农具学》。毫无疑问，经由颜纶泽、顾复这些中国农具学的早期奠基者，邢炳南基于社区-功能论的平郊村农具学有着日本农学的影响。

值得注意的是，伊藤清造（1894？—1933）的《支那建筑》（1928）、伊东忠太（1867—1954）的《支那建筑》（1932）和贵岛克己编著的《支那住宅志》（1932）等日本学者的相关著作，同样是虞权研究平郊村住宅设备与家庭生活的参考文献。[80] 显然，太平洋战争爆发以前，尽管燕大是教会学校，但是卢沟桥事变后燕大毕业论文中日文参考文献的增多，既与学术研究本身有关，也与日伪时期特殊的国情有关。事实上，也正是为了抵制日本军方向燕大的渗透，司徒雷登才主动聘请了德高望重但却拒绝与日本军方合作的鸟居龙藏（1870—1953）入职燕大。[81]

80 虞权，《平郊村的住宅设备与家庭生活》，第141—143页。

81 [美]约翰·司徒雷登，《在华五十年：司徒雷登回忆录》，程宗家译，北京：北京出版社，1982，第124—126页。

九　中国民具学的演进

在二十世纪中叶，“以农补工”的国策反而凸显出农业的重要性，同期的农具学出现了兴旺之象，出版了大量新、旧农具方面的著述。这又以“大跃进”时期最为显著。

截至2019年3月21日，在国家图书馆馆藏目录中输入“农具”一词检索，中文文献库显示有659个条目。其中，1957—1961年共计399条，占总数的60.5%。1958—1960年“大跃进”时期三年的条目数分别是251、76、46，各自占总数的38.1%、11.5%、7%。而1978年至今的总条目数仅115个，其中还包括对1949年前一些书的复制品。当然，这里面有着将农具作为工具和文化的不同时代差异。改革开放后，大力发展的是农业机械化，新型的大小农业机械快速地取代传统意义上与人力、畜力捆绑一处的农具，对作为文化的农具的研究反而少了紧迫性与必要性。

82 周星，《物质文化研究的格局与民具学在中国的成长》，《民俗研究》2018年第4期，第31—50页；孟凡行，《民具的概念与民具志的基本框架与研究路径：以贵州省六枝长角苗民具群为中心的讨论》，《贵州社会科学》2018年第11期，第84—91页。

然而，正是随着大量民具的消失以及“垃圾化”，倡导并研究民具的学者对中国学界就民具研究的“缺漏”表现出了深深的忧虑。[82]就当下已经有的包括农具在内的民具学的倡导以及实践而言，基本主要还是取径日本。1988年《中国民间工艺》第六期，刊发了王汝澜的《略谈日本的民具研究》一文。1991年，在张紫晨主编的《中外民俗学词典》中，有“民具”和“民具民俗学”两个词条。[83]二十一世纪初，中国学者有了“中国民具研究”这样的呼吁，[84]并出现了对日本民具研究理论与方法的系统介绍。[85]

同时，日本民艺学大家柳宗悦（1889—1961）的学说，也纷纷译介了进来。[86]建设强调民间器具的制作技艺，强调成型的民间器具的艺术性，即强调“审美”的民艺学学科的呼声不断。[87]2018年1月，中国民间文艺家协会正式创办发行了双月刊杂志《民艺》。

当然，如同多年前社区–功能论对平郊村器具、房舍研究的影响那样，除源自日本的影响之外，当代中国民具学还有另外一个理论渊源，那就是牟斯开创的对“物”作为社会生活整体呈现的总体性研究。因为有充分诠释的空间，与敬拜、仪式相关的“圣物”，诸如神马、佛龛、供品、纸扎、随葬文书等一直得到学界足够的重视，[88]更不用说基于考古学和艺术史学对玉器、青铜器等“礼器（重器）”和与丧仪、墓葬相关的“貌而不用”的

83 张紫晨主编，《中外民俗学词典》，杭州：浙江人民出版社，1999，第173—174页。

84 许平，《〈中国民具研究〉导论》，《浙江工艺美术》2003年第1期，第1—4页，第2期，第6—11页。

85 周星，《日本民具研究的理论和方法》，见周星主编，《民俗学的历史、理论与方法》，北京：商务印书馆，2006，第276—325页。

86 ［日］柳宗悦，《工艺文化》，徐艺乙译，桂林：广西师范大学出版社，2006；《工艺之道》，徐艺乙译，桂林：广西师范大学出版社，2011；《民艺四十年》，石建中、张鲁译，桂林：广西师范大学出版社，2011。对于柳宗悦民艺思想的系统反思及其对中国传统工艺保护的启示，可参阅刘晓春，《从柳宗悦到柳宗理：日本“民艺运动”的现代性及其启示》，《民族艺术》2018年第1期，第83—90页。

87 潘鲁生、唐家路，《民艺学概论》，济南：山东教育出版社，2002。

明器等随葬品的研究。[89]与此相类，在中国这个礼尚往来、重脸面的人情社会，彩礼、嫁妆等礼物同样长期是研究的重点。人们或试图以此描述中国社会的变革、转型，[90]或者借中国的经验事实回应、修正学科史上理论。[91]

周星不但大力推介日本民具研究，还身体力行地坚持对中国民俗食品、药品、灯彩、服饰等“俗物”的研究。[92]剪纸等艺术色彩浓厚的“俗”物同样研究众多。通过深度观察，胡嘉明梳理出了近百年来陕北剪纸是如何在民众、外来精英、地方政府等多个异质群体的合力下，发生了从乡俗到民间文化、民族文化之源、艺术、文化遗产的语义叠加以及运动转换。[93]事实上，如同剪纸，年画、农民画也大致有着类似的历程。

值得欣慰的是，在日常生产生活中的实用性工具也得到相应的关注。在钟敬文的指导下，郑然鹤对中国和韩国的犁进行了比较研究，写出了一部犁演进、传播和使用的文化史。他指出，犁不仅是重要的农具，在人们的生活、习俗和制度上都有一席之地，影响到精神生活。这在信仰、民间故事和农谚中都有着分明的体现。[94]

稍后，在对当代辽东沙河沟农耕技术民俗的研究中，詹娜明确地将包括犁在内的农具分为了数个相互叠合的层次：物质载体；减轻农民劳动负担的媒介与辅助性工具；民众生活层面的一种文化，且承载着农民的心理需求与精神内涵。其研究就是要

88　诸如：Scott, Janet L. *For Gods, Ghosts and Ancestors: The Chinese Tradition of Paper Offerings*, Seattle: University of Washington Press, 2007; Peng, Mu. “Shared Practice, Esoteric Knowledge, and Bai: Envisioning the Yin World in Rural China”, PH.D. Dissertation, University of Pennsylvania, 2008, pp. 229–279；Chau, A. Y. “Mao's Travelling Magnoes: Food as Relic in Revolutionary China”, *Past and Present supplement 5 “Relics and Remains”*, edited by Alexandra Walsham, 2010, pp. 256–275; Jones, Stephen. *Daoist Priests of the Li Family: Ritual Life in Village China*, St. Petersburg: Three Pines Press, 2017; 岳永逸，《朝山》，第 211—236 页；黄景春，《中国宗教性随葬文书研究：以买地券、镇墓文、衣物疏为主》，上海：上海人民出版社，2018。

89　如：巫鸿，《全球景观中的中国古代艺术》，北京：生活·读书·新知三联书店，2017，第 15—140、273—274 页。

揭示作为一种“文化的技术”的农具，其背后所传达的深层的民俗信息和文化内涵。[95]换言之，詹娜不但将农具视为民众的生存文化和生存智慧，而且要进行的是对农具的整体研究，要将人放在农具之中。

在对二十世纪历史洪流中江西竹林垄村事无巨细的深描与细读中，张柠专门描述、分析了该村家具、农具、食物、玩具等物所凝聚的乡村经验，尤其是身体性。其精彩的微观权力分析，揭示出了这些流动的乡村之物的符征和符旨。[96]

在非遗运动的促进下，近几年来，中国民俗学界对民具的研究出现了新的气象。既有田传江这样的有心人耗时多年对其村落传统农具的实录，[97]也有对民具日渐成熟并不乏创见的理性思考，诸如：似乎静态的民具，实则是一种有着生命史和演进逻辑的行动主体；通过某种民具整体性地呈现一个地方、一个社群的过去、现在以及将来；无论遗产化、艺术化还是垃圾化、商品化，民具、民艺的传统性与现代性的纠结，以及对其整体性衰变的怅然。

在对贵州六枝梭戛苗器具的研究中，孟凡行显然有着建构民具学的抱负。使用民具组合、民具群等概念，他对该族群的民具进行了描述性分类，进而从生态环境，民具的结构、形制、制作、使用、流通、保存等民具“生命史”的勾勒，分析民具与人、环境之间的互动，以此厘清“文化化”的民

90　阎云翔，《私人生活的变革：一个中国村庄里的爱情、家庭与亲密关系 1949—1999》，龚小夏译，上海：上海书店出版社，2006，第 157—180 页；刁统菊，《华北乡村社会姻亲关系研究》，第 149—183 页。

91　Yan, Yunxiang. *The Flow of Gifts: Reciprocity and Social Networks in a Chinese Village*, Stanford, Calif.: Stanford University Press, 1996.

92　周星，《本土常识的意味：人类学视野中的民俗研究》，北京：北京大学出版社，2016，第 3—164、350—362 页。

93　胡嘉明，《延安寻真：晚期社会主义的文化政治》，廖燕乔、童祁译，香港：中文大学出版社，2018，第 45—118 页。

94　［韩］郑然鹤，《中国与韩国犁的比较研究：以中国华北、东北地区为中心》，北京：北京师范大学博士学位论文，1998。

95　詹娜，《农耕技术民俗的传承与变迁研究》，北京：中国社会科学出版社，2009，第 69 页。

具之传承与变迁。[98]在对京西房山沿村荆编的研究中，荆编的传承与变迁同样是蔡磊关注的主体。然而，蔡磊没有建立民具学、民艺学的理想，因而也没有被既有的民具学以及民艺学束缚。她将该村历史悠久的荆编纳入劳作模式的核心，通过荆编这种民具和手艺整体性地呈现了沿村的日常生活世界，包括自然生态、人文物产、技艺的传承、村落内外的交际、贸易和村落共同体的认同，等等。[99]

虽然都有着立足当下的社会史视角，但与蔡磊的荆编研究提炼出劳作模式，进而试图给民俗学的生产民俗开创新的路径不同，范雯对川西道明竹编的研究，是力求为民俗学长期忽略的知识和文本形态之外的民间技艺领域注入活力。[100]因此，她一反美术的、静态的以及知识的研究范式，采取了社区的、实践的和结构的视角。她清晰地指出：一种普遍的竹编技术是如何与具体的地域环境相结合，被一个乡镇规模的小型社区接受，成为一种与社会相容的技术。以此绵密梳理的历时性社会事实为基础，在指出竹编与个体身体关联性的同时，她还探讨了传承主体如何通过竹编来组织安排日常生活和社群认同、交际圈的形成与演进。进而，她提出了“技艺范畴”“技艺结构”等概念，并以过程和动态的视角，指出民俗传承是一个不断模式化和结构化的过程。

在如今个体被不知不觉自我“物化”[101]抑或说“异化”的总体语境下，当代中国民具学这些力图

96　张柠，《土地的黄昏：中国乡村经验的微观权力分析》，北京：中国人民大学出版社，2013，第 57—132 页。

97　田传江，《红山峪民俗・传统农具》，北京：中国文史出版社，2018。

98　孟凡行，《器具：技艺与日常生活——贵州六枝梭戛苗族文化研究》，北京：中国文联出版社，2015。

99　蔡磊，《劳作模式与村落共同体：一个华北荆编专业村的考察》，北京：中国社会科学出版社，2015。

100　范雯，《民间技艺传承机制研究：以四川道明竹编为例》，北京：北京大学博士学位论文，2017。

101　［德］阿克塞尔・霍耐特，《物化：承认理论探析》，罗名珍译，上海：华东师范大学出版社，2018。

为物注入魂魄且不乏成功的尝试，显然有着别样的意义。

十　物与我：整体论的悖谬

在社区-功能论的指引下，八十多年前的燕大这些关于民具的研究，不但将民具等静物放置在特定的时空，还使这些物有了鲜明的“人”的意识，成为活态与动态的。换言之，对于民具而言，民具存放、流动的时空——民宅、村庙、村界、人际交往的网络——同样有着重要的意义。没有明确的学术意识和敏锐的捕捉能力，这些琐屑而日常的观察与叙述——热描的穷相，完全都可能会擦肩而过。为此，本书将这些在其之前国内民俗学界未曾有过，且后来居上之作[102]称为“民俗学志”。

102　杨堃，《我国民俗学运动史略》，第99—100页。

何为民俗学志？它是融田野作业、理论或主题为一体，对民的生活世界、文化与心性带有暖意的热描。研究者自己的生活、思想、情感与文化也投射甚至倾注在了其对于“他者\群”的描述之中。这使得叙述、比较、诠释的民俗，既是作为研究对象那个“他者（群）”的，也是研究者这个“我（群）”的。民俗学志隽永的“裸写”[103]、图表等多样化的表述方式和与“农夫”（研究对象/他者）的朋友关系，不但将所谓的理论消散于无形，也凸显了其科学性、资料性、真实性、感染性与可读性。

103　岳永逸，《都市中国的乡土音声：民俗、曲艺与心性》，第284—302页。

多少有些遗憾的是，截至目前，二十世纪晚期再次不乏强势回归的中国民具学，并未注意到这些七八十年前完成的杰出的民俗学志，也未曾注意到农具研究中早已经有的来自日本农学、农具学的影响。如果将1919年颜纶泽编写的部颁教材《农具学》视为广义的中国现代民具学的肇始，那么中国现代民具学已经有了百年历程。本章仅仅试图以1940年前后平郊村的民具研究为基础，瞻前顾后地大致勾画出百年来中国民具学的草图。显然，这仅仅是一个粗泛的开始，有很多问题需要正视。

首先，尽管本章将农具、家用设备和神圣性物品等都视为民具，但农具、民艺、民具显然是三个各有所指又交叉叠合的术语。

一般而言，农具是用于农耕生产的大小工具、器械。同时，相对不依赖人力、畜力且机床制作、大规模生产的农业机械而言，指向传统且与人力、畜力一体的农具，在强调手工、身体以及“乡土之恋”的同时，还有与精致、质朴如影随形的粗糙、笨拙等质感和情绪。尽管手艺、手艺活儿、手工艺以及民间手艺、民间工艺等本土语汇有着丰富的内涵，但因柳宗悦的影响，强调民间“俗物”之技巧和艺术性的“民艺”后来居上，很快在学界盛行开来。相对农具和民艺而言，作为对在生活世界中流转的器具总称，民具既回避了农具因实用的质朴以及“粗糙”，也没有过分张扬民艺所强调的审美甚或唯美的“艺术性”。

在复杂的现代语境下，如果说民具是中性的，那么农具一定就是素朴的？民艺难道没有频频回首的感伤，没有对理想愿景的期盼？在快速将传统生活形态文化化、文物化与遗产化的当代中国，叠合而交叉的农具、民具与民艺将会有着怎样前景？

其次，经由颜纶泽和顾复，邢炳南的农具研究明显受到日本农学的影响。颜纶泽、顾复这些中国农具学的开拓者，在日本又接受的是怎样的农学教育？二十世纪初期日本农具学是否完全来自欧美，而没有长期以农为本的中国的影响？换言之，在现代农具学产生之前，中日两国各自有着怎样的农具史与农学？双方有着怎样的互动？从包括农具在内的民具学史，能否梳理出“另一部”中日民俗学以及中日文化错综复杂的交流史、互动史？

再次，本章的研究对象又不仅限于民具，还涉及这些民具流转的村宅、庙舍、村内、村际以及坟茔等文化空间。

村宅、庙舍、村内、村际等这些乡土性浓厚的文化空间，或者可以通称为“房舍”。与其说房舍是涵括茅庵草舍和乡野小庙等具象、亚类的属概念，还不如说是一个抽象的符码。它是相对于都市（文明）而存在的一种建筑形态、生活空间与文化模式。[104]在民具学中，如何理解器具与房舍等文化空间、地方的关系？即，有无必要给民具的研究设定“界”？怎样设定？换言之，“界”抑或说“文化空间”本身可否视为一个有着特质的大的器皿或器具？

需要进一步追问的是，同样是陈设、圈束民具的大“器皿”，今天遍布城乡、豪奢不一的大小博物馆、展览馆、非遗馆——“馆舍”抑或说“楼堂馆所”，与乡野陋巷的茅庵草舍——房舍，又有着怎样的异同？二者之间是否可以跨界与混搭？通过

104 ［法］利奥塔，《非人：时间漫谈》，罗国祥译，北京：商务印书馆，2000，第205—221页。

这些异质也流动的“界”，民具可否穿越而使之“灵性”长久不绝？

第四，在信息技术主导的后工业文明时代，个体不知不觉自我物化的总体语境下，当代中国民具学这些力图为物注入“魂魄”“灵性”的尝试，有着怎样的意义？无限主体性、灵性的赋予，肯定能讲出无数个动人的故事，写出很多篇关于物的曲径通幽、引人入胜的民俗学志，但是否也有着将民具格式化、模式化、神化，从而将其研究带入死胡同的危险性？换言之，尽管有着“不可让渡”等修正，[105]但牟斯的“物，作为整体的社会事实”这一经典命题、范式，是否本身就是一个悖论，是一个巨大的阴影？民具学还有着怎样的可能性与前景？

105 [法]莫里斯·古德利尔，《礼物之谜》，王毅译，上海：上海人民出版社，2007。

三四十年前，因为“别人拿去用了，就不是那个‘劲’儿了”，母亲不愿外借自己的镰刀。此时，作为农具，镰刀显然是母亲延伸的手，具有情感性，还有着身体性。然而，这种情感化和身体性的物，是以母亲独特的个人主义方式展现的。它并非通常意义上牟斯所言的“整体的社会事实”或“社会生活的总体呈现”。换言之，相当意义上，在牟斯奠基的范式中，人与人之间流转的物，是外在于个体的，更与个体的感觉器官、情感世界（意识与无意识）关联不大，甚或无关。**（礼）物，似乎天然就是用来赠予（给出）与回馈（收回）的，像在空中来回抛掷而不能落地的球，或者说回旋镖。**

可是，直到今天，物与个体之间的亲密度以及由此生发的神秘性、神圣感，在一定意义上还是由物与该个体的身体的亲疏远近——肌肤相亲的程度，也即肉身性——决定的，直接指向的是不同文化对于组成身体的大小器官的定义。诸如：如果有需要，我们可以把外套借给或送给别人，但自己穿用的内衣内裤万难借人、送人；我们可以把电脑、手机、豪车甚或房子借人送人，但万难把手指头上的戒指、手腕上的镯子、脖子上的项链、脚踝上的脚链借送他人。由此观之，物的肉身性（身体性）和（极端的）个人主义属性，应该是物的研究应有的范畴之一。

最后，因物之灵而生的物之“谜”。即，人的物化和物的人化——庄周梦蝶/物我两忘——传达着人类自古以来怎样的困境、心境？是自虐或焦虑的现实主义，还是自我麻醉或解脱的浪漫主义？在日新月异的技术、快节奏的生活和指向过去的文化遗产运动的多重夹击下，对“物”的迷恋又传递着怎样的信息？

事实上，越建越多的馆舍中所陈列的物，中国人强大的购买力，对房、车和奢侈品的占有欲等，都是“恋物”在不同时空的表现。经过“物欲横流”的时代后，我们是否也会同样经历“断舍离”的阶段，从而让物、我分离，让人回归人，让物回归物，让物成为真正意义上个人具有自由意志而分类、支配的“物”？

附录1 邢炳南《平郊村之农具》目录

第一章　绪论

第二章　农具之构造与功用（上）

（甲）整地用具

第一节　耕耠器

第二节　耙碎器

（乙）种植用具

第一节　播种器

第二节　镇压器

第三节　施肥器

第四节　中耕器

第五节　灌溉器

（丙）收获用具

第一节　收割器

第二节　掘采器

第三节　运输器

第三章　农具之构造与功用（下）

（丁）调制用具

第一节　脱壳器

第二节　收敛器

第三节　脱秩器

第四节　精选器

第五节　贮藏器

（戊）附属用具

第一节　装畜器

附录2 虞权《平郊村的住宅设备与家庭生活》目录

玖

生不生？生育革命与学科传统

窗外新郎之侄大声问："生不生？"一连问三次，娶亲太太在房内答曰："生！"

—— 周恩慈

1940

王纯厚燕京大学本科毕业照

燕京大學法學院社會學系學士畢業論文

系主任 趙承信

院長 陳其田 評閱

導師 楊堃

王純厚 學號W三五零八七

民國二十九年五月

北平兒童生活禮俗

王纯厚学士毕业论文封面

燕京大學法學院社會學系學士畢業論文

系主任 趙承信

院長 陳其田

導師 楊堃

評閱

周恩慈 學號W三五〇二〇

民國二十九年五月

北平婚姻禮俗

周恩慈学士毕业论文封面

一　学科转型

改革开放后，经济快速发展，乡土中国日新月异，人们的日常生活也或快或慢地发生着形变，甚或“革命”。面对这一社会事实，中国民俗学者也与时俱进地发出了自己的声音。其中，终生致力于民俗学事业的钟敬文，扮演了关键的角色。

1978年夏天，因应相对宽松的政治语境，他与顾颉刚、容肇祖（1897—1994）、杨堃、杨成志、白寿彝（1909—2000）、罗致平（1911—2005）诸位教授一道，倡议恢复民俗学及相关的研究机构。在他的主导下，中国民俗学会于1983年5月成立。[1]在二十世纪八十年代的又一次“文化启蒙”运动中，睿智的钟敬文积极参与了文化热的讨论，提出了“民俗文化学”，[2]以此倡导社会各

1　钟敬文，《钟敬文文集·民俗学卷》，合肥：安徽教育出版社，2002，第613—616、679—683页。

2　钟敬文，《民俗文化学：梗概与兴起》，北京：中华书局，1996。

界关注并重视民俗学这门学科和存在于民众日常生活中的文化。[3]

3 刘铁梁，《钟敬文"民俗文化学"的学科性质及方法论意义》，《北京师范大学学报（社会科学版）》2002年第6期，第15—23页。

随着社会学、人类学等学科的恢复和学科之间交流的增多，也随着大量国外理论的译介和急切涌入，二十世纪九十年代后，中国民俗学发生了从重口传的民间文学到重宗教信仰、岁时节庆、人生仪礼等行为层面的民俗文化的整体转型。即使是口耳相传的民间文学，人们也不仅仅局限在母题、情节、类型等文本研究，而是放置在了具体的生活情境中进行细读，关注谁在讲、谁在听、在哪儿讲、何时讲、为何讲、怎样讲、如何听等共同构成一次讲述事件与实践的"在现场"的诸多因素及其相互影响。不仅如此，调查所得的口头文学也成为民俗学者研究其他生活文化的佐证材料，成为关注行为、过程的民俗研究的一个部分。换言之，中国民俗学发生了从文本分析到基于田野调查的语境研究的整体转型。[4]

4 刘晓春，《从"民俗"到"语境中的民俗"：中国民俗学研究的范式转换》，《民俗研究》2009年第2期，第5—35页。

除社会转型引发的民俗学者的积极应对与思考之外，众多国外民俗学、人类学、社会学等研究的引入，也在其中扮演了举足轻重的角色。诸如：伪民俗（fakelore）、公共民俗学（public folklore）、表演理论、民俗学主义（folklorism）；福田亚细男主导的延续近二十年的中日村落民俗联合考察；格尔茨（Clifford Geertz）以"浓描""地方性知识"为核心的阐释人类学；斯高特（James Scott）关于弱者日常抵抗的政治社会学；以及现象学，等等。

在此过程中，高丙中关于“民俗”语义流变的辨析承前启后，影响深远。[5]刘铁梁对于民俗学研究的认知论、方法论和身体力行的实践，始终具有示范性意义。虽然明显忽略了司礼义、贺登崧等人对于中国民俗的中观研究，忽略了燕大“社会学的民俗学”的本土传统，但出于理论自觉的追求，1996年刘铁梁明确号召中国民俗学者将村落作为观察民俗传承的时空单元，[6]强调民俗志不仅仅是记录民俗，其原本就是一种带有“问题意识”的研究方式。[7]在村落调查研究多年后，他提出了“标志性文化统领式”的民俗志，将调查的时空单元从村落扩展至区县这样中观层面的地域范围。[8]

在这一学科转型的总体背景中，也因应改革开放以来城乡建设一体化步伐的加快，记录与研究并重的关于都市的民俗学也粉墨登场。1992年，上海民间文艺家协会编辑出版的《中国民间文化》第八辑，就是“都市民俗学发凡”专辑。多少受到方兴未艾的日本都市民俗学的影响，正如“发凡”一词所示，这本专辑大致是延续了《东京梦华录》《梦粱录》等古书的传统，侧重于消失的都市民俗的记述。十多年后，中国民俗学者有了建立关于都市的民俗学分支学科的尝试，涉及了体系、都市民俗资源保护、民俗中心转移论、主体与空间流动论、传统与现代磨合论等多方面的议题。[9]

与同期中国民俗学界关于乡村的研究全面开花不同，这些以都市为研究对象的民俗学研究仍然相

5　高丙中，《民俗文化与民俗生活》，北京：中国社会科学出版社，1999，第10—75页。

6　刘铁梁，《村落：民俗传承的生活空间》，《北京师范大学学报（社会科学版）》1996年6期，第42—48页。

7　刘铁梁，《民俗志研究方式与问题意识》，《北京师范大学学报（社会科学版）》1998年第6期，第44—48页。

8　刘铁梁，《“标志性文化统领式”民俗志的理论与实践》，《北京师范大学学报（社会科学版）》2005年第6期，第50—56页。

9　陶思炎，《中国都市民俗学》，南京：东南大学出版社，2004。

对逼仄、位居末流，并主要集中在都市传说和特定群体两个方面。对都市特定群体的研究，学者也主要集中在北京等大都市有着一定历史传承的群体，诸如：老北京“杂吧地儿”天桥的街头艺人，以苦力维持生计的旧人力车夫，[10]当代在北京什刹海周围具有景观展示意义和作为老北京文化名片的新人力车夫，[11]前往京西妙峰山“金顶”朝山进香的“井”字里外的香会，[12]以及新生的素食群体，[13]等等。

在民间文学领域，除对一座城市民间文学传承现状的总体性反思[14]之外，关于当代都市传说的研究则明显受到布鲁范德（Jan Harold Brunvand）《消失的搭车客》（*The Vanishing Hitchhiker*）[15]的影响。近十年来，对发生在北京、上海等大都市的旧有的、新生的传说，鬼故事-消失的搭车客、大学校园新生的传说的调研成果频出，散见于《民俗研究》《民族艺术》《开放时代》等重要的学术刊物。由此出发，人们将研究扩展到了相关流言、谣言的整体性研究，及至对布鲁范德研究范式的反思。

客观而言，在都市生活方式已经弥漫乡野这一整体性社会事实之下，这些将研究空间和对象都仅仅限定在都市的民俗学的研究依旧薄弱，也忽视了当下中国都市作为“移民城市”的整体性特征。不可否认的是，大量从农村进入城市讨生活的“民工”群体，在将他们自己的认知、习俗带进城市而

10 岳永逸，《都市中国的乡土音声：民俗、曲艺与心性》，第93—109页。

11 Zhang, Lijun. “Performing Locality and Identity: Rickshaw Driver, Narratives, and Tourism”, *Cambridge Journal of China Studies*, Vol.11, No. 1 (2016.3), pp. 88-104.

12 张青仁，《行香走会：北京香会的谱系与生态》，北京：中央民族大学出版社，2016。

13 Wang, Yahong. “Vegetarians in Modern Beijing: Food, Identity and Body Techniques in Everyday Experience”, PH.D. Dissertation, University of Glasgow, 2019.

14 岳永逸，《都市中国的乡土音声：民俗、曲艺与心性》，第110—122页。

15 [美]布鲁范德，《消失的搭车客：美国都市传说及其意义》，李扬、王珏纯译，北京：生活书店出版有限公司，2018。

使得繁华的都市有着乡土性的同时，他们自身也是这些新生的都市传说生发和传播的土壤与载体。换言之，当下地理意义上的中国乡村有着都市性；反之，地理意义上的中国都市则有着不容忽视的乡土性。诸如冷水村[16]这样城乡混融而“跨越边界的社区”，[17]在当代中国比比皆是。

有鉴于此，虽然也用了“都市民俗学”来指称近些年来的研究，我无意建构一门中国民俗学的分支学科，而是倡导一种认知论的转型：

> 民俗学也好，都市民俗学也好，它们绝对不仅仅是关于民俗资料的搜集、记录、整理的学问，也同样是一种有着参照意义并可资借鉴的认知范式，是从民众当下有的日常生活来认知这个世界及其走势……如果说乡土民俗学是近现代化历程中以农耕文明及其生活方式为中心，以乡土中国为本位、原点的，那么都市民俗学则是以工业文明、科技文明支配的当下都市生活方式为中心、重心，以现实中国为本位，波及开去。[18]

换言之，当代中国民俗学应该抛弃乡土民俗学基于单线进化论的“向下看”和“向后看”的基本姿态与体位，打通在空间意义上对都市和乡村的机械割裂，直面当下都市民俗的乡土性和乡土民俗的都市性，即不同空间民俗相互影响交织、涵盖的互

16　胡嘉明、张劼颖，《废品生活：垃圾的经济、社群与空间》，香港：中文大学出版社，2016。

17　项飙，《跨越边界的社区：北京“浙江村”的生活史（修订版）》，北京：生活·读书·新知三联书店，2018。

18　岳永逸，《都市中国的乡土音声：民俗、曲艺与心性》，第315、317页。

融性。因此，在礼俗互动历史悠久的中国，在风险与机遇并存，多元而又一统的当下，每个个体，即人的价值、生命的意义与尊严，才是都市民俗学永久的核心。要达到这一基本的人文关怀，就必须从无论在哪儿过日子的当代民众的日常生活开始。也即，都市民俗学实际上是指向当下日常生活和现代性的“现代民俗学”，而非仅仅关于都市这个空间及其生活文化的民俗学。[19]

19 岩本通弥对日本民俗学关于都市研究的反思具有重要的参考价值。参阅[日]岩本通弥，《“都市民俗学”抑或“现代民俗学”：以日本民俗学的都市研究为例》，西村真志叶译，《文化遗产》2012年第2期，第111—121页。

对于群起效法的表演理论、语境研究，中国民俗学界同样有着质疑和警醒。在表演理论刚刚传入中国的二十世纪末，前往耿村研究民间故事的周福岩就鲜明地意识到该理论的水土不服，而回归对民间故事文本的研究。他写道：

> 这里的讲述活动已不再是原初的状态了，村民已开始把讲故事当成一种与外界交换的文化资源，一种“副业”了。普查人员与村民的频繁互动使后者掌握了一套配合工作的例行程序，他们会按这个本质上是想象的方式应付一切来访者。善讲者越来越熟悉“游戏规则”，其讲述也越来越向我们的意识靠拢。如对语辞的斟酌、对故事的选择与合理化等表现。有时村民只讲述他们认为我们会爱听或能接受的故事，而剔除或逐渐淡忘了那些“落后的”“迷信的”故事。此外大众文化传媒对其故事讲述也造成了毁灭性的打击。如今讲者和听者都已

> 经很少了。从某种意义上讲，故事及其讲述已逐渐脱离村民的生活世界。在此种情况下，仓促地进行故事表演层面的理论探讨和实证研究将难有很大的意义和价值。[20]

新近，刘宗迪更是旗帜鲜明地反对借个体主义而工具理性式的研究，对民间文学研究中的实证主义的片面性和不足提出了尖锐的批判。他呼召“超越语境，回归文学”，希望研究能直击民族的心性、共性，而非仅仅沉醉于碎屑的事象。[21]

前文已经提及，在对近三十年来中国民俗学研究的反思中，借鉴日本民俗学的研究经验，周星将中国社会、经济和文化发生的巨变所引发的民众日常生活的急剧变革称为“生活革命”。由此出发，他对中国知识界过度礼赞传统、沉醉乡愁并将乡愁审美化，即将民俗工具化的机会主义倾向提出严厉批评，希望民俗学者直面现代中国社会的日常生活及其变革的历程，记录和研究百姓是如何建构各自日常生活从而获得“人生的意义”。[22]同样是出于对中国民俗学既有历史的反思，吕微倡议中国民俗学者应该抛弃既有的“熟人原则”，迈向“陌生人原则”。[23]继而，“日常生活的未来民俗学”也初现端倪。[24]

以此观之，作为一种认知范式的都市民俗学，也即现代的或者说新的中国民俗学，既是对此前中国民俗学抱残守缺的守旧心态的反动，也是对当下

20 周福岩，《民间故事的伦理思想研究：以耿村故事文本为对象》，北京：中国社会科学出版社，2006，第17—18页。

21 刘宗迪，《超越语境，回归文学：对民间文学研究中实证主义倾向的反思》，《民族艺术》2016年第2期，第125—132页。

22 周星，《生活革命与中国民俗学的方向》；《生活革命、乡愁与中国民俗学》。

23 吕微，《与陌生人打交道的心意与学问：在乡愁与大都市梦想之“前”的实践民俗学》，《民俗研究》2016年第4期，第5—19页。

24 高丙中，《日常生活的未来民俗学论纲》，《民俗研究》2017年第1期，第19—34页。

民俗学对政治、时尚的亦步亦趋的“工具”心态的批判。它要唤醒的是，关注人、传承与日常生活的民俗学的学科本位与情怀。在此理念下，本章尝试从在北京城生活的人——新北京人——的生育这一人生仪礼来透视当代中国。

二 被忽视的学科传统

虽然长期作为国都，但犹如流体的老旧北京——旧京，事实上是一座乡土性的城市，或者说是一个人口密集的大农村。在这座有着层层叠叠城墙、城门区隔的都城，不同行当、阶层的“城里人”与“乡下人”实则有着共享的敬拜天地万物的宇宙观和崇德报功、敬天法祖的价值观。金碧辉煌的紫禁城、星罗棋布的庙观、纵横交错的胡同、大大小小的四合院，有着同构的空间美学。这种乡土性、同构性同样体现在北京城大多数人的红白喜事、生老病死等人生仪礼中，只是繁简程度不同而已。因此，清末民初，夏仁虎《旧京琐记》“俗尚”中记载的富贵人家的“替身”，在普通人家那里就成了“烧替身”，即“还童儿”。[25]

在旧京仿效西方的现代化历程中，随着教会医院助产士制度的引进，警察制度的设立，对常人生死的控制也逐渐脱离旧俗，制度性地西化，并最终导致接生婆和阴阳生这两种传承久远的社会角色在北京城的消失。[26]虽然有官方对助产制度和警察制

25 王纯厚，《北平儿童生活礼俗》，北平：燕京大学法学院社会学系学士毕业论文，1940，第89页；常人春，《老北京的风俗》，北京：北京燕山出版社，1990，第248页。

26 杨念群，《再造“病人”：中西医冲突下的空间政治（1832—1985）》，北京：中国人民大学出版社，2006，第127—173页。

度（尤其生命统计调查员制度）的强力推行，但是在日常生活层面，尤其是生死习俗这些仪式化行为的变化则是缓慢的。这种官民共谋的缓进，抑或说妥协、折衷，充分体现在1940年前后的北京城大小人众人生仪礼的日常实践中。对于这些渐变过程中的日常实践，中国民俗学实则有着科学调研和记述的传统。

太平洋战争爆发之前，在杨堃等教授的指导下，燕大社会学系的师生对当时北京，尤其是其社会学实验室——平郊村——的日常生活进行了全面的观察、记述与研究。除上一章提及的住宅设备与家庭生活、四大门信仰、庙宇宗教、农具、养鸭业之外，这些调研还包括妇女的生活禁忌与社会地位，性生活状况，红白喜事、闹新房和儿童生活礼俗等人生仪礼，年节风俗，雇工，家族，等等。

留法归国的杨堃，不但熟知涂尔干（Émile Durkheim，1858—1917）一脉的社会学、民族学，对汪继乃波的民俗学同样了然于胸。从1932年5月到1933年3月，《鞭策周刊》一卷十三期，二卷十五、十六、十九、二十一各期，分别刊载了杨堃翻译的汪继乃波《民俗学》（*Le Folklore*，1924）中总论性质的四章，即沿革、领域、方法和分类。1936年，杨堃撰文鼓吹基于实地观察——局内观察法——的社会学的民俗学，号召民俗学者的研究视野不能仅以乡村社会为限，还应包括都市社会的下层社会。[27]作为具有现代学科意识的中国都市民俗学的真正滥

27 杨堃，《民俗学与通俗读物》。

觞，杨堃倡导与践行的社会学的民俗学，无疑对北大《歌谣周刊》时期的重歌谣（文学的民俗学）、中大《民俗周刊》时期试图从民间文化发现历史（史学的民俗学），是一种反动和推进。

燕大的清河试验区，以清河镇为中心，包括黄土北店、卢家村、南七家、北七家、前八家、后八家等四十个村落。在卢沟桥事变之前的乡村建设运动时期，调研北平这些郊区村落是立足服务社会的燕大师生的常态。大致同期，在海淀阮村进行研究的廖泰初指出，这些在城市和乡村之间的城郊村落，实乃“城乡连续体”，并将之命名为“边际”社区，与都市、农村、边疆三种类型的中国社区并列。这些边际社区一方面保持着固有的家庭组织、农业生产，同时又受到都市经济以及西洋文化的影响，过着两种生活。[28]

杨堃指导的上述以平郊村这些边际社区以及北平城区为基本观察对象的系列毕业论文，正是其倡导的社会学的民俗学的成功尝试。对此，杨堃自己在中国民俗学运动史的发展脉络中给予了“大致全可满意，并有几本特别精彩”“后来居上”的公允评价。[29]遗憾的是，除李慰祖《四大门》曾经公开发表和出版[30]之外，这批毕业论文至今都未能公开出版。

如果考虑到平郊村等北平近郊村落作为城乡连续体的城、乡同在的边际属性，那么这些七十多年前的调研实则就是都市民俗学抑或现代民俗学，即

28 廖泰初，《一个城郊的村落社区》(铅印本)，北京师范大学图书馆藏，1941；《沦陷区的一个城郊社区》，《华文月刊》第二卷第二、三期合刊（1943），第58—62页。

29 杨堃，《我国民俗学运动史略》，第92—102页。

30 Li, Wei-tsu. “On the Cult of the Four Sacred Animals（Szu Ta Men 四大门）in the Neighborhood of Peking”, *Folklore Studies*, Vol. 7 (1948), pp. 1-94; 李慰祖,《四大门》，北京：北京大学出版社，2011。

关注处于动态过程之中的传统与现代此起彼伏、混融兼具的民俗，都市性和乡土性同在、互融的民俗。而且，这些具有鲜明现代意识、关注个体价值、讲究传承的中国都市民俗学研究在起步之初，就达到了值得称许的高度。然而，它们却被整体性遗忘，少有梳理、反思与继承。中国本土学者的研究尚且如此，更不用提上章提到的大致同期的马仪思对北京街门春联的研究和叶德礼对北京城区房屋门前装饰的研究了。

当年的这些调研，始终有比较的眼光、传承的意识和当代的关怀，既关注到了传统礼俗的互动，也关注到了都市生活的冲击波和这些冲击波在边际社区的余韵，还有了比较各地闹新房礼俗的专文。[31]当然，关于北京市井风情的文类很多，诸如《燕京乡土记》《老北平的故古典儿》等“追梦忆旧”之作，主要描摹市井风情的竹枝词、风俗画，《北平风俗类征》等类书，金受申（1906—1968）、常人春（1933—2015）关于旧京风俗的专书和当下不少人炒作的关于旧京的老照片以及影音文件，等等。与这些文类相较，当年燕大青年学子关注城郊农村日常生产生活、生命历程的学术写作生动鲜活，严谨而深刻，亦不乏资料性和可读性。鉴于后文将浅描当下“新北京人”的生养，对于前述成果的学术价值，在此仅以有关妇女生育礼俗的部分来加以说明。[32]

在邱雪峨《一个村落社区产育礼俗的研究》基

31 孙咸方，《中国各地闹新房礼俗》，北平：燕京大学法学院社会学系学士毕业论文，1940。

32 新近，套用汪继乃波的通过仪礼模式，主要利用邱雪峨、陈封雄、王纯厚关于生死礼俗的毕业论文，李洁对清末民初的“人的再生产”进行了再释读。但是，不知何故，作者将这些学士毕业论文改为了“硕士学位论文”。参阅李洁，《“人”的再生产——清末民初诞生礼俗的仪式结构与社会意涵》，《社会学研究》2018 年第 4 期，第 216—241 页。

础之上，在北平城内及四郊进行儿童生活礼俗研究的王纯厚，无视少数“明达开通”类家庭，侧重于占多数的注重礼教、尊崇仪节的满、汉旧式家庭，并“特别着重于现代人之活的材料为主”。[33]她详细描述了当时相对守旧家庭从求子到生产，降生到周岁，命名和保育等诸多仍在践行的礼仪，包括望子、求子、怀孕、分娩、洗三、十二朝、满月、挪骚窝、百日、周岁、认干父母、过继、许与神佛——跳墙和尚、烧替身与收魂、佩戴避邪饰物，等等。

33 王纯厚，《北平儿童生活礼俗》，第4页。

这些显然与传统的信仰、禁忌、习俗，尤其是人们对生命的认知、家庭伦理和儒家教化紧密相连。在中国人的神话世界中，生命并非仅是人的生理行为，而是源自神灵与大地，并与特定的植物、动物有着交互感应，是一种超理性的精神性存在。[34]因此，神圣与神秘的生命，有着很多不可知性和不确定性，需要借助诸多仪式与神灵沟通交流，生命才能最终得以完成。

34 岳永逸，《人生仪礼：中国人的一生》，北京：光明日报出版社，2015，第20—30页。

五四新文化运动倡导的科学等理念，并未迅疾改变在京城的汉族旧式家庭重男轻女、无后为大的儒家伦理，尽管儿子同样只是“传宗接代的工具”、家庭的“附属物”。同期的满族家庭，虽然也受了儒家教化的影响，但还是男女并重，“养儿也得济，养女也得济”。[35]婚礼最根本的目的不是五四新文化运动以来启蒙者所鼓吹的爱情，还是以延续香火为第一要义。无论家庭贫富、地位高低、教育长短，“父母之命，媒妁之言”仍是多数男女

35 王纯厚，《北平儿童生活礼俗》，第6页。

婚姻缔结的常态。婚仪中的大枣、栗子、柿子、莲子、筷子、饺子（俗称子孙饽饽）等物，指向的是生育，尤其是都象征着阖家上下对子嗣的渴望。[36] 要是婚后久未得子，人们虽然也有医治服药等“尽人事”的办法，但更多的是将希望寄托于神灵的“听天命”，是前往邻近的娘娘庙烧香，甚或专程前往朝阳门外的东岳庙、西郊的妙峰山求祈。[37]

36 周恩慈，《北平婚姻礼俗》，北平：燕京大学法学院社会学系学士毕业论文，1940，第 57—76 页。

37 王纯厚，《北平儿童生活礼俗》，第 8—16 页。

尽管源自西方的助产士制度已经推行了不少时日，但其实施、影响范围明显有限。多数产妇仍然是在家由接生婆等人陪着，蹲着分娩。这无疑是那个时代北平的一个厚重的侧影和典型的身姿：

> 接生婆的头一步工作是先与孕妇诊脉，看中指的脉搏跳到何处，如距离指尖近，表明快生了。其次就是预备接生用品，在炕上和地下铺好草纸，亦有铺草的，富贵人家多铺细纸、漆布及油布等物。窗门紧闭，严密遮盖，不使透一点风，不许空气流通。日光不避，仅将下部窗户遮挡，防他人向屋内看视。产妇蹲着，后面一人或二人抱腰。抱腰的人多为婆母、娘家母亲，实无人时或仓促时乃由丈夫抱，亦有求别个身强力壮的妇人抱的。屋中人不要多，丈夫也要走开，恐孕妇心中忙乱。这时不得大声谈笑，必得肃静，等到听得婴儿呱呱的哭声了，才算放心。
>
> 生后，把产妇扶到炕上坐着，穷家或是乡

下人多坐在一个满装细炉灰上面铺着草纸的蒲包上，要坐上四五个钟头方许躺下。[38]

38　王纯厚，《北平儿童生活礼俗》，第23—24页。

接生婆的頭一步工作是先與孕婦診脈，看中指的脈搏跳到何處，如距指尖近，表明快生了。其次就是預備接生用品，在炕上和地下鋪好草紙，亦有鋪草的，富貴人家多鋪細紙，漆布及油布等物。窗門緊閉，嚴密遮蓋，不使透一點風，不許空氣流通，日光不避，僅將下部窗户遮蔽，防他人向屋內看視。產婦蹲着，後面由一人或二人抱腰，抱腰的人多為婆母，娘家母親，實無人時或倉促時乃由丈夫抱，亦有求別個身強力壯的婦人抱的。屋中人不要多，丈夫也要走開，恐孕婦心中忙亂，這時不得大聲談笑，必

《北平儿童生活礼俗》局部
（王纯厚，《北平儿童生活礼俗》，第23页）

对于同期处于社会顶端的少数明达之家而言，这些守旧家庭坚持的礼仪早已被视为“顽固迂腐，无稽之谈”。然而，对似乎有意要辨析的这些旧习，王纯厚也同样注意到了新旧民俗的交替更迭。比如，在叙写婴儿开口之后枕上外祖母或祖母做的枕头之前，作者提及一旧俗：男婴要用宪书（即历书）一本垫在砖上，先枕一会儿，女婴则是先枕一会儿草纸裹的土砖，以示男尊女卑。接着，作者写道：“不过此种动作今已不行，仅在乡中或过于迂

腐之家仍保存之。”[39]

在认干亲这一节，王纯厚提及了衍生的新习俗。通常，人们照旧是拜认姓名吉祥、子女众多、命相相生的人和“全人”（公婆父母丈夫子女俱全的女性）为干妈。还有人家是拜小妾、妓女、尼姑、乞丐以及淫妇等生命力强的社会边缘群体成员为干妈。随后，作者提到，随着异邦人士来京的增多，“曾受欧风熏染及文化水准高度的家庭中，每与异国人士为干亲”。[40]

或者是因为旧京的乡土性特征太过浓厚，也或者是北京的历史太过悠久，或者是书写者骨子里被单线进化论所桎梏，如今将民俗等同于过去的、静止的甚或落后的理念，仍然根深蒂固。陌生人原则、日常生活的未来民俗学等思考不但超前，更是另类。无论是国内还是国外，不仅仅是当下关于北京生死民俗的通俗读物属目过去，就连不少严肃的学术研究也大体是指向过去的。[41]出殡时规模盛大的抬杠，生育礼俗中的望子、求子、添盆、洗三、满月、抓周，都是浓墨重彩渲染的对象，仿佛北京和以北京为代表的中国一直停滞在七八十年前。

事实上，改革开放后，北京城乡的孕妇产前定期体检、临盆时在产科医院或者妇幼保健医院待产分娩，作为育儿权威的长辈及其经验受到强有力挑战和冲击，已经是普遍的社会事实。不但对于多数育龄妇女而言，“我的身体我做主”成为信条，生育习俗也已发生了从神圣、神秘到世俗、理性的整

39 王纯厚，《北平儿童生活礼俗》，第28页。

40 王纯厚，《北平儿童生活礼俗》，第79页。

41 如：[德]罗梅君，《北京的生育、婚姻和丧葬——19世纪到当代的民间文化和上层文化》，王燕生、杨立、胡春春译．北京：中华书局，2001。

体性转型。

在当下中国人类学的研究中，已经有了关于这一转型的民族志。结合亲身经历，以北京为田野点，李婉君对五十个坐月子案例进行了参与观察或深度访谈。从“过日子”层面，即月子病、月子中的家庭日常和月子习俗的新变化等，她对当下北京产后习俗进行了浓描。同时，借用福柯的身体定义、布迪厄（Pierre Bourdieu）的惯习和苏珊·桑塔格（Susan Sontag）的疾病隐喻说，李婉君释读了“月子（病）”的文化隐喻意涵。她认为，作为家庭“事件”，坐月子关涉疾病隐喻、家庭伦理和习俗的传承与变化，月子实乃重新调整家庭政治格局、重塑人伦关系的关键期。因为直面的是当下北京月子，处于变化过程中的坐月子习俗，新型月子理念催生的产后瘦身、月嫂、月子餐、月子会所等以科学、医学、美学和文化名义多向度把控、支配的身体实践，李婉君不但都有所涉及，还不乏精彩的呈现。[42]

此外，对当下北京高校女生经期的身体体验、管理与呈现，对当代北京母乳会的哺乳、失序与主体性建构等，人类学都有逼真鲜活的描述。[43]然而，民俗学对相关话题的研究，尤其是对当代北京生育习俗的研究，则付之阙如。值得注意的是，李向振对京郊姚村随份子喝满月酒的当代观察。他认为，在京郊还常态化存在的满月酒，既是村落社会面子运作的结果，也是人情关系再生产、村落认同

42 李婉君，《“坐月子”与“过日子”：对北方传统产后习俗的文化释读》，北京：中国人民大学博士学位论文，2014。

43 张有春、富晓星主编，《身体、叙事与主体性：医学人类学论集》，北京：社会科学文献出版社，2020，第1—28、107—144页。

和生活边界确定的机制。[44]

44 李向振，《民间礼俗仪式中的人情再生产：以京郊姚村“喝满月酒”为例》，《民族艺术》2020 年第 1 期，第 66—75 页。

三 “新”北京人

作为中国的首善之区，千百年来的北京集聚着他地常常不可能有的资源。俗语“皇城根儿的”“天子脚下”，就言传着在北京生活的子民自观与他观互构的优越感。因此，无论过去还是现在，甚至将来，挤进北京城、成为“北京人”，也就成为多数中国人的梦想。这种城乡差异所营造的优越感和朝代更迭等石破天惊的社会鼎革，也造成了处于时间流中的北京，实际上是人口更迭较快的城市。

近八百年来，契丹人、女真人、蒙古人、汉人、满人、义和团、八国联军、北洋军阀、国民党、日本人等等，都曾以不同方式，长短不一地纷纷在此亮相登场。就汉人而言，今天作为文化遗产和景观的清末民初密布京城、联结乡谊的各地会馆，从另一个层面言说着这座城市人口的流动性。同样，当下北京人口层级分明，结构复杂。拥有北京户口的居民、没有户口也长期在此讨生活的寄居者、高校学生、打工仔、各色僧侣、肤色不一的洋人，琳琅满目。

因为形象贴切的“蚁族”之命名与书写，大学毕业后留在北京或从外地来北京谋生而聚居的高学历群体，引起了社会各界的广泛关注。[45]但是，这

45 廉思，《蚁族：大学毕业生聚居村实录》，桂林：广西师范大学出版社，2009。

些学历不低的年轻人，很快就分流了。只有少数在北京有了固定工作，居家、结婚生子，过起了日子。因为相对有限的经济条件，他们多数都在北京周边购房，如燕郊、香河和因为城市副中心通州而后来居上的大厂，甚至天津。通过努力，其中极少数也慢慢获得北京户口。关注他们的日常生活，也就能了解当代北京甚至当代中国的一个侧面。本章浅描的就是这批在京打拼，并定居的“新北京人”的生养故事。

一般而言，在生活节律上，这些在北京打拼、定居的“新北京人”（外来户）与安居的“老北京人”（坐地户）之间，有着忙与闲的鲜明对照。

受访者小赵来自山西，2007年大学毕业后选择了留京。考虑到工作地点以及生活成本的问题，她在北京昌平区东小口村赁屋居住。东小口处于昌平、海淀、朝阳三区的交界处，临近中关村、上地等高新技术园区，交通方便。因此，像小赵这样的外地人源源不断地涌入。随着时间推移，东小口村民也逐渐被外地人包围。这种人口结构，造就了东小口不同的生计形态。

大多数东小口村民都将自己的平房改建为楼房，或将楼房加高几层用来出租，并耐心地等待着政府因城市扩建而早晚会有的拆迁。仅仅靠房租，村民就过上了闲散富足的生活。如八十年前北京城里的王大宾一样，当下京郊的农民靠“吃瓦片”[46]也过上了好日子。与此不同，新北京人不得不在居

46　郭兴业，《北平妇女生活的禁忌礼俗》，第69页。

住地和工作地之间起早贪黑，往返奔波。结婚后，小赵夫妻在通州购房。如今，孩子已经上小学。但无论是孩子，还是夫妻二人，他们都没有坐地户生来就有的北京户口。

2015年12月到2016年4月，我们随机选取了诸如小赵这样的十个案例（参阅本章附表），对其生育进行了深度访谈，试图以此呈现这些定居下来的新北京人的生育概况，包括孕前、孕期、分娩、产后（坐月子、满月、百天、周岁）四个阶段。[47]除小白是作为对比参照的坐地户之外，其他九位分别来自黑龙江、内蒙古、山西、河北、河南、湖南、江苏、广东。其中，来自河北的二人。目前，在这九位受访者中，仅有三人通过学校分配、单位落户等方式拥有了北京户口，其他六人虽然有稳定的工作，持续交纳社保，购买了房产，但仍为外地户口。

47 在资料的收集过程中，我的硕士研究生赵雪萍付出了巨大的努力，特此致谢。

四 医学的与制度的

如今在北京，无论有无北京本地户口，备孕、确定怀孕、定期产检、分娩、产后42天复查和婴幼儿疫苗接种等，专业化的生殖医学知识和医院这一社会空间与医生这一社会角色都贯穿生育始终。反之，接生婆这一传统社会角色彻底消失。同时，作为个体主动抉择的生育行为又是制度性的。除长期奉行的严格的计划生育国策之外，这更鲜明地体现在准生证（生育服务证）的办理、母子健康手册的办理，还有医院的建档时间、手续的要求等具体的技术性操作层面。当然，二胎政策的全面放开，使这些具体的制度性行为有了变化。2016年3月30日，《北京青年报》报道了“本市取消准生证执行生育登记制”的消息。该报道称，市民从生育登记到领取服务单的时限只需要三个工作日。

事实上，在生育过程中，有无北京户口至关重要。在二胎政策放开以前，没有户口的新北京人需回老家，即在其户口所在地，办理相关手续。以河北省的规定为例，程序如下：首先，带着结婚证和户口本去女方户口所在地开具婚育证明、生育服务证；其次，带着这些证明在北京住房所在居委会开具居住证明；再去社区医院保健科建立母子健康档案，领取母子健康手册；最后，带着母子健康手册与怀孕B超单去选定的医院建档。有时，由于户口的变动，还会遇到职能部门相互推诿的情况，不得不按照熟人社会的游戏规则，动用“关系”来办理。

受访者小何的户口原本在石家庄人才市场。怀孕后，为了方便办准生证，就把户口迁往婆家。结果，婆家、娘家两边单位都以种种理由推诿。最后，只有托人情走后门，才办到准生证。她说：

> 我的户口在石家庄人才市场，从网上查了下办理准生证特麻烦，所以就把户口迁移到老公那边。但老公那边的不接受，理由是怀孕的时候户口没有在那边，让回娘家这边办，可娘家这边的也不想管，理由是户口没在这儿。最后，只能找人办理。找了老公那边管计划生育的人办理。流程特别复杂，不找人根本办不了准生证。

此外，在医院的建档程序上，也存在着诸多困难。2016年2月，由于二胎政策的全面放开，以及民众对于“猴宝宝”的偏爱，公立的朝阳医院、北京妇产医院、海淀妇幼保健院的建档名额均已满员，许多私立医院也同样如此。在僧多粥少的情况下，外地户口的北京人只能让位于有北京户口的北京人。

在托关系也难办的情况下，这些已经有着高学历和固定工作的新北京人，要么低就条件不是太好的医院，要么选择回老家或他地分娩。十个样本中，九例都是在北京的医院建档、产检、分娩，例外的是小何夫妇。2013年，小何夫妇先是考虑在丰台妇幼保健院建档，因为名额已满，只好在离居住地和工作单位都相对近的北京铁营医院建档产检，分娩则选择回了条件好些的石家庄的医院。

随着生殖医学知识的普及，当然也受长期强力执行的计划生育政策的影响，优生优育理念盛行，生育成本增高，新北京人遵从生理、医学知识的备孕已经成为常态。传统观念中，与神灵关联紧密的望子、求子基本消失。十个案例中，仅有小何孕前默许了母亲前往山西五台山求子。备孕包括夫妻健康的膳食，尤其是男性戒烟戒酒，合理的作息与运动，和夫妻双方在孕前3—6个月做的医学检查。孕前检查，主要是针对生殖系统和遗传因素的检查，以确保未来胎儿、婴儿的健康。

其实，备孕环节在婚检就已经开始。虽然《中华人民共和国婚姻法》没有关于婚检的条款，但是高学历的准新郎和准新娘，多数会主动前往医院进行婚检，其内容包括询问病史和体格检查两部分。询问病史，主要指询问双方个人和家族的病史以及生活习惯等。体格检查，又分内科检查、生殖器检查以及实验室检查等。

五　现代的与传统的

如果说获准生育的终决权、合法权在政府那里，是制度性与现代的，那么新北京人怀孕后这一生理行为本身则依然有着传统的余韵。尽管其主色是现代的、科学的、医学的或者说新潮的，但却是传统与现代并存，形成了犬牙差互的交错态势，同时也衍生着新的生育习俗，包括已经开始被学界阐释的商业化坐月子。[48]

48　赵芮，《新老博弈：商业化坐月子与家长权威的式微》，《思想战线》2016年第4期，第26—31页。

在怀孕期间，新北京人除前往医院听关于孕产的免费公开课、听取家中长辈的一些建议之外，也会主动上手机APP柚宝宝孕育、宝宝树等育儿网站，或购买孕产育儿方面的书籍，学习相关知识。对饮食方面的传统禁忌，新北京人大多怀着宁可信其有不可信其无的态度，甚或是因为解释合理而自觉遵循。多年前王纯厚记述的怕孩子得兔唇的兔肉、可能导致孩子晚半个月出生的驴肉、性凉且容易导致流产的螃蟹等食物，以及言行视听等方面的禁忌，依旧对孕妇有着柔性的控制力。来自河北的小何就相信，自己的孩子比预产期晚半月出生，是因为自己怀孕期间吃了驴肉火烧的缘故。受维生素等营养学知识的支配，被相信能使孩子皮肤好的苹果等水果，能使孩子聪明的鱼类、核桃等，都在欢迎之列。

这些新北京人在吃叶酸（folic acid），即维生素B9的同时，也大多遵循着怀孕后前三个月不对外人说的传统禁忌，以求保胎。怀孕期间，来自湖南的小胡和来自河南的小兰还在屋内墙上贴上漂亮娃娃的画报，认为这样会让胎儿帅气、靓丽。因为自己是瑜伽教练，小俞在怀孕期间则专门习练孕妇瑜伽，并感觉良好。

此外，因为电脑已经是这些高学历新北京人的常用工具，只要坐在电脑前，受访者都强调自己怀孕期间穿着防辐射服，哪怕心里怀疑其真正的效能。随着医疗条件和物质生活条件的改善，优生优育理念的深入人心，除规律作息、尽可能早睡之外，听音乐是新北京人胎教最盛行的方式。小白和小何百分之七十的胎教时间都是听音乐。在孕期每天睡前，来自广东的小丽用手机给胎儿听两次钢琴曲《我的玩具》。因为这是她信赖的APP柚宝宝孕育推荐的。

正常情况下，产妇在医院分娩，早已不是王纯厚浓描的“蹲式”，而是在专业医护人员的陪护下在产床上的躺卧。不仅仅是胎位不正的产妇会选择剖腹产，一些不愿忍受产痛之苦的产妇，也会选择剖腹产。对于医院产房内的男医生或男麻醉师，产妇们少了昔日“男女授受不亲”的难为情，多数都觉得正常。相反，丈夫们则较难获准进产房。现代医学技术的发展，使母子因难产而死亡的几率大大降低。通常，最多产后一周，产妇和婴儿必须出院回家。由于医院床位紧张，只要基本情况正常，绝大多数产妇在分娩后三四天就得带着婴儿回家。

在相当意义上，正是这一时间的分割和医院作为公共空间的宰治，在北京长期践行的以亲人祝福婴幼儿健康成长为主旨，由接生婆操持的洗三习俗[49]基本无存。有的产科医院用充气游泳池让新生儿在第二天或第三天游泳，但这与被称为“汤饼会”的洗三习俗无关，而是基于种种理性的抉择：促进大脑发育、练肺活量的生理医学的解释；让新生儿不输在起跑线的望子成龙、望女成凤的父母心态；医院为求经济效益的经营技艺，等等。虽如此，坐地户小白的孩子从医院接回家后，家人瞒着她到坟上给祖先烧香报喜。

49 王纯厚，《北平儿童生活礼俗》，第37—40页。

婴儿出生后，家长会在满月、百日、周岁，第一次喊爸妈、第一次走路、第一次进辅食，这些传统的也是关键性的日子，用照相机、摄像机等随时记录婴儿成长的关键性历程。这使得在北京，尽管照相机、摄像机已经是家常之物，但专门针对婴幼儿的照相馆比比皆是，和同样成为婚礼不可缺少的婚纱影楼分庭抗礼，蔚为大观。这些高学历的母亲还尽可能坚持写养育日记，或者写微博，用文字记录孩子的成长和自己的养育心得。甚至，不少父母已经在怀孕伊始，就用影像、文字等多种手段记录新生命从受精卵细胞开始的裂变、成长。

虽然出生在北京，受访者小白对北京旧有的生养习俗知晓不多，甚至不知道洗三。只知晓一些常识，诸如通过孕妇肚子形状、行动是否便利、身材走样程度、皮肤是否有变化等，来推测胎儿的性别，以及给婴儿绑腿、睡头型等老传统。事实上，推测胎儿性别常识的传承，与在强力执行计划生育政策的数十年期间，禁止医生告诉家长胎儿性别的制度性规定紧密相关。对于孩子或者因惊吓而夜哭不止的"收惊"，小白只听说过是将米放到玻璃杯中，盖上红布进行，但知之不详。

与此不同，抱着宁可信其有不可信其无的心态，来自河北的小何既给孩子"洗三"，也如同小宛一样，让老辈给孩子"收惊"：

> 生完孩子三天后，母亲就拿着个工具给我梳头，说这样不会得头疼病。过去还都要给小孩儿洗澡，现在没有这个了，怕孩子着凉，而是改为用眉笔给孩子画画眉毛、嘴儿、鼻子、眼睛，说说吉祥话。如：
>
> 眼睛大大的，
> 嘴巴小小的，
> 鼻子高高的，
> 眉毛浓浓的，
> ……
>
> 在洗三儿当天，产妇要吃一碗"下奶面"，让奶水充足。
>
> 在河北，收惊也叫做"消惊儿"。白天小孩子吓着了，晚上老人就会给孩子收惊。星星去全了（天全黑了），拿一小碗小米，用布盖着，口念："米来收惊，是不是爸爸吓着了？宝宝赶紧好了吧？"如果是爸爸吓着的，米就塌下去一个坑儿。这些米用完之后，放一天可以正常食用了。

十个受访者都知道月子里产妇不能洗澡、洗头的旧俗。这已经不再是绝对的禁忌。来自内蒙古的小萌相信，虽然限制自由，但老法子坐月子不会对产妇有坏处，还对身体的恢复有益。然而，在第一胎坐月子时，当时更相信“科学”育儿的她，完全遵从月嫂而非公婆与母亲的意见。到第二胎坐月子时，她才转向，听取家中老人的意见，并有了“老大照书养，老二当猪养”的戏语。

小宛是由母亲照顾自己月子的。因此，她遵从母亲“不可以吹风，不能着凉”的教导，坚持了28天才洗热水澡。在产后17天，小何想洗头，但公婆不同意。在打电话咨询了医生之后，公婆才让她洗头。个性鲜明、独立意识强的小丽，产后从医院回到家就洗头了。当然，她用的是专门熬煮的草药水。在出院回家后，来自江苏的小俞，则是在自己的母亲要求下洗澡的。她遵从了老家的习惯，用生姜、花椒等煮的药水洗。洗后，头发直接用电吹风吹干。同样，小胡在月子期间也是用姜、艾叶熬水洗澡。

在月子期间的食物方面，小胡和小丽都信奉“台湾月子餐”的配方，并尽可能按此进食。与家中长辈相较，在如何育儿的问题上，小胡更相信月嫂知识的权威性。于是，她请了两个月的月嫂。

至今，对于新北京人而言，“捏骨缝”的十二朝习俗已基本消失。仅有来自河北的小何和小宛都听说过“十二天”与“合骨缝”。与此不同，满月对绝大多数母子依旧是一个节点。在小丽出月子时，除一家人在一起吃饭外，姥姥给孩子买了新衣服，手工做了内衣，带来了一条银链子，封了红包；奶奶给孩子买了银手镯，封红包。怕划伤孩子，小丽并未让孩子戴这些银饰。在孩子满月时，小兰的母亲把钱用红线拴成一串，象征性地在外孙脖子上戴了一下，同时也张罗着给孩子剃了满月头，留了些胎毛。

不少月子公司会千方百计通过不同的手段与渠道，获得产妇及其家人的联系方式。在科技发达而记录手段多样的当下，利用家人宠爱孩子，随时想记住婴儿成长足迹的心理，公司的营销人员会百折不挠地电话联系预约，在满月当日给婴儿剃胎毛、做“胎毛笔”，做手印脚印，让家人永久收藏。

显而易见，新北京人在满月这天操办的诸多事宜虽然多少还有“过关煞”的意味，但主要是纪念和庆贺了，并不同程度地有了被商业利益裹挟的形式上的花样迭出和铺张。

在旧京，婴儿首次外出，因为移动了尿窝，俗称“挪骚窝”。挪骚窝多数是到外婆家住五到十天。小白是在孩子两个月左右时，带上孩子回了趟姥姥家，相信这样小孩子不认生，睡觉不认床。来自河北的小何对此知道得很清楚，也遵循老家习俗，给孩子挪骚窝。她说：

> 过了满月，外婆要接走产妇和孩子，一般住半个月左右，也可以一直住。去接的时候，外婆会拿馒头、果子之类的礼物，走之前婆婆会再多装一下，高出之前的东西。当天产妇要吃早饭，代表不空嘴走，娘家来的人都要吃点东西，不空嘴。之前有备席招待的习俗。孩子的姑姑会在孩子脸上抹两道黑，回去让小姨擦，也叫“姑抹姨擦”。路上，要叫着孩子的名字（XXX跟妈妈一起去姥姥家），怕丢魂，遇到十字路口要撒一把米。

来自内蒙古的小萌则受北京亲戚的影响，在孩子满月后去了趟亲戚家，从而象征性地挪骚窝。其余受访者则并不知道此习俗。显然，这些高学历的新北京人，只是有意识拒斥了他们认为不合时宜的仪礼、习俗。来自黑龙江的小赫说："第一个见孩子的人有讲究，比如性格啊什么的，谁第一个见孩子，孩子就像谁，我家里第一个见孩子的是他老姑，是有意识地选择了孩子老姑。"

在旧京，当孩子百日时，外祖母会给婴儿做一百个算盘珠子大小的馒头，用红线穿着，如同一串念珠一样挂在婴儿脖子上，由外祖母或专请的全人抱着婴儿在十字路口，让过往行人随意掰掉一个馒头，以此象征掰掉婴儿的"灾祟"，从而健康成长。在一些将婴儿看得金贵的家庭，长辈还会准备百家衣、百家锁和百家饭让婴儿穿、戴、吃，从而保佑孩子命大福大，健康成长。[50]这些宗教色彩浓厚的仪礼，对于新北京人而言基本演进为"照百天照"。父母们不但自己给孩子在家中照，还专门到照相馆照，条件允许的则将专业照相师请到家里来照，并给孩子做成形制多样的精美相册或视频。

50 王纯厚，《北平儿童生活礼俗》，第43—44页。

在生养孩子的整个过程中，小丽基本都是自己操持所有的事情。对于生养孩子，她更多地是从手机APP柚宝宝孕育里学习知识，以及从网上的妈妈交流群中学习相关知识。换言之，她更相信基于医学的专门知识、科学知识，以及有着相当风险甚至潜在危险诱导的新传媒。反之，长辈的经验不再重要。在百日给孩子穿新旧衣服的问题上，她与公婆起了冲突：

孩子的奶奶来北京时专门带了他姐家孩子

> 的旧衣服来。姥姥那边按广东的习俗是买衣服，我自己是家里老大，没有机会穿别人的旧衣服，而且，我家里那边也没有人这样穿。我听说过穿百家衣的寓意，也可以接受象征性地穿，比如拼在一起做个外套穿一下。但我无法接受所有的衣服都要穿旧的。我不喜欢给我的孩子穿旧衣服，我有能力买为什么要穿旧的，特别是贴身的衣物？对于传统的东西，我可以理解，也希望有好的方面一直留存。但是，这并不代表我一定要自己去实践它。

为了孩子有好的体形，帅气或者漂亮，新北京人在给婴儿绑腿与睡头型方面则表现各异。显然，审美观念的不同，就会导致不同的实践。小白的母亲虽然瞒着小白给祖先烧香报喜，但却没有给外孙绑腿，睡头型。小赵基本尊崇了照顾自己坐月子的母亲，沿用山西的旧俗，将一本书放在孩子的枕头下面，让孩子枕一枕，从而希望孩子将来爱看书，爱学习。

虽然默许母亲求子许愿、还愿，也收惊、挪骚窝之类，但在绑腿和睡头型方面，小何并不认同母亲，认为其不科学，而未践行。因此事，小萌与婆婆、母亲均发生了冲突：

> 枕扁头那是我婆婆的想法。目的就是要把后脑勺枕回去，枕得扁一点，为了把太阳穴那突出，好看一点。我们家老大生下来时，后脑勺特别尖，婆婆和娘家妈都要求给孩子枕回去，我坚决不让枕回去，我觉得天生什么头型就什么头型。我家孩子完全没有睡过头型。

总之，新北京人的生育习俗主要受制于医学的专业知识和他们自己认为正确的生育观。在产妇和婴儿离开医院之前，医生起着决定性作用。因为受访者常年在外读书，对于家乡的生育习俗知晓得并不多。通常是在进入孕产状态之后，尤其是孩子出生之后，部分受访者才在长辈的“唠叨”和具体实践中心领神会，选择性地为我所用。这样，作为昔日生育的传统型权威，长辈的有效参与度反而并不高。这也与常年生活在祖居地的长辈，自认为不懂年轻人–城里人，尤其是北京的生活，因而主动退让密切相关。[51]在生养孩子这个层面上，父权让位子权、母权让位女权的整体语境下，受女权主义的影响，即使不能说夫权让位于妻权，妻权与夫权已经真正地分庭抗礼，高学历且自主的产妇扮演了尤为重要的关键性角色，有着话语权和决断权。

51 岳永逸，《忧郁的民俗学》杭州：浙江大学出版社，2014，第 112 页。

当下，在鄂西清江中游土家族的诞生仪礼——“打喜”，虽然有着时代的色彩，但以神圣和神秘为核心的传统色彩依旧厚重。[52]与此不同，新北京人生育习俗的地域差异、乡土性并不明显，反而呈现出生育信息的档案化、科学生育、孕产妇主导、立体化庆祝和纪念婴幼儿健康成长，从而神圣与神秘性递减等共性。当然，虽然生养习俗的外在表现形式有很多不同，但趋利避害求吉，希望胎儿、婴儿健康成长的护犊心理，则与长辈与传统并无本质的不同。

52 张远满，《土家族诞生仪式的研究：基于清江中游土家族地区的“打喜”分析》，北京：中央民族大学硕士学位论文，2011。

六 “生不生？”与“生？不生！”

在相当意义上，民国时期多数产妇在密闭的室内蹲着分娩，不仅是那个年代北京城的另一种身姿、体态，还是一种具有纪念碑性的顶天立地的时空态：妈妈顶天，新生儿落地。与之相类，与那个年代街头巷尾此起彼伏、时强时弱的八角鼓、京剧、落子、吆喝叫卖一样，同期婚仪中一定指向“生（子）”的“生不生”高声问答，则是那个年代北京城一种高亢有力的音声呈现。毫无疑问，指向生育的音声和身姿浓缩着绝大多数人对身体、生命和社会的理解。

根据佟文俊先生的口述，1917年10月23日是满族人傅为基和蔡淑琴的婚礼。新郎傅为基，官费留学过日本。新娘蔡淑琴，未曾上过学。婚庆当天，在合卺礼之后：

> 二人皆向喜神坐定。厨房将新娘家中所带来的子孙饽饽煮好端来。此后，送亲太太即说“请姑爷先用”，然后又对新娘说“你也用些”。新夫妇二人遵嘱后，各人只咬一点，并未真吃。窗外新郎之侄大声问：“生不生？”一连问三次，娶亲太太在房内答曰：“生！”即表明生子之意。其实，也真是煮得半生不熟，叫人没法吃。[53]

53　周恩慈，《北平婚姻礼俗》，第57页。

個時候表現出來，隨後有人把紅繩拴着的一對酒杯，裡面盛着酒或水，叫兩位新人各含半口，又由拿杯的人左右倒換一下，兩位新人再各喝半口，俗稱"喝交杯盞"，有時兩人真喝，但大多數都吐在手帕內；隨着便將女家賠來的子孫餑餑煮好，叫新人各咬一口，然後由窗外小孩一人問"生不生？"裡面娶親太太或別人便答曰，"生"。諸事完後，外面擺席宴親友，大家為新郎及其家長道喜，同時洞房內也擺"團圓飯"，新夫婦合襟而坐，但不吃飯菜，因團圓飯多為半生不熟者。稍坐新郎便出去謝席，這時房內已有許多人來看新娘子，飯後茶房或廚役一上湯，吃飯的客人給了賞封，送親人便乘車回去，男家親友亦多散去。到晚上便吃長壽麵。

現在有當日回門者，這樣便須於飯後分大小，否則便

燕京大學　七六

周恩慈学士毕业论文第 76 页

在旧京的婚礼中，饺子有着专称，即子孙饽饽，喻指生子。到1938年，北平城汉人旧式家庭的婚仪中吃子孙饽饽的场景，与上述场景并无差别。[54]在京西门头沟斋堂川一带，婚仪中直接问新娘"生不生"，并且答案一定指向"生"的习俗，一直延续到二十世纪八十年代。只不过人们因应特定的历史人文、地理位置和生计形态，新娘要象征性吃的是盐分很大的"缘分饼"。[55]

从上述引文可知，传统的生子虽然是经由夫妻双方的生理行为实现的，但实则是纲常伦理簇拥着

54 周恩慈，《北平婚姻礼俗》，第 76、85 页。

55 刘铁梁主编，《中国民俗文化志·北京·门头沟区卷》，北京：中央编译出版社，2006，第 290—291 页。

的群体性的精神性行为。因此，以新郎新娘为核心，婆家、夫家、送亲太太、娶亲太太、厨房（厨役）、小孩等各色人等，纷纷参与其中。反之，对于新北京人而言，虽然夫妻双方家庭对子嗣渴望、呵护照顾的柔性控制依旧存在，可是肃穆的且一定指向肯定性回答的“生不生”这一象征性的仪式化音声已经消失。在宏大话语层面，被纲常伦理硬性支配的群体性的精神性行为，转化为了以现代民族国家名义对人生殖行为进行全面监控和科学管理的制度性生育。在服从制度性生育的前提下，“生不生”这一设问在个体的生育实践层面，已经整体上演变为由新婚妻子主导的自问自答。而且，因为生命观念的变化和难以承受的养育成本，还完全可能是否定性的回答：“生？”“不生！”

换言之，对于新北京人而言，生不生，何时生，怎么生，妻子都有着充分的选择自由与自主权。清末以来鼓吹的女性独立、自主、自由，毛泽东时代的妇女能顶半边天的宣扬，尤其是战无不胜的“铁姑娘”的打造，[56]改革开放后因配合计划生育国策而宣传多年的“生男生女都一样”，尤其是女权主义、女性主义的传播等等，都深深地影响到新北京人的女性观，和女性自己“我的身体我做主”观念的形成与践行。与上述这些已婚并生育的女性一样，日渐增多的独身主义者、婚后不愿生育的丁克一族，都强有力地冲击着中国传衍千年的香火观念和重男轻女的宗法伦理。在一定程度上，从

56 金一虹，《“铁姑娘”再思考——中国文化大革命期间的社会性别与劳动》，《社会学研究》2006年第1期，第169—196页。

新北京人生育观念与行为而言，原本乡土性浓厚的北京已经实现了近两百年来无数精英渴求的所谓的现代性。

当然，在这个科技和传媒主导的社会，还有更多因素影响新北京人的生育观以及生育行为。诸如：避孕手段的多样，堕胎技术尤其是无痛人流的便捷，随处可见且营养配方多样的奶粉，经验丰富也高价的月嫂，以及月子会所，等等。

医学科技和摄影成像术的高速发展，使得借助于群体化仪式性唱和、呐喊而张扬的生命的神秘与神圣性，被冰冷的医疗仪器和高清的镜头消解，成为可观看的受精卵细胞按部就班地裂变。奶粉的出现与随处可得，强有力地挑战着千百年来祖辈视为天经地义的母乳喂养。顺应当代都市生活节奏、消费心理并裹挟媒介霸权而出现的专职月嫂、月子会所，在调节着代际冲突的同时，也强有力地挑战着公婆和家母这些伺候月子的传统型权威。另一方面，精心打造的职业化月嫂，有儿科护士背景的月嫂，在传递现代育儿理念的同时，也在一定意义上激活些许传统，诸如结合中国传统的养生观、按摩法等来照顾产妇与婴儿，等等。

正如近些年网络上热炒的北京多才的海淀妈妈和多财的顺义妈妈，中国父母望子成龙、望女成凤而出人头地的群体心智并无改变，而且已经在相当意义上演化为群体焦虑，并发酵为挥之不去的社会性焦虑，直至催生出“鸡娃”这个新词。正是在此大势之下，因为对科学的绝对迷信，权威的产科医生、高价的职业化月嫂和孕育孩子而功成名就的母亲，都正健步走上神坛，成为一呼百应的新的神异型权威。

七　回归日常

文化的传承有前喻、并喻与后喻三种形态。[57]就这里浅描的新北京人的生育实践而言，这三种形态显然共存，并可能在同一个案例中叠合出现：既有母女链条的纵向传承，也有依赖现代传媒的同代人之间的相互学习，还有子女将自己从医生、同辈以及书本上学来的“科学”的生育理念、知识反哺给长辈。不仅生育习俗如此，成人礼、红白喜事这些人生仪礼，在当代中国都是这样一种动态的赛局。无论被称为都市民俗学抑或现代民俗学，关注当下、日常生活的民俗学正是要再现这种处于过程中的动态赛局。从前文的梳理可知，这实则是中国民俗学的优良传统。在当代日本，倡导“现代民俗学”的岩本通弥，一直践行着其对动态日常关注的理念，城市化过程中家庭的变化就是其多年跟踪研究的事象之一。[58]

57　[美] 玛格丽特·米德，《文化与承诺——一项有关代沟问题的研究》，周晓虹、周怡译，石家庄：河北人民出版社，1987。

58　[日] 岩本通弥，《城市化过程中家庭的变化》，施尧译，《民俗研究》2016年第5期，第5—20页。

在一定意义上，从“庙会”和“庙市”两个语词之间的更迭，可以看出正是在科学、进步、发展、革命名义下对“乡土宗教”整体性背离、遗弃后，北京城发生了从一个神圣的大农村向物化的国际性大都市的演进。[59]这实则是近两百年来，在救亡图存的革命语境和现代民族国家建设的创新语境中，整个中国世俗化、现代化的一个缩影。千百年来，绝大多数中国人践行的人生仪礼，是因为对生命的敬畏，以“敬老护幼”为目的。与神灵紧密相

59　岳永逸，《朝山》，第257—285页。

关的群体性的趋吉避邪、祝福等通过仪礼，就是其主要且日常的表现形式。

虽然还是按照基督教等制度性宗教为参照物来定义他所谓的“民俗宗教”，但宫家准将人生仪礼与年中行事（即岁时节庆），纳入其民俗宗教的研究范畴，显然深刻而富有洞见。[60]如果说王纯厚基于局内观察法所浓描的七十多年前的北京的生育礼俗是宗教性的，神圣而神秘，是乡土宗教的一个部分与侧面，那么当下新北京人的生育习俗则基本是在“科学”名义下的工具理性之抉择，多了算计与功利。新北京人群体性主动抛离的，正好是旧有生育礼俗中因不确定性而不得不面临个体生死的神圣的一面。因此，从新北京人生育习俗的动态赛局，我们同样能一窥北京城以及近现代中国整体上去神化——渐渐远离乡土宗教与文化——而世俗化、理性化的历程。

60　[日]宫家准,《日本的民俗宗教》，赵仲明译，南京：南京大学出版社，2008，第1—16页。

洋务运动、戊戌变法、辛亥革命、土地革命、“文化大革命”以及改革开放，线性地标示着精英阶层驾驭和操控的宏大历史，其实有着内在的连续性、稳定性和一致性。[61]在不同时代精英的启蒙、呼召、感染、教化甚或强制下，民众日常生活的革命，即周星所言的“生活革命”，事实上是改革开放后近四十年才真真切切地在民众主动追寻下，自觉不自觉地完成的，虽然其中有着阵痛、起伏，有着巨大的时间差、地域差和群体差。新北京人生育习俗的动态赛局，正好从最细微之处揭示了“日常

61　金观涛、刘青峰，《开放中的变迁——再论中国社会超稳定结构》，香港：中文大学出版社，1993。

生活革命”的主动性、自觉性与群体性。

悖谬的是，背离乡土与传统礼俗的日常生活革命的大致完成，却是主流意识形态要弘扬国学与传统文化的起点。当民众已经在百余年的宣传和教化诱导中，实现自我更新，并以巨大的热情和能量拥抱以“西方”为标杆的都市及其生活方式时，要以敬拜天地且混沌一体的农耕文明为核心的传统文化再次卷土重来，似乎多少有着“不可为而为之”的莽撞、懵懂。

作为一种认知范式的都市民俗学，即关注现代性的新的中国民俗学——现代民俗学，也非仅仅以都市为研究对象的民俗学，正是要从人们的日常生活中来观察、描述、探析这些动态历程的复杂性、多样性、不确定性或可能性。

附录1 2016年受访者基本信息表

姓名	小萌	小何	小丽	小赫	小俞	小赵	小胡	小白	小兰	小宛
性别	女	女	女	男	女	女	女	女	女	女
籍贯	内蒙古	河北晋州	广东茂名	黑龙江巴彦	江苏南京	山西文水	湖南湘潭	北京延庆	河南开封	河北沧州
生年	1983	1986	1986	1982	?	1985	1983	1986	1985	1982
兄妹	一个妹妹	独生子女	两个弟弟	独生子女	一个姐姐	两个兄长	独生子女	一个弟弟	两个妹妹	一个弟弟
毕业院校	内蒙古本地高校	吉林化工学院	广东工业大学	东北农业大学	?	北京师范大学	北京师范大学	首都师范大学	北京师范大学	中国农业大学
专业	计算机	英语	英语	电子商务	?	民俗学	儿童文学	教育学	民俗学	蔬菜学
来京时间	2006	2010	2012	2004	?	2005	2006	—	2006	2006
职业	计算机编程	互联网营销	英语培训老师	销售	瑜伽教练	外贸电商	教师	教师	公务员	公务员
现居地	朝阳	朝阳	通州	燕郊	通州	通州	通州	通州	房山	房山
孩子生年	2011、2015	2014	2015	2012	2013	2011	2014	2014	2012	2014
建档医院	北京妇产医院	北京铁营医院	北京佑安医院	河北燕郊镇中美医院	北京某私立医院	北京朝阳医院	通州潞河医院	通州潞河医院	良乡妇幼保健院	良乡妇幼保健院
配偶 籍贯	内蒙古	河北晋州	河南	牡丹江	张家口	山西	河南	北京房山	河南	湘潭
配偶 职业	程序员	工程师	医药销售	人力资源	医生	IT 行业	外企职员	IT 行业	自己创业	公务员
北京户口	无						有			

附录2 王纯厚《北平儿童生活礼俗》目录

附录3 周恩慈《北平婚姻礼俗》目录

拾

Folklore 和 Folkways，两条路径

西国文字中本有“民俗”（Folklore）一词，惟孙氏的民风论，比民俗学更进一层。他发觉民风中有较重要的习俗，一旦经过社会审定，予以认可，为团体态度所强制执行，则此种习俗，不复为民风，却已变为德仪（Mores）。

——吴文藻

孙末楠
（转引自《社会学刊》1929 年第一卷第一期）

第一篇　生平與著述

孫末楠威廉格拉罕是在一八四〇年十月三十日、生於美國東部、紐折爾西、巴得孫地方。他的父親和母親、本都是英國郎卡巴工業區的居民、兩家的祖先都是屬於手工業工人和小農階級。父親湯姆斯原操鐵匠生涯、因在故鄉感受工業革命所造成的不良經濟狀況的壓迫、便於一八三六年（當時只二十八歲）、跟着一般移民、渡過大西洋的西岸來、一博未來的命運。母親撒娜比湯姆斯早十一年（一八二五）、即同她的父母來到美國、也是在紐折爾西落户、後來才與湯姆斯發生婚姻關係。關于這兩家先人的性格、除了知道他們大多數都是剛毅、勤儉、奮發、自求的以外、别的則知道得很少。

黄迪《孙末楠的社会学》（1934）正文首页

徵求紹興兒歌童話啟

作人今欲采集兒歌童話錄爲一編以存越國土風之特色爲民俗研究兒童教育之資材即大人讀之如聞天籟起懷舊之思兒時釣游故地風雨異時朋儕之嬉戲母姊之話言猶景象宛在顏色可親亦一樂也第茲事體繁重非一人才力所能及尚希當世方聞之士舉其所知曲賜教益得以有成實爲大幸謹立條例八則如左

一兒歌例如越中之一顆星隔棱燈等是又小兒謎語及遊戲時所歌亦含在內童話例如老虎外婆呆女婿皆是此他鄉里傳說故事亦屬之

一兒歌童話須記明紹興落腳地名但外縣或外省者止須註縣名省名

一錄記兒歌須照本來口氣記述俗語難解處以文言註釋之有音無字者可以音切代之下仍加註童話可以文言敘說但務求與原本切近其中語句有韻律如歌詞者仍須逐字照錄如蛇郎之甯可吞爹吃不可嫁蛇郎等是

一錄寄兒歌童話者務求寫明姓名住址以便質疑求教但發表時願署別字或不

周作人《征求绍兴儿歌童话启》（1914）

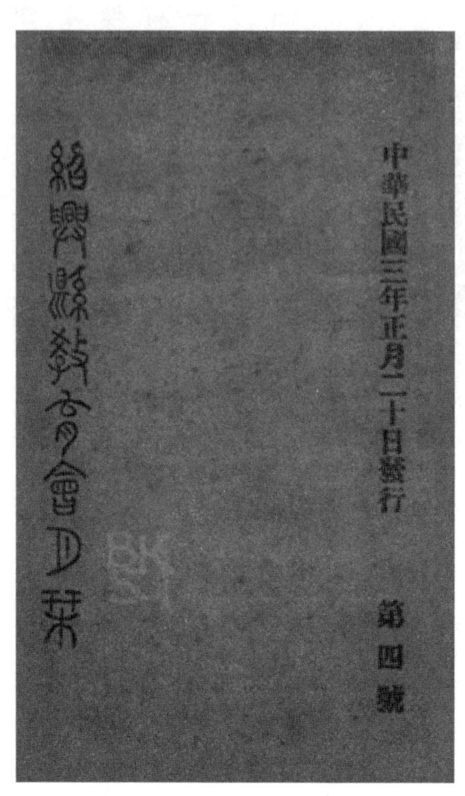

《绍兴县教育会月刊》第四号（1914）封面

一　引言

面对东亚政治对非遗青睐的强劲与持久，迎来重大机遇的民俗学同时也面临着严峻的挑战。在此语境下，“日常”再次成为一个严肃的理论话题。截至2021年，岩本通弥教授主持，中、日、韩等多国学者共同参与的《日常与文化》（日常と文化/*Everyday Life and Culture*）已经出版了九期。作为领军人物的岩本教授的新作——《东亚民俗学的再立论——向“作为日常学的民俗学”进发》，是一篇在忧思中力图为民俗学建立学科的当代合法性、自信心，从而使之能安身立命的佳作。[1]对中、日、韩三国民俗学历史演进的勾勒、点染只是策略，其目的是在对东亚民俗学历史演进的回顾中，寻求当下民俗学何以可能与可能，即民俗学向“作

1　[日]岩本通弥，《東アジア民俗学の再定立——〈日常学としての民俗学〉へ》，《日常と文化》2021年第9卷，第41—57、137—153页。

为日常学的民俗学”转型的必然与应然。

此前，对民俗学，岩本教授有“以‘民俗’为对象即为民俗学吗”这样的有力诘问，也有记忆是民俗（学）“最本质性的存在”这样的铿锵断语。这些都对中国同仁产生了不小的影响。[2]基于东亚立场和欧亚比较的此文，应该同样会激起不小的波澜。

本章对岩本教授《东亚民俗学的再立论》一文的回应，将不会涉及其文中对德国和东亚对非遗公约理解差异和申报策略、理念之异的精微辨析。因为，他关注当下而开篇入题的这一细致探讨，还是意在理解东亚民俗学可能有的不足和应该有的再出发的再生点，即指向的还是作为一门学科的民俗学，在当代赖以安身立命的根本。

本章仅就与现代中国民俗学历史相关的两点问题进行粗浅的回应：

1.洋务运动以来，作为学术用语的“民俗（学）”一词在汉语圈的演进；

2.中国民俗学在二十世纪三四十年代的社会科学化，也即中国民俗学在Folklore这一主流之外演进的另一条路径，抑或说支流。

前者，主要指向英国学者汤姆斯创建的Folklore。[3]后者，指向美国学者孙末楠创设的Folkways。

2 截至2021年5月24日，中国知网（https://www.cnki.net）显示，在翻译成中文刊发后的十多年来，岩本教授的《以“民俗”为研究对象即为民俗学吗？》和《作为方法的记忆——民俗学研究中“记忆”概念的有效性》分别被引用了33次、48次。引用者包括刘铁梁、赵世瑜、高丙中、周星、尹虎彬、刘晓春、户晓辉、王晓葵、黄景春、徐赣丽、王杰文等国内知名学者。

3 Emrich, Duncan. “'Folk-Lore': William John Thoms”, *California Folklore Quarterly*, Vol. 5, No. 4(1946), pp. 335-374.

二　谁将Folklore译为“民俗（学）”

1928年出版了《发须爪：关于它们的迷信》的江绍原，是中国现代民俗学史上一位重要的民俗学家。在其编译的《现代英吉利谣俗及谣俗学》中，江绍原写过这样一段话：

> 又此学普通称“民俗学”，从日本译名也。然日本人所谓“民俗”，虽有时是民间——俗间的意思，移植到中国来，却颇有被误解为民间风俗之危险。[4]

4　江绍原编译，《现代英吉利谣俗及谣俗学》，上海：中华书局，1932，第306页。

在引用了这段话之后，岩本教授谨慎地提出了其疑虑：

> 虽然以江绍原为代表的很多学者认为“民俗学”是源自日语的译语，但笔者不得不说，还有一种很大的可能性，便是这个词一开始便源自中国。有关英华词典方面的检证，如果已经有先行研究，还请多多赐教，如果还没有，研究生们可以就此话题进行一番探讨。

显然，这个看似细枝末节的小问题，实则是一个刘禾、陈力卫、沈国威等不同学科学者都在关注、诠释的“跨语际交流”和概念史的大问题。而且，它还牵涉到中、英、日多方。对于翻译-文化译写，方维规有言：

> 翻译不只是言语形式间的相互转换或曰符号转换，而是理解，是一种阐释；尤其是文化、社会、政治概念之翻译，在很大程度上意味着思想之传导。由是以观，这里不仅存在对出发语言（本源语：source language）之概念及其思想的领会，而且还牵涉到归宿语言（译体语：target language）的传会。[5]

5 方维规，《概念的历史分量：近代中国思想的概念史研究》，北京：北京大学出版社，2018，第241—242页。

其实，关于源自Folklore的现代学科意义上的“民俗（学）”一词是否一定就来自日本，当年的江绍原本就有着今天岩本教授的疑虑。在《现代英吉利谣俗及谣俗学》中，江绍原还写过这句话：“‘folklore’通译‘民俗’（袭日本译名？）”，[6]括号中“袭日本译名”之后的“？”就表明了中西皆通的江绍原，对这一语词来源的不确定性。

6 江绍原编译，《现代英吉利谣俗及谣俗学》，第15页。

1846年，汤姆斯创立的Folk-lore一词成为世界民俗学史上划时代的一个标志性事件。此后，该词盛行开来，并日渐在世界范围内获得广泛认可。[7]在日本从兰学向英学转向的过程中，1866—1869年，罗存德（W. Lobscheid，1822—1893）编纂的《英华字典》扮演了重要角色，是“近代新词源源流入日本的一个重要通道”。[8]数年后，吉田贤辅的《英和字典》（1872）和柴田昌吉、子安峻的《附音插图英和字汇》（1873）等都深受罗存德《英华

7 除艾姆里奇（Duncan Emrich）1946年的梳理之外，中国学者杨堃在1940年就做过同类的梳理。参阅杨堃，《民人学与民族学（上篇）》，《民族学研究集刊》第三期（1940），第131—157页。

8 陈力卫，《东往东来：近代中日之间的语词概念》，北京：社会科学文献出版社，2019，第80页。

字典》的影响。然而，罗存德的《英华字典》，尚未收入英语世界的“新词”Folk-lore。

就目前笔者检索到的材料而言，作为一个学术用语，Folk-lore在中国正式登台亮相，可能是1872年。是年在香港，戴尼斯在其主编的《中国评论》第一卷第二期，刊发了征集“Chinese Folk-lore”的启事，且强调征集的是来自“事实”（facts）而非出版物中的Folk-lore。其希望征集到的具体内容包括：日月年、幸运数字、符咒（charms）、巫术、新年、鬼之类的俗信（superstitions）和童话（fairy tales）等。

遗憾的是，或者主要是面对在中国，尤其是在通商口岸生活的外国人，这则英文启事没有同步翻译为中文。此后，泰勒（G. Taylor）、高延（J. J. M. de Groot）和白挨底（G. M. H. Playfair）等，尤其是戴尼斯本人在《中国评论》上发表了相当数量的关于中国民俗的文章。[9]四年后，戴尼斯出版了他关于中国民俗及与雅利安、闪米特比较的专著。[10]

此后，虽然同样无法断定是否有Folk-lore的影响，但少量汉语书面文献中的“民俗”一词的语义，与汉语中原本有的常与“淳朴”“彪悍”或“刁顽”连用的“民俗”之习惯性旧义相较，则有了细微的变化。[11]

1876年，《寰宇琐记》第九期刊载有《瓯宾辩论八则》。其中，一则是“论泰西民俗有稍胜中国者”，以分别代表中、西的子莘子和瓯宾对谈的方

9 关于《中国评论》带动下的歌谣研究的总体图景，可参阅张志娟，《西方世界的中国“歌谣运动”》，《民俗研究》2020年第1期，第109—118页。但是能否将西人在十九世纪对中国歌谣的搜集、译介称为“运动”就需存疑了。而且即使可以“运动”称之，其涵义也明显迥异于二十世纪初晚起的国人在外力启发下自觉的“歌谣运动”。

10 Dennys, N. B. *The Folk-lore of China, and Its Affinities with That of the Aryan and Semitic Races*, London: Trübner and Co., 1876.

11 二十世纪六十年代前期，钟敬文连续写了四篇关于晚清民间文艺学的长文：《晚清时期民间文艺学史试探》《晚清革命派著作家的民间文艺学》《晚清革命派作家对民间文学的运用》和《晚清改良派学者的民间文学见解》。从这些绵密的梳理，也可以看出在外来影响和内发性发展的合力驱动下，晚清精英对歌谣、谚语、神话、传说、故事、笑话、弹词等民间文艺认知上的渐变。参阅钟敬文，《钟敬文全集·13》，北京：高等教育出版社，2018，第19—152页。

式，辩中西之优劣。

基于十室之邑，且有忠信的共性，瓯宾认为万里之地、列国数十的泰西，必有“流风善政”胜于中国者。对此，子莘子并不否定，并细数了西之优：

> 中国之民智，其弊也狡；泰西之民愚，其美也直。中国文章浮华无用，泰西机器精巧是使。中国谈天多支离附会，泰西算学实信而有征。此则有似稍胜。

然而，子莘子讥讽道：这些“稍胜”者，“皆事之小者”，实乃不足道的奇技淫巧。显而易见，这一基本认知，与洋务派的“夷技”这一总体定位同出一辙。

然而，无论基于哪种立场，随附《申报》发行的《寰宇琐记》的作者们，明显有了世界与比较的眼光。1876年2月到1877年1月，《寰宇琐记》发行的这一年，正是洋务运动势头正旺的时期。有意思的是，瓯宾的“流风善政”、子莘子的民智愚以及文章、机器、谈天、算学，都统合在了“民俗”这一语词之下。或者，可以将这里的民俗，对等为广义的文化（culture）或者文明（civilization），以及文化生态或文明形态。这在汉语写作中应该是前所未有的。

1881年，大名鼎鼎的傅兰雅（John Fryer,

1839—1928）主编的《格致汇编》第四卷第十期刊载了《西班牙国民俗略谈》一文，并配图两幅。[12]

12 要说明的是，如同英华字典对英和字典的影响一样，包括傅兰雅主编和翻译的诸多书籍在内，洋务运动期间的汉译洋书、西学新书，都源源不断地流向了日本。参阅陈力卫，《东往东来：近代中日之间的语词概念》，第85—152页。

作者开篇写道："昨晤回华之友，言在西班牙国驻搭数年，观其风土人情，有甚可奇者。"在简要介绍斗牛、鬼脸（化妆）舞之后，详细介绍了西班牙加拉拿大省穆斯林的一些风俗。如：这里的人们喜净水，味觉尤其灵敏，并能辨别水的肥、瘦、浓、稀，迁居亦有"换水"的别称；古城陀里宝的壮美；当地人锻刀淬火工艺的精湛，等等。

这里，标题中的"民俗"对应的是正文的"风土人情"。然而问题是：如果正文中的风土人情对应的就是汉语中古已有之的"风俗"，为何标题不直接用"风俗"？换言之，对作为"中国通"的主编傅兰雅而言，这里的"民俗"并非中国古语之"风俗"，也非"民俗淳朴/刁顽"之"民俗"，应该同样有着微妙的新意。

1886年，以大不列颠民俗学会（Folk-Lore Society of Great Britain）在香港的负责人（Local Secretary）身份，骆任廷（J. H. S. Lockhart，1858—1937）在《中国评论》第十四卷第六期和第十五卷第一期上连续两次刊发了他在同年6月7日撰写的征集中国民俗的启事"Contributions to the Folk-Lore of China"。在第二次刊载时，中文娴熟，有"洋儒生"之称的骆任廷，在英文版启事之后增加了简要的中文版启事。在中文版启事中，对译了英文版中征集的大小类别事项，并增加了示例。但是事项前征集的简要说明则非英文启事中说明的翻译。

有意思的是，在中文版征集启事的说明中，英文启事中的关键词the Science of Folk-lore是以“民风学”出现的。换言之，中西皆通的骆任廷将Folklore翻译为了“民风”。正如第五章已经提及的那样，在二十世纪二三十年代，李安宅等中国学者也选择了“民风”来对译孙末楠的“Folkways”。从骆任廷中文版征集启事说明，我们也大致能看到在十九世纪八十年代，以他这个洋儒生为代表的殖民官员对中国民俗以及文化的认知。原文采用了写作中常有的自问自答方式，如下：

> 有民风学博士问于余曰：“先生居邻中土，其国之大与物之繁，固尽人皆知也。惟始则列藩，继则混一，贤圣代出，骚雅接迹。其间俗之所尚，各有异同，古今仪礼岁时，载籍亦博。等而下者，即童子歌谣、猜谜、戏术、占卜、星推，与专论或旁及此等事之书，靡不备具。子其逐一举以相告乎。”余即以耳目所及，并载此等事之书目陈之。而博士犹以为未足。故于公余之暇，特将其原问之旨，分列条目，并略注其梗概，以便依样裁答想。
>
> 诸君子爱我，谅毋金玉其音。
>
> 泰西骆任廷谨识[13]

13 Lockhart, J. H. S. “Contributions to the Folk-Lore of China”, *The China Review, or Notes and Queries on the Far East*, Vol. 15, No. 1(1886), p. 39.

中文版启事将他要征集的“Folkore-民风”视

为“等而下者”。这显然是为了让可能给他提供资料的中国人更加明白，骆任廷故意从表述到观念，都迎合了绝大多数中国人普遍享有的观念。但是，在英文版启事长长的说明中，面对欧美世界可能感兴趣的同行，骆任廷则强调要征集中国民俗的重要意义，尤其是强调对于民俗比较“重要的科学价值”（great scientific value）。[14]当然，在英文启示末尾，他也尤其欢迎中国人（natives）参与进来，贡献力量，并言如果收集成果如愿，就会在《中国评论》或者《民俗杂志》（*Folk-Lore Journal*）出版专号。

14 Lockhart, J. H. S. "Contributions to the Folk-Lore of China", p. 37.

骆任廷所列的征集事象，分为了四类。首尾两类，更近今天意义上的民间文学；中间两类，更类似今天狭义上的民俗。第一类，是包括歌谣、故事等在内的“世故”（Traditional Narrative）。第四类，是包括成语、古语、谜语、诨名和童谣等在内的“俗语”（Folk Sayings）。第二类，“Traditional Customs”对译为了“风俗”，包括：各方风俗（Local Customs），如婚丧祝嘏各事；岁时纪（Festival Customs），如年节亲朋交际之类；礼仪（Ceremonial Customs）；戏术（Games），如童子玩弄及戏法之类。第三类，“Superstitions, Beliefs and Practices”对译为了“习俗”，包括：鬼祟（Goblindom）；巫觋（Witchcraft），如召亡降神之类；星占（Astrology）；笃信吉凶（Superstitions connected with Material Things），如符箓、小儿钳钏、崇祀竹木之类。

进入二十世纪后，个别在汉语语境中出现的“民俗”与Folklore更趋近，应该疑问不大。1903年，《北洋官报》第九十九册第八页“各国新闻”中，有一则是“巴宴王近事联志”，说的是“德国考察东俄古物民俗会”，邀请巴宴国禄亲王为首董一事。1904年，课吏馆选印的《秦中官报》第九期“外报汇钞”中《俄国民俗通考》一文，涉及衣食住行、婚礼、嗜酒等方方面面。

有意味的是，1910年，《甘肃官报》第九期有一则“礼学馆调查民俗”的报道，云：

> 闻礼部人云礼学馆各员核议，以现在核订大清通礼，事务繁杂，惟必须体查各省地方民情，方能施行无碍。若□由各省□报，势难周密，议仿照调查法律、习惯之例，由本官□请时派专员赴各省详细调查，以昭核实，而备施行。

在此，民俗（地方风情）与法律、习惯并列，属通礼的一部分。

台湾英华字典数据库，收录了1815—1919年间具有代表性的英华字典。[15]查询该数据库可知，Folk-lore一词并未出现在该数据库中收录的1900年之前的英华字典中，而都是出现在此后的英华字典中。其释义情况如下表：

15　该数据库的网页链接是http://mhdb.mh.sinica.edu.tw/dictionary/index.php。

时间	1908	1913	1916
词典	颜惠庆《英华大辞典》	商务书馆《英华新字典》	《赫美玲官话》
页码	927	207	546
释义	野乘、古谚、俗传、历代相传之事、稗史、逸史、遗事	野乘、俗传	丛谈

值得注意的是，在颜惠庆（1877—1950）《英华大辞典》第378页，Citicism的英文和中文释义分别是："The manners of citizen"；"国民之行为、民风、民俗"。而"民俗学"一词则出现在该字典第1365页对Lore的释义，其第六个义项是："folk-lore，野史、民俗学"。这也是整个英华字典数据库中"民俗学"唯一出现的一次。颜惠庆的这本字典对1884年井上哲次郎（1855—1944）编纂的《订增英华字典》多有吸收。但是，收录有《订增英华字典》的台湾英华字典数据库显示，《订增英华字典》中并未出现将"Citicism"和"民俗"，"folk-lore"和"民俗学"对译的词条与解释。

或者，从目前检索到的信息看，大致可以将folk-lore翻译为"民俗学"，视为颜惠庆这位从弗吉尼亚大学留学归来的"译学进士"[16]在中国的首创。

当然，这完全是猜测。在其二十世纪四十年代用英文写的自传中，颜惠庆提到了早年在主编《英华大辞典》时，他还有大多毕业于其任教六年的上

16 颜惠庆，《颜惠庆自传：一位民国元老的历史记忆》，吴建雍、力保臣、叶凤美译，北京：商务印书馆，2003，第52—53页。

海圣约翰大学（Saint John's University）的十余位助手。编纂《英华大辞典》时，他们主要参考的是纳托尔的《英语大词典》（*Complete Dictionary*）、韦氏大词典和其他大型工具书。[17]换言之，颜惠庆《英华大辞典》中出现的“The manners of citizen”和“国民之行为、民风、民俗”，“folk-lore”和“野史、民俗学”的互译，也有可能是其某位助手的功劳。

17 颜惠庆，《颜惠庆自传：一位民国元老的历史记忆》，第54—55页。

同时，有鉴于台湾英华字典数据库并未将1815—1919年间所有的英华字典一网打尽，上述推测就更不能说明Folklore在日本的翻译情况，和在翻译过程中，中日之间可能存在的相互影响。正如岩本教授在文章中指出的那样，1902年，神田乃武等编译的《新译英和辞典》对Folklore的释义为“①民俗学（研究民俗的传说、信仰、惯习等的学问），②民俗的传说、信仰以及惯习、俗传”；1903年，上田万年、上田敏编的《最新英和辞典》就将之翻译为了“俗说学”“古俗学”；1893年，鸟居龙藏将之翻译为“土俗学”。

值得注意的是，研究Folklore翻译问题的彭恒礼，同样注意到了1902年《新译英和辞典》对Folklore的释义。颜惠庆《英华大辞典》“例言”提及，“有为英和字典本者”。据此和时间上的先后，彭恒礼进行了勾连论证，断定颜惠庆《英华大辞典》的Folklore释义，尤其是与“民俗学”的对译，就是来自包括《新译英和辞典》在内的诸多英和字典。[18]然而，这一断言还是需要存疑。因为，

18 彭恒礼，《“民俗学”入华考：兼谈近代辞典对学科术语的强化作用》，《民俗研究》2010年第3期，第256—258页。

我们无从确证颜惠庆等人所本的英和字典一定就有1902年神田乃武等编译的《新译英和辞典》。而且，鉴于中日在十九世纪下半叶文化方面的密切交流互动和相互借力，《新译英和辞典》成书过程又是怎样的？它又有着怎样的知识源？

1914年年初，周作人发布的征集绍兴儿歌童话“启事”的引言如下：

> 作人今欲采集儿歌童话，录为一编，以存越国土风之特色，为民俗研究、儿童教育之资材。即大人读之，如闻天籁，起怀旧之思。儿时钓游故地，风雨异时，朋侪之嬉戏，母姊之话言，犹景象宛在，颜色可亲，亦一乐也。第兹事体繁重，非一人才力所能及，尚希当世方闻之士，举起所知曲赐教，益得以有成，实为大幸。[19]

毫无疑问，这里的“民俗”，已经完全是现代学科意义上，也即中国民俗学运动所指的意涵了。

治中日民俗学、文学的人，都非常关注周作人与柳田国男之间的关联。尽管未提及“民俗（学）”一词，但今村与志雄的细考，说明了周作人以及鲁迅对柳田国男著作、学说和学术事业的熟悉。[20]正因为如此，“民俗（学）”从日语引进这一说法，虽然让始终师事周作人的江绍原，多少有些迟疑，但他大抵还是沿用了此说。

19 周作人，《征求绍兴儿歌童话启》，第25页。要说明的是，在民国二、三年用文言文写成的关于童话、童谣的系列文章中，周作人已经多次使用现代学科意义上的“民俗”与“民俗学”。《童话略论》云，“童话研究当以民俗学为据”；“治教育童话，一当证诸民俗学，否则不成为童话”。《童话研究》有言，“童话亦函动物故事（略如寓言而不必含有义训者）、笑话（如越中所传呆女婿故事）诸体，第其本事非根据民俗，无待征证而后明憭，故不具论”；“依人类学法研究童话，其用在探讨民俗，阐章史事”。《古童话释义》云，“旁㐌金锥为民俗中习之物，中国俗信如意聚宝盆，正其著例”。《儿歌之研究》云，“（童谣）唯本于古代礼俗，流传及今者，则可以民俗学疏理，得其本意耳”；“故依民俗学，以童歌与民歌比量，而得探知诗之起源……”参见周作人，《儿童文学小论；中国新文学的源流》，北京：北京十月文艺出版社，2011，第1—2、4、11、20、30、37、40页。

遗憾的是，周作人、江绍原师生二人皆已作古，无法求证。有一点值得注意，周作人晚年在回忆他1903—1906年在江南水师学堂读书时，提及使用的“华英字典”在重印时改名为“英华字典”之事。[21]周作人从这本字典接触过Folk-lore这个词也不一定。但是，周作人并未提及他使用过的字典的版本。此后，留日的周作人是否接触到1902年的《新译英和辞典》，亦无从知晓。

即使1908年的英汉对译确实借鉴、照搬了1902年的英和对译，但两个“民俗学”意涵就完全一样吗？这两个语词分别与各自国家后来作为学科意义上的民俗学是否完全一样？周作人使用的“民俗”“民俗学”与柳田国男的“民俗”“民俗学”有着怎样的关联？在没有确凿的证据之前，一切也就无法断言。岩本教授存疑的问题，依然疑云重重。

根据现有查找到的资料，目前唯一可以断言的是：在东亚，最早将“Folklore”和“民俗学”对译的，是1902年神田乃武等编译的《新译英和辞典》。

三　Folkways：中国民俗学运动的另一支流

在现代中国的民俗学运动中，长期与“民俗”纠缠一处的还有“风俗”一词。从“风俗”与“民俗”这两个关键词-概念的角度，王晓葵简要地梳理出了他的“中国现代民俗学史”。[22]他将旧

20　[日]今村与志雄，《鲁迅、周作人与柳田国男》，赵京华译，《中国现代文学研究丛刊》1992年第1期，第248—255页。

21　周作人，《鲁迅小说里的人物》，北京：北京十月文艺出版社，2013，第356页。

22　王晓葵，《民俗学与现代社会》，上海：上海文艺出版社，2011，第282—301页；《中国“民俗学”的发现：一个概念史的探求》，《华东师范大学学报（哲学社会科学版）》2016年第4期，第114—121页。

瓶新酒的“风俗”和受西学影响新生的“民俗”（Folklore），都纳入近代中国民族主义话语的生成史的谱系中来审视，从而强化了这两个语词不乏浪漫色彩的民族主义意涵以及新生过程中的国民意识。当然，这也在一定意义上淡化了，或者说没有意识到岛村恭则强调的民俗学惯有的“反启蒙性”和“在野性”。[23]

23 [日]岛村恭则，《民俗学とはいかなる学問か》，《日常と文化》2019年第7卷，第1—14、105—116页。

对于“风俗”，王晓葵在澄清汉语原本有的古义的基础之上，选取了1911年出版的张亮采（1870—1906）《中国风俗史》、1922年出版的胡朴安（1878—1947）《中华全国风俗志》和1929年发表的陈锡襄（1898—1975）《风俗学试探》三个文本进行辨析，清楚地指明了中国在艰难地进行现代民族国家的建构历程中，受到西学影响的学人对风俗的当代释义，或者说赋权。换言之，因时应世，旧词新释的“风俗”有了求强、求新的现代性和民族性意涵，并成为形塑民族国家认同和国民意识的一环。

值得注意的是，早在1906年，邓实（1877—1951）就使用了“风俗学”一词。只不过，邓实将风俗学等同于严复（1854—1921）1903年译介进来的“群学”（sociology），也即章太炎（1869—1936）采用日本学者译名的“社会学”。在暗流涌动、动荡交替之际，邓实在评述明季顾炎武（1613—1682）的学说时，将学术分为了君学、国学和群学三类。君学，功在一人；国学，功在一国；群学，功在天下。对群学，邓实专门做注解释道：

> 群学，一曰社会学，即风俗学也。[24]

24 邓实，《顾亭林先生学说五 风俗学》，《国粹学报》第 25 期（1906），第 1 页。

这与当下对社会学殿堂化、量化——越来越窄化、琐碎化的理解，和将民俗学视为资料学的陋见，明显有着天壤之别。不仅如此，邓实强调的是，功在天下的社会学与风俗学的一体性。其实，邓实这一因对顾炎武推崇而生的主观判断，还暗合了二十多年后的中国社会学初创时期的基本情形。

颇有意思的是，为了阐明二十世纪前三十年“风俗”意涵的嬗变，王晓葵两次提到孙末楠的*Folkways*一书，尤其是其中的“德型”（Mores）一词。[25]在当代中国民俗学界，对孙末楠民俗学说用力最勤的是高丙中。只不过，高丙中将孙末楠音译为了萨姆纳。在其对当代中国民俗学认知产生重大影响的专著《民俗文化与民俗生活》中，高丙中用了近四分之一的篇幅，重释、译介孙末楠的民俗学说。[26]然而，在中国民俗学界对现代中国民俗学运动的梳理中，学者们几乎忽略了孙末楠民俗学说对中国民俗学以及社会学演进曾经有的重大影响。如本书五、六两章揭示的那样，早在二十世纪三十年代，孙末楠就是中国社会学界一个耳熟能详的名字。其终极旨趣指向社会学的关于民俗的巨著*Folkways*，不但为中国社会学界所熟悉，还深远地影响了燕大的民俗学研究、黄石的民俗学和现代中

25 王晓葵，《民俗学与现代社会》，第 285—286、296 页。

26 高丙中，《民俗文化与民俗生活》，第 76—102、172—208 页

国民俗学运动的格局与图景。

十九、二十世纪之交，孙末楠的民俗学说在美国社会学界有着巨大影响。1905年，美国社会学会成立。1907年，孙末楠当选为美国社会学会的会长。这多少让不少社会学教授有些意外。二十年之后，德高望重的密歇根大学顾勒教授（Charles H. Cooley，1864—1929）将孙末楠*Folkways*一书视为美国社会学界“脚踏实地根据事实的著作”中最受欢迎的一本。[27]

27 Cooley, C. H. "Sumner and Methodology", *Sociology and Social Research*, vol. 12 (1928), p. 303. 转引自吴景超，《孙末楠传》，第2页。

二十世纪二十年代，当孙本文、吴景超等一大批中国社会学的先行者留美归来后，孙末楠的民俗学说也就来到了中国。在中国，最早介绍孙末楠的应该是孙本文。

1927年，在《社会学上之文化论》一书中，孙本文写有“孙楠William Sumner之民俗论”一节。在该节文字中，孙本文将作为书名的Folkways译为了“民俗学”，将孙末楠在同一“超机官”上划分出的三个层次的民俗分别译为了民俗、俗型（Mores）和制度（Institutions），并介绍了孙末楠民俗学说的核心观点，诸如：“民俗在个人为习惯，在社会为风俗”；“社会的生活societal life全在造成民俗与应用民俗”；“社会的科学The Science of Society即是一种研究民俗的学问”，等等。[28]当然，孙本文对孙末楠民俗学说的介绍，与他对“文化（论）”情有独钟关联紧密。他认为，孙末楠的民俗学“实开近时文化学派分析文化之先

28 孙本文，《社会学上之文化论》，第41—43页。

河，无可疑也”。[29]

29　孙本文，《社会学上之文化论》，第43页。

如同本书第五章所示，与孙本文一样，作为燕京学派一定意义上的游离者，李安宅也是最早译介孙末楠学说的学者之一。1928年，他将孙末楠音译为撒木讷，将Folkways翻译为“民风”，并简介了民仪（Mores）、制度和民族等概念。自此，孙末楠的民俗学说，不仅是李安宅1929年前后研究《仪礼》《礼记》的基本架构，也成为其文化观的基底，而民风、民仪、制度和民族则成为其学术写作的核心词汇。

1932年，人文区位学的旗手、美国芝加哥都市社会学的领军人物派克，前来燕大讲学。他对孙末楠民俗学说言必称是的宣讲，再次激发了燕大社会学系师生以及中国社会学界研读*Folkways*一书的激情。1933年，在派克离开中国后不久，燕大社会学会快速地编辑出版了燕大师生的学习心得《派克社会学论文集》。其中，相当篇幅都涉及孙末楠的民俗学说。1934年，黄迪还专门撰写了以孙末楠社会学说为题的硕士毕业论文《孙末楠的社会学》。该文讨论的核心，还是*Folkways*一书。这些都使得孙末楠和他的Folkways成为后世被称为一个学术共同体并不断追加、诠释的燕京学派[30]的共有常识。

30　张静，《燕京社会学派因何独特？》，《社会学研究》2017年第1期，第24—30页。

如同岩本教授文中提及的当年对Folklore的多种中文译名，在二十世纪前半叶，除已经提及的孙本文和李安宅有别的翻译之外，前辈学人对Folkways始终有着多种译名，诸如：民俗学、民俗论、民风、民风论、俗道论等。仅从这些译名，就可以确证当年孙末楠民俗学说在中国学界广泛且持久的影响，更不用说本书五、六章梳理出的李安宅、黄石、瞿同祖等人在自己的研究中对孙末楠民俗学说的活学活用。此外，值得一提的是，1943年9月，曾经留法的著名作家李劼人（1891—1962）在成都出资创办了杂志《风土什志》。在该杂志封面，中文刊名对译的英文就是“The Folkways”，并一直沿用到1946年9月的二卷一期。

这里无意重述孙末楠民俗学说的基本内容，仅想强调对于明确且长期将风俗视为十大研究之首的燕大社会学系[31]而言，孙末楠Folkways势必造成的影响，和这一影响对于中国民俗学与社会学演进的意义：

1.孙末楠的Folkways有别于汤姆斯一脉偏重口头传统的Folklore。

2.在二十世纪三四十年代之交，在孙末楠民俗学说在燕大这个平台，与中国学者选择并创新的社区-功能论合流之后，再在对法国涂尔干一派社会学和汪继乃波民俗学熟稔的杨堃的具体引领下，中国民俗学已经在认知论、方法论和实践论层面，都大抵实现了向社会科学化的转型，至少说形成了现代中国民俗学运动中的“社会学的民俗学派”。[32]

3.孙末楠的民俗学说同样使得早期的中国

31　许仕廉，《建设时期中教授社会学的方针及步骤》，《社会学界》第三卷（1929），第180页。

32　杨堃是社会学的民俗学的倡导者，也是强有力的实践者和成效卓著者。拙著《忧郁的民俗学》，曾经对中国民俗学的社会科学化历程有过粗略的梳理，并对“社会学的民俗学”派之部分成果进行了释读。分别参见杨堃，《民俗学与通俗读物》，《我国民俗学运动史略》；岳永逸，《忧郁的民俗学》，第17—47页，《庙宇宗教、四大门与王奶奶：功能论视角下的燕大乡土宗教研究》和本书三、五、六、七诸章。当然，燕大民俗学的研究，有从重文献的风俗到重实地观察的礼俗的演进。其重中之重又是赵承信、杨堃、黄迪和林耀华等人相继指导，1938—1950年间燕大社会学系的“社会学实验室”——平郊村——的研究。

社会学运动，尤其是以燕大社会学为阵地的北派——社区-功能学派（燕京学派），有着浓厚的民俗学基底。

关于燕京学派的民俗学基底，在此仅以林耀华、费孝通为例，简要说明。1935年，在燕大完成的关于义序宗族研究的硕士毕业论文中，林耀华几乎花了约一半的篇幅，用传记研究法（Biographical Method of Study）写“个人生命史”——人生仪礼。虽然是在功能论引导下的研究，但孙末楠民俗学说和汪继乃波之“通过仪礼”的影响清晰可见。[33]

1933年，费孝通在燕大的本科毕业论文就是根据方志等文献，研究亲迎婚俗。[34]不仅如此，除了早年的《乡土中国》征引孙末楠，[35]在1996年写就的《简述我的民族研究经历和思考》一文中，费孝通将孙末楠和他自己在清华大学的硕士导师史禄国相提并论，认为二者共同构成了其民族研究与认知的理论基点。[36]

与研究费孝通的中国学者不同，专门研究费孝通学术生命史的美国学者欧达伟，就看到了“风俗”在费孝通学术大厦中的重要位置。欧达伟曾写道：“他对解释风俗比报道中国及其他地方的社会现实更感兴趣。……费孝通从满足社会需要的角度解释一个风俗跟着一个风俗。……他相信，正确地了解风俗和制度的功能，就有可能引进适应现在环境的新文化成分，使社会变迁少受痛苦，他即为此

33　林耀华，《义序宗族的研究》，北平：燕京大学研究院社会学系硕士毕业论文，1935，第109—204页，尤其是111—112、123页；《义序的宗族研究》，北京：生活·读书·新知三联书店，2000，第106—186页，尤其是107—108、119页。

34　费孝通，《亲迎婚俗之研究》，《社会学界》第八卷（1934），第155—186页。

35　费孝通，《乡土中国》，第94页。

36　费孝通，《费孝通文集·14》，北京：群言出版社，1999，第88—105页。

而献身。”[37]

毫无疑问，上述三个观点抑或说命题，是需要长文、专书来说明论证的。更不用说，在这一复杂的演化过程中，与江绍原同等重要的民俗学家，也是“社会学的民俗学”的干将黄石，以及后来的邓子琴（1902—1984）等人一度还提出过“礼俗学”。[38]在此，仅想指明，中国现代民俗学运动有着更加丰富的位相（phase），不但有着诸如传教士司礼义、贺登崧那样在中观层面研究中国民俗的“土著”之学，[39]还有着明显有别于Folklore（当然受到Folklore影响）的Folkways这一支脉。

对Folklore和Folkways之间的异同，前辈学人是清楚的。作为社区-功能学派的公认领袖，吴文藻在1933年写的这段话，值得今天的民俗学家和社会学家们细细品味：

> 季氏以为社会反应之限于个人行为者，通称为习惯；其涉及集合或众多行为者，以前常称为风俗，今则统称为民风，以孙末楠的名著《民风论》（*Folkways*）而得名。他承认欲尽情描写一人群的众多行为及其生活方式，当莫善于“民风”一词。民风乃社会习俗，积久成风，原义渐失，而成为毫无意义的行为。西国文字中本有“民俗”（Folk-lore）一词，惟孙氏的民风论，比民俗学更进一层。他发觉民风中有较重要的习俗，一旦经过社会审定，

37 ［美］大卫·阿古什，《费孝通传》，董天民译，郑州：河南人民出版社，2006，第38、39、44页。

38 黄华节，《礼俗改良与民族复兴》，第14—18页；邓子琴，《中国礼俗学纲要》，南京：中国文化社，1947。值得关注的是，近些年来强调礼俗互动的张士闪，明显有接续上“礼俗学”这一传统的诉求和使命感。参阅张士闪，《礼俗互动与中国社会研究》，《民俗研究》2016年第2期，第14—24页；《“借礼行俗”与“以俗入礼”：胶东院夼村谷雨祭海节考察》，《开放时代》2019年第6期，第148—165页。

39 岳永逸，《“土著”之学：司礼义的中国民俗学研究》，《民族文学研究》2020年第1期，第60—79页。

> 予以认可，为团体态度所强制执行，则此种习俗，不复为民风，却已变为德仪（Mores）。德仪所异于民风者，在其专指社会上是是非非的成规而言：习俗以为是则是之，习俗以为非则非之，莫由强辩，这就是德仪。如此说来，德仪实是民德与民仪的混合物。[40]

40　吴文藻，《季亭史的社会学学说》，《社会学刊》第一期（1933），第26页。

正是因为对社会学和民俗学兼通，吴文藻在燕大社会学系还特意指导不少本科生写了关于婚丧、年节风俗、民俗学运动史和产育礼俗等民俗学方面的毕业论文。除已经提及的费孝通《亲迎婚俗之研究》和邱雪峨《一个村落社区产育礼俗的研究》之外，其他还有：陈怀桢《中国婚丧风俗之分析》（1934）、陆懿薇《福州年节风俗的研究》（1934）、张南滨《中国民俗学研究的发展》（1934）等。

四　结语

从Folklore的翻译，"民俗"一词在十九、二十世纪之交的汉语语境中语义的微妙变化，从Folkways对中国民俗学以及社会学的影响这两个层面，本章尝试回应岩本教授《东亚民俗学的再立论》一文中涉及的现代中国民俗学运动历史的问题。虽然有将前一个问题作为主体的趋向，但因跨语际释读能力以及材料的限制，对究竟是谁最先将

“Folklore”和“民俗（学）”对译这一带有根本性的学科“小”问题，除罗列了些许事实之外，还是只能存疑，求教于方家。关于孙末楠Folkways对中国民俗学演进的影响，也只是提出了“社会学化的民俗学”或者说社会科学化的民俗学已经在燕大形成这一命题，并未展开详细的论证。

之所以提出这一命题，原因有二。

一方面，是想回应本书第六章已经提及的二十、二十一世纪之交，中国民俗学界不时在讨论的民俗学人类学倾向和究竟要不要以及如何社会科学化的问题，尤其是希望有更多的同仁关注燕大的民俗学研究，厘清中国民俗学演进更加复杂的位相与家底，以继往开来。这一厘清，或者也能给今天中国民俗学究竟如何创造性地移植国外理论以一些启迪，从而尽可能减少机械的套用，将民俗学做成“术语”迭出却不接地气的“玄学”，而是将民俗学回归到岩本教授所言的“日常学”。

另一方面，则是希望有治社会学史的同仁，关注燕大社会学的民俗学底色，从另一个角度丰富燕京学派的研究，也丰富中国社会（人类）学史，进而给当下越来越偏重量化统计、理论模型建构和迷信“方法主义”[41]的社会学研究一些启示。

此外，则还有孙末楠Folkways可能对日本早期民俗学同样产生影响的直觉。当然，这需要精研日本民俗学史的中日两国同仁的回应与批评了。

41 渠敬东，《破除“方法主义”迷信：中国学术自立的出路》，《文化纵横》2016年第2期，第81—87页。

主要参考文献

中文

[德] 阿克塞尔·霍耐特，2018，《物化：承认理论探析》，罗名珍译，上海：华东师范大学出版社

[俄] 巴赫金，1998，《拉伯雷研究》，李兆林、夏忠宪译，石家庄：河北教育出版社

北平燕京大学法学院编，1938，《社会科学概论选读》，北平：燕京大学法学院

毕旭玲，2008，《20世纪前期中国现代传说研究史》，上海：华东师范大学博士学位论文

——，2019，《中国20世纪前期传说研究史》，上海：上海社会科学院出版社

[法] 布洛克，2014，《历史学家的技艺》，张和声译，北京：北京师范大学出版社

蔡磊，2015，《劳作模式与村落共同体：一个华北荆编专业村的考察》，北京：中国社会科学出版社

陈波，2010，《李安宅与华西学派人类学》，成都：巴蜀书社

——，2010，《李安宅：回忆海外访学》，《中国人类学评论》（16）：154—167

陈伯吹，1944，《论寓言与儿童文学》，《东方杂志》（21）：54—57

陈封雄，1940，《一个村庄之死亡礼俗》，北平：燕京大学法学院社会学系学士毕业论文

陈晋，1997，《文人毛泽东》，上海：上海人民出版社

陈力卫，2019，《东往东来：近代中日之间的语词概念》，北京：社会科学文献出版社

陈寅恪，2015，《陈寅恪集·书信集》，北京：生活·读书·新知三联书店

——，2015，《陈寅恪集·金明馆丛稿二编》，北京：生活·读书·新知三联书店

陈泳超，2005，《中国民间文学研究的现代轨辙》，北京：北京大学出版社

陈永国、马海良编，1999，《本雅明文选》，北京：中国社会科学出版社

陈永龄，1941，《平郊村的庙宇宗教》，北平：燕京大学法学院社会学系学士毕业论文

邓实，1906，《顾亭林先生学说五 风俗学》，《国粹学报》（25）：1—14

邓子琴，1947，《中国礼俗学纲要》，南京：中国文化社

刁统菊，2016，《华北乡村社会姻亲关系研究》，北京：中国社会科学出版社

董作宾，1924，《看见她》，北京：北大歌谣研究会

——，1927，《几首农谚——九九——的比较研究》，《民间

文艺》（4）：1—12

杜含英，1939，《歌谣中的河北民间社会》，北平：燕京大学法学院社会学系学士毕业论文

[美] 杜赞奇，2003，《文化、权力与国家：1900—1942年的华北农村》，王福明译，南京：江苏人民出版社

范雯，2017，《民间技艺传承机制研究：以四川道明竹编为例》，北京：北京大学博士学位论文

范寅，1882，《越谚》，谷应山房刻本

方大慈，1941，《平郊村之乡鸭业》，北平：燕京大学法学院社会学系学士毕业论文

方维规，2018，《概念的历史分量：近代中国思想的概念史研究》，北京：北京大学出版社

费孝通，1948，《乡土中国》，上海：观察社

——，1986，《谈谈民俗学》，见张紫晨编，《民俗学讲演集》，北京：书目文献出版社，第1—9页

——，1999，《费孝通文集》，北京：群言出版社

冯梦龙，1935，《山歌》，上海：传经堂书店

[英] 弗兰柔，1931，《交感巫术的心理学》，李安宅译，上海：商务印书馆

[英] 盖笛斯，1929，《在生命之图表上的宗教》，李安宅译，《哲学评论》（4）：50—83

甘阳，2012，《文明·国家·大学》，北京：生活·读书·新知三联书店

高丙中，1994，《民俗文化与民俗生活》，北京：中国社会科学出版社

高君哲、李安宅、张光禄、万树庸、吴榆珍、张世文、于恩德

合编，1931，《英汉对照袖珍社会学辞汇》，北平：友联社

高名凯，1946，《语言的宗教》，《观察》（16）：5—7

葛兆光，2002，《思想史研究视野中的图像》，《中国社会科学》（4）：74—83

[日] 宫家准，2008，《日本的民俗宗教》，赵仲明译，南京：南京大学出版社

顾潮编著，1993，《顾颉刚年谱》，北京：中国社会科学出版社

[法] 古德利尔，2007，《礼物之谜》，王毅译，上海：上海人民出版社

顾复编，1934，《农具学》，上海：商务印书馆

顾颉刚，2007，《顾颉刚日记》，台北：联经出版事业股份有限公司

——，2011，《顾颉刚民俗论文集》，北京：中华书局

郭绍虞，1925，《谚语的研究》，上海：商务印书馆

郭兴业，1941，《北平妇女生活的禁忌礼俗》，北平：燕京大学法学院社会学系学士毕业论文

韩光远，1941，《平郊村一个农家的个案研究》，北平：燕京大学法学院社会学系学士毕业论文

韩叔信，1931，《龙与帝王的故事》，北平：燕京大学历史学系学士毕业论文

Hornell Hart，1928，《美国学者对于西洋社会思想史之材料的意见》，李安宅译，《燕大月刊》（1）：19—32

洪德方，1950，《学龄前的儿童与故事》，北京：燕京大学理学院家政学系学士毕业论文

胡嘉明，2018，《延安寻真：晚期社会主义的文化政治》，廖

燕乔、童祁译，香港：中文大学出版社

胡适，2013，《胡适文集》，北京：北京大学出版社

黄迪，1934，《孙末楠的社会学》，北平：燕京大学研究院社会学系硕士毕业论文

——，1938，《清河村镇社区：一个初步研究报告》，《社会学界》（10）：359—420

——，1939，《社区与家村镇》，《燕京新闻》11月4日第九版

黄华节，1934，《怎样研究民间宗教？》，《民间》（10）：13—18

——，1934，《民俗社会学的三分法与四分法：论风俗礼制四者的关系》，《社会研究》（52）：5—10，《社会研究》（53）：18—19

——，1934，《从歌谣窥察定县家庭妇女的生活》，《社会研究》（59）：61—66

——，1934，《祁州药王考略》，《社会研究》（64）：101—106

——，1935，《歇后语》，《太白》（6）：255—260

——，1935，《礼俗改良与民族复兴》，《黄钟》（1）：14—18

——，1935，《改革节期生活的途径》，《社会研究》（75）：189—194

——，1935，《流行旧定州属的汉光武传说》，《社会研究》（96）：367—372

——，1935，《定县巫婆的降神舞》，《社会研究》（105）：437—441

——，1936，《礼失而求诸野》，《道德半月刊》（3）：29—34

黄景春，2020，《中国当代民间文学中的民族记忆》，上海：上海大学出版社

黄石，1927，《神话研究》，上海：开明书店

——，1930，《为什么要避讳》，《北新》（13）：47—63

——，1935，《通讯研究：与杨庆堃君函》，《社会研究》（70）：149

——，1999，《黄石民俗学论集》，上海：上海文艺出版社

黄涛，2002，《语言民俗与中国文化》，北京：人民出版社

——，2013，《谚语》，见段宝林主编，《民间文学教程》，北京，高等教育出版社，第178—186页

黄宗智，2000，《华北的小农经济与社会变迁》，北京：中华书局

季剑青，2011，《北平的大学教育与文学生产：1928—1937》，北京：北京大学出版社

江绍原编译，1932，《现代英吉利谣俗及谣俗学》，上海：中华书局

蒋旨昂，1934，《卢家村》，北平：燕京大学文学院社会学系学士毕业论文

——，1934，《卢家村》，《社会学界》（8）：36—105

[日] 今村与志雄，1992，《鲁迅、周作人与柳田国男》，赵京华译，《中国现代文学研究丛刊》（1）：248—255

金观涛、刘青峰，1993，《开放中的变迁——再论中国社会超稳定结构》，香港：中文大学出版社

敬文东，2009，《事情总会起变化》，台北：秀威资讯

Karl Mannheim，1944，《知识社会学》，李安宅译，上海：中华书局

[法] 克里斯蒂娃，2016，《主体·互文·精神分析：克里斯蒂娃复旦大学演讲集》，北京：生活·读书·新知三联书店

李安宅，1931，《语言的魔力》，《社会问题》（4）：1—10

——，1931，《〈仪礼〉与〈礼记〉之社会学的研究》，上海：商务印书馆

——，1932，《什么是社会学》，《平大十周年纪念特刊》，第1—15页

——，1934，《礼教与国粹》，《益世报》5月28日第三张

——，1934，《美学》，上海：世界书局

——，1934，《意义学》，上海：商务印书馆

——，1936，《巫术与语言》，上海：商务印书馆

——，1936，《人类学与中国文化：〈巫术科学宗教与神话〉译本序》，《社会研究》（114）：507—510

——，1938，《社会学论集：一种人生观》，北平：燕京大学出版部

——，1942，《蒋著〈成都社会事业〉序》，《华文月刊》（6）：44—45

——，1945，《论语言的通货膨胀》，《文化先锋》（15）：6—9+5

——，1946，《〈社会工作导论〉李序》，见蒋旨昂，《社会工作导论》，上海：商务印书馆，第1—10页

[法] 利奥塔，2000，《非人：时间漫谈》，罗国祥译，北京：商务印书馆

黎锦熙，1942，《谈谚语及〈中国大辞典〉》，《建国语文月

刊》（2）：19—20

黎亮，2018，《中国人的幻想与心灵：林兰童话的结构与意义》，北京：商务印书馆

李荣贞，1940，《中国民俗学的发展》，北平：燕京大学法学院社会学系学士毕业论文

李萨雪如，1928，《北平歌谣集》，北平：明社

——，1930，《北平歌谣续集》，北平：明社

李素，1977，《燕京旧梦》，香港：纯一出版社

——，1984，《窗外之窗》，香港：山边社

李素英，1936，《中国近世歌谣研究》，北平：燕京大学研究院国文学系硕士毕业论文

——，1936，《论歌谣》，《文学年报》（2）：133—145

李婉君，2014，《“坐月子”与“过日子”：对北方传统产后习俗的文化释读》，北京：中国人民大学博士学位论文

李慰祖，1941，《四大门》，北平：燕京大学法学院社会学系学士毕业论文

李向振，2020，《民间礼俗仪式中的人情再生产：以京郊姚村“喝满月酒”为例》，《民族艺术》（1）：66—75

李有义，1936，《山西徐沟县农村社会组织》，北平：燕京大学法学院社会学系学士毕业论文

[苏] 列宁，1983，《列宁论文学与艺术》，北京：人民文学出版社

林耀华，1935，《义序宗族的研究》，北平：燕京大学研究院社会学系硕士毕业论文

刘复，1925，《通讯：颉刚先生》，《歌谣周刊》第八十三号第二版

——，1927，《海外民歌序》，《语丝》（127）：3—9

刘惠萍，2011，《图像与神话：日、月神话的研究》，台北：文津出版社有限公司

刘家驹译，1932，《西藏情歌》，上海：新亚细亚月刊社

刘龙心，2009，《通俗读物编刊社与战时历史书写（1933—1940）》，《中央研究院近代史研究所集刊》（64）：87—136

刘寿慈，1931，《印度寓言》，上海：开明书店

刘铁梁，1996，《村落：民俗传承的生活空间》，《北京师范大学学报（社会科学版）》（6）：42—48

——，1998，《民俗志研究方式与问题意识》，《北京师范大学学报（社会科学版）》（6）：44—48

——，2005，《"标志性文化统领式"民俗志的理论与实践》，《北京师范大学学报（社会科学版）》（6）：50—56

刘铁梁主编，2006，《中国民俗文化志·北京·门头沟区卷》，北京：中央编译出版社

刘锡诚，2006，《20世纪中国民间文学学术史》，开封：河南大学出版社

刘晓春，2009，《从"民俗"到"语境中的民俗"：中国民俗学研究的范式转换》，《民俗研究》（2）：5—35

刘宗迪，2016，《超越语境，回归文学：对民间文学研究中实证主义倾向的反思》，《民族艺术》（2）：125—132

娄子匡，1933，《中国民俗学运动的昨夜和今晨》，《民间月刊》（5）：1—16

鲁迅，2005，《鲁迅全集》，北京：人民文学出版社

吕微，2016，《与陌生人打交道的心意与学问》，《民俗研究》（4）：5—19

吕文浩，2011，《知识分子与民国废历运动三题》，见《中国社会科学院近代史研究所青年学术论坛2009年卷》，北京：社会科学文献出版社，第486—507页

[美] 玛格丽特·米德，1987，《文化与承诺——一项有关代沟问题的研究》，周晓虹、周怡译，石家庄：河北人民出版社

马蒙，1939，《中国农村社会结构中之土地分配问题》，北平：燕京大学法学院社会学系学士毕业论文

B. Malinowski，1936，《巫术科学宗教与神话》，李安宅译，上海：商务印书馆

——，1937，《两性社会学》，李安宅译，上海：商务印书馆

——，1938，《文化论》，费孝通、贾元荑、黄迪合译，《社会学界》（10）：111—206

马树茂，1949，《一个乡村的医生》，北平：燕京大学法学院社会学系学士毕业论文

毛巧晖，2010，《20世纪下半叶中国民间文艺学思想史论》，上海：上海文化出版社

毛泽东，1991，《毛泽东选集》，北京：人民出版社

——，1993，《毛泽东文集》，北京：人民出版社

[美] 梅维恒主编，2016，《哥伦比亚中国文学史（全2卷）》，马小悟等译，北京：新星出版社

孟凡行，2015，《器具：技艺与日常生活——贵州六枝梭戛苗族文化研究》，北京：中国文联出版社

[法] 牟斯，1989，《礼物：旧社会中交换的形式与功能》，汪珍宜、何翠萍译，台北：远流出版事业股份有限公司

[德] 尼采，2011，《尼采全集·第2卷》，杨恒达译，北京：中国人民大学出版社

[美] 欧达伟，1995，《中国民众思想史论》，董晓萍译，北京：中央民族大学出版社

彭春凌，2007，《“孟姜女故事研究”的生成与转向：顾颉刚的思路及困难》，《云梦学刊》（1）：19—24

彭恒礼，2010，《“民俗学”入华考：兼谈近代辞典对学科术语的强化作用》，《民俗研究》（3）：253—261

[美] 普鸣，2020，《作与不作：早期中国对创新与技艺问题的论辩》，杨起予译，北京：生活·读书·新知三联书店

齐思和，1931，《黄帝之制器故事》，北平：燕京大学历史学系学士毕业论文

钱穆，2011，《八十忆双亲、师友杂忆合刊》，北京：九州出版社

乔健编著，2004，《印第安人的诵歌》，桂林：广西师范大学出版社

邱雪峨，1935，《一个村落社区产育礼俗的研究》，北平：燕京大学法学院社会学系学士毕业论文

渠敬东，2016，《破除“方法主义”迷信：中国学术自立的出路》，《文化纵横》（2）：81—87

瞿同祖，1934，《俗、礼、法三者的关系》，《北平晨报》4月25日第十三张、5月2日第十三张、5月16日第十三张

——，1934，《论风与俗、制与法的同异问题》，《社会研究》（55）：32—35

权国英，1940，《北平年节风俗》，北平：燕京大学法学院社会学系学士毕业论文

任骋，1987，《艺人谚语大观》，石家庄：花山文艺出版社

任责，1939，《什么叫作文化？怎样研究文化？》，《新西北

半月刊》（1）：14—17

容新芳，2012，《I. A.瑞恰慈与中国文化：中西方文化的对话及其影响》，北京：商务印书馆

[美] 瑞德斐，1949，《乡土社会》，张绪生译，《燕京社会科学》（2）：95—117

[英] 瑞恰慈，1992，《文学批评原理》，杨自伍译，南昌：百花洲文艺出版社

[美] 萨丕尔，1936，《语言的综合观》，见李安宅，《巫术与语言》，上海：商务印书馆，第31—78页

——，2002，《语言论——言语研究导论》，陆卓元译，北京：商务印书馆

沈原，2019，《老旧街区的社区建设》，《国际社会科学杂志》（1）：14—26

沈兆麟，1940，《平郊某村政治组织》，北平：燕京大学法学院社会学系学士毕业论文

[美] 司徒雷登，1982，《在华五十年：司徒雷登回忆录》，程宗家译，北京：北京出版社

宋阳（瞿秋白），1932，《大众文艺的问题》，《文学月报》（1）：1—7

孙本文，1927，《社会学上之文化论》，北京：朴社

[瑞士] 索绪尔，2002，《普通语言学教程》，高名凯译，北京：商务印书馆

谭一帆，2020，《黄石的女性民俗研究》，北京：北京师范大学硕士学位论文

万树庸，1932，《黄土北店村的研究》，北平：燕京大学研究院社会学系硕士毕业论文

——，1932，《黄土北店村社会调查》，《社会学界》（6）：11—29

王纯厚，1940，《北平儿童生活礼俗》，北平：燕京大学法学院社会学系学士毕业论文

王富仁，2018，《鲁迅与顾颉刚》，北京：商务印书馆

王国栋，1936，《河北省谚语类辑：写在河北省谚语类辑的前面》，《歌谣周刊》（15）：4—8

汪洪亮，2016，《李安宅的学术成长与政治纠结》，《民族学刊》（1）：8—19

王铭铭、[英]王斯福主编，1997，《乡土社会的秩序、公正与权威》，北京：中国政法大学出版社

王顺，1935，《北夏农谚的研究》，《教育与民众》（1）：25—70

王晓葵，2011，《民俗学与现代社会》，上海：上海文艺出版社

——，2016，《中国"民俗学"的发现：一个概念史的探求》，《华东师范大学学报（哲学社会科学版）》（4）：114—121

王炎，2020，《网络技术重构人文知识》，《读书》（1）：3—11

王有光，1982，《吴下谚联》，石继昌点校，北京：中华书局

王悠然辑，1933，《荡气回肠曲》，上海：大江书铺

魏建功，1934，《中国纯文学的形态与中国语言文学》，《文学》（6）：983—992

[美] 沃尔特·翁，2008，《口语文化与书面文化：语词的技术化》，何道宽译，北京：北京大学出版社

巫鸿，2017，《全球景观中的中国古代艺术》，北京：生

活·读书·新知三联书店

——，2017，《中国古代艺术与建筑中的“纪念碑性”》，李清泉等译，上海：上海人民出版社

吴丽平，2015，《民俗学的三分法和四分法——瞿同祖和黄华节的论争》，见吴效群编，《民俗学：学科属性与学术范式》，郑州：河南大学出版社，第301—309页

——，2020，《黄石与民俗社会学》，《民俗研究》（6）：83—96

吴宓，1998，《吴宓日记》，北京：生活·读书·新知三联书店

——，2005，《吴宓诗话》，北京：商务印书馆

吴文藻，1933，《季亭史的社会学学说》，《社会学刊》（1）：1—40

——，1990，《吴文藻人类学社会学研究文集》，北京：民族出版社

萧公权，2018，《中国乡村：19世纪的帝国控制》，张皓、张升译，北京：九州出版社

象乾，1932，《论言与社会》，《鞭策周刊》（1）：4—9

谢保杰，2015，《主体、想象与表达：1949—1966年工农兵写作的历史考察》，北京：北京大学出版社

谢桃坊，2015，《文化现象的逼视与衡量：论李安宅对中国文化人类学的开拓》，《西华大学学报（哲学社会科学版）》（1）：23—29

邢炳南，1941，《平郊村之农具》，北平：燕京大学法学院社会学系学士毕业论文

徐炳昶，1922，《礼是什么》，《国立北京大学社会科学季

刊》（1）：123—136

徐炳昶、苏秉琦，1947，《试论传说材料的整理与传说时代的研究》，《史学集刊》（5）：1—28

许仕廉，1929，《建设时期中教授社会学的方针及步骤》，《社会学界》（3）: 175—181

徐新建，2006，《民歌与国学：民国早期“歌谣运动”的回顾与思考》，成都：巴蜀书社

徐志摩，1931，《翡冷翠的一夜》，上海：新月书店

徐忠明，2006，《传统中国乡民的法律意识与诉讼心态：以谚语为范围的文化史考察》，《中国法学》（6）：66—84

薛诚之，1936，《谚语研究》，北平：燕京大学研究院国文学系硕士毕业论文

——，1936，《谚话》，《文学年报》（2）：255—258

薛忆沩，2015，《文学的祖国》，北京：生活书店出版有限公司

[日] 岩本通弥，2012，《“都市民俗学”抑或“现代民俗学”：以日本民俗学的都市研究为例》，西村真志叶译，《文化遗产》（2）：111—121

——，2016，《城市化过程中家庭的变化》，施尧译，《民俗研究》（5）：5—20

颜惠庆，2003，《颜惠庆自传：一位民国元老的历史记忆》，吴建雍、力保臣、叶凤美译，北京：商务印书馆

燕京大学社会学会编，1933，《派克社会学论文集》，北平：燕京大学社会学会

颜纶泽，1919，《农具学》，上海：商务印书馆

——，1926，《中等农具学》，上海：中华书局

杨成志、钟敬文译，1928，《印欧民间故事型式表》，广州：国立中山大学语言历史学研究所

杨开道，1930，《明清两朝的民众教育》，《教育与民众》（4）：1—18

杨堃，1936，《民俗学与通俗读物》，《大众知识》（1）：5—14

——，1940，《民人学与民族学（上篇）》，《民族学研究集刊》（3）：131—157

——，1948，《我国民俗学运动史略》，《民族学研究集刊》（6）：92—102

杨念群，2006，《再造“病人”：中西医冲突下的空间政治（1832—1985）》，北京：中国人民大学出版社

——，2018，《五四的另一面：“社会”观念的形成与新型组织的诞生》，上海：上海人民出版社

杨文松，1935，《唐小说中同型故事之研究》，北平：燕京大学文学院国文学系学士毕业论文

杨毓文，1948，《儿童玩具及游戏用具之研究》，北平：燕京大学理学院家政学系学士毕业论文

应星，2010，《“气”与中国乡土本色的社会行动：一项基于民间谚语与传统戏曲的社会学探索》，《社会学研究》（5）：111—129

于道泉编注，1930，《第六代达赖喇嘛仓洋嘉错情歌》，北平：国立中央研究院历史语言研究所

虞权，1941，《平郊村的住宅设备与家庭生活》，北平：燕京大学法学院社会学系学士毕业论文

玉文华，1939，《西冉村的农民生活与教育》，北平：燕京大

学文学院教育学系学士毕业论文

袁一丹，2021，《另起的新文化运动》，北京：生活·读书·新知三联书店

岳永逸，2014，《忧郁的民俗学》，杭州：浙江大学出版社

——，2014，《行好：乡土的逻辑与庙会》，杭州：浙江大学出版社

——，2015，《都市中国的乡土音声：民俗、曲艺与心性》，北京：中国人民大学出版社

——，2017，《朝山》，北京：北京大学出版社

——，2018，《庙宇宗教、四大门与王奶奶：功能论视角下的燕大乡土宗教研究》，《世界宗教研究》（1）：44—60

——，2018，《孙末楠的folkways与燕大民俗学研究》，《民俗研究》（2）：5—14

——，2019，《老北京杂吧地：天桥的记忆与诠释（修订版）》，北京：生活·读书·新知三联书店

——，2019，《以无形入有间：民俗学跨界行脚》，北京：商务印书馆

——，2021，《“土著”之学：辅仁札记》，北京：九州出版社

詹娜，2009，《农耕技术民俗的传承与变迁研究》，北京：中国社会科学出版社

张东荪，1938，《思想言语与文化》，《社会学界》（10）：17—54

张柠，2013，《土地的黄昏：中国乡村经验的微观权力分析》，北京：中国人民大学出版社

张青仁，2016，《行香走会：北京香会的谱系与生态》，北

京：中央民族大学出版社

张弢，2016，《传统与现代的激荡：报刊中的“歌谣运动”研究》，北京：社会科学文献出版社

张有春、富晓星主编，2020，《身体、叙事与主体性：医学人类学论集》，北京：社会科学文献出版社

张远满，2011，《土家族诞生仪式的研究：基于清江中游土家族地区的“打喜”分析》，北京：中央民族大学硕士学位论文

张志娟，2017，《西方现代中国民俗研究史论纲（1872—1949）》，《民俗研究》（2）：32—41

——，2020，《西方世界的中国“歌谣运动”》，《民俗研究》（1）：109—118

张中堂，1932，《一个村庄几种组织的研究》，北平：燕京大学法学院社会学系学士毕业论文

——，1932，《一个村庄几种组织的研究》，《社会学界》（6）：229—260

张紫晨，1984，《白云观传说的演变及北京有关的风俗》，《北京师范大学学报》（5）：43—51+18

张紫晨主编，1999，《中外民俗学词典》，杭州：浙江人民出版社

赵承信，1937，《社区研究与社会学之建设》，《社会学刊》（3）：13—20

——，1948，《平郊村研究的进程》，《燕京社会科学》（1）：107—116

赵景深编，1934，《童话评论》，上海：新文化社

赵世瑜，1999，《眼光向下的革命——中国现代民俗学思想史论（1918—1937）》，北京：北京师范大学出版社

——，2017，《狂欢与日常：明清以来的庙会与民间社会》，北京：北京大学出版社

——，2017，《小历史与大历史：区域社会史的理念、方法与实践》，北京：北京大学出版社

——，2017，《在空间中理解时间：从区域社会史到历史人类学》，北京：北京大学出版社

——，2021，《唐传奇〈柳毅传〉的历史人类学解读》，《民俗研究》（1）：53—64

赵宗福、胡芳主编，2016，《中国节日志·土族青苗会》，北京：光明日报出版社

[韩] 郑然鹤，1998，《中国与韩国犁的比较研究：以中国华北、东北地区为中心》，北京：北京师范大学博士学位论文

郑振铎编，1933，《印度寓言》，上海：商务印书馆

中共中央文献研究室编，1992，《建国以来毛泽东文稿·第7册》，北京：中央文献出版社

——，2002，《毛泽东文艺论集》，北京：中央文献出版社

中国民间文学集成全国编辑委员会、中国民间文学集成北京卷编辑委员会，2009，《中国谚语集成·北京卷》，北京：中国ISBN中心

钟焓，2006，《吸收、置换与整合：蒙古流传的北京建城故事形成过程考察》，《历史研究》（4）：36—52

钟敬文，1996，《民俗文化学：梗概与兴起》，北京：中华书局

——，2002，《钟敬文文集》，合肥：安徽教育出版社

——，2018，《钟敬文全集》，北京：高等教育出版社

周策纵，2016，《五四运动史：现代中国的知识革命》，陈永

明、张静等译，北京：世界图书出版公司

周恩慈，1940，《北平婚姻礼俗》，北平：燕京大学法学院社会学系学士毕业论文

周福岩，2006，《民间故事的伦理思想研究：以耿村故事文本为对象》，北京：中国社会科学出版社

周昕，2010，《中国农具通史》，济南：山东科学技术出版社

周星，2016，《本土常识的意味：人类学视野中的民俗研究》，北京：北京大学出版社

——，2017，《生活革命与中国民俗学的方向》，《民俗研究》（1）：5—18

——，2017，《生活革命、乡愁与中国民俗学》，《民间文化论坛》（2）：42—61

——，2018，《物质文化研究的格局与民具学在中国的成长》，《民俗研究》（4）：31—50

周作人，1914，《征求绍兴儿歌童话启》，《绍兴县教育会月刊》（4）：25—26

——，1934，《中国新文学的源流》，北平：人文书店

——，2011，《自己的园地》，北京：北京十月文艺出版社

——，2011，《苦茶随笔》，北京：北京十月文艺出版社

——，2011，《艺术与生活》，北京：北京十月文艺出版社

——，2011，《儿童文学小论；中国新文学的源流》，北京：北京十月文艺出版社

——，2013，《鲁迅的青年时代》，北京：北京十月文艺出版社

——，2013，《知堂回想录》，北京：北京十月文艺出版社

周作人选编，1935，《中国新文学大系·散文一集》，上海：

良友图书公司

朱介凡编著，1989，《中华谚语志》，台北：台湾商务印书馆股份有限公司

朱自清，1948，《标准与尺度》，上海：文光书店

——，1957，《中国歌谣》，北京：作家出版社

——，1998，《朱自清全集·第九卷》，南京：江苏教育出版社

外文

Benedict, Ruth. 1935, *Patterns of Culture*, London: G. Routledge & Sons, Ltd.

Chan, Hok-lam. 2008, *Legends of the Building of Old Peking*, Hongkong: The Chinese University Press

Dennys, N. B. 1872, "Chinese Folk-lore", *The China Review,or Notes and Queries on the Far East*, Vol. 1, No. 2, p. 138

Eberhard, Wolfram. 1970, *Studies in Chinese Folklore and Related Essays*, Bloomington: Indiana University Research Center for the Language Sciences

Emrich, Duncan. 1946, "'Folk-Lore': William John Thoms", *California Folklore Quarterly*, Vol. 5, No. 4, pp. 335-374

Gennep, Arnold van. 1960, *The Rites of Passage*, Chicago: University of Chicago Press

Hart, Hornell. 1927, "The History of Social Thought: A Consensus of American Opinion", *Social Forces*, Vol. 6, No. 2, pp. 190-196

Holm, David. 1991, *Art and Ideology in Revolutionary China*,

Oxford: Clarendon Press

Hung, Chang-tai. 1985, *Going to the People: Chinese Intellectuals and Folk Literature, 1918–1937*, Cambridge and London: Council on East Asian Studies, Harvard University

——. 1994, *War and Popular Culture: Resistance in Modern China, 1937–1945*, Berkeley; London: University of California Press

K'uang, Wen Hsiung. 1936, "A Comparison between Chinese and Western Fairy Tales", a thesis of Bachelor of the Department of English of the College of Arts and Letters of Yenching University

Li, An-che. 1937, "Zuñi: Some Observations and Queries", *American Anthropologist, New Series*, Vol. 39, No. 1, pp. 62–76

——. 1938, "Notes on the Necessity of Field Research in Social Science in China", *Yenching Journal of Social Studies*, Vol. 1, No. 1, pp. 122–127

——. 1948, "China: A Fundamental Approach", *Pacific Affairs*, Vol. 21, No. 1, pp. 58–63

Lockhart, J. H. S. 1886, "Contributions to the Folk-Lore of China", *The China Review, or Notes and Queries on the Far East*, Vol. 15, No. 1, pp. 37–39

Nedostup, Rebecca. 2009, *Superstitious Regimes: Religion and the Politics of Chinese Modernity*, Cambridge: Harvard University Asia Center

Serruys, Paul. 1945, "Children's Riddles and Ditties from the South of Tatung (Shansi)", *Folklore Studies*, Vol. 4, pp. 213–290

——. 1947, "Folklore Contributions in Sino-Mongolica. Notes on Customs, Legends, Proverbs and Riddles of the Province of Jehol.

Introduction and Translations", *Folklore Studies*, Vol. 6. No. 2, pp. 35–79

Stephens, T. A. 1930, *Proverb Literature: A Bibliography of Works Relating to Proverb*, London: Pub. for the Folklore Society, W. Glaisher, ltd.

Sumner, W. G. 1906, *Folkways: A Study of the Sociological Importance of Usages, Manners, Customs, Mores, and Morals*, Boston: Ginn and Co.

Turner, Victor. 1969, *The Ritual Process: Structure and Anti–Structure*, Chicago: Aldine Publishing Company

Wang, T'ung Feng. 1940, "A Comparative Study of British and Chinese Ballads", a thesis of Bachelor of the Department of Western Languages of the College of Arts and Letters of Yenching University

Yan, Yunxiang. 1996, *The Flow of Gifts: Reciprocity and Social Networks in a Chinese Village*, Stanford, Calif.: Stanford University Press

[日] 島村恭則，2019，《民俗学とはいかなる学問か》，《日常と文化》（7）：1—14，105—116

[日] 岩本通弥，2021，《東アジア民俗学の再定立——〈日常学としての民俗学〉へ》，《日常と文化》（9）：41—57，137—153

索　引

E

F

G

H

J

K

L

M

N

O

P

Q

T

W

X

Y

Z

后　记

按先后顺序，本书各章初稿刊载情况如下：

《保守与激进：委以重任的近世歌谣——李素英的〈中国近世歌谣研究〉》，《开放时代》2018年第1期

《谚语研究的形态学及生态学：兼评薛诚之的〈谚语研究〉》，《民族文学研究》2019年第2期

《故事流：历史、文学及教育——燕大的民间故事研究》，《民族艺术》2018年第4期

《语言的“通胀”与意义——纪念李安宅》，《读书》2020第5期；《魔障与通胀：李安宅的意义学》，《学海》2021年第2期

《实地厚生：李安宅的文化社会学》，《广西民族大学学报（哲学社会科学版）》2021年第2期

《社会学的民俗学：黄石20世纪30年代的民俗学研究》，《社会学评论》2021年第3期

《社会组织、治理与节庆：1930年代平郊的青苗会》，《文化遗产》2018年第2期

《器具与房舍：中国民具学探微》，《民族艺术》2019年第4期

《中国都市民俗学的学科传统与日常转向：以北京生育礼俗变迁为例》，《云南师范大学学报（哲学社会科学版）》2018年第1

期；“Disciplinary Tradition, Everyday Life, and Childbirth Negotiation: The Past and Present of Chinese Urban Folklore Studies”, in Zhang Lijun & You Ziying (eds.), *Chinese Folklore Studies Today: Discourse and Practice*, pp. 27–61, Indiana University Press, 2019

《Folklore和Folkways: 中国现代民俗学演进的两种路径——对岩本通弥教授〈东亚民俗学的再立论〉的两点回应》，《西南民族大学学报（人文社会科学版）》2020年第7期；《日常と文化》2021年第9卷

在一个量化时髦的时代，作为评价标准，有用与正确实属情理之中。这些生僻、枯燥以致无趣的文字，显然无益于评价刊物的诸多硬指标：引用率、转载率、下载量以及获奖。为此，更要感谢上述刊物给拙文以充足的版面，感谢各位编辑付出的辛劳。同时，还要感谢英文、日文和韩文的诸位译者朋友：邵文苑、赵元昊、西村真志叶和金镐杰。在统合、编辑本书时，各章的标题、内容、表述和注释，我都有着修订和增删。与原初刊发时相较，相当一部分内容重写得面目全非，多了些散兵游勇的江湖气。换言之，本书可谓“旧文新书”。

对我而言，论文应精谨、严明，如收束挺拔的白杨，如字斟句酌、言简意赅的文人诗词。言必有据，语出惊人，形式规整，一本正经，攻守有道，火药味十足，乃论文本相。与之稍异，书应爽朗、从容，如活泼率真的乡野歌谣、曲径通幽的小桥流水、奇花异草的亭台楼阁、扑朔迷离的海市蜃楼。词不达意、旁逸斜出、三心二意、散漫浪荡，也就自然而然。与读论文的正襟危坐、冥思苦想、若有所得不同，读书应闲庭信步，低吟浅唱，不疾不徐，开合随心，释手随性。换言之，因为受众可能的差异，

与直白的论文相较，专书可以铺陈、浓墨重彩，也可以多用曲笔，抑或时时留白。借用李安宅的分类，论文的语言更近重陈述的科学语言，专书的语言则不妨多些情感，可些微向艺术语言靠拢。当然，这样就难免会有李安宅不以为然的语言的滥用与通胀之嫌。

这本“旧文新作”折腾成这个样子，还因本书“札记”的定位和命名。它是学术的，却完全不想搞成规整的学术八股，反倒希望多少有些可读性，有些学术圈外，尤其是民俗学以及社会人类学圈外的读者。因此，它仅是一本娱己也试图娱人而力求形散神聚的小品，属上不得台面的散装花茶。尽管如此，没有上述刊物编辑的火眼金睛，本书显然不会有读者眼前的面貌。

这组札记能够完成，除序言中已经提到的诸君，要感谢的师友名单很长，恕难一一列举。在此，要特别感谢恩师刘铁梁教授始终如一的呵护、鞭策与激励！感谢古稀之年后仍常在田野中奔忙的他，对这些年多少有些沉迷于故纸堆而少下田野的我的宽容和理解！在本书写作的不同阶段，德高望重的刘魁立、刘守华和徐万邦诸位先生，不厌其烦地给我提供了不少资讯，殷殷的提携之情没齿难忘。

同时，本书也得益于我在北京师范大学文学院十余年的教学。感谢我曾经工作过的北师大文学院和现今所在的中国人民大学社会与人口学院给我提供的宽松的学术环境。当然，还有不同学科、专业的同事、朋友之间的砥砺。感念的是，本书的最终修订、完成得到中国人民大学2022年度重大规划项目“中国特色社会学的历史演进和本土逻辑”（批准号22XNLG09）的支持，乃该项目的阶段性成果。

在成书的过程中，部分内容曾经在中国国家图书馆、北京大学、北京师范大学、中央民族大学、北京联合大学、北京市文学艺术界联合会、山东大学、安徽大学、华东师范大学、南京大学、东南大学、南京农业大学、中山大学、南方科技大学、深圳大学、华中师范大学、西南民族大学、四川大学和楚雄师范学院等单位举办的相关会议上做过发言，或单独做过讲座。感谢评者、听者的诸多批评与建议。

感谢北京大学档案馆、北京师范大学档案馆、云南大学档案馆、华中师范大学档案馆为我查阅相关档案提供的便利。

多年来，选上我课和参加我组织的读书会的学生们，或聆听过我最初的想法，或是文章初稿的读者，或是帮我校对过不同版本的审读者。无论在国内还是海外，因为任何一个细小的问题，只要我有所求，学生们都义无反顾地帮我查找、核实相关的资料，提供更多的线索。这里尤其要提及杨蓓蓓、钱霖亮、熊威、沈燕、刘奕伶等青年才俊为我查找相关资料提供的帮助。在东瀛百忙的学习中，陈旻、蔡加琪更是对我的问题进行了有理有据的论文式回应，而不仅仅是查找资料。感谢谷子瑞、老友赵倩博士和原本在自我疗伤中的学生刘守峰先后对书稿认真细致的校读。最后，感谢百忙之中的赵世瑜教授，不以本书鄙薄而慷慨赐序；感谢晓勇兄再次题写书名；感谢学妹周春和责编王佶前前后后付出的辛劳。但是，本书文责自负，与他人无关。

毫无疑问，没有家人的理解、支持与付出，我显然不可能安心读书和写作。为此，本书也要献给妻子武向荣博士和已然是青年小伙、有了自己想法与行动力的儿子岳武！

2021年，父亲步入杖朝之年。愿通透且闲居乡野故土的他，愿意接受这本小书作为后补的寿礼，以稍许弥补我常年未能侍奉在侧，未能当面行孝、祝寿的歉疚与遗憾！

2020年的春节，沉重无比！

2021年的春节，纵然有“网格化”管理之严密与万全，有无处不在、不忘初心而暖心的监督与检测，同样毫不轻松、烂漫！韶华春光，沉甸甸如压顶泰山。如月宫中随砍随愈合而永远不会倒下的桂树，如西西弗斯拼命上推却必然下滚的巨石，苦难俨然没有尽头。

一年多来，无孔不入还自我更新、变异的新型冠状病毒，鬼魅般地四处游弋，不疾不徐地探头探脑，寻找猎物。似乎被再次驱逐出了伊甸园，人类赤身裸体，无处可遁，无处可逃。背水一战的人们，挺胸而立，直面灾难。在此，谨向千千万万承受这一苦难，并为之默默付出的无名英雄们——病者与医护者、成功者与失败者、张扬者与隐匿者、生者与逝者——致敬！

愿他们的故事，能被记述、歌颂与传承，而非如我“历史的掌纹”两本札记挖掘的“土著”“小人”一样蒙尘，甚或随风而逝！无论成就还是灾难，无论精神生产还是切肤之痛，无论封闭隔离还是凛然奔赴，无论奉献还是牺牲，对于鲜活的卑微个体之生命而言：一切如此多艰、残酷、惨烈、苍茫又恓惶，但永远厚重、崇高与伟大！

人倚朝阳，天远影长。浩浩汤汤，无故无乡……

二〇二一年五月三十日晨曦

附记

定稿大半年，才猛然惊觉只因为口、耳两个通风透气还始终暗通款曲的孔洞器官相距太近，“口耳之学”并不受两千多年前的先哲荀子待见，也因此一直被历代圣哲敲打，不以为然。在其被后人奉为经典的名篇《劝学》中，荀子老人家有言：“小人之学也，入乎耳，出乎口；口耳之间，则四寸耳，曷足以美七尺之躯哉！”就空间尺度、占比而言，与七尺之躯的硕大相较，四寸之隔的口耳实则渺而小、逼而仄、局而促，不足道也。老人家将以口耳为介质、进口和出口的学问视为“小人之学”，将之作为虽同样“入乎耳”却能着心、美身因而成为法则的“君子之学”的负面、影底，也就在情理之中。

然而，“历史的掌纹”三部曲就是步五四新文化运动后尘，将小人、君子都还归“活生生的人”这一共有的起跑线，为“小”“小人”中的“大”，和“大”“大人”中的“小”张目。承袭自意在扬“民”的歌谣运动、中国现代民俗学运动的“口耳之学”，也就完全背离荀子的“小人之学”之意而翻转，但又非其赞誉有加的“君子之学”。于我而言，口耳之学不但足以美七尺之躯，还完全可以与伟岸的七尺之躯的“君子/大人之学”抗衡，至少可以顽劣地搔搔其痒处，捅捅其私处，让其现出些原形、露出些本相。于是，一笑莞尔、嫣然。

诚如世瑜师所言，愿“出我之口”的这些不乏捕风捉影的闲言碎语，能有丝毫滑入读者诸君之耳，“入尔之耳”。由此，让“口耳之学”更名实相符些，能形成些清新、曼丽、小巧的微循环。不求着心、美身，能哈哈一笑、会心一笑，抑或耸肩颔首、摇头摆手，而瞬间布乎四体、有些动静，足矣！

二〇二二年三月四日于林苹远山居

图书在版编目（CIP）数据

“口耳”之学 ：燕京札记 / 岳永逸著. --北京：九州出版社，2022.2

ISBN 978-7-5108-7766-7

Ⅰ. ①口… Ⅱ. ①岳… Ⅲ. ①民俗学—文集 Ⅳ. ①K890-53

中国版本图书馆CIP数据核字（2022）第008465号

“口耳”之学：燕京札记

作　　者　岳永逸　著
责任编辑　王　佶
封面设计　吕彦秋
出版发行　九州出版社
地　　址　北京市西城区阜外大街甲35号（100037）
发行电话　（010）68992190/3/5/6
网　　址　www.jiuzhoupress.com
印　　刷　三河市兴博印务有限公司
开　　本　710毫米×1000毫米　16开
印　　张　31.5
字　　数　362千字
版　　次　2022年8月第1版
印　　次　2022年8月第1次印刷
书　　号　ISBN 978-7-5108-7766-7
定　　价　108.00元